Paris
1852

Hoffmann, Ernst Théodor Wilhelm

Contes fantastiques, précédés d'une notice par le traducteur

Le Violon de Cremone. Mademoiselle de Scudéri. Les Maitres chanteurs. - Le Voeu. Le Majorat. - Le Choix d'une fiancée. Maitre Martin et ses ouvriers. Marino Falieri. - Don

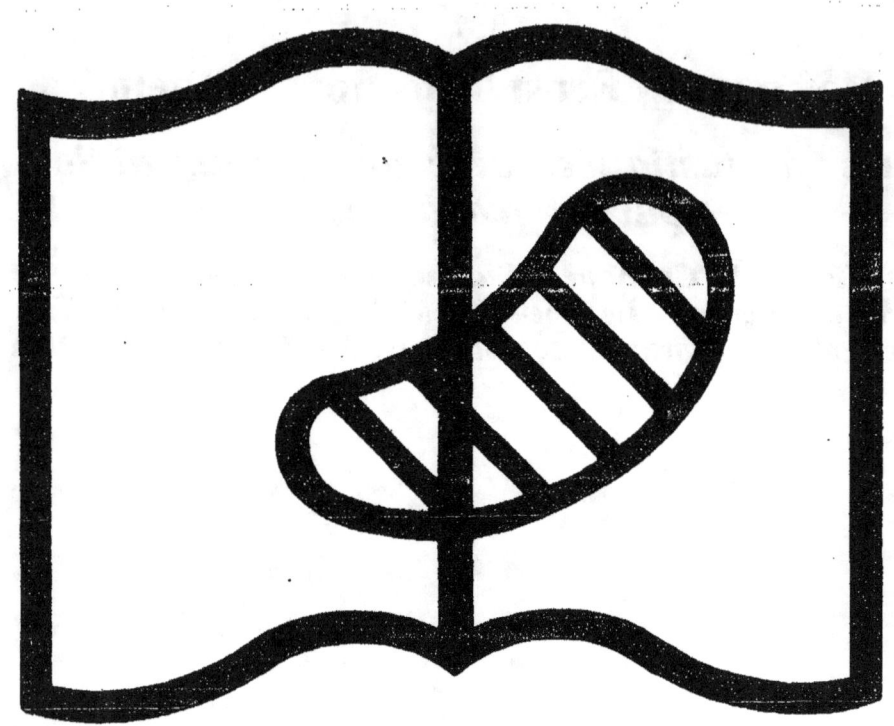

**Symbole applicable
pour tout, ou partie
des documents microfilmés**

Original illisible

NF Z 43-120-10

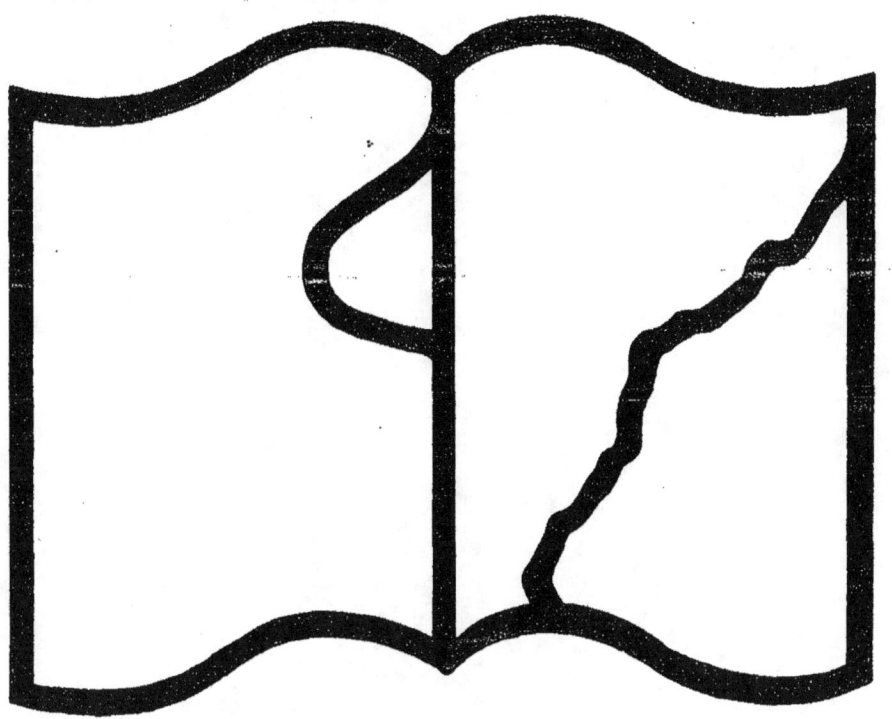

**Symbole applicable
pour tout, ou partie
des documents microfilmés**

Texte détérioré — reliure défectueuse

NF Z 43-120-11

CONTES
FANTASTIQUES
D'HOFFMANN.

Corbeil, typ. et stér. de Crété.

CONTES

FANTASTIQUES

D'HOFFMANN

Traduction nouvelle

PAR X. MARMIER

PRÉCÉDÉE D'UNE NOTICE PAR LE TRADUCTEUR.

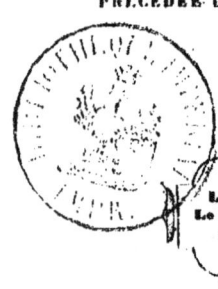

Le Violon de Crémone.
Mademoiselle de Scudéri.
Les Maîtres chanteurs. — Le Vœu.
Le Majorat. — Le Choix d'une fiancée.
Maître Martin et ses ouvriers.
Marino Falieri. — Don Juan.
Le Bonheur au jeu.

PARIS,

CHARPENTIER, LIBRAIRE-ÉDITEUR,

19, RUE DE LILLE, FAUBOURG SAINT-GERMAIN.

1853

NOTICE
SUR HOFFMANN.

Il y a une dizaine d'années environ qu'un écrivain spirituel, M. Loëve-Weimar, nous révéla, dans une traduction légère et facile, les œuvres originales d'Hoffmann. Jusque-là, nous ne connaissions guère la littérature moderne de l'Allemagne que par les tableaux un peu trop poétiques et trop enthousiastes de Mme de Staël, et par des reproductions un peu trop *francisées* des drames de Gœthe et de Schiller. Nous n'avions pas encore pénétré dans cette littérature secondaire, qui a sa couleur particulière, et qui, en se tenant plus près du sol d'où elle est issue, du peuple au sein duquel elle se développe, reflète souvent plus vivement, dans ses mouvantes images, les mœurs réelles, le caractère distinct d'une contrée, que les génies supérieurs, qui élèvent plus haut leur essor et se lancent dans un plus large espace. Hoffmann fut pour nous une de ces apparitions neuves et inattendues d'une terre étrangère, un de ces rayons subits qui font entrevoir, à travers un amas de nuages, l'azur et les contours d'un horizon lointain. De là l'effet qu'il produisit en France, de là sa vogue et son succès. Ses *Contes fantastiques* nous présentaient l'Allemagne sous une face que les *Ballades* de Bürger, les *Brigands* de Schiller, les romans de la Fontaine; le *Werther*, le *Gœtz de Berlichingen*, le *Wilhelm Meister*, les charmants *Mémoires* de Gœthe, et les nouvelles les plus caractéristiques de Tieck, ne nous avaient point entièrement montrée. Cette fois, c'était l'Allemagne avec son singulier mélange de rêves exaltés et d'existence bourgeoise, d'idéal et de réel; l'Allemagne avec ses artistes enthousiastes et ses formes compassées, ses poëtes et ses *Philister*, ses chants mélancoliques et sa fumée de tabac.

La vie d'Hoffmann même, racontée d'abord par Walter Scott, puis par M. Loëve-Weimar, et dans de longs et intéressants détails par M. Hitzig, ajoutait encore à l'effet que devaient produire ses œuvres. Cette vie est une sorte de roman, un triste et aventureux roman ; et si Hoffmann eût pris la peine de l'écrire lui-même, il en eût fait facilement, et sans y rien ajouter de sa vive et étrange imagination, un de ses plus beaux contes fantastiques. Essayons de la fixer par quelques dates, qu'il eût peut-être négligées lui-même, et d'en retracer les principales vicissitudes.

Hoffmann est né à Kœnigsberg le 24 janvier 1776. Dès son enfance il trouva autour de lui tout ce qu'il fallait pour donner à son imagination les mouvements bizarres, les caprices humoristiques, les contrastes étonnants qui font le charme de ses œuvres. Dans cette vieille ville de Kœnigsberg, il trouvait la froide et austère nature du Nord, éclairée à certains jours par les ardentes couleurs d'un été rapide ; dans sa famille, un vieil oncle, roide, guindé, esprit étroit et minutieux, une tante gaie et spirituelle, une aïeule affaiblie au moral et au physique par l'âge : riantes saillies d'un jeune et aimable caractère, images douloureuses de la décrépitude ; triste et glacial aspect d'un homme qui jamais n'a osé se permettre une fantaisie, s'abandonner à l'essor d'une légère pensée, qui, toute sa vie, n'a fait que cheminer pas à pas entre les convenances de la veille et celles du lendemain : voilà ce qui s'offrit d'abord aux regards d'Hoffmann. Sur le premier plan du tableau de son enfance, c'est son père, conseiller criminel, commissaire de justice près le tribunal supérieur de la province, et sa mère, pauvre femme maladive, dont le regard languissant et la voix touchante ne contribuèrent sans doute pas peu à éveiller au fond du cœur d'Hoffmann ces cordes mélancoliques qui vibrent si profondément dans la plupart de ses œuvres.

Pour compléter ce cercle d'émotions si différentes et si vives, Hoffmann eut le bonheur d'y joindre, tout jeune, celle de l'amitié. A onze ans il se lia avec un de ses camarades d'école, nommé Hippel, qui lui resta toujours fidèle et dévoué. Hélas ! ces longues amitiés sont rares. Quand on les rencontre quelque part, il ne faut pas oublier de les signaler, pour égayer le cœur de ceux qui les cherchent, et soutenir l'espoir de ceux qui, en ayant joui, n'aspirent qu'à les conserver.

Dès ses premières années d'étude, Hoffmann manifestait pour les lettres, pour l'art, un de ces penchants intuitifs, un de ces désirs innés dont les sages de ce monde recherchent souvent en vain la cause, et qui tiennent à la nature même de l'individu chez lequel ils se produisent, comme le parfum à la fleur, comme le chant à l'oiseau. D'une main timide et inexpérimentée il maniait le crayon, il faisait résonner les touches d'un piano, il promenait l'archet sur un violon; puis, à peine avait-il quitté les bancs du gymnase, qu'il se sentit embrasé des étincelles du premier amour, de cet amour qui révèle à l'homme les trésors du cœur et le génie des poëtes.

Mais le grave magistrat de Kœnigsberg n'entendait pas que son fils s'abandonnât si facilement à ces rapides et violentes émotions, qu'il traitait comme des fantaisies d'écolier; il voulait en faire un homme de justice, et il le condamna à suivre les cours de droit. Le pauvre Hoffmann les suivit avec regret, avec ennui; il se soumit avec douleur au devoir qui lui était imposé, amer devoir que l'on maudit si souvent, et que plus tard on regrette; car, à travers ses rigueurs, on voyait briller comme à travers les brumes du matin ces doux rayons d'un ciel d'azur et ces cimes empourprées de l'immense horizon qui, plus tard, pâlissent et s'effacent à nos yeux fatigués.

Pour se consoler de ces fastidieuses obligations, Hoffmann allait chaque jour retrouver son cher Hippel, et passait avec lui de longues heures à causer d'art, d'amour, de poésie, de tout ce qui émeut si vivement un cœur de dix-huit ans, de tout ce qui donne tant de vie à l'âme, tant d'éloquence à la parole. Puis, lorsque son ami le quittait, il suppléait à ces tendres entretiens par de longues lettres enthousiastes, telles qu'on en écrit quand on a encore toute la plénitude de la foi, quand on n'a point senti passer sur ses sentiments affectueux le souffle mortel de la déception.

Bientôt Hoffmann quitta aussi Kœnigsberg. Il fut envoyé à Glogau, auprès d'un de ses oncles, qui remplissait dans cette ville les fonctions de conseiller de régence. Là, comme à Kœnigsberg, les études judiciaires n'occupaient qu'une partie de ses jours: le reste du temps, il se laissait aller aux caprices de son imagination inquiète et maladive. Tantôt il recherchait avec ardeur les charmes de la musique ; puis cette ardeur même le fatiguait, le trompait, et il écrivait à Hippel : « Je n'aime plus la musique. Ce que Jean Paul en a dit est vrai : elle passe sur notre cœur comme la langue du lion, qui, en se tournant et se retournant sur la peau, finit par faire couler le sang. La musique me rend aussi faible qu'un enfant ; elle rouvre toutes les anciennes blessures. »

Il reprenait alors la palette, le crayon, et bientôt il retombait dans un nouveau découragement, et il écrivait avec une profonde tristesse : « Il y a des moments où je désespère de toute espèce de bien, où je me sens entraîné à travailler contre tout ce qui a l'apparence du bonheur. »

Son oncle, appelé à occuper un poste important au tribunal de Berlin, l'emmène avec lui. Hoffmann achève dans cette ville ses études de jurisprudence, subit dignement son examen, et part pour Posen avec le titre d'assesseur.

Son entrée en fonctions s'annonçait sous d'heureux auspices. Il avait une tâche facile à remplir, assez de loisir pour pouvoir suivre ses penchants favoris, assez d'argent pour satisfaire à ses fantaisies. Il aimait la ville de Posen, et s'y maria avec une jeune Polonaise. Mais voilà qu'un beau jour la folle idée lui vint de dessiner la caricature des principaux personnages de Posen, et de faire distribuer dans un bal masqué ses malignes esquisses. Cette plaisanterie de carnaval fut prise au grand sérieux par ceux dont elle compromettait la physionomie. Un haut fonctionnaire de Posen expédia une estafette à Berlin, tout exprès pour se plaindre de l'irrévérence du jeune magistrat ; et Hoffmann, qui, par l'habileté dont il avait déjà fait preuve dans ses nouvelles fonctions, allait obtenir de l'avancement, fut envoyé à Plozk, petite ville de la Prusse orientale, silencieuse et triste. Hoffmann se regardait là comme dans un lieu d'exil. Pour échapper à l'ennui de sa solitude, il composa plusieurs morceaux de musique, écrivit une comédie, et commença un journal de sa vie, qu'il continua scrupuleusement jusqu'en 1815. En même temps, il remplissait ses devoirs de magistrat avec une rigoureuse exactitude. Ses chefs se plurent à louer son zèle et son aptitude ; et, deux ans après (1804), il fut envoyé, en qualité de conseiller de régence, à Varsovie.

Le temps qu'il passa dans cette ville peut être regardé

comme l'époque la plus riante, la plus animée de sa vie. Il arrivait sans transition d'une froide et monotone petite ville de province à une charmante capitale. Il trouvait là des livres, des théâtres, des artistes, et ces illustres familles de gentilshommes, dont on a tant de fois et à si juste titre vanté les mœurs élégantes et l'hospitalité, et ces gracieuses femmes de Pologne, qui joignent à la suave beauté des femmes du Nord toute la vivacité d'esprit et l'enthousiaste élan des femmes du Midi. Il trouvait là ce qu'il n'avait pu voir encore ni à Kœnigsberg, ni à Posen, ni dans les roides et pédantesques allures de Berlin : le mouvement, l'éclat, la variété d'action d'une grande ville. Pour comble de bonheur, il trouvait là encore un ami, un sûr et véritable ami, homme de cœur et de talent, M. Hitzig, qui occupe à présent de hautes fonctions dans la magistrature prussienne.

Au milieu de cette société varsovienne, dont les révolutions, la guerre et la domination étrangère n'avaient pu amortir la gaieté naturelle, Hoffmann s'anime, s'exalte ; il organise une société philharmonique, convoque les artistes étrangers, donne des concerts. Tour à tour chef d'orchestre, peintre et compositeur, c'est lui qui éveille, qui excite le zèle des musiciens ; c'est lui qui peint à fresque les murailles de leur salle de réunion ; puis, quand il a fini sa laborieuse journée de magistrat et d'artiste, il rentre avec joie dans sa demeure. Hitzig est là tout près de lui ; les deux amis ouvrent leur fenêtre, s'avancent sur le balcon, et passent de longues heures à causer dans le silence de la nuit. Quelquefois un autre poëte vient se joindre à eux : c'est Zacharie Werner, l'enthousiaste, le mystique Werner, qui, après avoir écrit son drame de Luther, se convertit au catholicisme.

Toute la vie d'Hoffmann était ainsi parfaitement coordonnée. Fonctions honorables, confidences de l'amitié, charme de l'art, rien n'y manquait de ce qu'il fallait pour satisfaire aux rêves de son ambition et aux besoins de son cœur, rien, quand soudain une nouvelle sinistre retentit comme un coup de foudre dans le calme riant de cette poétique existence. La bataille d'Iéna a ébranlé l'Allemagne entière. Les Français victorieux poursuivent leur marche ; ils s'avancent vers la Pologne, ils approchent : les voilà à Varsovie. Les fonctionnaires prussiens se retirèrent ; Hoffmann, qui aimait la capitale de la Pologne, voulut y rester. Il n'avait plus d'emploi ; mais il se trouvait par hasard possesseur d'un certain nombre de ducats que sa femme, plus que lui sans doute, avait pris soin d'épargner. Avec son insouciance de caractère, c'en était assez pour lui faire oublier l'avenir. Il abandonna gaiement les affaires judiciaires, qui n'avaient jamais eu pour lui qu'un attrait fort modéré, et savoura avec délices les joies de son indépendance. Tantôt il s'en allait chanter, comme un enfant de chœur, dans l'église des Bernardins ; tantôt il organisait au palais Minszk. Il était, de plus, très-assidu au théâtre ; et pour rien au monde il n'aurait voulu faire faute à un déjeuner d'amis, ni se priver du plaisir d'assister à une parade militaire. Cependant son petit trésor, où il puisait chaque jour d'une main libérale, s'amoindrissait à vue d'œil. Pour en prolonger quelque peu la durée, il commença par quitter le splendide appartement où il s'était installé comme un grand seigneur, et se réfugia dans une mansarde ; puis il renvoya en Allemagne sa femme et une jeune nièce qu'il avait fait venir auprès de lui. Enfin, il tomba, de degré en degré, dans un dénûment absolu. Ses amis étaient partis l'un après l'autre ; il se trouvait seul, sans ressources, dans cette ville où il avait vécu d'une vie si douce et si riante. Force lui fut alors de chercher un refuge ailleurs, et d'aviser à quelque moyen d'existence ; et, dès ce moment, commença pour lui une époque agitée, vacillante, déplorable, une douloureuse série d'efforts infructueux, d'espérances déçues, de soucis écrasants, qui se prolongea pendant près de dix années. Il se retira d'abord à Berlin ; essaya de vendre des opéras, des dessins ; s'annonça comme peintre de portraits. Rien ne lui réussit. L'idée lui vint de demander une place de directeur de musique dans un théâtre. On lui en proposa une à Bamberg, et le voilà parti avec les rêves dorés de l'espoir, les châteaux aériens qu'il construit dans sa jeune et légère imagination.

A Bamberg, nouvelles déceptions : mauvais acteurs, mauvais théâtre, point d'argent, peu de spectateurs, et un comité de direction composé d'un confiseur, d'un distillateur et d'un marchand de soie. Je laisse à penser ce que dut éprouver l'enthousiaste artiste sous une pareille tutelle, et quelle sollicitude dans les embarras pécuniaires, pour lui qui aimait à bien vivre, et à se réconforter de temps à autre avec une bonne bouteille de vin du Rhin.

Une princesse pour laquelle il compose un poëme lui envoie trente louis. Une autre fois il reçoit un petit héritage de cinq cents écus. C'étaient là des trésors inattendus, des grâces providentielles qui ravissaient l'âme du pauvre Hoffmann. Il eut encore le bonheur de voir peu à peu son théâtre se relever de l'état de décadence dans lequel il était tombé, et obtenir les applaudissements du public, les suffrages des gens de goût. Un homme intelligent et actif en prit la direction, et Hoffmann le secondait vaillamment : il était tout à la fois chef d'orchestre, régisseur, compositeur, architecte et décorateur. Pour tant de fonctions il recevait un traitement de cinquante florins (cent francs) par mois, et s'estimait heureux de sa fortune.

Mais ce bonheur ne fut pas de longue durée. Le nouveau directeur, Holbein, quitta Bamberg. Le théâtre auquel il avait donné une si soudaine impulsion retomba dans son premier état d'affaissement; et Hoffmann se retrouva bientôt triste et pauvre, si pauvre, qu'un jour il fut forcé de vendre sa redingote pour pouvoir dîner.

Cependant il était entré en relations avec Rochlitz, le directeur de la *Gazette musicale de Leipzig*. Il lui avait envoyé divers articles, que Rochlitz avait accueillis avec empressement. C'était un premier moyen de salut. Quelque temps après il s'en présenta un autre. Seconda lui offre la place de chef d'orchestre au théâtre de Dresde, dont il était lui-même directeur; Hoffmann accepte, se met en route, et rencontre son ami Hippel, qui vient à lui avec le même abandon, avec la même cordialité qu'à Kœnigsberg. Quelle touchante consolation pour le cœur attristé d'Hoffmann ! Un ami d'enfance, que l'on retrouve tendre et fidèle après de longues années de séparation, est un messager de paix dans la lutte de la vie ; avec lui on oublie les regrets et les anxiétés du présent. Le passé est dans son âme, le passé dans son regard et sa parole. Avec lui on retourne joyeusement en arrière, on retourne vers la source céleste des premiers rêves et des premières affections. Hoffmann était de nature à sentir vivement cette émotion; aussi ne s'éloigna-t-il qu'avec peine de son cher Hippel. Le hasard les avait réunis, la fortune les séparait : Hippel était attaché aux missions diplomatiques du chancelier de Hardenberg; Hoffmann allait monter sur l'escabeau du chef d'orchestre. De tels contrastes se représentent souvent parmi ceux qui se sont le plus aimés. Heureux celui qui, dans les faveurs du sort, n'oublie point l'ami qui lui fut cher dans la médiocrité !

A Dresde, Hoffmann n'eut qu'une situation précaire; il arrivait là au mois de mai 1813, dans cette année de luttes héroïques et de deuil ineffaçable qui a vu nos glorieuses légions s'affaisser et tomber dans les plaines sanglantes de Leipzig. Napoléon était alors à Dresde avec son armée, avec son cortége de princes et de souverains; et au milieu des traités, des coalitions, des plans de bataille qui occupaient toute l'Europe, la cour de Dresde, cette loyale cour, fidèle à l'aigle de la France, donnait des fêtes pompeuses, et le théâtre se distinguait entre tous ceux de l'Allemagne par l'éclat de ses représentations. Un jour c'était Talma qui montait sur la scène avec la troupe française, un autre jour on allait entendre l'opéra italien, et le lendemain le drame allemand, joué par les acteurs de Seconda.

Mais, six mois après, c'en était fait de toutes ces magnifiques réunions de la cour, de toutes ces solennités de théâtre. L'effroyable bataille du 18 octobre changeait la face des États; Napoléon ramenait en France les débris de son armée, et le noble roi Auguste expiait en prison l'honneur de n'avoir pas voulu faillir à sa parole chevaleresque.

Hoffmann se sépara de Seconda, et passa quelques mois à Leipzig, travaillant avec ardeur pour les libraires, pour les éditeurs de journaux, et ne retirant qu'un faible produit de tous ses travaux.

Enfin, en 1814, Hippel le fit rentrer au service, et l'année suivante il fut nommé conseiller de régence à Berlin. Cette fois le voilà dans une situation ferme et paisible ; cette fois la fortune, qui s'est tant jouée de lui, le prend sous ses ailes et lui sourit. Ses contes, que naguère il osait à peine proposer aux libraires, se répandent en Allemagne, et lui font une rapide renommée. Son opéra d'*Undine* est représenté avec éclat sur le théâtre de Berlin; son roman de *Mademoiselle de Scudéri* enrichit un éditeur de Francfort, qui lui demanda encore un de ces contes, encore une de ces scènes terribles qui effrayent et qui charment les lecteurs. Cette fois le monde vient à lui, le recherche, l'adule; mais Hoffmann a l'esprit aigri par la souffrance, le cœur ulcéré par les longues anxiétés et les déceptions qu'il a subies. Il n'aime pas ce monde qui l'a dédaigné dans sa misère et qui le flatte dans ses succès ; il n'aime que la solitude où il s'abandonne librement à la fantasmagorie de ses rêves, le cercle de confidents dévoués au milieu duquel il peut se livrer sans contrainte à sa verve sardonique, et la taverne qui lui donne une exaltation factice. Déjà, à Leipzig, il se glissait volontiers le soir dans un de ces cabarets souterrains où, sur une longue ligne de rayons pareils à ceux d'une bibliothèque, les flacons de vins d'Allemagne brillent à côté de ceux de France et d'Italie. A Berlin, l'aisance matérielle qu'il avait soudainement recouvrée favorisa ce dangereux penchant. Plus riche alors qu'il ne l'avait jamais été, il pouvait satisfaire plus facilement sa convoitise. Le vin fascina ses regards, troubla ses sens. La débauche, qui choisit souvent ses victimes parmi les plus belles intelligences, qui, comme une courtisane éhontée, enlace ceux qui étaient nés pour goûter le charme d'un noble amour, la débauche le saisit, l'étourdit, le subjugua.

Hitzig, qui était redevenu son collègue à Berlin comme il l'avait été à Varsovie, essaya de l'arracher au funeste attrait de la taverne par des soirées littéraires et des réunions intimes. Là venaient Contessa, aimable et spirituel conteur ; Chamisso le poëte ; Koreff le médecin, homme instruit et prompt à la repartie. Cette société avait été inaugurée le jour de Saint-Sérapion ; de là le titre sous lequel Hoffmann réunit la plus grande partie de ses contes et de ses entretiens littéraires. Contessa figure dans les discussions des *Frères de Sérapion* sous le nom de Sylvestre, et le docteur Koreff sous celui de Vincent.

Mais ces réunions amicales, ces causeries philosophiques et artistiques ne pouvaient détourner Hoffmann de sa fatale passion ; et cette passion affaiblit ses facultés intellectuelles, énerva ses forces physiques et abrégea sa vie.

En 1822, il tomba malade, et souffrit pendant cinq mois des souffrances horribles. Ses membres étaient paralysés, sa moelle épinière se desséchait. Il fallait l'habiller comme un enfant, le porter dans son lit, l'asseoir dans son fauteuil. Il conservait cependant encore la vivacité de sa parole et les principales qualités de son imagination. Ne pouvant se servir de ses mains pour écrire, il dictait. La douleur, loin d'anéantir sa verve, lui inspirait parfois d'étonnantes saillies. Un jour, pour ranimer ses forces vitales, les médecins lui avaient appliqué un moxa de chaque côté de l'épine dorsale; Hitzig vint le voir quelques instants après cette opération. « Ne sens-tu pas une odeur de rôti? » lui cria Hoffmann en l'apercevant. Puis il se mit à lui raconter gaiement tous les détails de la cure à laquelle on venait de le soumettre. « Pendant que le médecin exerçait ainsi, ajouta-t-il, son art sur mon pauvre corps, l'idée m'est venue qu'il me plombait pour que je n'entrasse pas dans l'autre monde en contrebande. »

Un mois après, Hoffmann n'existait plus; il mourut le 25 juin 1822, à l'âge de quarante-six ans.

En Allemagne, la mémoire d'Hoffmann est encore vivante, et se retrouve partout. Dans la voiture de Francfort, je rencontrai un bon littérateur allemand qui ne se lassait pas de m'en parler. A Leipzig, on me montrait la maison où il habitait, pauvre et soucieux; la cave où il se sentait, comme il le dit lui-même, glisser sans le vouloir. J'allai voir Rochlitz, et Rochlitz, le directeur du Journal de musique, ne pouvait oublier qu'il l'avait eu longtemps pour collaborateur. A Dresde, on vantait ses talents comme chef d'orchestre et régisseur du théâtre. A Berlin, on me conduisait chez Hitzig, qui ne pouvait encore s'entretenir de son ancien ami sans émotion. On me montrait les deux jeunes filles, deux sœurs aux yeux noirs, qui ont servi de type à quelques-unes des plus belles et des plus gracieuses créations d'Hoffmann. Toutes les deux n'étaient encore que des enfants; il les prenait sur ses genoux, et leur racontait quelques-uns de ses plus jolis récits, en même temps que Chamisso composait pour elles son *Pierre Schlemihl*. Ainsi je voyais son souvenir profondément gravé dans le cœur de tous ceux qui l'avaient connu; puis je m'en allais hors de la ville, au cimetière, où je trouvais son tombeau, une simple pierre, une épitaphe de quelques mots, ses titres de poëte, de musicien et d'artiste, que l'on épelait lentement, comme si l'on eût craint d'avoir trop tôt fini.

Mais surtout on ne manquait pas de me faire visiter cette cave où l'imagination d'Hoffmann a vu tant de scènes étranges, tant de figures tristes ou bouffonnes; cette cave, qui n'est pas une voûte sombre et humide, comme son nom pourrait le faire croire, mais un joli salon au rez-de-chaussée, dans la Charlotten-Strasse. Là viennent encore beaucoup d'anciens amis d'Hoffmann par souvenir, beaucoup d'étrangers par curiosité, et nombre de bonnes bouteilles de vin de Rudesheim se vident chaque jour en l'honneur de celui qui a peuplé ce lieu de ses poétiques rêveries.

Un soir, j'étais là très-attentif à tout ce que je voyais ; très-désireux de m'expliquer comment l'esprit vagabond du romancier avait pu faire de cette jolie salle, aux rideaux de soie, aux persiennes vertes, aux tentures jaunes et bleues, une description parfois si bizarre, et de toutes ces bonnes figures prussiennes attablées autour de moi, tant de personnages si curieux à voir. Je cherchais là le merveilleux, et ne voyais, je l'avoue, qu'une vulgaire réalité. Il y avait pourtant autour de moi des cigares de la Havane et de grosses pipes en porcelaine, qui entremêlaient leurs nuages de fumée ; il y avait des joueurs de cartes et de petites tables, et du vin, et de la bière, et je n'en demeurais pas moins dans un état de calme positif désespérant, lorsqu'un de mes amis, qui était assis à côté de moi, me ramena vers le passé.

« Écoutez, me dit-il, vous savez que j'ai vécu longtemps dans l'intimité d'Hoffmann, et je ne crois pas pouvoir trouver une circonstance meilleure, un lieu plus convenable pour vous raconter sur lui quelques particularités assez remarquables. »

Là-dessus mon ami, en bon Allemand qu'il était, rallume sa pipe, se verse un grand verre de bière, et commence ainsi :

« Cette cave de Luther était jadis, comme vous le savez, le lieu où il venait passer quelques heures chaque soir. Avec lui et Hitzig, et Koreff le médecin, venait aussi Devrient l'acteur. Devrient était l'âme et la vie de cette réunion ; Devrient causait, criait, amassait, par ses plaisanteries, tout le monde autour de lui, pendant qu'Hoffmann, la tête penchée sur sa poitrine, se perdait dans les rêves de son imagination. Le pauvre poëte, avec sa nature triste et maladive, servait souvent à égayer son insouciant compagnon. Un jour, par exemple, les *Fantaisies de Callot* venaient de paraître ; Hoffmann arrive le soir chez Luther avec son inséparable acolyte, le jeune Devrient, et quelques autres amis, pour fêter, par d'amples toasts, cette publication. Tout à coup il cherche sa tabatière, et ne la trouve pas. « Vous n'avez pas ma tabatière ? dit-il à Devrient. — Moi ? répond celui-ci, vraiment non ; mais vous êtes si distrait : qui sait où vous l'aurez laissée ? — Eh bien, prêtez-moi la vôtre. — La mienne est vide ; mais je vais donner un *Groschen* au garçon pour qu'il aille chercher de quoi la remplir. » (Le garçon sort après sa leçon faite, et revient avec un cornet, dont Devrient s'empare. « Voyez, dit celui-ci en le déroulant lentement et avec une tristesse visible, voyez pourtant, mes amis, à quoi tient aujourd'hui le destin des auteurs ! Vous savez que les *Fantaisies de Callot*, l'un des plus beaux ouvrages de notre cher Théodore, ont paru ce matin, et voilà que l'épicier s'en sert déjà pour faire des cornets à tabac. »

« Hoffmann se jette sur le malencontreux papier, et il fallut se hâter de lui dire que Devrient n'avait pas craint de gâter un exemplaire de son ouvrage pour lui jouer ce mauvais tour.

« Ce Devrient était un acteur d'un mérite rare, un homme d'un tel talent, que le roi de Prusse s'était cru une fois obligé de lui payer toutes ses dettes, et ce n'était pas peu de chose. Il passait ordinairement sa journée à jouer et à boire. A six heures, il avait à peu près perdu l'usage de sa raison ; on venait le chercher pour qu'il remplît son rôle ; on l'habillait sans qu'il sût comment ; on le conduisait dans les coulisses, et il laissait faire ; puis, au moment où il devait paraître, on le poussait sur la scène, et voilà un homme qui, en face des quinquets, en face du public, en face de l'orchestre et du parterre, recouvrait tout à coup la mémoire, l'intelligence, l'action, et jouait d'une manière ravissante. Explique qui voudra ce fait singulier ; mais il s'est répété mille fois, et tout le théâtre de Berlin en a été témoin.

« Quand il avait rempli sa tâche, il revenait dans la cave de Luther ; et il y avait toujours là une nombreuse réunion, impatiente de le voir arriver, qui faisait éclater sa joie à son approche, et qui se formait en cercle autour de lui pour regarder sa physionomie si mobile, pour entendre sa conversation, assaisonnée de tant de pointes d'esprit, assez souvent même d'un peu de cynisme.

« Un matin, il était encore dans son lit, demi-dormant, demi-éveillé, lorsque sa porte s'ouvre, et il voit entrer Luther. Singulière apparition pour lui qui n'avait jamais vu Luther que le soir, à la clarté des lampes, au milieu d'une atmosphère de fumée. Peut-être comprit-il bien le motif d'une telle visite, et, en bon acteur, il tâcha de donner à son maintien et à sa physionomie toute la dignité possible.

« Cependant Luther s'approche d'un air embarrassé, fait

trois révérences, demande mille pardons, puis avance d'un pas, puis s'arrête encore.

« Eh bien, Luther, qu'y a-t-il pour votre service? » dit Devrient d'un ton de voix d'Agamemnon parlant à quelque pauvre Grec.

« Monsieur..., en vérité..., répond Luther..., je regrette extrêmement...; mais, vous le savez..., les temps sont mauvais... Je n'ai jamais voulu vous importuner; mais enfin il y a bien maintenant quelques centaines de thalers sur votre compte..., et...

« — C'est bon, je vous comprends, dit Devrient avec la dignité d'un homme qui n'est pas habitué à entendre de telles requêtes; retirez-vous, vous serez payé. »

« Et Luther s'en va à reculons, faisant force saluts et demandant encore mille fois pardon.

« Le soir, cependant, tous les admirateurs de Devrient se sont réunis dans la fameuse cave pour le voir arriver, et point de Devrient; le lendemain, même déception, le surlendemain encore. Qu'est-il donc devenu? où est-il? Sait-on s'il est malade, s'il boude, s'il n'a pas été tué en duel, s'il n'est point en prison? On s'adresse toutes ces questions avec anxiété, on forme mille conjectures, on a recours aux enquêtes; car il n'y va de rien moins que des plaisirs de tout l'hiver, des distractions de chaque soirée. Enfin on apprend que Devrient n'est ni malade ni en prison, mais qu'il a choisi, pour y tenir ses séances, une autre cave, où se rassemblent déjà tous les curieux. Alors, adieu la Charlotten-Strasse, adieu Luther et sa jolie salle, et son bon vin, et ses petites tables. Peu s'en faut qu'en le quittant on ne lui dise encore des injures; peu s'en faut qu'on ne le paye pas, pour le punir de son ingratitude; et Luther, abandonné, perdu, ruiné, ne sachant plus que faire, voyant sa cave déserte, son enseigne impuissante, sa gloire effacée, sa caisse vide, arrive un jour, pâle et le désespoir dans le cœur, chez Devrient, et lui dit : « Monsieur, venez, buvez, disposez de moi, de mes garçons, de ma salle, de ma bière et de mon vin de Rudesheim, je ne vous demande pas un sou. » Et l'on dit que Devrient ne se fit pas scrupule de profiter de la permission.

« Il y a dans la vie d'Hoffmann une page plus belle que celle où sont inscrites ses relations avec Devrient; c'est lorsque, revenant parfois le soir, las du monde, qui ne lui inspirait plus aucune sympathie, las des hommes qui avaient exercé sa verve moqueuse, il se retrouvait seul chez lui, seul avec sa tristesse, avec ses rêves d'artiste, avec ses crayons et son piano, ses livres et son grand fauteuil. Alors il commençait ordinairement par s'asseoir devant son piano, il en faisait vibrer les touches ; et la note qui tremblait sous ses doigts, l'accord musical qui résonnait dans l'air, lui donnaient une sorte de commotion électrique. Alors arrivaient les morceaux d'inspiration, les brillantes fantaisies, les beaux passages d'*Undine*, et le monde réel fuyait loin de lui, et son âme prenait l'essor avec ces riches inspirations, avec cette poésie musicale, avec ces airs capricieux, avec ces flots de mélodie; puis, quand il se sentait échauffé, entraîné, enthousiasmé, il s'en allait fermer sa porte à double tour, puis rentrait dans son sanctuaire avec un visage épanoui.

« A ce moment, vous eussiez vu le bon Hoffmann, tirant du fond d'une armoire une bouteille bien cachetée, puis un verre; puis, d'une autre armoire, encore plus soigneusement fermée que la première, une vingtaine de petites figures en carton qu'il rangeait symétriquement sur la table : c'étaient tous les personnages principaux de ses romans, qu'il avait lui-même dessinés, collés sur carton et découpés. Là venaient la pâle et poétique héroïne du *Violon de Crémone*, la jeune comtesse du *Majorat*, la pauvre Anna de *Don Juan*, la jolie fille de maître Martin, et Olivier Brusson, et le grave et majestueux Marino Falieri. Maintenant voyez-vous Hoffmann se séquestrant de la foule, s'échappant d'une haute société où l'on eût voulu le conserver, Hoffmann s'enfermant avec le monde qu'il s'est fait, avec ces figures qui lui doivent leurs traits, leur forme, leur expression ? Il les regarde tour à tour, il leur parle, il leur sourit, il les aime et les trouve belles; puis il boit cette précieuse bouteille de vin de Johannisberg en leur honneur; puis voilà que le feu lui monte à la tête, que son imagination se jette encore une fois hors de toutes les réalités. Alors ce ne sont plus seulement des figures inanimées qu'il a devant lui, des figures dessinées à la main et collées sur papier : non, elles vivent, elles se meuvent, elles reprennent leur place dans le roman qu'il leur a assigné, elles agissent comme il l'a voulu, elles achèvent leur drame ; il voit ces yeux qui le regardent, ces lèvres qui lui sourient, ces fronts qui pâlissent; il entend leur voix, leurs accents d'amour et de douleur; il entend le violon de Crémone qui rend un dernier accord et se brise; l'orgue qui accompagne avec ses mouvements religieux le *Sanctus*; l'orchestre qui soutient la voix d'Anna dans *Don Juan*. Autour de lui des plaintes bourdonnent, des cris d'adieux s'échangent, des âmes se plaignent, des larmes tombent; autour de lui flottent des visages pâles, des ombres incertaines, des femmes éplorées et des êtres grotesques. Oh! son cœur se resserre, ses yeux regardent toute cette fantasmagorie avec effroi. Oh! pauvre Hoffmann! pauvre Hoffmann! il y a de la folie dans un tel transport d'imagination; mais connaissez-vous une folie plus triste, une idée plus touchante que celle de cet artiste, de ce poëte qui ne peut plus exister avec le monde réel, et qui existe avec ses rêves peints sur le papier, avec ces figures qu'il a découpées, et auxquelles il donne l'âme, le regard, la parole et la vie? »

Tout en professant une vive sympathie pour le talent d'Hoffmann, pour cette imagination tour à tour si vive et si tendre, pour ces contes qui allient tant de fines et délicates peintures, tant d'esprit d'observation et de saillies humoristiques à une touchante sensibilité, nous ne pouvions avoir l'idée de publier une traduction entière de ses œuvres. Il y en a plusieurs où sa fantaisie s'en va tellement au delà des régions de la réalité, que tous les tableaux qu'il essaye de retracer dans cette espèce de songe ressemblent à des ombres vacillantes éclairées par les lueurs d'un pâle crépuscule. Dans d'autres, il se livre à de telles abstractions, qu'à peine pénètre-t-on le sens intime de sa pensée sous les images confuses et les aphorismes qui la voilent; enfin Hoffmann est resté plus d'une fois au-dessous de lui-même ; son esprit et sa verve ont failli dans des essais qu'il n'a pas eu le temps de reprendre et d'améliorer.

Nous avons choisi parmi ses productions celles qui nous offraient les qualités les plus réelles et les peintures les plus caractéristiques. En restreignant notre traduction à ce choix, nous ne croyons pas manquer au vœu du public, ni offenser la mémoire du spirituel conteur.

CONTES FANTASTIQUES.

LE VIOLON DE CRÉMONE.

CHAPITRE PREMIER.

Le conseiller Crespel est l'un des hommes les plus étranges que j'aie jamais vus. Lorsque j'arrivai à H..... avec l'intention de passer là quelque temps, dans toute la ville on ne parlait que de lui ; il était alors dans l'éclat de son originalité. Crespel s'était acquis une grande réputation comme juriste et comme diplomate. Un prince souverain d'Allemagne, assez puissant, s'était adressé à lui pour rédiger un mémoire qu'il voulait adresser à la cour impériale, au sujet d'un territoire sur lequel il croyait avoir de légitimes prétentions. Ce mémoire lui réussit parfaitement ; et comme Crespel se plaignait un jour de ne pouvoir trouver une habitation commode, le prince, pour le récompenser de son travail, s'engagea à subvenir aux frais de construction d'une maison que le conseiller ferait bâtir à son gré. Le prince lui offrit même le choix du terrain ; mais Crespel ne voulut point l'accepter, et demanda que sa maison fût bâtie dans un jardin très-pittoresque, qu'il possédait à la porte de la ville.

Dès ce moment on le vit amasser et charrier les matériaux de construction. Vêtu d'un costume fait selon ses principes particuliers, tout le jour il broyait la chaux, pétrissait le mortier, et élevait les murs. Il ne s'était adressé à aucun architecte, et n'avait fait aucun plan. Un matin cependant, il s'en va trouver un honnête maître maçon de H....., et le prie de venir le lendemain dans son jardin avec une quantité d'ouvriers pour bâtir sa maison. Le maçon s'informa tout naturellement du plan qui avait dû être tracé, et ne fut pas peu surpris lorsque Crespel lui répondit qu'il n'avait pas besoin de tout cela pour achever son édifice. Le lendemain, le maître maçon arrive à l'endroit désigné avec tous ses gens, et aperçoit une fosse formant un carré régulier.

« Voilà, lui dit Crespel, où je veux établir les fondements de la maison ; ensuite je vous prierai d'élever les quatre murailles jusqu'à ce que je vous dise : C'est assez !

— Quoi ! sans fenêtres, sans portes, sans murs de traverse ! s'écria le maçon, presque épouvanté de la bizarrerie de Crespel.

— C'est comme je vous le dis, mon brave homme, répondit le conseiller très-tranquillement ; le reste s'arrangera de soi-même. »

La promesse d'un large payement put seule décider le maçon à entreprendre cette folle construction ; mais jamais édifice ne fut bâti si gaiement. Les murailles s'élevèrent au milieu des éclats de rire des ouvriers, qui ne quittaient pas le terrain, où ils avaient à boire et à manger en abondance. Un beau jour, Crespel cria : Halte ! A l'instant même les truelles et les marteaux cessèrent de retentir ; les ouvriers descendirent de leur échafaudage, et, entourant Crespel, chacun d'eux sembla lui demander : Qu'allons-nous faire ?

« Place ! » s'écria Crespel. Il courut à l'une des extrémités du jardin, revint lentement vers son carré de murailles, secoua la tête, s'en retourna à une autre extrémité, revint de nouveau, et répéta plusieurs fois ce manége, jusqu'à ce qu'enfin il allât se heurter contre un pan de mur, et s'écria : « Arrivez, arrivez ici, et faites-moi là une porte. » Il en donna la largeur et la hauteur, et ses ordres furent à l'instant exécutés. La porte faite, il entra dans la maison, et sourit d'un air de satisfaction lorsque le maître ouvrier lui fit remarquer que cet édifice avait juste la hauteur d'une maison à deux étages. Crespel se promenait de long en large dans l'enceinte de la muraille, suivi des maçons, munis de leurs pioches et de leurs marteaux, et dès qu'il criait : « Ici une fenêtre de six pieds de haut et de quatre pieds de large ! là une lucarne ! » elles étaient ouvertes à l'instant.

J'arrivai à H..... pendant cette opération, et c'était une plaisante chose que de voir des centaines de gens assemblés autour de ce jardin, et poussant des cris de joie quand on voyait tomber les pierres, et qu'une fenêtre apparaissait tout à coup à l'endroit où l'on ne se fût pas attendu à en voir établir une. Le reste de la construction de la maison et les autres travaux nécessaires furent accomplis de la même façon, d'après la décision subite de Crespel. La singularité de cette entreprise, l'étonnement qu'on éprouva en voyant qu'après tout la maison était beaucoup mieux qu'on ne s'y était attendu, la libéralité de Crespel, tout contribua à entretenir la gaieté des ouvriers. Les difficultés que présentait ce singulier mode de construction furent vaincues, et, en peu de temps, on vit une maison qui présentait au dehors l'aspect le plus ridicule, car aucune fenêtre ne ressemblait à l'autre ; mais, à l'intérieur, elle offrait une distribution très-commode et des agréments particuliers. Tous ceux qui la visitèrent furent d'accord sur ce point, et je me rangeai à leur avis lorsque Crespel m'y conduisit.

CHAPITRE II.

Je n'avais pu parler encore à ce bizarre conseiller ; sa maison l'occupait tellement, qu'il n'était pas venu le mardi, comme c'était sa coutume, dîner chez le professeur M..., et il lui avait même fait dire qu'il ne quitterait pas son jardin avant l'inauguration de sa nouvelle demeure. Tous ses amis et connaissances pensaient qu'il donnerait, ce jour-là, un repas splendide ; mais il n'invita que les maîtres maçons, les compagnons et les apprentis qui avaient travaillé à sa maison, et leur fit servir les mets les plus délicats. Les maçons entamaient tout à leur aise les pâtés de venaison ; les menuisiers savouraient avec joie les faisans dorés, et les ouvriers affamés se délectaient avec les volailles truffées. Le soir, arrivèrent leurs femmes et leurs filles, et il y eut un grand bal. Crespel valsa avec les femmes des maîtres ; puis, se plaçant à l'orchestre, il prit son violon, et dirigea la danse jusqu'au matin.

Le mardi suivant, je trouvai, à ma grande joie, le conseiller chez le professeur M.... Rien de plus étrange que ses manières ; sa contenance était si roide, ses mouvements si brusques, qu'à tout instant on craignait de le voir se blesser ou briser quelque meuble. Mais cet accident ne lui arriva pas ; et la maîtresse de maison, qui le connaissait mieux que moi, le regarda, sans frayeur, tourner à grands pas autour d'une table chargée de riches porcelaines, manœuvrer vers un grand miroir, et prendre entre ses mains un vase délicatement peint, pour en admirer les couleurs. Crespel examina en détail, avant le dîner, tout ce qui se trouvait dans la chambre du professeur ; il monta même sur un fauteuil pour détacher un tableau et le remettre à sa place. Il parlait beaucoup et avec vivacité, sautant d'un sujet à un autre, puis s'attachant à une idée à laquelle il revenait sans cesse par mille détours, par mille moyens singuliers, s'égarant lui-même dans ses digressions, jusqu'à ce qu'enfin une autre pensée s'emparât de lui. Sa voix était tantôt rude et violente, tantôt plaintive et cadencée, et toujours en désaccord avec ses paroles. On s'entretenait de musique, et on loua hautement un nouveau compositeur. Crespel se mit à rire, et dit d'un ton presque psalmodié : « Je voudrais que Satan emportât, sur ses ailes noires, ce maudit aligneur de notes, à dix mille millions de toises au fond de l'abîme. » Puis il ajouta, d'une voix dure et irritée : « Elle !... c'est un ange du ciel ! c'est un accord pur, une harmonie divine, la lumière et l'étoile du chant ! » Il fallut nous souvenir qu'une heure auparavant on avait parlé d'une cantatrice célèbre.

On servit un rôti de lièvre ; je remarquai que Crespel mettait soigneusement les os à l'écart sur son assiette, et il demanda la patte de l'animal, qu'une petite fille du professeur lui apporta en souriant. Pendant le dîner, les enfants avaient regardé d'un air amical le conseiller. Un instant après, ils s'approchèrent de lui avec respect, et s'arrêtèrent à quelques pas. Le conseiller tira de sa poche un petit tour en acier, qu'il appliqua à la table ; prenant alors les os qu'il avait amassés, il se mit à en faire, avec une étonnante habileté, de petites boîtes, des boules, des quilles et d'autres jouets, que les enfants reçurent avec transport. Après le dîner, la nièce du professeur dit à Crespel : « Cher conseiller, que devient notre Antonia ? »

Crespel fit une grimace affreuse, et, montrant un sourire hideux et vraiment diabolique, dit d'une voix lente, cadencée, désagréable : « Notre bonne Antonia ! »

Le professeur s'avança à la hâte, et le regard sévère qu'il jeta à sa nièce indiquait qu'elle venait de toucher une corde qui résonnait péniblement dans le cœur de Crespel.

« Comment va le violon ? » dit le professeur d'un air léger, en prenant les mains du conseiller.

La figure de Crespel s'éclaircit à l'instant, et il répondit d'une voix énergique : « A merveille ! aujourd'hui j'ai commencé à mettre en pièces cet excellent violon d'Amati, dont je vous ai parlé, et qu'un heureux hasard a fait tomber entre mes mains. J'espère qu'Antonia achèvera de le dépecer soigneusement.

— Antonia est une bonne fille, dit le professeur.

— Oui vraiment ! » s'écria le conseiller en se retournant subitement et en s'élançant vers la porte, son chapeau et sa canne à la main. Je vis dans la glace que des larmes brillaient dans ses yeux.

Dès qu'il fut sorti, je priai le professeur de me dire quel

rapport il y avait entre le conseiller, le violon et Antonia.

« Ah ! répondit-il, le conseiller est un homme prodigieux, et fait des violons de la manière la plus singulière et la plus plaisante.

— Il fait des violons ?

— Oui. Et au dire des connaisseurs, ce sont les violons les plus parfaits qu'il soit possible de trouver à présent. Autrefois, lorsqu'il était parvenu à en fabriquer un selon son goût, il permettait quelquefois à ses amis de s'en servir ; maintenant il ne faut plus y songer. Dès qu'il a achevé un violon, il en joue lui-même, pendant une heure ou deux, avec une force extraordinaire et une puissance entraînante ; puis il le suspend à côté des autres et n'y touche plus jamais, et ne permet pas qu'on y touche. S'il y a un violon d'un ancien maître à vendre, Crespel l'achète, à quelque prix que ce soit ; mais il n'en joue qu'une seule fois ; ensuite il le démonte pour observer sa structure intérieure, et s'il n'y trouve pas ce qu'il s'était imaginé, il en jette les différentes pièces dans une grande caisse déjà toute pleine de pareils débris.

— Mais Antonia ? m'écriai-je avec vivacité.

— Ceci, dit le professeur, me ferait abhorrer le conseiller si je n'étais persuadé, par la connaissance que j'ai de sa bonté de caractère, qu'il doit y avoir dans cette relation quelque circonstance secrète et ignorée. Lorsque le conseiller vint, il y a quelques années, s'établir dans cette ville, il vivait solitairement avec une vieille gouvernante dans une maison obscure ; bientôt il attira par ses singularités la curiosité de ses voisins, et, dès qu'il s'en aperçut, il chercha et trouva des connaissances. Dans toutes les familles, comme dans la mienne, on s'habitua si bien à lui, qu'il devint en quelque temps indispensable. Les enfants l'aimaient, malgré son air dur, et craignaient de le fatiguer. Vous avez vu vous-même aujourd'hui comme il sait gagner leur affection par des travaux ingénieux. Nous le croyions célibataire, et il ne démentait point cette opinion. Après avoir séjourné quelque temps parmi nous, il partit subitement ; personne ne sut où il était allé, et il revint au bout de quelques mois.

« Le lendemain de son retour, on vit le soir ses fenêtres illuminées. Cette clarté extraordinaire attira l'attention des voisins. Bientôt on entendit une voix merveilleuse, une voix de femme, unie au son du piano ; puis les accords d'un violon qui luttait d'énergie et de souplesse avec la voix. On reconnut aussitôt le jeu du conseiller. Je me mêlai à la foule de spectateurs que cette scène étrange avait assemblée devant le jardin, et j'avoue qu'auprès de cette voix inconnue, auprès de ces accents qui pénétraient si vivement dans mon âme, le chant des cantatrices les plus célèbres que j'eusse jamais entendues me parut fade et sans expression. Jamais je n'avais eu l'idée de ces tons si longtemps soutenus, de ces trillements de rossignol, de ces notes limpides qui s'élevaient quelquefois jusqu'aux sons retentissants de l'orgue, et descendaient jusqu'au plus léger murmure. Tous les auditeurs étaient sous le charme de ces mélodies, et lorsque la cantatrice se taisait, chacun reprenait haleine au milieu du silence. Il était environ minuit quand on entendit le conseiller parler à haute voix et très-vivement. Une autre voix d'homme semblait lui faire des reproches, et l'on entendait, en outre, la voix entrecoupée d'une jeune fille qui exprimait des plaintes. Le conseiller criait de plus en plus, jusqu'à ce qu'enfin il reprit le ton chantant que vous lui connaissez. Un cri perçant de jeune fille l'interrompit, puis tout retomba dans un silence de mort. On vit alors un jeune homme se précipiter, en sanglotant, hors de la maison, se jeter dans une chaise de poste qui l'attendait, et s'éloigner rapidement.

« Le jour suivant, le conseiller parut fort gai, et personne n'eut le courage de l'interroger sur les événements de la nuit précédente. La gouvernante raconta seulement que le conseiller avait amené avec lui une jeune fille d'une grande beauté ; on l'appelait Antonia, et elle chantait merveilleusement. Avec elle était arrivé un jeune homme qui paraissait avoir pour elle une profonde tendresse et pourrait bien être son fiancé ; mais le conseiller l'avait forcé de partir promptement.

« Les rapports du conseiller avec Antonia ont été, continua le professeur, enveloppés jusqu'ici d'un grand mystère. Mais ce qu'il y a de certain, c'est que Crespel exerce sur la pauvre fille une affreuse tyrannie ; il la garde comme le docteur Bartholo gardait sa pupille. À peine lui permet-il de se mettre à la fenêtre. Si, cédant à de pressantes instances, il la mène dans quelque salon, sans cesse il la suit de son œil d'Argus, et ne souffre pas qu'on fasse entendre près d'elle un seul accord musical, et encore moins qu'elle chante. Elle ne peut non plus chanter dans sa maison ; et les mélodies qu'elle a fait entendre dans cette nuit mémorable, dont toute la ville se souvient, sont restées parmi les auditeurs comme une tradition merveilleuse ; et ceux même qui n'assistaient pas à ce concert disent souvent, lorsqu'une cantatrice vient s'essayer ici : « Tout cela n'est rien, Antonia seule sait chanter ! »

CHAPITRE III.

Les choses fantastiques produisent sur moi un grand effet. Je voulus faire connaissance avec Antonia. Je connaissais déjà le charme de sa voix par l'admiration du public ; mais je ne pensais pas que cette jeune fille fût, dans cette ville, enchaînée sous la domination de l'extravagant Crespel. La nuit suivante, j'entendis dans mes rêves le chant idéal d'Antonia : il me semblait qu'elle me conjurait dans un adagio, composé par moi-même, de la sauver, et je pris la résolution d'entrer dans la maison de Crespel, de pénétrer, comme un second Astolphe, dans le château d'Alcide, et de sauver de ses liens honteux la reine du chant.

Tout se passa autrement que je ne l'avais imaginé. À peine avais-je vu deux ou trois fois le conseiller, et lui avais-je parlé avec ardeur de la meilleure structure des violons, qu'il m'invita lui-même à visiter sa demeure. Je me rendis à sa prière, et il me montra son trésor. J'aperçus une trentaine de violons rangés dans un cabinet, et j'en distinguai un remarquable par les indices de son ancienneté et par ses sculptures. Il était suspendu plus haut que les autres, et portait une couronne de fleurs, comme le roi de tous ces instruments.

« Ce violon, me dit Crespel, est l'œuvre excellente d'un maître inconnu qui vivait vraisemblablement du temps de Tartoni. Je suis persuadé qu'il y a dans sa structure intérieure une combinaison particulière, et que, quand je viendrai à le démonter, j'y trouverai un secret que je poursuis depuis longtemps. Riez si vous voulez, mais cet instrument inanimé, auquel je donne la vie et l'expression, me parle souvent un merveilleux langage, et lorsque j'en jouai pour la première fois, je crus me voir dans la situation du magnétiseur qui excite le somnambule et l'amène à révéler ses sensations secrètes. Ne croyez pas que je sois assez extravagant pour me laisser dominer par de telles fantaisies ; c'est pourtant une chose singulière que je n'aie jamais pu avoir le courage de démonter cette muette machine. Du reste, à présent, je me réjouis de l'avoir respectée ; car depuis qu'Antonia est ici, je joue quelquefois de ce violon devant elle. Antonia l'écoute avec plaisir, avec trop de plaisir. »

Le conseiller prononça ces mots avec une émotion qui m'enhardit à parler.

« Oh ! cher monsieur, lui dis-je, ne voudriez-vous pas en jouer devant moi ? »

Sa figure prit aussitôt une expression de mécontentement, et il me dit, de sa voix lente et chantante : « Non, mon cher étudiant. » La chose en resta là.

Après m'avoir fait voir une quantité de raretés dont plusieurs étaient de vrais enfantillages, il prit une cassette et en tira un rouleau de papier qu'il me mit dans la main, en me disant d'un air solennel : « Vous êtes un ami de l'art, acceptez ce présent comme un souvenir qui doit à tout jamais vous être précieux. » A ces mots, il me poussa doucement par les épaules, et m'embrassa sur le seuil. Le fait est qu'il m'avait mis à la porte d'une manière symbolique. Lorsque j'ouvris le rouleau de papier, j'y trouvai un fragment de quinte d'un demi-pouce de longueur. Au-dessous des notes étaient écrits ces mots : « Morceaux de la quinte que l'illustre Stamitz exécuta sur son violon lorsqu'il joua son dernier concert. »

Après la brusque réponse qu'il me fit quand je prononçai le nom d'Antonia, je m'attendais à ne jamais voir la jeune fille; mais il n'en fut pas ainsi. Lorsque je visitai le conseiller pour la seconde fois, je trouvai dans sa chambre Antonia occupée à ajuster les pièces d'un violon. Au premier aspect, l'extérieur d'Antonia ne produisait pas une grande impression; mais bientôt on ne pouvait détourner le regard de ses yeux bleus, de ses lèvres roses, et de sa douce et tendre physionomie. Elle était fort pâle; mais, dès que la conversation prenait un caractère spirituel et animé, ses joues se coloraient d'un vif incarnat, et un charmant sourire errait sur ses lèvres.

Je causai avec Antonia sans contrainte, et je ne remarquai point dans Crespel ces yeux d'Argus dont le professeur m'avait parlé. Il conserva son attitude habituelle, et parut même approuver mon entretien avec la jeune fille. Je retournai le voir souvent, et il s'établit entre nous trois une aisance et une sorte d'intimité qui donnaient un grand charme à nos réunions. Le conseiller m'amusait fort par ses singularités. Mais c'était Antonia qui exerçait sur moi un attrait irrésistible et qui me faisait supporter plusieurs choses auxquelles je n'eusse pu, dans toute autre circonstance, soumettre ma nature impatiente. La conversation du conseiller était souvent ennuyeuse et de mauvais goût; et ce qui me chagrinait surtout, c'était de le voir, chaque fois qu'on l'amenait à parler de la musique, et en particulier du chant, tourner vers moi son visage mécontent, son sourire désagréable, et de sa voix chantante prononcer quelques paroles bizarres pour détourner l'entretien.

A l'air de tristesse qui se manifestait alors sur la figure

d'Antonia, je remarquais bien que le conseiller n'agissait ainsi que pour m'empêcher de demander à entendre la jeune fille chanter. Je ne renonçai cependant pas à mon projet : les obstacles que le conseiller opposait à mes désirs ne faisaient qu'affermir ma résolution. Je voulais entendre Antonia chanter, pour ne pas me perdre dans les rêves que me donnait la vague idée de ce chant. Un soir, Crespel était d'une humeur parfaite. Il venait de démonter un violon de Crémone, et avait trouvé que la table d'harmonie était dans ce violon une demi-ligne plus inclinée que dans les autres. Quelle précieuse découverte pour la pratique ! Je parvins à l'animer davantage, en lui parlant de la véritable manière de jouer du violon. La méthode des grands chanteurs, des anciens maîtres dont Crespel parlait, m'amena à faire critiquer la nouvelle méthode de chant, qui consistait à se former d'après les effets artificiels des instruments.

« Quoi de plus absurde, m'écriai-je, en m'élançant de ma chaise et en ouvrant rapidement le piano, quoi de plus absurde que cette manière de répandre un à un les sons sur la terre ? » Je chantai alors quelques compositions nouvelles, en y joignant de méchants accords.

Crespel poussait des éclats de rire, et s'écriait : « Ah ! ah ! il me semble que j'entends nos Allemands italianisés ou nos Italiens germanisés, chantant du Pouchitta ou du Porto-Gallo, ou des morceaux d'un maestro de capella. »

A présent, pensai-je, voilà le moment venu. « Je suis sûr, dis-je à Antonia en me tournant vers elle, que vous ne connaissez pas cette misérable méthode ; » et j'entonnai un chant expressif et admirable du vieux Leonardo Leo. Les joues d'Antonia se couvrirent d'un éclat brûlant ; ses yeux étincelèrent, elle s'avança vivement vers le piano et ouvrit les lèvres.

Au même instant, Crespel me prit par les épaules, et me dit d'une voix agitée : « Enfant ! enfant ! » puis il continua d'un ton cadencé et en me faisant un salut respectueux : « Je manquerais, sans doute, mon très-digne monsieur, à toutes les convenances et à tous les usages de politesse, si j'exprimais à haute voix le désir que le diable vous enlevât, à l'instant même, avec ses griffes de feu, et vous emportât au fond de l'abîme. Mais, sans en venir là, vous avouerez, mon très-cher, que la nuit est fort sombre, et que, comme les réverbères ne sont pas allumés, quand même je ne vous jetterais point par la fenêtre, vous auriez de la peine à porter votre petit corps sain et sauf au bas de l'escalier. Prenez donc cette lumière, sortez en paix de la maison, et souvenez-vous que vous avez en moi un ami tendre et dévoué, bien que vous ne deviez jamais, entendez-vous, jamais me retrouver au logis. »

Là-dessus il m'embrassa, et m'entraîna lentement vers la porte, en me tenant de telle façon que je ne pus rencontrer encore une fois le regard d'Antonia.

Vous avouerez qu'à ma place il n'était pas possible de rosser le conseiller, quoique j'en eusse grande envie. Le professeur rit beaucoup de ma mésaventure, et me dit que c'en était fait pour toujours de mes relations avec le conseiller. Antonia était à mes yeux une créature trop noble et trop sacrée pour qu'il me fût possible d'aller jouer l'amoroso languissant sous ses fenêtres. Je quittai la ville de H..., le cœur désolé au milieu de mes regrets ; l'image d'Antonia m'apparaissait entourée d'une sorte d'auréole, et son chant, que je n'avais jamais entendu, résonnait dans mon cœur comme une musique consolante.

CHAPITRE IV.

J'étais placé depuis deux ans à B... lorsque j'entrepris un voyage dans le midi de l'Allemagne. Un soir, je vis se dessiner dans la pourpre du crépuscule les tours de H... ; à mesure que j'approchais, je me sentais saisi d'une anxiété inexprimable ; j'avais comme un fardeau pesant sur la poitrine, j'étouffais, et je descendis de voiture pour respirer librement. Bientôt cet abattement moral devint une douleur physique ; il me semblait que j'entendais résonner dans l'air des accents d'un chant solennel. Les sons devinrent plus intelligibles, je distinguai des voix d'hommes qui modulaient un chant d'église.

« Qu'y a-t-il donc? qu'y a-t-il donc? m'écriai-je avec une indicible douleur.

— Ne le voyez-vous pas? répondit le postillon : on enterre là-bas quelqu'un dans le cimetière. »

En effet, nous approchions du cimetière, et je vis un cercle d'hommes vêtus de noir et entourant une fosse qu'on allait combler. Les larmes s'échappèrent de mes yeux ; il me semblait qu'on enterrait là toutes les joies et toutes les félicités de ma vie. J'étais descendu au bas de la colline, je ne pouvais plus voir ce qui se passait dans le cimetière. Le chant cessa, et je remarquai, sur le chemin, des hommes en deuil qui revenaient de l'enterrement. Le professeur passa près de moi avec sa nièce, sans me remarquer. La nièce tenait un mouchoir sur ses yeux et sanglotait violemment. Il me fut impossible d'entrer dans la ville ; j'envoyai à l'auberge mon domestique avec ma voiture, et je me mis à parcourir ces lieux que je connaissais si bien, pour essayer de me remettre d'une émotion qui ne provenait peut-être que de la fatigue du voyage ou de quelque autre cause physique. En entrant dans une allée qui conduisait à un jardin public, je fus témoin d'un singulier spectacle. Le conseiller Crespel était conduit par deux hommes en deuil, et bondissait et sautait pour leur échapper. Il portait comme de coutume son vêtement gris, taillé d'une façon bizarre ; de son chapeau à trois cornes, posé d'un air martial sur l'oreille, tombait un long crêpe flottant, sur ses flancs il avait mis un ceinturon noir, et il y avait placé, au lieu d'une épée, un archet de violon. Un froid glacial fit frissonner mes membres. Il est fou, me dis-je; et je le suivis lentement. Ceux qui le conduisaient le menèrent à sa maison, et il les embrassa en éclatant de rire. Lorsqu'ils le quittèrent, son regard tomba sur moi ; il m'observa fixement, et dit d'une voix sourde : « Soyez le bienvenu, messire étudiant; vous comprenez sans doute... »

3.

A ces mots, il me saisit par le bras et me fit monter dans la chambre où étaient suspendus ses violons ; tous étaient revêtus d'un voile noir ; mais le beau violon de Crémone avait été remplacé par une couronne de cyprès. Je devinai ce qui était arrivé : « Antonia ! Antonia ! » m'écriai-je avec une profonde douleur. Le conseiller resta devant moi immobile, les bras croisés ; je lui montrai la couronne de cyprès.

« Lorsqu'elle mourut, me dit-il d'un air solennel, l'archet de ce violon se brisa avec éclat, et la table d'harmonie tomba en pièces. Cet instrument fidèle ne pouvait vivre qu'avec elle et pour elle : il est dans sa tombe, enseveli avec elle. »

Je tombai sur un fauteuil, dans une vive émotion. Le conseiller se mit à chanter d'une voix rauque une chanson joyeuse. C'était un affreux spectacle que de le voir sauter sur un pied, tandis que le crêpe suspendu à son chapeau voltigeait sur les violons suspendus à la muraille. Je ne pus retenir un cri d'effroi lorsque, dans un mouvement rapide du conseiller, ce crêpe tomba sur mon visage ; il me semblait qu'il allait m'envelopper dans les voiles funèbres de la folie.

Tout à coup Crespel s'arrête devant moi et me dit : « Enfant ! enfant ! pourquoi cries-tu ainsi ? As-tu vu l'ange de la mort ? C'est ce que l'on voit toujours avant la cérémonie. »

Il s'avança au milieu de la chambre, prit l'archet de violon attaché à sa ceinture, le tint avec les deux mains sur sa tête, et le brisa ; puis il s'écria en poussant un éclat de rire : « Maintenant la baguette est brisée sur moi. N'est-ce pas que je suis libre ? libre ? Salut à la liberté ! Je ne ferai plus de violons... bravo !... je ne ferai plus de violons. » Et il se remit à chanter d'un ton plus terrible une mélodie riante, en courant et sautant de nouveau sur un pied. Épouvanté de cette scène, je voulais fuir : il me retint d'une main ferme, en me disant avec calme : « Restez, monsieur l'étudiant. Ne prenez pas pour de la folie ces explosions d'une douleur qui me tue. Tout cela m'est arrivé parce que je me suis fait faire dernièrement une robe de chambre qui devait me donner l'apparence du Destin ou de Dieu. » Il continua à dire toute sorte de choses extravagantes, jusqu'à ce qu'enfin il tomba épuisé.

J'appelai sa vieille servante, et me réjouis enfin de pouvoir sortir. Je ne doutai pas que Crespel ne fût fou ; le professeur soutint cependant le contraire. « Il y a des hommes, me dit-il, que la nature ou quelque événement particulier dépouille du voile sous lequel nous autres nous commettons nos folies sans qu'on s'en aperçoive. Ils sont comme ces insectes revêtus d'une peau transparente qui laisse voir tout le jeu de leurs muscles. Tout ce qui est chez nous à l'état de pensée se traduit en action chez Crespel. Par ses contorsions, par ses danses extravagantes, il exprime l'amère ironie du sort qui souvent s'est joué de lui en ce monde ; mais là est son salut. Ce qui vient de la terre, il le rendra à la terre ; ce qui est d'origine céleste, il saura le garder, et, malgré cette folie éclatante, il a conservé le sentiment de lui-même. La mort subite d'Antonia doit l'accabler ; cependant je suis sûr que demain il reprendra déjà ses habitudes. » En effet, tout se passa à peu près comme le professeur l'avait prévu. Le conseiller reparut le lendemain tel qu'il était autrefois ; seulement il déclara qu'il ne ferait plus de violons et ne jouerait plus de cet instrument. Plus tard, j'ai appris qu'il avait tenu sa parole.

CHAPITRE V.

Ce que le professeur me dit ajouta encore aux soupçons que m'avaient fait concevoir les relations d'Antonia avec le conseiller. Je pensai même que la mort d'Antonia devait peser lourdement sur la conscience de Crespel. Je ne voulais pas quitter H... sans lui avoir reproché le crime dont je le croyais coupable ; je voulais l'ébranler jusqu'au fond du cœur, et le forcer à me faire l'aveu de son attentat. Plus je songeais à cette affaire, plus il me paraissait évident que ce Crespel devait être un scélérat, et le discours que je devais lui adresser prenait de plus en plus une couleur vive et ardente. À la fin, c'était un vrai chef-d'œuvre de rhétorique.

Ainsi préparé à ma harangue, échauffé par mon imagination, je cours chez Crespel : je le trouve occupé à tourner, avec un visage calme et riant, plusieurs jouets.

« Comment, lui dis-je avec violence, comment pouvez-vous garder un instant de paix dans votre âme quand la pensée d'une affreuse action devrait vous torturer ? »

Il me regarde avec surprise, et pose à côté de lui son instrument de travail.

« Que voulez-vous dire, mon bon ami ? me demanda-t-il ; je vous en prie, ayez la complaisance de vous asseoir. »

Je m'échauffai de plus en plus ; je l'accusai d'avoir fait mourir Antonia, et je le menaçai de la vengeance céleste. Tout fier encore de ma nouvelle dignité d'homme de justice, j'allai jusqu'à lui affirmer que je mettrais tout en œuvre pour découvrir les traces de son crime, et le livrer aux tribunaux.

Je me trouvai cependant singulièrement embarrassé lorsque, à la fin de ma pompeuse harangue, le conseiller me regarda paisiblement comme s'il attendait que je parlasse encore. J'essayai de continuer ; mais tout ce que j'exprimai me parut si embarrassé et si peu convenable, que je n'osai aller plus loin. Crespel jouissait de mon embarras ; un sourire ironique et malin errait sur son visage. Bientôt il reprit un air très-sérieux et me dit d'un ton imposant : « Jeune homme, tu peux me regarder comme un fou, comme un extravagant, je te pardonne ; car nous sommes tous deux enfermés dans la maison de fous, et tu m'en veux parce que je crois être Dieu le Père, et que tu te regardes comme Dieu le Fils. Mais comment oses-tu essayer de pénétrer dans les replis secrets d'une existence qui doit te rester étrangère ? Antonia n'est plus, et le mystère a cessé d'être... » Il se leva, traversa la chambre de long en large ; il me regarda fixement, me prit par la main et me conduisit près de la fenêtre, dont il ouvrit les deux battants. Il s'appuya sur la pierre du balcon, les yeux fixés sur le jardin, et me raconta l'histoire de sa vie. Lorsqu'il eut fini, je le quittai, ému et honteux.

Voici en peu de mots l'histoire d'Antonia. Une vingtaine d'années environ avant l'époque dont je parle, le conseiller fut attiré en Italie par le désir de rechercher les meilleurs violons des anciens maîtres. Il ne construisait encore aucun de ces instruments, et ne songeait pas à les démonter. A Venise, il entendit la célèbre cantatrice Angéla, qui brillait alors sur le théâtre de San Beneditto, dans les premiers rôles, et il éprouva un enthousiasme enfanté non-seulement par le talent, mais par l'angélique beauté de la signora. Il chercha à faire connaissance avec elle ; et, malgré la rudesse de ses manières, il parvint, par le jeu hardi et plein d'expression de son violon, à gagner les bonnes grâces de la jeune actrice. Quelques semaines après il contractait avec elle un mariage qui devait rester secret, parce qu'Angéla ne voulait ni quitter le théâtre ni renoncer à son nom célèbre pour prendre le nom peu harmonieux de Crespel.

Le conseiller me décrivit avec l'ironie la plus folle toutes les tortures que la signora Angéla lui avait fait subir dès qu'elle était devenue sa femme. « Toutes les boutades, toutes les fantaisies de toutes les premières cantatrices réunies étaient, dit Crespel, rassemblées dans le petit corps d'Angéla. » S'il lui arrivait quelque jour l'idée d'avoir une volonté, à l'instant même, Angéla lui dépêchait une légion d'abbés, de maestri, d'académiciens, qui, ne connaissant pas ses droits conjugaux, le traitaient comme l'amant le plus incivil et le plus insupportable. Une fois, après une de ces attaques orageuses, Crespel s'était réfugié dans la maison de campagne d'Angéla, et oubliait les souffrances de la journée en exécutant diverses fantaisies sur son violon de Crémone. Quelques instants après, la signora entre dans cette maison. Elle avait en ce moment-là un caprice de tendresse ; elle embrasse le conseiller, en lui jetant des regards languissants, et pose la tête sur son épaule. Crespel, emporté dans le tourbillon de ses accords, continue son jeu avec ardeur et touche par hasard la signora du bout de son archet. Alors elle s'élance sur lui, furieuse : *Bestia tedesca!* s'écrie-t-elle ; et, lui arrachant le violon des mains, elle le brise sur une table de marbre.

Le conseiller resta un moment pétrifié devant elle ; et, se réveillant comme d'un rêve, il prit la signora d'une main vigoureuse, la jeta par la fenêtre, et, sans s'inquiéter de ce qui arriverait, il partit pour l'Allemagne. Quelque temps après, il osait à peine se rendre compte de sa violence. Quoiqu'il sût que la fenêtre n'était pas élevée à plus de cinq pieds du sol, et qu'il eût obéi à un mouvement irrésistible en se délivrant d'une façon si rude des colères de sa femme, il se sentait agité par une angoisse secrète qui redoubla encore quand il en vint à se rappeler que la signora lui avait dans ce temps-là donné l'espoir de devenir mère. Il tremblait de demander des informations, et ne fut pas peu surpris lorsque, huit mois après son retour, il reçut une lettre très-tendre d'Angéla. Cette lettre ne faisait pas la moindre mention de ce qui s'était passé à la maison de campagne, et annonçait que la signora était accouchée d'une charmante petite fille. Le *marito amato*, le *padre felicissimo* était instamment prié de se rendre le plus tôt possible à Venise. Crespel, avant d'accéder à cette prière, écrivit à quelques-uns de ses amis pour savoir au juste ce qui était arrivé depuis son départ, et il apprit que la signora était tombée de la fenêtre, légère comme un oiseau, sur le gazon, et que cette chute n'avait eu pour elle que les suites heureuses. L'action énergique de Crespel avait entièrement changé la nature capricieuse de la jeune femme. Dès ce jour on n'avait pu remarquer en elle aucune de ses anciennes bizarreries de caractère. Le maestro qui avait composé, cette année-là, les pièces de carnaval, était le plus heureux des hommes, car la signora avait consenti à chanter sans lui imposer les mille variantes qu'elle exigeait autrefois.

Le conseiller, touché de cette transformation, commanda des chevaux et monta en voiture. Tout à coup il s'arrêta : « Il est possible, se dit-il, que mon aspect seul rende à Angéla son humeur fantasque, et que je sois encore obligé de la jeter par la fenêtre. »

Il rentra chez lui, et écrivit à sa femme une lettre des plus tendres, où il lui exprimait la joie qu'il éprouvait d'apprendre que sa fille avait comme lui un petit signe derrière l'oreille. Il lui jurait qu'il l'aimait de tout son cœur, mais qu'il devait rester en Allemagne. La correspondance se poursuivit longtemps sur le même ton. Les protestations d'amour, les prières, les désirs, les expressions de regret volaient de Venise à H... et de H... à Venise.

Angéla vint enfin en Allemagne, et obtint, comme prima donna, un grand succès sur le théâtre de F...; elle n'était plus jeune, mais son chant avait un irrésistible attrait, car sa voix n'avait rien perdu de son éclat. Antonia avait grandi, et sa mère ne pouvait se lasser d'écrire au conseiller que sa fille deviendrait une cantatrice de premier ordre.

Un jour les amis de Crespel lui annoncèrent que deux virtuoses célèbres venaient d'arriver à F..., et l'engagèrent instamment à se rendre dans cette ville pour les entendre. Il ne savait point quels liens étroits l'unissaient à ce couple. Le conseiller avait le plus grand désir de voir sa fille; mais, dès qu'il songeait à sa femme, il se sentait à l'instant même saisi d'une pensée de tristesse, et il resta chez lui au milieu de ses violons brisés.

Un jeune compositeur très-connu devint éperdument amoureux d'Antonia; la jeune fille répondit à son amour. Angéla n'avait rien à objecter à leur union, et le conseiller l'approuva d'autant plus facilement que les œuvres du jeune artiste avaient trouvé grâce devant son tribunal sévère. Chaque jour, Crespel s'attendait à apprendre que le mariage était conclu, et, au lieu de cette heureuse nouvelle, il reçut une lettre cachetée de noir et écrite par une main étrangère. Le docteur R... annonçait au conseiller que le soir, en sortant du théâtre, Angéla avait eu un refroidissement, et qu'elle était morte la veille du jour où Antonia devait se marier. Angéla avait déclaré au docteur qu'elle était la femme de Crespel et qu'elle lui confiait le sort de sa fille.

Le même jour le conseiller partit pour F.... Je ne puis dépeindre la manière déchirante avec laquelle Crespel me parla du moment où il vit pour la première fois sa fille. Il y avait dans la bizarrerie même de ses expressions une force dont je ne puis donner aucune idée. Antonia avait toute l'amabilité, toutes les grâces de sa mère, sans aucun de ses défauts. Lorsque Crespel arriva, le jeune fiancé était assis à côté d'elle; et Antonia, connaissant la nature singulière de son père, se mit à chanter un motif du vieux père Martini, qu'Angéla chantait sans cesse devant le conseiller, au temps de leurs amours. Crespel répandit un torrent de larmes; jamais la voix d'Angéla elle-même n'avait vibré si fortement à son oreille. Le chant d'Antonia était d'une nature particulière; tantôt il ressemblait aux soupirs de la harpe éolienne, tantôt aux modulations du rossignol : on eût dit que les sons exhalés par elle ne pouvaient être contenus dans une poitrine humaine. Antonia, enthousiasmée par l'amour et la joie, chanta ses plus beaux airs, tandis que son fiancé jouait à côté d'elle avec ravissement. Crespel était plongé dans une sorte d'extase : tout à coup il devint pensif, silencieux, et s'élançant vers Antonia, il la pressa sur son cœur, et lui dit d'une voix étouffée : « Ne chante plus si tu m'aimes, ton chant me déchire l'âme; une affreuse anxiété m'oppresse, ne chante plus. »

« Non, dit-il le lendemain au docteur R...; lorsque j'ai remarqué pendant qu'elle chantait deux taches rouges sur ses joues, j'ai bien vu que ce n'était pas simplement une ressemblance de famille, mais un signe redouté.»

Le docteur, dont le visage s'était rembruni en écoutant les paroles du conseiller, lui répondit : « Il est possible, en effet, que, par suite d'un trop grand effort, ou par un défaut d'organisation, Antonia ait un vice dans la poitrine qui donne précisément à sa voix cette force merveilleuse et ces vibrations sonores et surnaturelles. Cette faculté doit être la cause de sa mort; et si elle continue à chanter, je ne lui donne pas six mois de vie. »

Cet aveu du docteur pénétra, comme un trait déchirant, le cœur du conseiller. Il lui semblait voir un arbre fécond, couvert, pour la première fois, des plus beaux fruits, et condamné à ne plus reverdir, à ne plus fleurir, à être coupé dans sa racine. Sa résolution fut aussitôt prise. Il exprima toutes ses craintes à Antonia, et lui demanda si elle aimait mieux suivre son fiancé, se laisser aller aux séductions du monde et succomber bientôt, que de suivre son père dans ses vieux jours, de lui donner un repos, une joie qu'il n'avait jamais connus, et de vivre longtemps. Antonia se jeta en sanglotant dans ses bras. Il comprit toute la douleur qu'elle éprouvait. Il s'adressa ensuite au fiancé; et quoique celui-ci assurât que jamais le moindre chant ne s'échapperait des lèvres de la jeune fille, le conseiller pensa que le jeune musicien ne pourrait résister à la tentation d'entendre Antonia exécuter les morceaux composés par lui. Le conseiller disparut avec Antonia et se retira à H.... Le fiancé, désespéré de ce brusque départ, suivit leurs traces, et arriva en même temps qu'eux dans leur retraite.

« Le voir encore une fois, et puis mourir! » disait Antonia d'une voix gémissante.

« Mourir! mourir! » s'écriait Crespel avec fureur; et un frisson glacial pénétrait jusqu'à son cœur. Il vit sa fille, cet être adoré et unique dans le monde, le seul qui lui eût révélé un bonheur ignoré, le seul qui le réconciliât avec l'existence, il le vit s'arracher de son cœur, et il voulut alors se soumettre à l'épreuve la plus affreuse. Le fiancé s'assit au piano, Antonia chanta, Crespel joua gaiement du violon, jusqu'à ce qu'il vît deux taches rouges briller sur les joues de la jeune fille. Il fit alors cesser le concert; et lorsque le musicien prit congé d'Antonia, elle tomba sur le parquet en poussant un cri douloureux. « Je crus, me dit Crespel, qu'elle était morte, comme je l'avais prévu, vraiment morte; et, comme je m'étais résigné à la plus affreuse catastrophe, je restai calme. Je pris avec beaucoup de douceur le musicien par les épaules, et lui dis: « Puisqu'il vous a plu, mon très-digne maître de piano, d'assassiner votre fiancée, vous pouvez aller en paix où il vous plaira, à moins que vous ne préfériez rester ici jusqu'à ce que je vous plonge ce couteau de chasse dans le cœur, afin de colorer, par votre noble sang, le visage pâle de ma fille. Éloignez-vous donc au plus vite, car je ne réponds pas de moi. »

« Mes paroles devaient avoir en ce moment un accent terrible. Il s'enfuit en toute hâte, et descendit précipitamment les escaliers. »

Lorsqu'il fut loin, Antonia, qui reposait inanimée sur le parquet, ouvrit péniblement les yeux, et la mort sembla vouloir les refermer aussitôt. Crespel poussa un cri de désolation. Le médecin, que la vieille gouvernante avait été chercher, déclara que l'état d'Antonia était grave, mais sans danger; et en effet elle se rétablit plus promptement que le conseiller n'avait osé l'espérer. Dès ce jour, elle témoigna à son père une tendresse extrême; elle s'associait avec abandon à tous ses penchants et même à toutes ses bizarreries; elle l'aidait à démonter de vieux violons et à en fabriquer de nouveaux.

« Je ne veux plus chanter, lui disait-elle souvent en riant, je veux vivre pour toi! » et elle résistait à toutes les prières qu'on lui adressait pour entendre la mélodie de sa voix. Le conseiller cherchait, autant que possible, à lui épargner les prières. Il ne la menait qu'à regret dans le monde, et évitait soigneusement tous les concerts. Il savait tout ce qu'il en coûtait à Antonia de renoncer à l'art qu'elle avait porté à un si haut degré de perfection.

Lorsqu'il eut acheté l'admirable violon qu'il ensevelit avec elle, et qu'il voulut le détruire comme les autres, Antonia le regarda d'un air douloureux, et lui dit : « Quoi ! celui-là aussi ? » Le conseiller ne savait lui-même quelle puissance indéfinissable l'empêchait de démonter cet instrument et l'obligeait à en jouer. A peine en eut-il fait vibrer les premiers sons, qu'Antonia s'écria avec un accent de joie : « Ah ! je me reconnais ; je chante de nouveau. » En effet, les sons clairs et argentins du violon semblaient sortir d'une poitrine humaine. Crespel, ému jusqu'au fond de l'âme, joua avec plus d'expression que jamais ; et, lorsqu'il parcourait hardiment et avec force tous les tons de la gamme, Antonia battait des mains, et disait, dans une sorte de ravissement : « Ah ! comme je chante bien ! comme je chante bien ! » Depuis ce jour elle redevint gaie et sereine. Souvent elle disait au conseiller : « Mon père, je voudrais bien chanter quelque chose. » Crespel détachait le violon de la muraille, jouait les airs favoris de sa fille, et alors elle sentait son cœur s'épanouir.

Peu de temps avant mon retour à R..., le conseiller crut entendre au milieu de la nuit le son d'un piano dans une chambre voisine. Bientôt il reconnut distinctement le prélude habituel du jeune musicien. Il voulut se lever, mais il se trouvait comme enchaîné dans des liens d'acier, et il ne pouvait faire un mouvement. Quelques instants après, il reconnut la voix d'Antonia, qui d'abord s'exhalait comme un souffle léger, puis qui monta graduellement jusqu'au fortissimo le plus sonore; puis il entendit les accents d'une mélodie saisissante que le fiancé avait composée pour Antonia dans le style religieux des anciens maîtres. Crespel me dit qu'il était dans ce moment en proie à une épouvantable agitation; il éprouvait tout à la fois l'anxiété la plus affreuse et une sorte de volupté idéale.

Tout à coup il est frappé d'une clarté éblouissante; il aperçoit le musicien et Antonia qui s'embrassent et se regardent avec ravissement. La mélodie continuait, quoique Antonia ne chantât plus et que son fiancé ne touchât plus le piano. Le conseiller tomba évanoui. Lorsqu'il revint à lui-même, il sentit renaître l'affreuse angoisse qu'il avait éprouvée, comme dans un rêve. Il s'élança vers la chambre d'Antonia ; il la vit sur son canapé, les yeux fermés, les lèvres riantes, les mains jointes : on eût dit qu'elle dormait, bercée par des rêves célestes.

Elle était morte !

LES MAITRES CHANTEURS.

1208.

A l'époque de l'année où le printemps et l'hiver se divisent dans la nuit de l'équinoxe, un homme était assis dans une chambre solitaire, et tenait ouvert devant lui le livre de Jean-Christophe Wagenseil où il est traité de l'art charmant des maîtres chanteurs. Le vent grondait au dehors, sifflait dans la campagne, et chassait d'épaisses gouttes de pluie contre les vitres retentissantes : l'hiver faisait résonner ses adieux dans les cheminées de la maison, tandis que les rayons de la lune se jouaient sur les murailles comme de pâles fantômes. Cependant cet homme ne faisait aucune attention à tout ce vacarme ; il referma son livre, et resta la tête baissée, l'esprit livré tout entier aux magiques tableaux des anciens temps, dont les images se retraçaient à ses yeux dans les flammes pétillantes du foyer. On eût dit qu'un être invisible étendait plusieurs voiles sur sa tête, en sorte que tout ce qui l'entourait s'effaçait de plus en plus sous un nuage épais. Le mugissement de la rafale, le pétillement du feu, devinrent pour lui un doux et harmonieux murmure, et une voix intérieure lui dit : « Voici le rêve dont les ailes se développent et s'abaissent si joyeusement lorsqu'il vient comme un tendre enfant se poser sur le sein de l'homme, et qu'il l'appelle, par un baiser, à la contemplation des riantes scènes d'une vie idéale. Une lumière éclatante scintilla comme un éclair. L'homme voilé ouvrit les yeux, et nulle ombre, nul nuage n'obscurcissait plus son regard.

Il était couché sur un gazon fleuri, aux rayons du crépuscule qui pénétraient à travers une forêt profonde. Les ruisseaux murmuraient; le feuillage des arbres semblait exhaler de mystérieux soupirs d'amour, et un rossignol chantait ses langueurs. Le vent du matin se leva, et, roulant et balayant les nuages, ouvrit un chemin aux rayons du soleil, qui bientôt brilla sur toutes les feuilles. Les oiseaux s'éveillèrent et coururent de branche en branche en faisant retentir leurs accords. Tout à coup on entend le son des cors de chasse; les cerfs, les daims, étendus sur l'herbe, se lèvent précipitamment, jettent un regard prévoyant à travers le feuillage, et s'enfoncent dans le taillis. Le son des cors cesse, et voilà qu'on entend une mélodie de la harpe et du chant qui vibre comme une musique céleste. Ce chant devient de plus en plus distinct; et les chasseurs, l'épieu à la main, la trompe sur l'épaule, s'avancent à cheval au milieu de la forêt. Derrière eux on voit apparaître sur un noble coursier un seigneur vêtu à l'antique mode allemande, et portant le manteau de prince. A côté de lui s'avance, sur une haquenée, une dame d'une beauté éblouissante, et richement parée; puis arrivent, sur six beaux chevaux de diverses couleurs, six hommes dont la figure expressive porte le caractère des anciens temps. Ils laissaient flotter la bride sur le cou de leurs chevaux, et chantaient, en s'accompagnant de la harpe et du luth, des airs merveilleux, tandis que leurs coursiers, subjugués et vaincus par le charme de cette musique, suivaient le noble couple en sautant et faisant de gracieuses courbettes. Quelques instants après, les chasseurs sonnèrent du cor, les chevaux y répondirent par un joyeux hennissement, et des pages et des serviteurs magnifiquement vêtus se joignirent au cortége, qui s'enfonça dans les profondeurs de la forêt.

L'homme qui était resté absorbé dans sa surprise, à la vue de cet admirable spectacle, se releva du gazon où il était assis, et s'écria avec enthousiasme: « O Dieu du ciel, la splendeur des temps passés est-elle sortie de son tombeau? Qui donc était ce brillant personnage? » Une voix sonore se fit entendre derrière lui : « Quoi! lui dit-elle, ne reconnaissez-vous pas ceux que vous portez dans votre cœur et dans vos pensées? »

Il se retourna, et aperçut un homme au visage digne et grave, la tête couverte d'une grande perruque noire bouclée, et le corps revêtu du costume que l'on portait vers l'an 1680. Il reconnut aussitôt le vieux savant professeur Jean-Christophe Wagenseil, qui lui dit : « Vous auriez dû voir que ce seigneur, paré du manteau de prince, ne pouvait être que le noble landgrave Hermann de Thuringe. A ses côtés chevauchait la comtesse Mathilde, la belle et jeune veuve du vieux comte Cuno de Falkenstein, l'étoile de cette cour. Les six personnages qui chantaient et jouaient de la harpe sont les maîtres célèbres que le digne landgrave, dans son ardent amour pour la poésie, a rassemblés à sa cour. A présent, les chasseurs continuent leur course joyeuse; mais bientôt les maîtres se réuniront au milieu de la forêt, dans une belle prairie, et commenceront une lutte poétique. Allons de ce côté, afin de nous trouver près d'eux quand la chasse sera finie. »

Ils se mirent en marche au bruit des cors, des cris des chasseurs, des aboiements des chiens, qui retentissaient dans les bois et dans les rochers. Comme le professeur Wagenseil l'avait dit, lorsqu'ils arrivèrent dans la prairie étincelante aux rayons du soleil, il vit revenir de loin, à pas lents, le landgrave, la comtesse et les six maîtres.

« Je veux maintenant, dit Wagenseil, vous montrer chacun de ces poëtes illustres, et vous le désigner par son nom. Voyez cet homme qui jette autour de lui un regard satisfait, et serre la bride de son cheval pour le faire cabrioler; voyez comme l'électeur lui adresse un salut amical : il rit gaiement. C'est le joyeux Walther de Vogelweid. Celui-là que vous distinguez à ses larges épaules, à sa barbe épaisse et crépue, qui porte des armes brillantes et monte un cheval tigré, c'est Reynhard de Zweckstein. Ah! ah! et celui-là qui galope sur son petit cheval, au bord de la forêt : il regarde devant lui d'un air pensif, et sourit comme s'il voyait s'élever de terre de riantes images. C'est le respectable professeur Henri Schreiber ; celui-là a l'esprit entièrement préoccupé, et ne pense ni à la prairie, ni au chant qui va commencer ; car voyez quel circuit il fait en poursuivant sa route, et comme les branches des arbres lui frappent le visage. Voilà Jean Bitterolff qui s'avance de son côté : c'est celui que vous voyez avec une petite barbe rouge, monté sur un cheval fauve. Il appelle le professeur, qui sort enfin de sa rêverie, et tous deux cheminent ensemble. Quel bruit étonnant j'ai entendu dans le taillis !... Ah ! c'est un cavalier impétueux qui se sert si vivement de l'éperon, que son cheval écume et bondit. Voyez ce beau et pâle jeune homme : comme ses yeux étincellent, comme les traits de son visage semblent contractés par la douleur ! On dirait qu'un être invisible s'est élancé derrière lui, et le harcelle. C'est Henri d'Ofterdingen. Que lui est-il donc arrivé ? Tout à l'heure, il chevauchait si paisiblement, et unissait sa voix harmonieuse à celle des autres maîtres. Mais voyez ce magnifique cavalier sur un cheval arabe blanc comme la neige. Regardez comme il met pied à terre lestement : la bride passée autour de son bras, il s'avance avec une courtoisie chevaleresque vers la comtesse Mathilde, et lui offre la main pour l'aider à descendre de sa haquenée. Avec quelle grâce il reste là, contemplant, avec ses grands yeux bleus, la belle comtesse ! C'est Wolfframb d'Eschenbach. A présent, les voilà tous qui prennent place : la lutte va commencer. »

Les maîtres chantèrent tour à tour un chant choisi. Il était facile de voir que chacun d'eux s'efforçait de surpasser celui qui avait chanté avant lui. Mais aucun d'eux ne put y parvenir, et on ne savait auquel donner la palme. La comtesse Mathilde sembla incliner vers Eschenbach la couronne qu'elle tenait entre ses mains et destinait au vainqueur. Tout à coup, Henri d'Ofterdingen s'élança de sa place, les yeux étincelants ; il s'avança rapidement au milieu du cercle : un coup de vent fit tomber sa coiffure, et l'on vit ses noirs cheveux se dresser sur son front pâle.

« Arrêtez, s'écria-t-il, arrêtez !... le prix n'est pas encore gagné ; il faut que je chante, et le landgrave décidera à qui la couronne appartient. » A ces mots il se trouva, on ne sait comment, entre ses mains, un luth d'une forme singulière et qui avait la forme d'un animal effrayant. Il fit vibrer d'une main si vigoureuse les cordes de cet instrument, que toute la forêt en retentit. Puis il chanta d'une voix forte : il célébrait dans ses paroles un roi étranger plus puissant que tous les autres princes, un roi auquel tous les maîtres devaient humblement rendre hommage, s'ils ne voulaient subir un affront. Quelques accords aigres et moqueurs se mêlaient à sa mélodie.

Le landgrave jeta sur lui un regard courroucé ; alors les autres maîtres se levèrent et chantèrent ensemble. Ofterdingen voulut faire résonner les sons de son instrument plus haut que les leurs, et il en saisit si violemment les cordes, qu'elles se brisèrent et rendirent un sombre gémissement. Soudain, au lieu du luth qu'il portait, une sombre, affreuse figure s'éleva devant lui, l'enlaça et l'emporta dans les airs. Le chant des maîtres se perdit dans l'espace, les nuages épais enveloppèrent la pelouse et la forêt, puis tout à coup une étoile brillante apparut au milieu de l'obscurité ; les maîtres la suivirent en chantant sur des nuées lumineuses, une clarté scintillante se répandit dans la vallée, le feuillage des arbres s'agita et répéta les accords des chanteurs.

Tu devines sans doute, cher lecteur, que celui qui a vu en rêve toutes ces images est celui-là même qui se dispose à te conduire parmi les maîtres que le professeur Jean-Christophe Wagenseil lui a fait connaître.

Il arrive souvent qu'en distinguant, à la lueur du crépuscule, dans le lointain, des figures incertaines, nous éprouvons une vive curiosité de les voir plus clairement. Elles approchent ; nous distinguons leurs traits, la couleur de leurs vêtements ; nous entendons leurs paroles, quoiqu'elles s'échappent dans l'air comme de vains sons. Tout à coup elles plongent dans les brumes azurées du vallon, et il nous tarde impatiemment de les voir se relever, venir à nous, de les suivre de près et de leur parler ; car nous voudrions voir quelle forme auraient, sous nos yeux, ces figures qui, de loin, ont une apparence si merveilleuse.

Puisse le songe que je viens de raconter éveiller en toi, cher lecteur, une pareille curiosité ! et puisses-tu me savoir gré de te conduire, sans plus de délai, à la cour du landgrave Hermann de Thuringe.

CHAPITRE PREMIER.

Les Maîtres chanteurs à la Wartbourg.

Vers l'an 1208, le noble landgrave de Thuringe, ami zélé et protecteur dévoué de l'admirable art des chanteurs, avait rassemblé six maîtres illustres. Là se trouvaient Wolfframb d'Eschenbach, Walther de Vogelweid, Reynhard de Zweckstein, Henri Schreiber, Jean Bitterolff, tous de l'ordre des chevaliers, et Henri d'Ofterdingen, bourgeois d'Eisenach. Ces maîtres vivaient dans un pieux accord et une tendre union, comme les prêtres d'un même culte, et tous leurs efforts tendaient à maintenir en honneur la poésie, le plus beau don que le ciel ait fait aux hommes. Chacun d'eux avait, il est vrai, son caractère particulier ; mais de même que chaque note a un son distinct, et que les divers tons d'un même accord résonent agréablement ensemble, les différents modes des maîtres s'accordaient harmonieusement et semblaient les rayons d'une même étoile. Aucun d'eux ne regardait son talent comme le meilleur, tous se rendaient justice, et pensaient que leur chant ne produirait pas tant d'effet s'ils se faisaient entendre l'un sans l'autre. C'est ainsi que les accords pleins n'obtiennent toute leur force et leur éclat qu'autant qu'ils sont accompagnés et soutenus par d'autres.

Si les chansons de Walther étaient élégantes et gaies, celles de Reynhard avaient un ton grave et chevaleresque. Si Henri Schreiber se montrait penseur profond et savant,

Jean Bitterolff abondait en images et en comparaisons brillantes. Les chants de Henri d'Ofterdingen pénétraient jusqu'au fond de l'âme ; il savait jeter dans le cœur un désir langoureux et une grande tristesse ; mais souvent il mêlait à ses accents mélancoliques des sons aigres et irrités, qui semblaient s'échapper d'une nature maladive et se répandre au dehors comme des insectes venimeux. Personne ne pouvait deviner la cause de cette musique sombre.

Wolfframb d'Eschenbach était né en Suisse ; ses douces et limpides chansons ressemblaient au ciel pur et azuré de son pays ; ses vers retentissaient comme le son des clochettes du troupeau et de la flûte des bergers. Mais il s'y mêlait aussi des accents pareils au bruit des cascades impétueuses et du retentissement de la foudre dans les montagnes. Chaque fois qu'il chantait, on eût dit qu'il entraînait ses auditeurs tantôt sur un fleuve riant et paisible, tantôt au milieu des vagues orageuses, et qu'après avoir lutté contre le péril il les ramenait gaiement dans un port assuré. Malgré sa jeunesse, Wolfframb pouvait être considéré comme le plus habile des maîtres rassemblés à la cour de Thuringe. Dès son enfance il s'était dévoué à l'art du chant, et, lorsqu'il eut atteint à l'adolescence, il parcourut plusieurs contrées jusqu'à ce qu'il trouvât un maître célèbre nommé Friedebrand. Celui-ci lui donna de précieuses leçons, et lui communiqua un grand nombre de poésies qui éclairèrent son intelligence et lui inculquèrent une idée nette de ce qu'il n'avait jusque-là fait qu'entrevoir. Friedebrand lui montra aussi quelques histoires que Wolfframb mit en vers, notamment celles de Gamuret et de son fils Parcival, du margrave Guillaume et du fort Renewart. Ces histoires furent plus tard reproduites en rimes allemandes par Ulric de Turckheim, à la prière des gens de distinction, qui ne comprenaient pas facilement les chants d'Eschenbach.

Grâce à son talent, Wolfframb acquit une grande réputation et gagna la faveur de plusieurs princes et seigneurs.

Il visita une quantité de cours, et il reçut d'honorables témoignages de distinction, jusqu'à ce qu'enfin le landgrave Hermann de Thuringe, qui l'entendait louer de tous côtés, l'appelât à sa cour. Wolfframb gagna bientôt l'affection du landgrave, non-seulement par ses vers, mais par sa douceur et sa modestie ; et Henri d'Ofterdingen, qui avait joui des faveurs ducales dans tout leur éclat, se trouva alors un peu rejeté dans l'ombre. Cependant aucun des maîtres ne témoignait autant de dévouement à Wolfframb que Henri. Wolfframb manifesta pour lui le même penchant, et tous deux se trouvèrent ainsi étroitement unis, tandis que les autres maîtres les environnaient comme une belle et riante auréole.

CHAPITRE II.

Le Secret de Henri.

L'inquiétude, l'agitation d'Ofterdingen s'aggravaient chaque jour. Son regard s'assombrissait, son visage devenait plus pâle. Au lieu de s'unir aux autres maîtres, qui souvent, après avoir chanté des sujets sacrés, élevaient gaiement leur voix pour rendre hommage aux dames et au landgrave, il n'exprimait dans ses chants que les douleurs de la vie terrestre, et ses paroles ressemblaient souvent au cri désespéré d'un malade qui n'attend son salut que de la mort. Tout le monde pensait qu'il était en proie à un amour malheureux ; mais les efforts que l'on fit pour connaître son secret furent inutiles. Le landgrave lui-même, qui avait pour lui une grande affection, le prit à l'écart et l'interrogea sur les motifs de sa douleur ; il lui donna sa parole de prince qu'il userait de tout son pouvoir pour éloigner de lui l'apparence d'un péril, et pour ramener l'espoir dans son cœur malade ; mais il ne réussit pas mieux que les autres à connaître les secrètes pensées de Henri.

« Hélas ! monseigneur, s'écria Ofterdingen, les yeux

pleins de larmes, sais-je moi-même quel être infernal m'a pris entre ses griffes brûlantes, et me fait flotter entre ciel et terre, de telle sorte que je n'appartiens plus à ce monde, et que j'aspire vainement aux joies de l'autre? Les poëtes païens parlent des ombres des morts qui ne sont ni dans l'Élysée ni dans l'abîme. Elles errent au bord de l'Achéron, et l'atmosphère ténébreuse, où ne luit jamais un rayon d'espérance, retentit de leurs soupirs d'angoisse et des plaintes de leurs tourments indicibles. Leurs prières, leurs gémissements sont inutiles ; le vieux batelier les repousse impitoyablement lorsqu'elles veulent entrer dans sa barque fatale. L'état de ces malheureuses ombres est le mien. »

Quelque temps après avoir ainsi parlé au landgrave, Henri d'Ofterdingen, vraiment malade, quitta la Wartbourg et descendit à Eisenach. Les maîtres se plaignirent de voir tomber avant le temps une si belle fleur de leur couronne. Wolfframb ne renonçait cependant pas à tout espoir. Il pensait, au contraire, que du moment où la maladie morale d'Ofterdingen se changeait en un mal physique, le jeune poëte touchait à sa guérison.

Il partit pour Eisenach. Lorsqu'il entra dans la chambre de son ami, il le trouva étendu sur un lit de repos, languissant et les yeux à demi fermés ; son luth, couvert de poussière, était suspendu à la muraille, et la plupart des cordes en étaient brisées. Dès qu'il aperçut son ami, il se souleva péniblement et lui tendit la main avec un sourire mélancolique. Wolfframb s'assit à ses côtés, lui rapporta les compliments affectueux du landgrave et des maîtres, et y joignit de consolantes paroles. Henri lui répondit d'une voix faible : « Il m'est arrivé d'étranges événements. Il se peut que je me sois conduit parmi vous comme un insensé, et vous croyez peut-être que je porte en mon sein un secret qui m'agite et me torture. Hélas! ma misérable situation a été un secret pour moi-même; une douleur violente me déchirait l'âme et je ne pouvais en pénétrer la cause. Tous mes efforts me semblaient impuissants. Les chants auxquels j'attribuais autrefois une grande valeur me paraissaient faux, faibles, indignes du plus mauvais écolier. Et cependant un bonheur inconnu, une béatitude céleste planait sur moi comme une étoile d'or ; je voulais y atteindre ou succomber. J'élevais les yeux vers l'espace ; j'étendais les bras avec ardeur ; puis je sentais comme le frissonnement de deux ailes, et une voix me disait : « Pourquoi tous ces désirs et toutes ces espérances ? tes yeux sont-ils aveugles, ta force est-elle anéantie, pour que tu ne puisses supporter l'éclat de tes songes et saisir ta félicité ? »

« Ah ! maintenant, mon secret m'a été révélé : il me donne la mort, mais c'est la mort des anges. J'étais sur ce lit, malade et languissant ; vers la nuit, l'égarement de la fièvre, qui m'avait emporté de côté et d'autre, venait de me quitter, je me sentais calme, une chaleur bienfaisante se répandait dans tous mes membres ; il me sembla que je volais dans le ciel, sur des nuages épais ; tout à coup un éclair brille dans l'obscurité, je m'écrie à haute voix : Mathilde ! Je m'éveille, mon cœur palpitait avec force, et j'éprouvais tout à la fois une étonnante émotion d'anxiété et de bonheur. Je savais que j'avais prononcé à haute voix le nom de Mathilde, et j'étais effrayé à l'idée que les rivières, les forêts, les montagnes devaient répéter ce nom, que des milliers de voix devaient lui raconter à elle-même mon inexprimable amour pour elle. Je pensais que ces voix lui diraient qu'elle est l'astre merveilleux qui éveille dans mon âme les sollicitudes ardentes, les désirs dévorants, et que sans cesse je soupire, je languis pour elle. Voilà mon secret, Wolfframb, ensevelis-le dans ton sein. Tu vois que je suis calme, riant ; et, crois-en mes paroles, j'aimerais mieux mourir que de m'attirer, par quelque folle témérité, le mépris des maîtres. C'est à toi que je devais tout dire, tout confier, à toi qui aimes Mathilde et que Mathilde aime également. Dès que je serai entièrement rétabli, je m'en irai en pays étranger, emportant dans mon cœur ma cruelle blessure. Quand tu apprendras que je ne suis plus, dis à Mathilde que... »

Henri ne put continuer; il retomba sur son lit et tourna son visage du côté de la muraille. Ses sanglots trahissaient sa lutte intérieure. Wolfframb ne fut pas peu surpris du secret qui venait de lui être découvert. Les regards fixés à terre, il songeait aux moyens d'arracher son ami à la fatale passion qui pouvait le perdre.

Il essaya de lui adresser des paroles de consolation; il engagea même le pauvre malade à revenir à la Wartbourg, et à chercher sa guérison dans la douce et riante atmosphère que Mathilde déployait autour d'elle. Il dit qu'il n'avait gagné la faveur de Mathilde que par ses chants, et que Henri pouvait, par le même moyen, obtenir le même succès. Le pauvre Ofterdingen le regarda d'un air douloureux : « Vous ne me reverrez jamais à la Wartbourg. Faut-il donc que je me précipite dans les flammes ? Ne puis-je mourir loin d'elle, consumé par les désirs ? »

Wolfframb s'éloigna, et Ofterdingen resta à Eisenach.

CHAPITRE III.

Ce qui arriva à Henri d'Ofterdingen.

Parfois les chagrins de l'amour s'insinuent si profondément dans notre cœur, qu'ils deviennent en quelque sorte une partie de nous-mêmes, et que nous nous plaisons à les entretenir. C'est ce qui arriva à Henri d'Ofterdingen. Il garda l'ardeur de ses désirs, la violence de son amour; mais, au lieu de contempler un abîme noir et sans espérance, il éleva ses yeux vers l'azur du ciel. Alors il lui semblait que sa bien-aimée le regardait du haut des nuages dorés, et jetait dans son âme l'harmonie des plus beaux chants qu'il eût jamais composés. Il détacha son luth de la muraille, y mit de nouvelles cordes, et sortit par une belle matinée de printemps. Une puissance difficile à vaincre l'entraînait vers la Wartbourg; mais lorsqu'il aperçut à distance les tours du château, lorsqu'il pensa qu'il ne reverrait jamais Mathilde, que son amour n'était pour lui qu'un désir sans fin, que Wolfframb d'Eschenbach avait gagné le cœur de la comtesse par le charme de sa poésie, alors tous ses rêves heureux furent encore une fois enveloppés d'un voile sombre, et la jalousie et le désespoir déchirèrent son cœur. Il s'enfuit avec épouvante, comme poursuivi par les mauvais esprits, et se retira dans sa chambre solitaire, et là il recommença à chanter des chansons qui lui rendaient ses songes attrayants, au milieu desquels il voyait apparaître l'image de sa bien-aimée.

Pendant quelque temps il avait pris à tâche d'éviter l'aspect de la Wartbourg. Un jour il se trouva, sans savoir comment, dans la forêt voisine du château, et en distingua tout à coup les murailles. Il était arrivé près d'une éminence couverte de mousse et d'arbustes. Il gravit jusqu'au milieu de ce monticule, et, à travers le feuillage, il vit se dessiner les créneaux de la Wartbourg. Il se coucha sur le gazon, et, combattant ses douloureuses pensées, s'abandonna à des rêves d'espoir.

Le soleil avait disparu depuis longtemps; la lune brillait au milieu d'un cercle de nuages sombres qui entouraient la montagne. Le vent du soir sifflait dans les rameaux et agitait les feuilles légères. L'oiseau nocturne s'élançait de son nid en poussant un cri rauque, et commençait à voler de côté et d'autre. Les ruisseaux de la forêt rendaient un son plus bruyant, et les sources murmuraient sur les rochers. Soudain on entendit un chant qui vibrait dans l'air. Henri se leva précipitamment, et songea aux maîtres chanteurs qui, dans ce moment, répétaient leurs cantiques pieux. Il crut voir Mathilde tourner un regard tendre vers Wolfframb. Ce regard était empreint d'un sentiment d'amour et de bonheur qui devait éveiller les songes les plus ravissants dans le cœur du bien-aimé.

Dans sa profonde douleur, Henri prit son luth, et chanta un des plus beaux chants qu'il eût jamais fait entendre.

Le vent s'apaisa, les rameaux et le feuillage cessèrent de

soupirer. Les mélodies du jeune poëte pénétrèrent dans le plus profond silence de la forêt. Au moment où son chant allait se terminer par un mélancolique soupir d'amour, il entendit derrière lui un rire perçant. Il se retourne avec frayeur, et aperçoit une grande figure sombre qui lui dit d'une voix discordante et railleuse : « J'ai fait bien des circuits dans la forêt pour trouver enfin celui qui chante ces charmantes chansons au milieu des ténèbres. Vous êtes donc Henri d'Ofterdingen ? J'aurais dû le reconnaître tout de suite, car vous êtes certainement le plus mauvais des prétendus maîtres de la Wartbourg, et cette folle chanson, sans pensées et sans harmonie, ne pouvait sortir que de votre bouche. » Agité en même temps par la colère et par l'effroi, Henri s'écria : « Qui êtes-vous donc, vous qui me connaissez et qui croyez pouvoir m'adresser vos injures ? »

A ces mots, il porta la main à son épée. L'homme noir poussa encore un grand éclat de rire ; et, à la clarté d'un rayon de la lune, Ofterdingen aperçut des yeux étincelants, un visage pâle, des joues pendantes, une barbe rouge et pointue, une bouche contractée par un rire grimaçant, et un riche costume noir, un chapeau orné de plumes.

« Allons, mon jeune ami, vous ne voudriez pas employer le glaive contre moi parce que je blâme vos vers ; je sais bien que vous autres chanteurs vous ne pouvez souffrir la critique, et vous voudriez qu'on admirât tout ce que vous produisez à tort ou à raison. Mais par cela même que je vous dis franchement ce que je pense, que j'ose vous déclarer que vous n'êtes qu'un médiocre élève dans le noble art du chant, vous devriez voir que je suis votre véritable ami, et que j'ai de bonnes intentions à votre égard.

— Comment, répondit Ofterdingen, pourriez-vous être mon ami et avoir de bonnes intentions à mon égard, vous que je ne me rappelle pas avoir jamais vu ? »

Sans s'arrêter à cette question, l'étranger continua :

« Voici un site charmant, la nuit est belle, je veux m'asseoir amicalement près de vous, au clair de la lune ; et puisque vous ne retournez pas encore à Eisenach, nous pourrons un peu jaser ensemble. Écoutez mes paroles ; elles vous seront utiles. »

L'étranger s'assit près d'Ofterdingen, sur une grosse pierre couverte de mousse. Celui-ci éprouvait les émotions les plus étranges; quelque courageux qu'il fût, il ne pouvait cependant se défendre de l'horreur que la voix et la nature de cet homme lui inspiraient au milieu de la solitude sombre, dans l'obscurité de la nuit ; il lui semblait que l'étranger allait le précipiter dans le torrent qu'on entendait mugir au pied de la colline, et il se sentait comme paralysé de tous ses membres.

L'étranger se rapprocha encore de lui, et lui murmura à l'oreille : « Je viens de la Wartbourg, j'ai entendu là les triviales chansons des prétendus maîtres ; mais la comtesse Mathilde est bien la plus douce, la plus ravissante créature qu'il y ait en ce monde.

— Mathilde ! s'écria douloureusement Ofterdingen.

— Oh ! oh ! reprit l'étranger en riant, jeune homme, est-ce là ce qui vous occupe? Mais parlons de choses graves, ou plutôt de choses élevées, c'est-à-dire de l'art du chanteur. Il est possible que vous ayez là-bas, vous autres maîtres, de bonnes intentions avec vos poésies, que tout cela vous vienne assez naturellement ; mais vous n'avez pas la moindre idée de l'art véritable et de sa profondeur. Je veux seulement vous indiquer une idée, et vous verrez vous-même qu'en suivant la route où vous êtes engagé vous n'atteindriez jamais votre but. »

L'homme noir se mit alors à louer la véritable poésie en termes singuliers qui ressemblaient à d'étranges mélodies; à mesure qu'il parlait, les images se succédaient rapidement dans l'âme de Henri, et s'évanouissaient comme au souffle de l'orage ; il lui semblait qu'un monde nouveau et plein de formes voluptueuses se déroulait à ses yeux; chaque mot de l'étranger était pour lui un éclair scintillant et fugitif. La lune brillait alors au haut de la forêt, et répandait toute sa lumière sur le couple solitaire. Henri, en regardant de nouveau la figure de l'étranger, ne la trouva point aussi affreuse qu'elle lui avait paru d'abord ; si un feu extraordinaire éclatait dans ses yeux, un sourire attrayant errait sur ses lèvres, et son grand nez d'aigle, son front élevé, donnaient à toute sa physionomie une énergique expression.

« Je ne sais, dit Ofterdingen, quel sentiment inconnu vos paroles éveillent en moi ; il me semble que je comprends pour la première fois l'idée du chant ; que tout ce que j'avais estimé et recherché jusqu'à présent est misérable. Vous êtes certainement un grand maître, et je vous prie avec ardeur de me recevoir comme votre élève : j'étudierai, sous votre direction, avec zèle et assiduité. »

L'étranger fit entendre de nouveau un de ses méchants éclats de rire, puis se leva, et parut avec une taille si gigantesque et un visage si affreux, que le jeune maître se sentit effrayé comme il l'avait été en l'apercevant pour la première fois.

« Vous croyez que je suis un grand maître ! oui, c'est possible ; mais je ne puis me résoudre à donner des leçons : seulement j'adresserai volontiers d'utiles conseils aux gens qui, comme vous, sont avides de s'instruire. Avez-vous jamais entendu parler d'un maître chanteur versé dans toutes les sciences, et nommé Klingsohr ? Le peuple dit que c'est un grand nécromancien, et qu'il est en relation avec un être qu'on n'aime à voir nulle part ; mais ne vous laissez pas tromper par ces récits : ce que les ignorants ne comprennent pas et ne peuvent faire leur semble toujours une chose surnaturelle qui vient du ciel ou de l'enfer. Maître Klingsohr vous enseignera le chemin qui doit vous mener à votre but. Il demeure en Hongrie, allez le trouver ; vous apprendrez tout ce que l'art et la science peuvent donner à l'homme de joie en ce monde : honneurs, richesses, faveur des femmes. Oui, jeune homme, si Klingsohr était ici, il saurait bien enlever la belle comtesse Mathilde au langoureux Wolfframb, qui soupire comme un berger de la Suisse.

— Pourquoi prononcez-vous le nom de Mathilde ? s'écria Henri avec colère ; retirez-vous, votre présence me fait frémir.

— Oh ! oh ! dit l'étranger en riant ; ne vous fâchez pas, mon petit ami ; ce n'est pas moi qui vous cause le frisson dont vous vous plaignez, c'est la fraîcheur de la nuit et la légèreté de votre pourpoint ; ne vous sentiez-vous pas très à votre aise lorsque je vous réchauffais assis à vos côtés ? Que parlez-vous de terreur, de frisson ? Je puis vous rendre le plus éminent service. Si j'ai parlé de la comtesse Mathilde, c'était pour vous dire qu'on peut, par des chansons pareilles à celles de maître Klingsohr, gagner les bonnes grâces des femmes. J'ai traité vos chansons avec dédain, pour vous montrer votre ignorance ; mais en comprenant si vite la vérité de mes observations lorsque je vous dépeignais l'art véritable, vous avez prouvé par là vos bonnes dispositions ; peut-être êtes-vous destiné à marcher sur les traces de maître Klingsohr, et alors vous pourrez parvenir à toucher le cœur de Mathilde. Levez-vous, et partez pour la Hongrie. Mais attendez, dans le cas où vous ne pourriez partir tout de suite, je veux vous donner, pour vous aider dans vos études, un petit livre composé par maître Klingsohr ; ce livre renferme non-seulement les véritables règles de l'art, mais encore quelques excellentes chansons de maître. »

A ces mots, l'étranger tira de sa poche un petit livre dont la couverture, d'un rouge sanglant, brilla aux rayons de la lune. Il le remit à Henri, et disparut dans l'épaisseur du taillis.

Ofterdingen s'endormit. Lorsqu'il se réveilla, le soleil était déjà levé depuis longtemps. Si le jeune homme n'eût vu le livre rouge sur ses genoux, il aurait pris pour un rêve tous les événements de la nuit.

CHAPITRE IV.

La comtesse Mathilde.

Sans doute, cher lecteur, tu t'es trouvé quelquefois

dans un de ces cercles composés d'une réunion d'hommes polis, de femmes gracieuses, que l'on pourrait comparer à une couronne formée de différentes fleurs qui rivalisent entre elles par la suavité de leurs parfums et l'éclat de leurs couleurs. Mais de même que certaine note de musique domine toutes les autres et pénètre dans tous les cœurs, de même la beauté d'une de ces femmes effaçait celle de ses compagnes, et attirait à elle tous les regards par l'éclat de ses charmes, par la mélodie de sa voix. Les autres femmes paraissaient plus aimables et plus belles ; les hommes sentaient leur âme se dilater, et s'abandonnaient à cet enthousiame réprimé si souvent par les convenances du monde. Malgré les efforts de cette reine de l'assemblée pour distribuer à chacun une égale part de sa bienveillance, on remarquait cependant que son regard céleste se reposait plus longtemps sur un jeune homme assis en silence devant elle, et dont les yeux mouillés de larmes trahissaient l'émotion et les délices de l'amour heureux. Plus d'un spectateur enviait sa félicité, mais aucun d'eux ne pouvait le haïr, et ceux qui étaient unis à lui par l'amitié l'aimaient encore plus tendrement à cause de son amour.

C'est ainsi qu'à la cour du landgrave Hermann de Thuringe la comtesse Mathilde brillait comme la plus belle des fleurs au milieu d'une réunion de femmes gracieuses et de poëtes.

Wolfframb d'Eschenbach, profondément touché de ses charmes et de sa douceur, devint ardemment épris d'elle dès qu'il la vit. Les autres maîtres la célébraient aussi dans leurs chansons avec enthousiasme. Reynhard la nommait la dame de ses pensées, et disait qu'il voudrait combattre pour elle dans les joutes chevaleresques et les batailles plus sérieuses ; Walther de Vogelweid s'abandonnait, en parlant d'elle, à toutes les fantaisies de sa riante imagination ; Henri Schreiber et Jean Bitteroff s'efforçaient de la célébrer par les périodes les plus habiles et les comparaisons les plus splendides ; mais les chants de

Wolfframb venaient du fond du cœur, et pénétraient comme des dards étincelants dans l'âme de Mathilde. Les autres maîtres s'en étaient aperçus ; mais il leur semblait que le bonheur de Wolfframb produisait sur leurs pensées l'effet d'un doux rayon de soleil, et donnait à leurs vers plus d'attrait et de force.

Le premier nuage qui obscurcit l'éclatante existence de Wolfframb fut le mal mystérieux d'Ofterdingen. Quand il pensait à l'affection que les autres maîtres lui témoignaient, bien qu'ils fussent également charmés de la beauté de Mathilde, et quand il comparait à cette affection l'amer et hostile mécontentement avec lequel Ofterdingen s'était retiré dans la solitude, il ne pouvait se défendre d'un violent chagrin. Souvent il supposait qu'Ofterdingen était le jouet d'une folie passagère ; mais souvent aussi il réfléchissait que lui-même n'aurait pu supporter son sort s'il avait aimé Mathilde sans espoir. « Eh ! pourquoi donc, se disait-il, aurais-je plus de droits que lui ? Ai-je quelque avantage sur mon jeune rival ? suis-je plus intelligent, plus aimable et meilleur ? D'où vient donc la différence qui nous sépare ? Ainsi, une destinée ennemie qui aurait pu m'atteindre aussi bien que lui vient l'abattre, et moi, son fidèle ami, je poursuis paisiblement ma route sans lui tendre la main. »

Ces réflexions le décidèrent à retourner encore à Eisenach, et à faire tous ses efforts pour déterminer Ofterdingen à rentrer au château de la Wartbourg ; mais, lorsqu'il arriva à Eisenach, Henri avait disparu, et personne ne pouvait dire où il était allé. Wolfframb revint tristement au château, et annonça au landgrave le départ d'Ofterdingen. On vit alors combien tout le monde l'aimait, malgré sa nature capricieuse, ses paroles souvent dures et sarcastiques ; on le pleura comme s'il était mort. Ce deuil s'étendit longtemps comme un voile sombre sur le cœur des maîtres, et enleva à leurs chants une partie de leur éclat, jusqu'à ce qu'enfin l'image d'Ofterdingen s'effaçât peu à peu.

Le printemps était venu, et allait ramener toutes les

joies et la fraîcheur de la nature rajeunie. Dans un des jardins du château, au milieu d'une enceinte d'arbres, les maîtres réunis chantaient gaiement les beaux jours et les fleurs ; le landgrave, la comtesse et les autres dames étaient assis autour d'eux. Wolfframb allait commencer un de ses chants, lorsqu'un jeune homme sortit d'un massif d'arbres, un luth à la main. Tous ceux qui se trouvaient là reconnurent Henri d'Ofterdingen, qu'on avait cru perdu. Les maîtres s'avancèrent vers lui, et lui adressèrent d'affectueuses paroles. Mais lui, sans s'arrêter à ces témoignages d'amitié, s'approcha du landgrave, et s'inclina respectueusement devant lui et devant la comtesse Mathilde. Il dit qu'il était complétement guéri de la maladie fâcheuse dont il avait été atteint, et demanda qu'on voulût bien lui permettre de chanter, quoique, par des motifs particuliers, il ne dût peut-être plus prétendre à l'honneur d'être compté parmi les maîtres. Le landgrave lui répondit que son absence ne lui ôtait pas le droit de faire partie du cercle des maîtres, et qu'il ne comprenait pas comment il pouvait s'y croire étranger. A ces mots, il l'embrassa, et lui assigna la place qu'il avait précédemment occupée, entre Walther de Vogelweid et Wolfframb d'Eschenbach. On remarqua bientôt qu'il était entièrement changé. Au lieu de tenir, comme autrefois, la tête penchée, les yeux fixés à terre, il portait le front haut, et se redressait avec fierté. Son visage était pâle comme auparavant ; mais son regard, naguère errant et timide, était devenu ferme et étincelant. Une gravité sombre et dédaigneuse avait remplacé l'expression mélancolique de sa physionomie, et un sourire malveillant contractait parfois ses lèvres et ses joues. Il ne daigna pas adresser la parole aux autres maîtres, et s'assit à sa place en silence. Tandis que ses rivaux chantaient, il regardait les nuages, s'agitait sur son siége, comptait sur ses doigts, bâillait, et donnait enfin tous les signes de l'ennui et du mécontentement.

Wolfframb d'Eschenbach chanta un chant à l'honneur

du landgrave, et, faisant un retour sur l'arrivée de cet ami qu'on avait cru perdu, prononça quelques vers pleins de sentiment qui émurent toute l'assemblée. Henri fronça le sourcil, et, se détournant de Wolfframb, fit résonner sur son luth quelques accords singuliers. Puis il se plaça au milieu du cercle, et entonna un chant si différent des autres, si inouï, qu'il jeta tout le monde dans la plus profonde surprise. On eût dit que le poëte frappait par ses tons énergiques aux sombres portes de l'empire mystérieux et évoquait les secrets des puissances magiques. Puis il s'adressa aux astres; ses mélodies s'adoucirent, et l'on eût cru entendre l'harmonie du mouvement des sphères; puis ses accords devinrent plus vifs, il dépeignit les images voluptueuses de l'amour, l'ivresse du bonheur, et chacun se sentit ébranlé au fond de l'âme. Lorsqu'il eut terminé son chant, il se fit un long silence auquel succédèrent les applaudissements les plus enthousiastes. La comtesse se leva de son siége, et, s'avançant vers Ofterdingen, lui posa sur le front la couronne destinée au vainqueur.

Une rougeur éclatante couvrit le visage d'Ofterdingen : il se mit à genoux, et pressa avec ardeur contre son sein les mains de la comtesse. Au moment où il se relevait, il rencontra le regard joyeux du fidèle Wolfframb d'Eschenbach, qui voulait s'approcher de lui, mais qui recula comme par l'effet d'un pouvoir invisible. Une seule personne n'unissait pas ses éloges à ceux que l'on prodiguait au jeune maître : c'était le landgrave. Pendant qu'Ofterdingen chantait, le prince était devenu de plus en plus pensif et sérieux, et à peine put-il lui adresser quelques mots d'approbation, ce qui offensa visiblement Ofterdingen.

Le soir, Wolfframb, après avoir en vain cherché partout son ami, le trouva dans une des allées du jardin; il courut à lui, le serra contre son cœur, et lui dit : « Te voilà donc, mon cher frère, devenu le premier maître qui soit au monde. Comment es-tu parvenu à comprendre ce que nous-mêmes nous soupçonnions à peine? Quel esprit t'a secondé? quel génie t'a enseigné les merveilles d'un autre monde? O mon cher noble poëte, laisse-moi t'embrasser encore!

— Il est heureux, répondit Ofterdingen en se dérobant aux témoignages d'affection de Wolfframb, il est heureux que tu veuilles bien reconnaître combien je me suis élevé au-dessus de tous nos prétendus maîtres, et comme j'ai atteint le but que vous poursuivez vainement par tant de voies trompeuses. Tu m'excuseras si je trouve tous vos chants fastidieux et absurdes.

— Ainsi, répliqua Wolfframb, tu nous méprises, nous que tu honorais naguère d'une si grande estime, et tu ne veux plus rien avoir de commun avec nous! Toute amitié, tout amour, sont effacés dans ton cœur parce que tu es devenu un plus grand maître que nous! Et moi aussi, tu ne me crois plus digne de ton affection, parce que je n'ai pu prendre dans mes vers un essor aussi élevé que le tien... Ah! Henri, si je te disais ce que j'ai éprouvé en écoutant tes chants!

— Dis-le-moi, répondit Henri en souriant ironiquement; cela peut être instructif pour moi.

— Henri, dit Wolfframb d'un ton ferme et sérieux, il est vrai que tes chants résonnent d'une façon merveilleuse, que tes pensées s'élèvent jusqu'au delà des nuages; mais une voix intérieure me disait que ces chants ne pouvaient provenir de la simplicité d'une âme humaine, qu'ils devaient être l'effet d'une puissance secrète, pareille à celle que le nécromancien exerce à l'aide de ses moyens magiques. Tes chants ressemblaient pour moi à ces plantes étrangères que l'on transporte avec effort sur une terre lointaine. Henri, tu es certainement devenu un grand maître, et tu dois avoir l'esprit occupé de grandes choses; mais comprends-tu encore les doux murmures de la brise du soir quand tu t'égares dans les ombres de la forêt? ton cœur palpite-t-il encore de joie aux soupirs des bois, au fracas des torrents? les fleurs te regardent-elles encore avec leurs yeux riants? te sens-tu encore défaillir au chant du rossignol, dans les langueurs de ton amour? un désir infini t'agite-t-il encore, et ton âme peut-elle se dilater par la tendresse? Ah! Henri, il y avait dans tes chants plusieurs choses qui produisaient sur moi une impression terrible. Je ne pouvais m'empêcher de songer à ces pauvres âmes errantes au bord de l'Achéron dont tu parlais une fois au landgrave, lorsqu'il t'interrogeait sur les causes de ta douleur. Je pensais que tu avais renoncé à tout amour, et que tu n'avais gagné, en revanche, que l'inutile trésor du voyageur égaré dans le désert. Il me semble, je veux te le dire franchement, que tu as payé ton succès de toutes les joies qui n'appartiennent qu'aux cœurs pieux et candides. Un sombre pressentiment m'agite quand je songe comment tu as quitté la Wartbourg et comment tu y es revenu. Tu peux aller très-loin ; l'étoile de l'espérance qui jusqu'à présent brillait à mes yeux va peut-être s'éloigner à tout jamais de moi ; mais, Henri, je te donne ma main, et je te le promets, jamais un sentiment de haine contre toi n'entrera dans ma pensée. Malgré le bonheur qui t'environne, peut-être te trouveras-tu tout à coup jeté au bord d'un abîme sans fond ; peut-être, saisi par le vertige, seras-tu prêt à tomber dans le gouffre ! moi, je serai derrière toi pour te retenir et te sauver. »

Henri avait écouté les paroles de Wolfframb dans un profond silence ; il se cacha le visage dans son manteau, et s'élança brusquement dans l'épaisseur du bois. Wolfframb l'entendit soupirer et sangloter en s'éloignant.

CHAPITRE V.

Le Combat de la Wartbourg.

Les maîtres, séduits d'abord et enthousiasmés par les chants de l'orgueilleux Henri, ne tardèrent pas à reconnaître tout ce qu'il y avait dans ces chants de faux éclat, de vidúité et d'impudence. La comtesse Mathilde était seule dévouée de toute son âme au jeune poëte qui l'avait chantée d'une façon que tous les maîtres, excepté Wolfframb d'Eschenbach, déclaraient hérétique et inadmissible. En peu de temps, les manières de la comtesse subirent un grand changement : elle regardait avec un orgueil dédaigneux les autres maîtres, et retira même ses bonnes grâces au pauvre Wolfframb. Bientôt elle voulut prendre des leçons de Henri, et se mit à composer des chants dans le genre de ceux qu'il lui faisait entendre. Depuis ce temps, on la vit perdre chaque jour une partie de sa grâce et de son charme. Négligeant tout ce qui fait le véritable ornement d'une femme, renonçant aux qualités naturelles de son sexe, elle devint un être équivoque que les femmes prirent en haine, et que les hommes tournèrent en ridicule. Le landgrave, craignant que l'égarement de la comtesse ne se communiquât, comme une maladie contagieuse, aux autres personnes de la cour, défendit à toute femme, sous peine d'exil, de composer des poésies. Les hommes lui surent gré de cet arrêt.

La comtesse quitta la Wartbourg, et se retira, non loin d'Eisenach, dans un château où Henri l'aurait suivie, si le landgrave ne lui avait ordonné de rester là pour soutenir la lutte à laquelle l'appelaient les autres maîtres.

« Vous avez, dit le landgrave au présomptueux chanteur, jeté, par vos façons étranges, le trouble dans le cercle heureux que j'avais rassemblé ici. Quant à moi, vous ne pouviez m'abuser ; car, dès le premier moment, j'ai vu que vos chansons ne provenaient pas de l'émotion profonde d'un vrai chanteur, mais qu'elles étaient le fruit des leçons d'un faux maître. A quoi bon l'éclat, la magnificence, si on ne doit les employer qu'à couvrir un cadavre? Vous parlez des grands effets des mystères de la nature, non pas tels qu'ils se présentent à l'homme comme des indices d'une meilleure vie, mais tels qu'ils s'offrent aux observations de l'astrologue, qui veut tout calculer et tout mesurer. Ayez honte, Henri, de voir ce que vous êtes devenu, de courber votre noble esprit sous la verge d'un maître indigne.

— Je ne sais, mon noble seigneur, répondit Henri, comment j'ai mérité votre colère et vos reproches. Peut-être auriez-vous une autre opinion, si vous saviez quel maître m'a dévoilé les domaines de la poésie qu'il connaît si bien. J'avais quitté votre cour dans une douleur profonde ; le malaise que j'éprouvais n'était peut-être que le résultat de différents germes qui s'efforçaient de se développer en moi, et aspiraient à l'air salubre de la nature. Un petit livre me tomba entre les mains d'une façon singulière ; c'était l'œuvre d'un maître célèbre. Plus je lisais ce livre, plus je voyais clairement que le poëte accomplit une tâche misérable s'il ne fait que rendre dans ses vers ce qu'il croit sentir au fond du cœur. Je me trouvai de plus en plus comme enchaîné par des puissances inconnues, qui souvent semblaient chanter elles-mêmes, à ma place et par ma voix. Mon désir de voir le maître et d'entendre de sa bouche ses sages préceptes, ses savantes leçons, devint irrésistible. Je me mis en route, et je partis pour la Hongrie ; et maintenant, sachez-le, mon noble seigneur, c'est maître Klingsohr lui-même que j'ai visité, et à qui je dois l'essor hardi et surnaturel de mes vers. Vous devez juger plus favorablement de mes efforts.

— Le duc d'Autriche, répondit le landgrave, m'a fait souvent un grand éloge de votre maître. Ce chanteur est un homme profondément versé dans les sciences occultes. Il calcule le cours des astres, et reconnaît les rapports merveilleux de leurs mouvements avec le cours de notre vie. Il sait aussi les vertus secrètes des métaux, des plantes, des pierres précieuses ; il est expérimenté dans les affaires de ce monde, et assiste son prince par ses actions et ses conseils. Mais comment tout cela peut-il s'accorder avec la simplicité du vrai chanteur ? c'est ce que j'ignore ; et je pense que c'est précisément pour cette raison que les vers de Klingsohr, si artistement faits qu'ils soient, ne peuvent émouvoir. A présent, Henri, les maîtres, irrités de tes façons dédaigneuses, veulent, dans quelques jours, te disputer le prix du chant ; il s'agit de répondre à leur défi. »

La lutte des poëtes commença. Soit que les fausses leçons

de Henri eussent égaré son esprit, soit qu'un enthousiasme particulier donnât une nouvelle force aux chants de ses rivaux, il fut, malgré tous ses efforts, vaincu par chacun d'eux. Irrité de sa défaite, il entonna alors des chants où il adressait des allusions ironiques au landgrave Hermann, tandis qu'il exaltait le duc Léopold, et le proclamait l'astre brillant qui éclairait tous les arts. Non content de cette première offense envers le landgrave, il attaqua les femmes de la cour, et loua, dans des termes immodérés, la beauté et les grâces de Mathilde. Tous les maîtres, et le tendre Wolfframb d'Eschenbach lui-même, se mirent en colère, et l'accablèrent sans ménagement de leurs traits satiriques. Henri Schreiber et Jean Bitteroiff démontrèrent le faux éclat et le vide des poésies d'Ofterdingen. Walther de Vogelweid et Reynhard de Zweckstein allaient plus loin; ils déclaraient que la conduite d'Ofterdingen demandait une punition sévère, et voulaient se venger l'épée à la main.

Henri vit ainsi son talent foulé aux pieds et ses jours en danger. Furieux et désespéré, il pria le noble landgrave de protéger sa vie, et de remettre le jugement de la lutte à maître Klingsohr, le plus célèbre chanteur de l'époque.

«Les choses en sont arrivées à ce point, dit le landgrave, qu'il ne s'agit plus entre vous et les maîtres d'une œuvre de chant. Vous m'avez insulté dans vos vers; vous avez attenté à l'honneur des dames de la cour. De la lutte que vous réclamez dépend non-seulement votre réputation, mais mon honneur et celui des dames. Cependant le concours aura lieu: je consens à ce que votre maître Klingsohr en soit juge. Un de mes chanteurs, désigné par le sort, sera votre concurrent, et vous choisirez vous-même le sujet de poésie que vous voudrez. Mais le bourreau sera là, l'épée nue à la main, et celui qui sera vaincu aura la tête tranchée. Allez, faites que Klingsohr arrive dans le cours de l'année, et qu'il soit arbitre de cette lutte à vie et à mort.»

Henri se retira, et la tranquillité fut pendant quelque temps rétablie à la Wartbourg.

Les chants composés par les maîtres contre Henri furent rassemblés dans un recueil connu sous le nom de Guerre de la Wartbourg.

CHAPITRE VI.

Maître Klingsohr vient à Eisenach.

Une année environ s'était écoulée, lorsqu'on apprit à la Wartbourg que maître Klingsohr était arrivé à Eisenach, et qu'il demeurait chez un bourgeois nommé Helgrefe, devant la porte Saint-Georges. Les maîtres se réjouirent de penser que la lutte engagée avec Henri d'Ofterdingen serait bientôt terminée ; mais personne n'était plus que Wolfframb impatient de voir face à face le maître célèbre. « Il est possible, se disait-il, que Klingsohr soit, comme on le prétend, adonné à de damnables pratiques, que les puissances maudites lui obéissent, et le secondent même dans ses chants. Mais le meilleur vin ne mûrit-il pas sur la lave brûlante ? Qu'importe au voyageur altéré que les sucs qui le rafraîchissent aient germé dans les feux de l'enfer ? Je veux connaître la science, les leçons du maître, sans en rechercher la source, et sans m'y attacher plus qu'il ne convient à une âme pieuse et pure. »

Wolfframb se rendit à Eisenach. En arrivant devant la maison de Helgrefe, il aperçut une quantité de gens qui jetaient des regards curieux vers le balcon. Il reconnut, au milieu d'eux, plusieurs élèves de l'école de chant qui s'entretenaient du maître célèbre. L'un avait écrit les paroles prononcées par Klingsohr au moment où il entrait chez Helgrefe ; un second savait au juste ce que le maître avait mangé à son dîner ; un troisième racontait que le maître lui avait souri, parce qu'il l'avait reconnu pour un chanteur à sa barrette ; un quatrième entonna un chant qu'il prétendait avoir composé à la façon de Klingsohr ; bref, c'était, de tous côtés, une agitation perpétuelle.

Wolfframb pénétra avec peine au milieu de la cohue, et

entra chez Helgrefe, qui le reçut avec empressement, et courut aussitôt l'annoncer à Klingsohr ; puis il revint en disant que le maître était occupé en ce moment, et qu'il ne pourrait recevoir personne avant deux heures. Wolframb se résigna à ce retard.

Deux heures après il revint, et attendit encore longtemps. Enfin Helgrefe l'introduisit. Un laquais, vêtu d'une bizarre robe de soie de diverses couleurs, ouvrit la porte de Klingsohr, et Wolfframb entra. Il aperçut un homme d'une taille élevée, vêtu d'un cafetan de velours cramoisi à larges manches et bordé de martre. Cet homme se promenait d'un pas majestueux dans sa chambre. Son visage ressemblait à celui que les sculpteurs païens donnaient à leur Jupiter, tant il y avait de dignité imposante sur son front et d'éclairs dans ses yeux. Une barbe noire et frisée couvrait ses joues et son menton, et sur la tête il portait une barrette d'une forme étrangère, ou, pour mieux dire, un long tissu plissé en forme de turban. Les bras croisés sur la poitrine, il prononçait d'une voix sonore des paroles que Wolfframb ne comprenait pas. En regardant autour de lui dans la chambre, pleine de livres et d'instruments de toute sorte, Wolfframb aperçut dans un coin un petit homme pâle, vieux, haut de trois pieds, qui était assis devant un pupitre, sur une chaise élevée, et qui écrivait avec une plume d'argent sur une grande feuille de parchemin tout ce que Klingsohr lui dictait. Quelques instants après, les regards sévères du maître tombèrent enfin sur Wolfframb ; il cessa de parler, et s'arrêta au milieu de la chambre.

Wolfframb lui adressa un salut en vers légers et courtois : il lui dit qu'il était venu pour jouir des beautés de son art et le prier de lui répondre également en vers. Le maître le mesura des pieds à la tête d'un regard irrité, et lui dit : « Qui êtes-vous, jeune homme, pour oser venir ainsi m'interrompre par vos vers absurdes, et me provoquer, comme s'il s'agissait d'une lutte poétique ? Ah ! vous êtes sans doute Wolfframb d'Eschenbach, le plus ignorant et le plus inexpérimenté des écoliers qui prennent à la Wartbourg le titre de maîtres. Non, mon cher garçon; il faut que vous grandissiez encore quelque peu pour pouvoir vous mesurer avec moi. »

Wolfframb ne s'était pas attendu à une telle réception. Le sang lui bouillonna dans les veines en entendant les injurieuses paroles de Klingsohr, et il sentit plus vivement que jamais la force que le ciel lui avait donnée.

« Ce n'est pas bien à vous, maître Klingsohr, répondit-il en le regardant fixement, de me recevoir de la sorte, au lieu de répondre avec bonté au salut que je vous adressais. Je sais que vous êtes très-savant et très-habile dans l'art du chant, mais cela ne vous donne pas le droit de vous abandonner à une vaine présomption, que vous devriez rejeter comme indigne de vous. Je vous le dis franchement, je crois, à présent, ce que le monde dit de vous : on affirme que vous gouvernez, au moyen de vos sciences occultes, les esprits de l'enfer, et que vous êtes en relation avec eux. C'est de là que vient votre talent, et c'est là ce qui assure votre succès, et non point la douce émotion de l'amour qui se manifeste dans l'âme naïve du vrai chanteur et se communique aux cœurs purs. Voilà pourquoi vous êtes orgueilleux comme ne peut l'être aucun poëte qui a conservé la candeur de son âme.

— Oh! s'écria Klingsohr, comme vous y allez, mon jeune compagnon ! Ne parlez pas de mes relations avec les esprits mystérieux, car vous n'y entendez rien. En leur attribuant le génie de mes vers, vous ne faites que répéter un bavardage d'enfant. Et dites-moi d'où vous vient, à vous, votre talent ? Ne sais-je pas que maître Friedebrand vous prêta, en Écosse, des livres que vous eûtes l'ingratitude de ne pas lui rendre ? C'est de ces livres que vous avez tiré vos chants. Si je dois mes succès au diable, vous devez les vôtres à un mauvais cœur. »

Wolfframb frissonna à ces odieuses paroles. Il mit la main sur son cœur et dit : « Aussi vrai que je compte sur la miséricorde de Dieu, l'esprit de mensonge est puissant en vous. Quoi! j'aurais trompé si indignement mon noble maître! je me serais emparé de ses écrits! Non; sachez que je n'ai gardé ses œuvres qu'autant qu'il me l'a permis, et que je les lui ai toutes rendues. Ne vous êtes-vous pas vous-même instruit par les préceptes des autres maîtres?

— Soit, répondit Klingsohr sans faire grande attention aux paroles de Wolfframb; mais où avez-vous étudié votre art? Comment osez-vous vous comparer à moi? Ignorez-vous que j'ai étudié avec ardeur à Rome, à Paris, à Cracovie; que j'ai voyagé en Orient, recherché les secrets des Arabes; que je me suis présenté victorieusement dans toutes les écoles de chant, et que j'ai été nommé maître des sept arts libéraux? Et vous, qui êtes resté éloigné de toute œuvre d'instruction, isolé dans votre pauvre Suisse déserte, vous osez parler de chant et de poésie! »

La colère de Wolfframb s'était apaisée, un doux sourire errait sur son visage, et il répondit d'un ton grave et paisible : « Je pourrais, mon cher maître, vous objecter que si je n'ai pas étudié à Rome et à Paris, si je n'ai pas recherché la sagesse des Arabes dans leur contrée lointaine, j'ai du moins profité des leçons de mon maître Friedebrand, que j'ai suivi jusqu'au fond de l'Écosse, et de plusieurs autres chanteurs dont les préceptes ne pouvaient que m'être fort utiles, et qu'enfin j'ai gagné, comme vous, le prix du chant dans un grand nombre de cours allemandes. Cependant je crois que toutes les leçons et tous les exemples des maîtres les plus célèbres m'eussent été inutiles si le ciel tout-puissant n'avait mis dans mon cœur l'étincelle sacrée, si je n'avais repoussé loin de moi tout ce qui est faux et méchant, si je ne m'étais efforcé de chanter sincèrement et avec un pur enthousiasme tout ce qui remplit mon âme d'une douce mélancolie. »

En achevant de parler ainsi, Wolfframb, sans y songer, récita avec entraînement de très-beaux vers qu'il avait récemment composés.

Klingsohr se promenait de long en large avec colère.

Enfin il s'arrêta devant Wolfframb, et le fixa comme s'il eût voulu le percer de ses regards de feu. Lorsque Wolfframb eut fini de réciter ses vers, Klingsohr, lui mettant les deux mains sur les épaules, lui dit d'une voix calme : « Eh bien, puisque vous le voulez, j'accepte la lutte ; nous chanterons sur différents tons ; mais cette chambre ne convient pas à un tel exercice, et d'ailleurs vous devez boire avec moi un verre de bon vin. »

Au même instant, le petit homme qui écrivait sauta de sa chaise sur le plancher, si rudement, qu'il poussa un soupir plaintif. Klingsohr, se retournant, poussa le nain dans une armoire qui se trouvait sous le pupitre, et la ferma à clef. Wolfframb entendit le pauvre petit pleurer et gémir. Klingsohr referma alors les livres épars autour de lui ; et chaque fois que la couverture retombait sur les feuilles de parchemin, on entendait dans la chambre un son lugubre, pareil au soupir d'un mourant. Klingsohr prit ensuite des plantes merveilleuses qui ressemblaient à des créatures étrangères, dont les rameaux et les filaments s'agitaient comme des bras et des jambes, et dont quelques-unes présentaient une petite tête d'homme ridée et contractée qui faisait d'affreuses grimaces. Pendant ce temps, une rumeur indéfinissable retentissait dans les armoires, et un grand oiseau voltigeait en agitant ses ailes dorées. La nuit était venue, Wolfframb éprouva une profonde terreur. Klingsohr tira d'une boîte une pierre qui répandit dans toute la chambre une clarté semblable à celle du soleil. Tout rentra dans le calme, et Wolfframb ne vit et n'entendit plus rien de ce qui l'avait d'abord épouvanté.

Deux valets vêtus d'étoffes de soie, bariolés comme celui qui avait ouvert la porte, apportèrent un magnifique costume, dont ils revêtirent maître Klingsohr.

Puis Klingsohr et Wolfframb d'Eschenbach se rendirent à la taverne.

Ils avaient bu ensemble à leur amitié, à leur réconciliation, et chanté avec art sur différents modes. Nul maître n'était là pour décider lequel des deux avait déployé le plus de talent, mais tous auraient donné la palme à Wolfframb; car, malgré toute son habileté, Klingsohr n'avait pu mêler à ses chants la grâce et la douceur qui éclataient dans ceux de son rival.

Wolfframb achevait de réciter un morceau magnifique, lorsque Klingsohr, renversé dans son fauteuil et les yeux baissés, lui dit d'une voix sourde : « Vous m'avez vu tout à l'heure emporté par l'orgueil et la présomption; mais vous vous tromperiez si vous me croyiez assez aveuglé par la vanité pour ne pas reconnaître la véritable poésie, soit que je la trouve dans un désert, soit dans une salle de maîtrise. Personne ici ne peut juger entre nous; mais, je vous le dis, vous m'avez vaincu, et cet aveu doit vous prouver mon goût en matière d'art.

— Ah! mon cher maître, répondit Wolfframb, il se peut qu'une disposition particulière ait donné aujourd'hui à mes chants plus de vie que de coutume; mais loin de moi la pensée de vouloir me placer au-dessus de vous! Peut-être aujourd'hui l'inspiration vous a-t-elle mal secondé. Il y a des instants où un lourd fardeau pèse sur notre âme comme un nuage sombre qui tombe sur les vallées, et empêche les fleurs d'élever leurs têtes riantes. Si vous vous déclarez vaincu aujourd'hui, moi je reconnais tout ce qu'il y avait de beau dans vos chants, et demain peut-être vous aurez la victoire.

— Pourquoi cette modestie? » s'écria Klingsohr en se levant vivement; et, tournant le dos à Wolfframb, il s'avança dans l'embrasure de la fenêtre, et regarda en silence les pâles rayons de la lune.

Quelques minutes après il retourna vers Wolfframb, et lui dit d'une voix très-grave : « Vous avez raison, je commande par ma science aux esprits mystérieux. Nos deux natures différentes doivent nous séparer. Vous m'avez vaincu; mais, dans la nuit de demain, je vous enverrai un chanteur nommé Nasias. Recommencez la lutte avec lui, et prenez garde qu'il ne vous surpasse. »

À ces mots, maître Klingsohr se précipita hors de la taverne.

CHAPITRE VII.

Arrivée de Nasias.

Wolfframb demeurait, à Eisenach, dans la maison d'un bourgeois nommé Gottschalk. C'était un digne et excellent homme, qui se trouvait honoré de la présence de son hôte. Klingsohr et Eschenbach se croyaient seuls dans la taverne; mais vraisemblablement ils avaient été suivis par plusieurs élèves, qui s'attachaient aux pas du maître célèbre et épiaient chacune de ses paroles. Dans toute la ville le bruit se répandit que Wolfframb avait vaincu le savant Klingsohr, et Gottschalk apprit aussi cette nouvelle. Il monta tout joyeux chez son hôte, et lui demanda comment l'orgueilleux maître avait pu se décider à lutter avec lui dans la taverne. Wolfframb lui raconta fidèlement tout ce qui s'était passé, et ne lui dissimula pas que Klingsohr l'avait menacé de lui envoyer la nuit suivante un adversaire nommé Nasias. Gottschalk pâlit d'effroi, joignit les mains, et s'écria d'une voix lamentable : « Ah! Dieu du ciel! ne savez-vous pas que maître Klingsohr entretient un commerce maudit avec les esprits de l'enfer, qui lui sont soumis et doivent obéir à sa volonté? Helgrefe, chez qui Klingsohr demeure, a raconté à ses voisins les plus étranges choses sur tout ce qui se passe dans la chambre de son hôte. Souvent, la nuit, on dirait qu'il y a là une assemblée nombreuse, bien qu'on n'ait vu entrer personne, et alors commencent des chants bizarres, un tumulte extraordinaire, et on voit briller par les fenêtres une lumière éblouissante. Peut-être ce Nasias dont il vous menace est-il Satan lui-même. Partez, je vous en conjure, n'attendez pas cette périlleuse visite; partez, de grâce.

— Comment, reprit Wolfframb, voulez-vous que j'évite

cette rencontre? Ce serait tout à fait contre les règles des maîtres chanteurs. Que Nasias soit un esprit méchant ou non, je l'attends paisiblement. Peut-être m'accablera-t-il de chants diaboliques, mais il ne troublera pas mes pieux sentiments et ne pourra porter préjudice à mon âme immortelle.

— Je sais déjà, répondit Gottschalk, que vous êtes un homme de cœur que le diable même ne peut épouvanter ; mais si vous voulez décidément rester ici, permettez du moins que mon valet Jonas passe la nuit avec vous. C'est un homme à larges épaules, honnête et religieux, auquel le chant ne nuira pas. Si, par malheur, vous vous trouviez trop faible devant le diable, si Nasias l'emportait sur vous, Jonas pousserait un cri, et nous accourrions aussitôt avec de l'eau bénite et des cierges. On dit que le diable ne peut souffrir l'odeur du musc qu'un capucin a porté dans un sachet sur la poitrine : je veux m'en procurer, et dès que Jonas criera, nous en mettrons sous le nez de Nasias, de façon à lui ôter la respiration ! »

Wolfframb ne put s'empêcher de sourire des naïves sollicitudes de son hôte, et lui répondit qu'il était préparé à tout, qu'il voulait cependant accepter la société de Jonas, l'homme aux larges épaules.

La nuit décisive était venue. Tout était encore tranquille. Les poids de l'horloge montaient et descendaient. Minuit sonna. Un grand coup de vent pénétra dans la maison ; des voix discordantes firent entendre une sorte de gémissement et des cris funèbres pareils à ceux des oiseaux de nuit. Wolfframb, abandonné à ses pieuses pensées, avait presque oublié cette sombre visite. En entendant cette rumeur soudaine, il frissonna, puis reprit aussitôt sa tranquillité et s'avança au milieu de la chambre. Un coup violent, dont toute la maison retentit, ouvrit la porte, et une grande figure, environnée d'une vapeur rouge, parut dans la chambre et regarda Wolfframb avec des yeux flamboyants. Cette apparition était si affreuse, que tout autre homme, en la voyant, serait

7

tombé à la renverse. Mais Wolfframb garda une contenance ferme, et dit d'une voix imposante : « Que venez-vous chercher ici ?

— Je suis Nasias, répondit l'étranger, et je viens lutter avec vous dans l'art du chant. »

A ces mots, Nasias ouvrit son grand manteau, et Wolfframb s'aperçut qu'il portait sous le bras plusieurs livres, qu'il laissa tomber sur la table.

Nasias se mit alors à chanter les sept planètes et la musique des sphères célestes, entremêlant son chant de modulations singulières et très-habiles. Wolfframb, assis dans son grand fauteuil, l'écoutait les yeux baissés; et lorsque ce chant fut fini, il commença à dire des vers nobles, pieux, et consacrés aux choses saintes. Nasias sautait de côté et d'autre, et semblait vouloir jeter à la tête du chanteur tous les livres pesants qu'il avait apportés. Plus le chant de Wolfframb devenait vif et énergique, plus l'éclat du regard de Nasias s'affaiblissait. En même temps, sa taille se rapetissait si bien, qu'à la fin il n'avait plus que deux pieds de hauteur; et il s'en allait, avec son manteau rouge, sa large fraise, miaulant, criant, et grimpant le long des armoires. Lorsque Wolfframb eut achevé de dire sa composition, il voulut s'emparer de lui; mais tout à coup Nasias reprit sa haute taille, et lançant des étincelles de feu autour de lui : « Ah! ah! dit-il d'une voix effroyable; ah! mon compagnon, ne plaisante pas avec moi. Il se peut que tu sois bon théologien et que tu comprennes les subtilités des arguments de ton gros livre; mais tu n'es pas un chanteur capable de te mesurer avec moi et avec mon maître. Chantons une chanson d'amour, et prends garde à ta réputation. »

Nasias commença alors à célébrer la belle Hélène et les joies voluptueuses de Cythère. Son chant était si séduisant, qu'on eût dit que les flammes lancées de côté et d'autre par Nasias étaient les feux de l'amour, au milieu desquels se jouaient de petits Cupidons. Wolfframb écoutait en silence. Bientôt il lui sembla qu'il se promenait dans les allées ombreuses d'un beau jardin ; qu'il se délectait en écoutant les mélodies les plus tendres ; qu'à travers le feuillage il voyait briller les rayons de pourpre de l'aurore, et que ces rayons repoussaient dans la nuit le méchant esprit, de même que la clarté du jour chasse les hiboux. A mesure que la musique devenait plus accentuée, il sentait s'éveiller dans son cœur de douces pensées et des désirs inexprimables. Alors celle qui était sa vie entière sortit d'un massif d'arbres et s'avança vers lui dans tout l'éclat de sa beauté. Il salua la charmante femme par des soupirs d'amour ; et les feuilles murmuraient, et les jets d'eau s'élançaient en gerbes brillantes. Elle s'avança comme portée sur les ailes du chant ; et lorsqu'elle abaissa sur lui son regard céleste, il sentit son âme enflammée du plus pur et du plus ardent amour. En vain essaya-t-il de parler, de chanter : elle avait disparu. Il murmura son nom avec enthousiasme et couvrit de baisers les lis et les roses ; et toutes les fleurs comprenaient sa félicité, et la brise du matin, les ruisseaux, les bois l'entretenaient des joies ineffables de l'amour. Tel était le songe qui occupait l'esprit de Wolfframb tandis que Nasias poursuivait ses chants. Lorsque celui-ci eut fini, Wolfframb, qui n'avait point entendu ses accords, commença une chanson dans laquelle il dépeignait avec un talent admirable les félicités de l'amour pur.

Nasias redevint de plus en plus impatient, et recommença ses bonds désordonnés dans la chambre en poussant des cris sauvages. Wolfframb se leva de son fauteuil, et, au nom du Christ et des saints, ordonna au méchant esprit de s'éloigner. Nasias, vomissant des flammes, rassembla ses livres, et s'écria avec un sourire moqueur : « Schib, schalb ! tu n'es qu'un ignorant clerc ; cède donc la place à **Klingsohr**. » A ces mots, il mugit comme un coup de vent, puis disparut, et une odeur de soufre inonda toute la chambre.

Wolfframb ouvrit la fenêtre. La brise matinale pénétra dans l'appartement et effaça les traces du démon. Jonas, qui s'était endormi profondément, se réveilla, et fut bien surpris d'apprendre tout ce qui s'était passé. Il appela son maître, et Wolfframb lui raconta les événements de la nuit. Gottschalk avait déjà un profond respect pour Wolfframb; dès ce moment il le considéra comme un saint dont les puissantes paroles dominaient les puissances de l'enfer. En tournant par hasard ses regards autour de lui, il vit ces mots inscrits sur la porte en caractères de feu : « Schib, schalb ! tu n'es qu'un ignorant clerc ; cède donc la place à Klingsohr. »

Ainsi, en s'éloignant, le méchant esprit avait écrit sur la porte les paroles qu'il avait prononcées, comme un défi pour l'avenir.

« Je n'aurai pas un moment de repos dans ma maison, dit Gottschalk, tant que cette inscription insultante pour mon cher sire Wolfframb luira sur cette muraille. » Il courut chercher un maçon pour enlever ces caractères ; mais tout effort fut inutile. On les couvrit d'une épaisse couche de chaux, et l'inscription paraissait toujours; on enleva le mortier, et les lettres maudites brillaient encore sur les briques rouges. Gottschalk se désolait ; il pria Wolfframb de forcer, par une bonne chanson, Nasias à venir lui-même effacer cette inscription. Wolfframb répondit en riant que cela n'était peut-être pas en son pouvoir ; que du reste, vraisemblablement, à son départ d'Eisenach, ces mots s'effaceraient d'eux-mêmes, et que par conséquent Gottschalk devait patienter quelques instants.

Dans l'après-midi, Wolfframb partit d'Eisenach, l'esprit joyeux comme un homme qui va au-devant de ses plus chères espérances. A quelque distance de la ville, il rencontra le comte Meinhard de Muhlberg et l'échanson Walther de Vargel, couverts de riches vêtements, montés sur de magnifiques chevaux et suivis d'un cortège nombreux. Ces deux gentilshommes lui dirent que le landgrave les envoyait à la ville pour chercher solennellement maître Klingsohr et le ramener à la Wartbourg. Klingsohr avait passé la nuit sur un balcon de la maison d'Helgrefe et observait avec attention les étoiles. Lorsqu'il tira ses lignes astrologiques, deux élèves qui se trouvaient en ce moment près de lui crurent voir dans son regard et dans sa physionomie qu'il venait de découvrir un secret important, et ils osèrent l'interroger ; alors Klingsohr se leva et leur dit d'un ton majestueux : « Sachez que cette nuit il est né une fille à André II, roi de Hongrie ; elle se nommera Élisabeth et sera un jour, à cause de ses vertus et de sa piété, canonisée par le pape Grégoire IX, et cette sainte Élisabeth est destinée à devenir l'épouse de Louis, fils de votre landgrave Hermann. »

Cette prophétie fut aussitôt rapportée au landgrave, qui en fut très-réjoui : elle changea ses dispositions envers l'étranger célèbre, et il résolut de le traiter comme un grand seigneur, et de le faire escorter comme un prince à la Wartbourg.

Wolfframb pensait que la lutte périlleuse n'aurait pas lieu, car Henri ne s'était pas encore annoncé ; les chevaliers assuraient au contraire que le landgrave était déjà informé de l'arrivée du jeune maître. La cour intérieure du château fut disposée pour le combat, et le bourreau Stempell d'Eisenach fut appelé à la Wartbourg.

CHAPITRE VIII.

Maître Klingsohr quitte la Wartbourg.

Le landgrave Hermann et maître Klingsohr s'entretenaient amicalement dans une des salles de la Wartbourg. Klingsohr affirmait qu'il avait parfaitement observé la constellation de la nuit précédente, qui annonçait la naissance d'Élisabeth, et conseillait au landgrave d'envoyer immédiatement au roi de Hongrie une ambassade chargée de demander la main de la princesse nouvellement née pour le prince Louis, âgé de onze ans. Ce conseil plut au landgrave, qui se mit à louer le savoir du maître ; et celui-ci parla dans des termes si scientifiques des secrets de la nature, du microcosme et du macrocosme, que le landgrave, qui avait peu d'expérience en pareille matière, fut rempli d'une profonde admiration.

« Ah! maître Klingsohr, dit-il, je voudrais bien jouir constamment de vos utiles entretiens : quittez votre inhospitalière contrée et venez à ma cour, où, comme vous pourrez le remarquer, les arts et la science sont plus honorés que partout ailleurs. Les maîtres chanteurs vous accueilleront comme leur chef, car vous êtes aussi distingué dans cet art que dans l'astrologie et les autres sciences. Restez donc ici, et ne pensez plus à la Hongrie.

— Permettez-moi, mon noble prince, répondit Klingsohr, de retourner à Eisenach, et de là en Hongrie. Cette terre n'est pas si désagréable que vous pourriez le croire, et convient parfaitement à mes études. Songez d'ailleurs que je ne saurais trop me rapprocher de mon roi André, dont je reçois pour mes connaissances en minéralogie, qui lui ont déjà fait découvrir de riches trésors, un traitement annuel de trois mille marcs d'argent. Là-bas je n'ai aucune inquiétude ; ici je perdrais mon traitement et je serais sans cesse en querelle avec vos maîtres. Mon art repose sur de tous autres principes que le leur, et se manifeste tout autrement : leur piété, leur tendresse de cœur suffisent pour les inspirer, et ils n'osent se hasarder dans un cercle d'idées plus large. Je ne veux point les mépriser à cause de cela, mais je ne puis non plus me ranger à leurs principes.

— Vous consentirez du moins, reprit le landgrave, à assister comme juge à la lutte de votre élève Henri d'Ofterdingen et des autres maîtres.

— Non, monseigneur, répondit Klingsohr : comment pourrais-je accepter une telle tâche ? et si je le pouvais, je ne le voudrais pas ; vous-même, mon prince, vous serez le juge de ce combat, en confirmant la voix du peuple, qui se fera sans doute entendre. Mais n'appelez plus Henri mon élève : il paraissait avoir du courage, de l'énergie, et il n'a fait que mordre à l'écorce sans toucher au fruit. Vous pouvez cependant fixer le jour de la lutte, j'aurai soin que Henri s'y rende exactement. »

Les instantes prières du landgrave furent inutiles. Klingsohr persista dans sa résolution, et quitta la Wartbourg, comblé de superbes présents.

Le jour solennel, le jour de la lutte était arrivé. On avait construit, dans la cour intérieure du château, un amphithéâtre, comme pour un tournoi. Au milieu de l'enceinte, s'élevaient deux siéges tendus de noir pour les chanteurs qui devaient concourir, et derrière ces siéges était l'échafaud. Le landgrave avait choisi pour juges du chant deux seigneurs de sa cour très-expérimentés, le comte Meynhard de Muhlberg et l'échanson Walther de Vargel, les mêmes qui avaient accompagné Klingsohr à la Wartbourg. Pour eux et pour le landgrave on avait construit, en face du siége des combattants, une tribune richement drapée, à laquelle se joignaient les gradins occupés par les dames et les autres spectateurs.

Une foule immense remplissait la cour, se montrait à toutes les fenêtres, et même sur les toits. Au son des trompettes et des cymbales, le landgrave s'avança avec les deux juges, et monta dans sa tribune. Les maîtres, marchant d'un pas majestueux, ayant à leur tête Walther de Vogelweid, allèrent occuper leurs siéges. Sur l'échafaud se tenait, avec ses deux valets, le bourreau Stempell, homme gigantesque, au visage effrayant, enveloppé d'un large manteau rouge sous les plis duquel on voyait briller la poignée d'un glaive colossal. Le père Léonard, confesseur du landgrave, se plaça près de l'échafaud, pour assister aux derniers moments celui qui succomberait. Un silence profond, terrible, régnait au sein de cette multitude. On attendait, avec une sorte d'effroi intérieur, l'événement inouï qui allait arriver. Le maréchal du landgrave, François de Waldstromer, s'avança au milieu de l'enceinte, proclama à haute voix les motifs de la lutte, et l'ordre du landgrave Hermann, qui livrait au bourreau le chanteur vaincu.

Le père Léonard éleva le crucifix; et tous les maîtres, agenouillés devant leur siége, la tête nue, jurèrent de se soumettre pleinement aux volontés du landgrave. Alors le bourreau brandit trois fois sa large épée, et s'écria d'une voix menaçante qu'il exécuterait, avec conscience et de son mieux, celui qui serait condamné. Les trompettes sonnèrent; le maréchal cria trois fois : « Henri d'Ofterdingen! »

Et tout à coup Henri, que personne n'avait vu venir, se trouva au milieu de l'enceinte, près du maréchal. Il s'inclina devant le landgrave, et dit d'une voix ferme qu'il était venu pour lutter avec le maître qu'on lui opposerait et accepter la décision des juges. Le maréchal s'approcha alors des maîtres avec une urne d'argent d'où chacun d'eux devait tirer un billet. En déroulant le sien, Wolfframb y trouva le signe indiquant qu'il devait concourir avec Henri. L'effroi le saisit à l'idée qu'il devait lutter contre son ami. Mais bientôt il se dit que c'était le ciel lui-même qui l'avait choisi pour champion. Il eût mieux aimé être vaincu et mourir que de voir Henri tomber sous la main du bourreau. Il s'avança gaiement, et ne put cependant se défendre d'un sentiment douloureux lorsque, se plaçant en face de son ami, il reconnut dans son visage pâle, dans ses yeux étincelants, une expression qui le fit songer à Nasias.

Henri commença ses chants, et **Wolfframb** fut épouvanté lorsqu'il retrouva dans les paroles modulées par son ami celles que Nasias lui avait fait entendre. Il recueillit cependant ses forces, et répondit à son adversaire par une magnifique cantate qui excita les acclamations de la foule. Sur l'ordre du landgrave, Henri chanta de nouveau. Il chanta d'une façon si entraînante les voluptés de la vie, que tous ceux qui l'écoutaient se sentirent comme enivrés par l'arome des fleurs du Sud. Wolfframb lui-même était comme entraîné dans un monde étranger et ne pouvait se rappeler ses vers. En ce moment, un bruit se fait entendre à l'entrée du cercle; les spectateurs s'écartent : Wolfframb frappé comme par un coup électrique, sort de ses rêveries et aperçoit Mathilde dans toute sa beauté, telle qu'il l'avait vue pour la première fois dans les jardins de la Wartbourg. Elle jette sur lui un regard qui exprime le plus ardent amour; et Wolfframb dépeint, dans son ravissement, le bonheur, l'enthousiasme qu'il avait éprouvés en luttant contre le méchant esprit. Le peuple lui décerne avec transport la victoire. Le landgrave et les juges se lèvent, les trompettes sonnent, le maréchal dépose la couronne sur la tête du vainqueur. Stempell se prépare à remplir son office; mais lorsque ses valets étendent les mains pour saisir Henri, ils ne touchent qu'à un noir nuage de fumée qui s'élève en sifflant et pétillant, et s'évanouit dans l'air. Henri avait disparu. Chacun se retira pâle et consterné. On parlait de figure diabolique, de fantôme. Le landgrave rassembla les maîtres et leur dit : « Je comprends à présent pourquoi Klingsohr me parlait d'une façon si singulière de cette lutte, et pourquoi il a refusé d'y paraître. Que ce soit Henri d'Ofterdingen qui vienne de chanter, ou quelque démon envoyé à sa place, peu importe; la lutte est terminée à votre honneur, mes dignes maîtres. Sachons à tout jamais honorer et soutenir l'art du chant. »

Quelques serviteurs du landgrave, qui veillaient à la porte du château, affirmèrent qu'au moment où Wolfframb avait vaincu Henri ils avaient vu un personnage semblable à maître Klingsohr s'enfuir du château sur un cheval noir écumant.

CHAPITRE IX.

Conclusion.

La comtesse Mathilde entra dans les jardins du château, et Wolfframb la suivit. Il la trouva assise sous les arbres en fleur, les mains jointes, la tête inclinée : il se jeta à ses pieds sans pouvoir prononcer une parole. Mathilde le reeut avec tendresse : tous deux versèrent des larmes d'amour et de douleur. « Ah ! Wolfframb, dit enfin Mathilde, Wolfframb, quel mauvais rêve m'a égarée ! Je m'étais livrée au démon comme un enfant aveugle. Combien je suis coupable envers toi ! peux-tu me pardonner ? »

Wolfframb l'enlaça dans ses bras, et, pour la première fois, imprima des baisers ardents sur les lèvres de la belle comtesse ; il jura qu'il l'avait toujours portée dans son cœur, qu'il lui était sans cesse resté fidèle, et qu'en la revoyant il avait retrouvé la force de vaincre le méchant esprit.

« O mon bien-aimé, répliqua Mathilde, laisse-moi te dire comment tu m'as toi-même sauvée des piéges du démon. Une nuit, il y a quelque temps, des images bizarres, terribles, m'assiégeaient. Je ne savais pas moi-même si c'était la joie ou la douleur qui oppressait si fort ma poitrine, qu'à peine pouvais-je respirer. Poussée par une impulsion irrésistible, je me mis à écrire un chant composé à la manière de mon méchant maître. Mais il s'y mêlait d'étranges discordances, des sons effrayants, et il me sembla qu'au lieu d'un chant j'avais écrit la formule avec laquelle on évoque les démons. Une horrible figure s'élança devant moi, me prit dans ses bras brûlants, et voulut m'entraîner dans l'abîme. Tout à coup un chant suave résonna dans les ténèbres : ces sons harmonieux étaient doux comme le rayon des étoiles. La figure ennemie, réduite à l'impuissance, s'éloigna de moi, tout en me tendant encore ses bras ardents. Mais elle ne put saisir que le papier sur lequel je venais d'écrire, et elle se précipita en hurlant dans le gouffre. C'était ton chant, le même chant que tu as répété aujourd'hui, qui a fait fuir le démon, et qui m'a sauvée. Maintenant je suis à toi, et nulle parole ne pourrait exprimer le bonheur de mon amour. » À ces mots, les deux amants tombèrent dans les bras l'un de l'autre, et se racontèrent encore tout ce qu'ils avaient souffert, et toute la joie qu'ils éprouvaient à se retrouver.

Le soir, Wolfframb était assis dans sa chambre, lorsque son hôte d'Eisenach accourut vers lui, et lui cria avec bonheur : « O mon digne et noble Wolfframb ! vous avez vaincu les puissances infernales ; les méchantes paroles inscrites dans votre chambre se sont effacées d'elles-mêmes. Grâces vous en soient rendues ! et je vous apporte quelque chose qu'on a remis dans ma maison pour vous. » Et il lui présenta une lettre scellée d'un grand sceau de cire.

Elle était de Henri d'Offerdingen, et renfermait ce qui suit :

« Je te salue, mon cher Wolfframb, avec la joie d'un homme qui vient d'échapper à une maladie mortelle. Il m'est arrivé d'étranges choses ; mais permets-moi de garder le silence sur une époque qui est là, derrière moi, enveloppée d'un impénétrable mystère. Tu te rappelles encore les paroles que tu m'adressas, lorsque dans ma folle présomption je voulais m'élever au-dessus de toi et des autres maîtres. Tu me dis alors que je me trouverais peut-être au bord d'un abîme sans fond, égaré par le vertige, et que toi tu serais là pour me soutenir. Wolfframb, ce que tu avais prévu est arrivé. J'étais au bord de l'abîme, et tu m'as sauvé : c'est ta victoire qui m'a rendu ma raison. Oui, tes chants ont fait tomber les voiles qui s'étendaient sur mes yeux, et j'ai revu le riant azur du ciel. Ne dois-je pas t'aimer doublement ? Tu as reconnu la supériorité de Klingsohr : elle est réelle ; mais malheur à celui qui, non content de ses propres forces, a recours aux puissances infernales pour accroître son pouvoir ! J'ai renoncé à ce maître ; je n'erre plus avec le désespoir de l'âme sur les rives de l'abîme : je suis rentré dans ma patrie... Mathilde..... Non, ce n'était pas elle, c'était un fantôme dangereux qui m'abusait par les séductions de la volupté. Oublie ce que j'ai fait dans mon délire. Salue les maîtres ; dis-leur que je suis changé. Adieu, mon très-cher Wolfframb ; peut-être entendras-tu bientôt parler de moi. »

Quelque temps après, on apprit que Henri était à la

cour du duc d'Autriche, et qu'il composait pour ce prince de très-beaux chants. Tous les maîtres se réjouirent de savoir que Henri avait renoncé aux fausses tentations, et retrouvé, malgré les efforts du démon, son âme pure et religieuse.

C'est ainsi que Wolfframb d'Eschenbach eut la gloire de sauver son ami et sa bien-aimée de l'abîme infernal.

MADEMOISELLE DE SCUDÉRI.

CHAPITRE PREMIER.

Dans la rue Saint-Honoré était située la petite maison où demeurait mademoiselle de Scudéri, connue par ses écrits et par la faveur que lui témoignaient Louis XIV et madame de Maintenon.

Dans l'automne de 1680, un jour, très-tard, vers minuit, on frappa si rudement à la porte de cette habitation, que le bruit en résonna dans tout le vestibule. Baptiste, qui, dans le modeste ménage de mademoiselle de Scudéri, servait à la fois de cuisinier, de laquais et de portier, avait obtenu la permission d'aller dans son pays assister aux noces de sa sœur; et la Martinière, femme de chambre de mademoiselle de Scudéri, était seule éveillée dans la maison. En entendant frapper à la porte à coups redoublés, elle songea que, Baptiste étant parti, elle se trouvait seule avec sa maîtresse, sans soutien dans la maison. Toutes les histoires de crimes, de vols, de meurtres, qui se répétaient alors souvent à Paris, lui revinrent à l'esprit; elle s'imagina qu'une troupe de scélérats, instruits de la solitude de la maison, voulaient y entrer avec de sinistres desseins, et elle resta dans sa chambre, agitée, tremblante, maudissant Baptiste et le mariage de sa sœur. Cependant les coups retentissaient encore plus forts, et, dans les intervalles, il lui sembla entendre une voix qui criait : « Ouvrez, au nom du Christ, ouvrez! » En proie à une angoisse toujours croissante, la Martinière prit un flambeau, se précipita dans le vestibule, et entendit distinctement la voix de celui qui frappait, et qui criait : « Au nom du Christ, ouvrez! » — Des voleurs, se dit-elle, ne parlent pas ainsi. Qui sait si ce n'est pas quelque malheureux qu'on poursuit et qui vient chercher un refuge auprès de ma maîtresse, toujours disposée à faire le bien? Mais soyons prudente.

Elle ouvrit une fenêtre, et, en grossissant autant qu'elle put sa voix, afin de lui donner un accent viril, elle demanda qui pouvait faire un tel vacarme au milieu de la nuit, et réveiller ainsi tout le monde. A la clarté de la lune, qui, dans ce moment, perçait à travers les nuages obscurs, elle entrevit une longue figure enveloppée dans un manteau gris, et couverte d'un large chapeau qui lui tombait sur les yeux. Elle s'écria de nouveau, de façon à être entendue dans la rue : « Baptiste, Claude, Pierre, levez-vous! et venez voir quel est ce vaurien qui frappe à la porte de la maison. »

Une voix douce et presque plaintive lui répondit d'en bas : « Ah! la Martinière, je sais que c'est vous, ma bonne femme, quoi que vous fassiez pour changer votre voix; je sais aussi que Baptiste est dans son pays, et que vous êtes seule à présent avec votre maîtresse. Ouvrez-moi, de grâce, et ne craignez rien. Il faut qu'à l'instant même je parle à votre demoiselle.

— A quoi pensez-vous? s'écria la Martinière; parler à ma maîtresse au milieu de la nuit! Vous ne savez donc pas qu'elle est depuis longtemps endormie, et que pour rien au monde je ne voudrais la réveiller dans ces moments de bon sommeil, dont elle a grand besoin à son âge?

— Je sais, répondit celui qui se tenait au pied de la fenêtre, que votre demoiselle vient de mettre de côté le roman de *Clélie*, auquel elle travaille sans cesse, et qu'elle compose en ce moment même quelques vers qu'elle doit lire demain chez la marquise de Maintenon. Je vous en conjure, dame Martinière, ayez pitié de moi, et ouvrez-moi la porte. Sachez qu'il s'agit de sauver un malheureux de sa perte; que l'honneur, la liberté, la vie même d'un homme, dépendent du moment où je dois parler à votre demoiselle; songez que la colère de votre maîtresse pèserait à jamais sur vous, si elle apprenait que vous avez impitoyablement fermé la porte de sa demeure à un malheureux qui venait implorer son secours.

— Mais pourquoi vouloir solliciter la pitié de ma maîtresse à une telle heure? Revenez demain matin, dit la Martinière.

— Quand le destin nous frappe avec la rapidité de l'éclair, s'occupe-t-il du temps et de l'heure? quand un instant peut nous sauver, faut-il retarder le secours? Ouvrez-moi la porte, ne craignez rien d'un infortuné que le monde entier abandonne, qui est poursuivi, sans soutien, et qui, dans l'angoisse de son affreuse situation, vient supplier votre maîtresse de l'arracher à un péril imminent. »

La Martinière l'entendit soupirer, gémir ; en prononçant ces mots, le son de sa voix était doux et pénétrant ; elle se sentit émue jusqu'au fond du cœur, et, sans hésiter plus longtemps, elle descendit avec les clefs.

A peine la porte était-elle ouverte, que l'homme au manteau entra impétueusement, et, se précipitant dans le vestibule avant la Martinière, lui dit d'une voix agitée : « Conduisez-moi auprès de votre maîtresse. » La Martinière éleva avec effroi son flambeau, et, à la lueur de la bougie, aperçut un visage jeune, mais pâle comme la mort et horriblement défait. Une terreur profonde la saisit lorsque cet homme ouvrit son manteau, et qu'elle vit briller la poignée d'un stylet entre les plis de son justaucorps. L'inconnu lança sur elle des regards étincelants, et s'écria d'une voix plus violente encore : « Conduisez-moi, vous dis-je, auprès de votre maîtresse ! »

La Martinière vit alors sa maîtresse exposée aux plus grands dangers. Son amour pour mademoiselle de Scudéri, qu'elle honorait et vénérait comme une mère, éclata dans son cœur et lui donna un courage dont elle ne se serait pas crue capable ; elle ferma vivement la porte de la chambre qu'elle avait laissée ouverte, et, se plaçant sur le seuil, elle dit d'un ton ferme à l'étranger : « Votre folle conduite dans cette maison ne s'accorde point avec les paroles plaintives que vous prononciez dans la rue, et qui ont, bien à tort, éveillé ma pitié. Non, vous ne parlerez point à ma maîtresse : si vous ne tramez point quelque mauvais dessein, vous ne devez pas craindre le jour ; vous reviendrez demain expliquer votre affaire. A présent, sortez de cette demeure. »

L'inconnu poussa un profond soupir, et, jetant sur la Martinière un coup d'œil effroyable, saisit son stylet. La pauvre femme recommanda en silence son âme au Seigneur, mais conserva sa fermeté, et regarda fixement l'étranger, en même temps qu'elle s'appuyait plus fortement contre la porte de la chambre par laquelle il devait passer pour arriver à mademoiselle de Scudéri.

« Laissez-moi voir votre maîtresse, s'écria-t-il encore une fois.

— Faites ce que vous voudrez, répliqua la Martinière, je ne bouge pas d'ici ! Accomplissez la méchante action que vous avez commencée : vous mourrez d'une mort honteuse sur la place de Grève, comme vos ignobles complices.

— Ah ! vous avez raison, la Martinière, dit l'étranger, je suis armé comme un meurtrier, j'ai l'air d'un maudit brigand ! Mais ceux que vous appelez mes complices ne sont pas exécutés, non, ils ne le sont pas ! »

En prononçant ces mots, il jeta un regard farouche sur la pauvre femme, et tira son poignard.

« Jésus ! » s'écria-t-elle, attendant le coup de la mort.

Au même instant, on entendit dans la rue un cliquetis d'armes et le bruit de pas de chevaux.

« La maréchaussée ! la maréchaussée !... Au secours ! au secours ! s'écria la Martinière.

— Misérable femme, tu veux donc ma mort ?... Eh bien, à présent, c'en est fait, c'en est fait ; prends, prends, donne ceci à ta maîtresse, cette nuit même... demain, si tu veux... »

L'étranger, en murmurant ces mots à voix basse, avait arraché le flambeau à la Martinière, éteint la bougie, et déposé une cassette entre les mains de l'honnête servante.

« Au nom de ton salut, ajouta-t-il, remets cette cassette à ta maîtresse ! » et il se précipita hors de la maison.

La Martinière était tombée sur le plancher ; elle se releva avec peine, et, s'avançant à tâtons dans l'obscurité, parvint à regagner sa chambre, où elle tomba, sans force, sur un fauteuil, hors d'état de prononcer une parole.

Tout à coup elle entend tourner la clef à la porte d'entrée, qu'elle avait laissée dans la serrure. La porte est de nouveau fermée, et l'on s'approche à pas légers et incertains de sa chambre. Clouée sur son siége, incapable de se mouvoir, elle s'attend à tout ce qu'il y a de plus affreux ; mais quelle est sa surprise, lorsque la porte s'ouvre, et qu'à la lueur de la lampe, la Martinière reconnaît l'honnête Baptiste, dont le visage lui semble pâle comme un linceul et tout à fait décomposé !

« Au nom de tous les saints, s'écrie-t-il, dites-moi, dame Martinière, que s'est-il passé? Ah ! la frayeur, la frayeur ! Je ne sais ce que c'était, mais cela m'a fait, malgré moi, quitter la danse, hier au soir. J'entre dans la rue. Je me dis : Dame Martinière a le sommeil léger ; elle m'entendra si je frappe doucement à la porte de la maison, et me laissera entrer. Voilà qu'une forte patrouille arrive à moi, cavaliers et fantassins armés jusqu'aux dents, et m'arrête et ne veut pas me laisser aller plus loin. Par bonheur, Desgrais, le lieutenant de maréchaussée, qui me connaît bien, était là. « Comment, Baptiste, me dit-il tandis qu'on me tenait la lanterne sous le nez, c'est toi ! D'où viens-tu ainsi au milieu de la nuit? Reste sagement au logis, et tâche de le bien garder. Ici, la place n'est pas sûre : nous espérons faire encore cette nuit une bonne prise. Vous ne sauriez vous imaginer, dame Martinière, comme ces paroles m'agitèrent le cœur. Je m'avance sur le seuil de notre demeure : un homme, enveloppé dans un manteau, en sort avec précipitation, un poignard étincelant à la main, et me renverse. La maison est ouverte, la clef est dans la serrure : dites-moi ce que tout cela signifie. »

La Martinière, revenue de sa mortelle angoisse, lui raconta ce qui s'était passé. Elle descendit avec lui dans le vestibule, et ils trouvèrent le flambeau que l'étranger avait jeté sur le plancher en s'enfuyant.

« Il n'est que trop certain, dit Baptiste, que notre demoiselle devait être volée cette nuit et égorgée. Cet homme savait, ainsi que vous me l'avez raconté, que vous étiez seule avec elle ; il savait même qu'elle veillait encore, occupée à ses écrits. C'était sans doute un de ces maudits scélérats qui pénètrent dans l'intérieur des habitations et recueillent, avec une artificieuse habileté, tout ce qui peut les aider à exécuter un de leurs diaboliques projets. Eh! j'y pense, dame Martinière, cette cassette, nous devrions la jeter à l'endroit le plus profond de la Seine. Qui nous garantit que quelque misérable ne trame pas un complot contre notre chère maîtresse, et qu'en ouvrant cette cassette elle ne tombera pas morte, comme le vieux marquis de Tournay en décachetant la lettre que lui avait remise une main inconnue? »

Après de longues délibérations, les deux fidèles serviteurs résolurent de raconter, le lendemain matin, à mademoiselle de Scudéri, tout ce qui s'était passé, et de lui remettre la mystérieuse cassette, en la priant de l'ouvrir avec les précautions convenables. Tous deux, en se rappelant, dans chacun de ses détails, l'apparition de l'étranger suspect, se persuadèrent qu'il devait y avoir en jeu un secret particulier qu'ils ne pouvaient pénétrer eux-mêmes, et dont l'explication devait être abandonnée à leur maîtresse.

CHAPITRE II.

Les inquiétudes de Baptiste étaient bien fondées. A cette époque, Paris était le théâtre des crimes les plus affreux, et les inventions les plus sataniques de l'enfer facilitaient les attentats.

Un apothicaire allemand, nommé Glazer, le meilleur chimiste de son temps, s'occupait d'épreuves d'alchimie, selon l'usage d'un grand nombre de gens de sa profession, il croyait trouver la pierre philosophale, et un Italien, nommé Exili, s'était associé à ses recherches. Mais, pour celui-ci, l'art de faire de l'or n'était qu'un prétexte : il voulait seulement apprendre le mélange, la composition des matières empoisonnées dont Glazer se servait dans ses travaux ; et il parvint enfin à préparer un poison subtil qui n'a ni odeur ni goût, qui tue à l'instant même ou par gradation, qui ne laisse aucune trace dans le corps humain, qui trompe l'art et le savoir des médecins, et donne à un meurtre les apparences d'une mort naturelle. Quelque précaution qu'Exili employât dans ses essais, il fut soupçonné de vendre des poisons, et enfermé à la Bastille. Dans la chambre qu'il occupait fut enfermé aussi, peu de temps après, le capitaine Gaudens de Sainte-Croix. Cet homme avait entretenu avec la marquise de Brinvilliers de longues relations qui causaient un grand scandale dans cette famille. Le marquis était resté indifférent à la conduite de son épouse ; Dreux de Bray, lieutenant civil de Paris, père de madame de Brinvilliers, s'était vu forcé de lancer une lettre de cachet contre le capitaine, pour le séparer de sa fille. Passionné, sans caractère, affectant la dévotion avec hypocrisie, porté, dès son enfance, aux vices de toute sorte, jaloux, vindicatif sans mesure, le capitaine devait s'estimer parfaitement heureux de connaître les secrets diaboliques d'Exili, qui lui donnaient le pouvoir d'anéantir ses ennemis. Il devint le disciple empressé de l'Italien, et égala bientôt si parfaitement son maître, que, lorsque celui-ci fut élargi, le capitaine était en état de travailler seul.

La Brinvilliers était une femme démoralisée, Sainte-Croix en fit un monstre ; il la décida à empoisonner d'abord son propre père, chez lequel elle vivait, et qu'elle soignait, dans ses vieux jours, avec une affreuse hypocrisie ; puis ses deux frères, et enfin sa sœur. Son père, elle le fit mourir par esprit de vengeance ; ses frères et sa sœur, par le désir d'avoir leur riche héritage. L'histoire de plusieurs empoisonnements donne la preuve épouvantable que les crimes de ce genre deviennent souvent un besoin passionné et irrésistible. Des empoisonneurs ont souvent fait périr des gens dont la vie et la mort leur étaient complétement indifférentes ; ils commettaient ces attentats sans aucun but ultérieur, par le seul attrait qui porte le chimiste à faire, pour sa propre satisfaction, des expériences. La mort subite de plusieurs pauvres de l'Hôtel-Dieu fit soupçonner que les pains que la Brinvilliers distribuait chaque semaine, pour se faire considérer comme un modèle de piété et de bienfaisance, étaient empoisonnés. Ce qu'il y a de sûr, c'est qu'elle empoisonnait les pâtés de pigeons qu'elle servait à ses convives, et que le chevalier du Gay et plusieurs autres personnes furent victimes de ses diaboliques dîners. Sainte-Croix, son complice la Chaussée et la Brinvilliers surent longtemps entourer d'un voile impénétrable leurs atrocités. Mais quelle ruse humaine pourrait arrêter l'éternelle justice, quand elle a résolu de punir les crimes dans cette vie? Les poisons préparés par Sainte-Croix étaient d'une nature si subtile, qu'en aspirant une seule fois la poudre qu'il appelait *poudre de succession* on mourait à l'instant. Pour faire ses opérations, Sainte-Croix se couvrait le visage d'un léger masque de verre. Un jour, au moment où il remplissait une fiole de la poudre qu'il venait de confectionner, son masque tomba, l'exhalaison du poison saisit le criminel, et il expira sur-le-champ. Comme il ne laissait aucun héritier, les gens de justice vinrent, en toute hâte, apposer les scellés dans sa demeure. On trouva dans un coffre fermé tout cet infernal attirail d'empoisonnement employé par Sainte-Croix, et les lettres de la Brinvilliers, qui ne permettaient de garder aucun doute sur sa culpabilité. Elle s'enfuit à Liége et se réfugia dans un cloître. Desgrais, sergent de maréchaussée, fut envoyé à sa poursuite : il se présenta, sous l'habit ecclésiastique, dans le couvent où elle s'était retirée, et parvint à lier une intrigue d'amour avec cette épouvantable femme, et à l'attirer à un rendez-vous secret dans un jardin solitaire.

hors des portes de la ville. A peine était-elle là, qu'elle fut entourée par les archers de Desgrais; le galant ecclésiastique se changea tout à coup en un agent de la maréchaussée, et la força de monter dans une voiture, préparée d'avance, à l'entrée du jardin, et on l'emmena à Paris avec une bonne escorte. La Chaussée avait déjà eu la tête tranchée; la Brinvilliers subit le même supplice; son corps fut brûlé après l'exécution, et ses cendres jetées au vent.

Les Parisiens respirèrent lorsqu'ils apprirent la fin de ce monstre, qui dirigeait impunément ses armes meurtrières contre ses amis et ses ennemis. Mais bientôt on apprit que les affreux secrets du maudit Sainte-Croix survivaient à ceux qui les avaient employés. La mort se glissait, comme un fantôme invisible, dans les cercles les plus intimes, sous le masque de l'amitié, de la parenté, de l'amour, et saisissait d'une main sûre et rapide ses malheureuses victimes.

Tel, que l'on avait vu la veille florissant de santé, errait le lendemain faible et malade, et toute la science des médecins ne pouvait le sauver. La richesse, un emploi important, une femme trop jeune et trop belle, suffisaient pour amener cette sentence de mort : une profonde défiance rompait les liens les plus sacrés : l'époux tremblait devant l'épouse, le père devant le fils, la sœur devant le frère. Dans les repas qu'un ami donnait à des amis, les mets et le vin restaient intacts; et, dans les mêmes réunions, animées naguère par l'esprit et la joie, les regards inquiets ne cherchaient plus à présent que le masque d'un meurtrier. Des pères de famille, tremblant d'être trahis dans leur propre maison, s'en allaient avec anxiété chercher un moyen de subsistance dans les lieux éloignés, et préparaient eux-mêmes leurs aliments. Souvent encore les précautions les plus adroites étaient inutiles.

Pour arrêter ce fléau qui grandissait sans cesse, le roi institua une cour de justice spéciale, chargée exclusivement de rechercher et de punir ces crimes mystérieux.

Cette cour, connue sous le nom de *chambre ardente*, siégeait non loin de la Bastille, et était présidée par la Reynie. Tout le zèle et tous les efforts de la Reynie furent pendant longtemps infructueux. Il était réservé à l'habile Desgrais de découvrir les repaires les plus secrets du crime.

Dans le faubourg Saint-Germain demeurait une vieille femme, appelée la Voisin, qui faisait métier de dire la bonne aventure, de conjurer les esprits, et qui, à l'aide de ses deux affidés, le Sage et le Vigoureux, savait étonner et effrayer des gens qui n'étaient ni faibles ni trop crédules. Mais son savoir ne se bornait pas là. Disciple d'Exili, ainsi que Sainte-Croix, elle préparait, comme celui-ci, un poison subtil qui ne laissait point de trace, et, de cette façon, donnait à des fils dénaturés le moyen de jouir plus tôt de leur héritage, et à des femmes coupables celui de s'unir à un plus jeune époux. Desgrais pénétra ce mystère ; elle avoua tout, et fut condamnée par la chambre ardente à être brûlée sur la place de Grève. On trouva chez elle une liste de toutes les personnes qui avaient eu recours à elle, et non-seulement il s'ensuivit exécution sur exécution, mais de graves suspicions planèrent sur les personnages de haut rang : ainsi on pensa que le cardinal Bonzy avait trouvé chez la Voisin une recette certaine pour faire mourir promptement tous ceux auxquels il devait payer des pensions en sa qualité d'archevêque de Narbonne. Ainsi la duchesse de Bouillon, la comtesse de Soissons, inscrites sur la liste fatale, furent accusées d'avoir eu des relations avec l'infâme la Voisin ; et François-Henri de Montmorency, duc de Luxembourg, pair et maréchal de France, ne fut lui-même pas à l'abri d'un cruel soupçon. La terrible chambre ardente le poursuivit : il se constitua lui-même prisonnier à la Bastille, où la haine de Louvois et de la Reynie le relégua dans un cachot de six pieds. Plusieurs mois se passèrent avant que l'innocence du duc pût être démontrée. Il s'était seulement fait dire une fois son horoscope par le Sage.

Il est certain qu'un zèle aveugle entraîna la Reynie à des actes de violence et à des cruautés. Son tribunal prit le caractère de l'inquisition. Le moindre soupçon suffisait pour justifier un emprisonnement rigoureux, et souvent on s'en remettait au hasard du soin de démontrer l'innocence de l'accusé. D'ailleurs la Reynie était d'un extérieur désagréable, d'une nature méchante et dissimulée : il s'attira bientôt la haine de tous ceux dont il était appelé à être le vengeur ou le soutien. Quand il demanda à la duchesse de Bouillon si elle avait vu le diable : « Il me semble, lui répondit-elle, que je le vois en ce moment. »

Tandis que le sang des coupables et des suspects coulait à flots sur la place de Grève, et que les empoisonnements devenaient de plus en plus rares, un autre fléau vint répandre une nouvelle épouvante dans la ville. Une bande de voleurs semblait avoir pris à tâche de s'emparer de tous les bijoux. Une riche parure, à peine achetée, disparaissait d'une manière incompréhensible, quelque précaution qu'on employât pour la garder. Ce qu'il y avait de pire, c'est que quiconque osait sortir le soir, portant sur soi des joyaux, était infailliblement dépouillé ou assassiné dans les rues ou dans les allées obscures des maisons. Ceux qui avaient échappé à ce péril racontaient qu'un coup de poing violent leur était tombé sur la tête comme la foudre, et qu'en revenant de leur étourdissement ils s'étaient vus dépouillés de leurs bijoux, et transportés dans un tout autre lieu que celui où ils avaient été frappés. Les cadavres que l'on rencontrait presque chaque matin dans les rues ou dans l'intérieur des maisons portaient tous la même blessure, un coup de poignard au cœur, et si ferme, si bien dirigé, que, selon l'opinion des médecins, le blessé avait dû tomber sans pouvoir proférer une seule parole. Qui n'était, dans la voluptueuse cour de Louis XIV, engagé dans quelque mystérieuse intrigue d'amour ? Qui ne se glissait la nuit chez sa bien-aimée pour lui porter un riche présent ? On eût dit que les voleurs avaient fait un pacte avec les esprits invisibles, tant ils savaient tout ce qui devait se passer. Souvent le malheureux n'atteignait pas la maison où il espérait goûter les joies de l'amour ; souvent il tombait sur le seuil, à la porte même de sa maîtresse, qui heurtait avec terreur le cadavre sanglant.

En vain le lieutenant de police d'Argenson fit-il arrêter dans Paris tous les gens suspects ; en vain la Reynie, furieux, s'efforça-t-il d'arracher des aveux aux accusés ; en vain les patrouilles et les sentinelles furent-elles renforcées : on ne trouva point la trace des malfaiteurs. Le seul moyen de prévenir le danger était de s'armer jusqu'aux dents et de faire porter devant soi un flambeau. Il arriva encore que le valet fut assailli à coups de pierres, et le maître volé au même instant et assassiné. Une chose remarquable, c'est qu'après toutes les recherches faites dans les lieux où l'on trafiqua des pierres précieuses on n'avait pu découvrir aucun des bijoux volés, et l'on n'avait ainsi aucun indice du crime qu'on eût voulu poursuivre. Desgrais écumait de rage en voyant tous ses stratagèmes déjoués par les brigands. Le quartier de la ville où il se plaçait en observation était épargné, et dans les autres les malfaiteurs recueillaient un riche butin.

Il imagina de faire plusieurs Desgrais si parfaitement semblables l'un à l'autre, par la tournure et la marche, par le son de voix et la physionomie, que les archers eux-mêmes ne savaient où était le véritable. Pendant ce temps, il se glissait, seul, au péril de sa vie, dans les lieux les plus retirés, et suivait de loin quelqu'un qui par son ordre portait une riche parure ; mais celui qui marchait ainsi devant lui n'était jamais attaqué : les voleurs connaissaient donc cette ruse du sergent, et Desgrais était au désespoir.

Un matin il arrive chez le président la Reynie, pâle, défait, hors de lui-même : « Quelle nouvelle m'apportez-vous ? lui crie le président ; avez-vous trouvé la trace ? — Ah ! monseigneur ! dit Desgrais avec fureur, hier, dans la nuit, non loin du Louvre, le marquis de la Fare a été attaqué en ma présence. — Ciel et terre ! dit la Reynie joyeux : nous les tenons. — Écoutez d'abord, reprend Desgrais avec un amer sourire, ce qui s'est passé : Je me poste près du Louvre, et surveille, la rage dans le cœur, les démons qui se jouent de moi ; je vois s'avancer à pas incertains un homme qui regarde avec précaution derrière lui, et continue son chemin sans me découvrir. A la lueur de la lune, je reconnais le marquis de la Fare ; je pouvais l'attendre, je savais où il allait. A peine a-t-il fait dix à douze pas, que voilà tout à coup une figure qui surgit comme si elle sortait des entrailles de la terre, le renverse et se jette sur lui. Étonné, stupéfait, dans ce moment même qui pouvait livrer le meurtrier entre mes mains, je pousse un cri, je m'élance pour le saisir, je m'embarrasse dans mon manteau et je tombe ; je vois cet homme courir comme s'il était emporté sur les ailes du vent ; je me relève, je le poursuis ; en courant je sonne de mon cor, les sifflets des archers me répondent de loin, tout est en mouvement, cliquetis d'armes, bruit de chevaux ; de tous côtés, à moi ! à moi ! Desgrais ! ici ! ici ! voilà les cris qui résonnent dans les rues. Je vois toujours au clair de la lune cet homme devant moi ; je vois comme il essaye de me tromper. Nous arrivons dans la rue Saint-Nicaise : ses forces paraissent affaiblies, je sens les miennes se renouveler, il n'a plus qu'une avance de quinze pas... — Alors vous l'atteignez ! vous le saisissez ! les archers viennent ! s'écrie la Reynie avec un regard étincelant, et serrant le bras de Desgrais comme s'il tenait le meurtrier fugitif.

— A quinze pas, reprend Desgrais d'une voix sourde et respirant à peine, cet homme fait un bond de côté dans l'ombre, et disparaît à travers la muraille. — Il disparaît ? — A travers la muraille ! — Êtes-vous fou ? dit la Reynie en reculant de deux pas et en frappant ses mains l'une contre l'autre.

— Appelez-moi fou, visionnaire ! dit Desgrais en se frottant le front, comme un homme poursuivi par de funestes pensées, le fait s'est passé tel que je vous le raconte.

J'étais encore pétrifié devant la muraille, lorsque plusieurs archers accourent hors d'haleine ; avec eux arrive le marquis de la Fare, l'épée nue à la main : nous allumons des flambeaux, nous frappons de tous côtés sur le mur, pas une trace de porte, de fenêtre, d'ouverture. C'est une forte muraille en pierres de taille, jointe à une maison où demeurent des gens contre lesquels on ne peut éveiller le moindre soupçon. Aujourd'hui encore j'ai tout examiné minutieusement ; c'est le diable lui-même qui nous joue. »

L'histoire de Desgrais fut bientôt connue dans Paris : les têtes étaient remplies d'enchantements, de conjurations, de pactes avec le diable, contractés par la Voisin, le Vigoureux et le fameux prêtre le Sage. Comme, selon les éternelles lois de notre nature, le penchant au merveilleux, aux croyances surnaturelles, subjugue le jugement, on ne tarda pas à se persuader, comme Desgrais l'avait dit, que le diable lui-même protégeait les misérables dont il avait sans doute acheté l'âme. Le récit de Desgrais fut, comme on peut se le figurer, embelli à plaisir ; on vendit à tous les coins de rue une complainte, ornée d'une gravure sur bois qui représentait la figure du diable s'abîmant sous terre à la face de Desgrais. Bref, tout concourait à intimider le peuple, et même à décourager les archers, qui ne traversaient plus les rues pendant la nuit qu'avec crainte, et en portant des amulettes arrosés d'eau bénite.

D'Argenson, voyant que tous les efforts de la chambre ardente étaient inutiles, se rendit auprès du roi, et le pria de former une nouvelle cour de justice investie d'un pouvoir plus grand encore que la première. Le roi, persuadé que la chambre ardente avait déjà abusé de son autorité, et frappé des exécutions sans nombre que la Reynie avait ordonnées, repoussa la proposition qui lui était adressée. Pour la lui faire agréer, on eut recours à un autre moyen.

Dans la chambre de madame de Maintenon, où le roi avait coutume de passer l'après-midi et de travailler quelquefois, avec ses ministres, très-tard dans la nuit, on lui présenta une poésie au nom des amants en péril, qui se plaignaient de ne pouvoir suivre les lois de la galanterie et offrir un riche présent à leurs maîtresses, sans exposer leur vie. « On pouvait, disaient-ils, mettre son bonheur et sa joie à répandre, dans les combats chevaleresques, son sang pour une femme chérie ; mais que faire contre les artifices d'une troupe de meurtriers qui tombaient à l'improviste sur leur victime, et ne lui permettaient pas de se défendre ? C'était à Louis, l'astre lumineux de tout amour et de toute galanterie, à répandre ses rayons dans cette nuit obscure, et à découvrir le sombre mystère qu'elle enveloppait. Le héros divin qui avait écrasé ses ennemis devait porter aussi de ce côté l'éclair de son épée victorieuse ; et, comme Hercule avait combattu l'hydre de Lerne, Thésée le Minotaure, il devait combattre ce monstre menaçant qui détruisait toutes les joies de l'amour, et changeait le bonheur en une souffrance profonde, en un deuil éternel. »

Si grave que fût le sujet, cette poésie ne manquait pas de certains traits spirituels et ingénieux, surtout dans les vers où l'on représentait les pauvres amoureux se glissant à la dérobée chez leurs maîtresses, l'anxiété dissipant l'amour et étouffant dans son germe la plus belle aventure de galanterie. Ce poëme se terminait, du reste, par un pompeux panégyrique de Louis XIV ; c'en était assez pour que le roi le lût avec une satisfaction visible. Sa lecture terminée, il se retourna, sans quitter des yeux ce papier, du côté de madame de Maintenon ; et, après avoir relu encore une fois ces vers à haute voix, lui demanda, en souriant agréablement, ce qu'elle pensait du langage de ces amants en péril. Fidèle à ses apparences austères, et conservant toujours une certaine teinte de pruderie, madame de Maintenon répondit que les rendez-vous mystérieux et interdits par la morale ne méritaient aucune protection particulière ; mais que les crimes horribles demandaient une prompte vengeance. Peu satisfait de cette réponse ambiguë, le roi plia le papier, et se disposait à aller rejoindre, dans une autre chambre, un de ses secrétaires d'État, lorsque son regard tomba sur mademoiselle de Scudéri, qui était assise dans un petit fauteuil près de madame de Maintenon. Il s'avança vers elle; le sourire qui avait disparu de ses lèvres s'y montra de nouveau. Debout devant mademoiselle de Scudéri, et déployant le poëme, il lui dit avec douceur : « La marquise ne veut point entendre parler des amoureux et de leurs galanteries; mais vous, mademoiselle, que pensez-vous de cette requête poétique ? » Mademoiselle de Scudéri se leva respectueusement de son siège ; une rougeur rapide traversa, comme un des rayons de pourpre du soir, les joues pâles de la vénérable dame, et en s'inclinant, les yeux baissés, elle répondit :

> Un amant qui craint les voleurs
> N'est pas digne d'amour.

Le roi, étonné du caractère chevaleresque de ce peu de mots, qui anéantissaient toute la longue tirade qu'il venait de lire, s'écria : « Par saint Denis, vous avez raison, mademoiselle! La lâcheté ne doit pas être protégée par des mesures aveugles qui confondent l'innocent avec le coupable. Que la Reynie et d'Argenson fassent leur devoir. »

CHAPITRE III.

Le lendemain matin, la Martinière, en racontant à sa maîtresse ce qui s'était passé la nuit précédente, lui dépeignit avec une vive émotion toutes les atrocités qui se renouvelaient sans cesse, et lui remit, en hésitant et en tremblant, la mystérieuse cassette. Baptiste se tenait à l'extrémité de la chambre, son bonnet à la main, le visage pâle, le cœur oppressé par l'anxiété ; et tous deux priaient instamment leur maîtresse de n'ouvrir cette cassette qu'avec les plus grandes précautions. Mademoiselle de Scudéri leur dit, en la pesant entre ses mains : « Vous êtes deux fous ; les indignes scélérats qui, comme vous le dites vous-mêmes, connaissent si bien le secret des maisons, savent, comme vous et moi, que je ne suis pas riche, et qu'il n'y a ici aucun trésor qui vaille un assassinat. On voudrait attenter à ma vie? A qui importerait la mort d'une femme de soixante-treize ans, qui n'a jamais attaqué d'autres brigands, d'autres perturbateurs du repos public que ceux qu'elle crée elle-même dans ses romans; qui écrit de médiocres vers, incapables d'exciter l'envie, et qui ne laissera pour tout héritage que les atomes d'une vieille fille admise parfois à la cour, et quelques douzaines de volumes reliés et dorés sur tranche? Tu as beau me représenter, ma chère Martinière, l'apparition de cet étranger sous l'aspect le plus redoutable, je ne puis croire qu'il ait eu de méchants desseins. Ainsi... »

La Martinière recula de trois pas; Baptiste, tombant presque à genoux, poussa un profond soupir lorsque mademoiselle de Scudéri, pressant un bouton d'acier, ouvrit le couvercle de la cassette.

Quelle fut sa surprise lorsqu'elle vit briller à ses yeux deux bracelets enrichis de pierres précieuses et un collier non moins splendide! Elle prit cette parure; et, tandis qu'elle en admirait le merveilleux travail, la Martinière contemplait les bracelets, et répétait, à diverses reprises, que la vaniteuse Montespan n'en avait pas de semblables.

« Mais que signifie donc cet envoi? » s'écria mademoiselle de Scudéri. Au même instant elle aperçut un petit billet placé dans le fond de la cassette. Elle le prit, dans l'espoir d'y trouver l'explication de ce mystère, et à peine l'eut-elle lu, qu'il échappa à ses mains tremblantes. Elle jeta un regard expressif vers le ciel, et tomba, presque évanouie, dans un fauteuil. La Martinière et Baptiste s'élancèrent à ses côtés avec effroi : « Oh! s'écria-t-elle d'une voix étouffée par les larmes, quelle insulte! quelle humiliation profonde! Devais-je subir une telle offense dans ma vieillesse? Ai-je vécu comme une jeune femme étourdie? Ai-je commis de coupables légèretés? O Dieu! comment des paroles, exprimées en plaisantant, peuvent-elles être interprétées d'une façon si cruelle! Faut-il que le

9.

crime m'attire dans une diabolique association, moi qui suis restée fidèle à la vertu et à la piété dès mon enfance! »
Mademoiselle de Scudéri tenait son mouchoir sur ses yeux, pleurant et sanglotant ; la Martinière et Baptiste, étonnés, effarés, ne savaient comment consoler dans sa douleur leur bonne maîtresse.

La Martinière ramassa le billet qui était tombé par terre. On y lisait :

<blockquote>Un amant qui craint les voleurs
N'est pas digne d'amour.</blockquote>

« Très-honorée dame,

« Votre esprit pénétrant nous a sauvés d'une cruelle persécution, nous qui exerçons sur la faiblesse et la lâcheté le droit du plus fort, nous qui nous emparons des trésors qui seraient indignement dissipés. Daignez recevoir cette parure comme une preuve de notre reconnaissance. C'est la plus précieuse qui soit tombée entre nos mains depuis longtemps. Vous mériteriez cependant, noble dame, d'en avoir une plus belle encore que celle-ci. Nous vous prions de vouloir bien ne pas nous retirer votre amitié et votre gracieux souvenir.

« LES INVISIBLES. »

« Est-il possible, s'écria mademoiselle de Scudéri lorsqu'elle fut un peu revenue de son trouble, est-il possible qu'on porte si loin l'impudence et la dérision ? » Le soleil brillait à travers les rideaux de soie rouge qui décoraient la croisée ; et les diamants, posés sur la table, près de la cassette ouverte, jetaient un vif éclat. Mademoiselle de Scudéri se couvrit le visage avec horreur, et ordonna à la Martinière d'enlever cette hideuse parure, teinte encore du sang des victimes. La Martinière renferma à l'instant les joyaux dans la cassette, et dit qu'il serait prudent de les porter au lieutenant de police et de lui raconter, dans toutes ses circonstances, l'effrayante apparition du jeune étranger.

Mademoiselle de Scudéri se leva en silence ; se promena

de long en large dans sa chambre, songeant à ce qu'elle devait faire ; puis dit à Baptiste d'aller lui chercher une chaise à porteurs, et à la Martinière de l'habiller, car elle voulait se rendre à l'instant chez madame de Maintenon.

Elle prit la cassette avec elle, et se fit porter chez la marquise à l'heure où elle savait la trouver seule dans ses appartements.

Madame de Maintenon fut étrangement surprise en voyant entrer, d'un pas incertain et le visage défait, mademoiselle de Scudéri, qui, malgré son grand âge, avait conservé beaucoup de dignité, de grâce et d'amabilité. « Que vous est-il arrivé, au nom du ciel ! » dit la marquise à la pauvre dame, qui, hors d'elle-même et pouvant à peine se soutenir, s'assit à la hâte dans le fauteuil qui lui était présenté. Lorsqu'elle retrouva la force de parler, mademoiselle de Scudéri raconta la douloureuse injure que lui avait attirée la plaisanterie irréfléchie par laquelle elle avait répondu à la supplique des amoureux. La marquise, après l'avoir écoutée avec attention, répondit que mademoiselle de Scudéri prenait trop vivement à cœur cette incroyable aventure ; que cette action dérisoire d'une troupe de misérables ne pouvait atteindre une nature si noble, si pieuse, et demanda à voir les pierreries.

Mademoiselle de Scudéri les lui remit, et la marquise ne put s'empêcher d'exprimer son admiration à la vue de ce travail précieux. Elle prit le collier, les bracelets, s'approcha de la fenêtre, tourna les diamants au soleil, s'extasiant tour à tour sur leur beauté et sur l'art merveilleux avec lequel ils étaient enchâssés. Tout à coup elle se tourne vivement vers mademoiselle de Scudéri, et lui dit : « Savez-vous que ces bracelets et ce collier ne peuvent avoir été faits que par René Cardillac ? »

René Cardillac était alors le plus habile orfèvre de Paris, un des hommes les plus adroits et les plus singuliers de son temps. La taille petite, les épaules larges, la structure forte et musculaire, Cardillac avait conservé, à l'âge de cinquante ans, la vigueur et la vivacité du jeune homme. Des cheveux rouges, touffus, bouclés, le visage ardent et expressif, attestaient cette vigueur peu commune. Si Cardillac n'avait pas été connu dans tout Paris comme un homme d'honneur, franc, sans détour, désintéressé, toujours prêt à rendre service, le regard étrange qui s'échappait de ses petits yeux gris, étincelants et profonds aurait suffi pour le faire soupçonner d'astuce et de méchanceté. Comme nous venons de le dire, Cardillac était un des hommes les plus habiles de sa profession qui existassent, non-seulement à Paris, mais peut-être dans l'Europe entière. Connaissant parfaitement la nature des pierres précieuses, il savait les disposer et les enchâsser d'une telle façon, que les joyaux qui, au premier aspect, semblaient avoir peu de valeur, prenaient un éclat extraordinaire en sortant de ses mains. Il acceptait avec ardeur toute commande, et y mettait un prix qui, par rapport à son travail, était d'une extrême modicité. Alors son œuvre ne lui laissait plus aucun repos ; nuit et jour on l'entendait travailler dans son atelier ; et souvent, lorsque sa tâche était presque achevée, si la forme d'une parure lui déplaisait, si un des joyaux ne lui paraissait pas assez bien enchâssé, s'il n'était pas satisfait d'une ciselure, c'en était assez pour remettre le tout au creuset et recommencer son opération. Aussi il ne sortait de ses mains que des chefs-d'œuvre inimitables qui faisaient l'admiration de ceux auxquels ils étaient destinés ; mais il était presque impossible d'obtenir de lui l'œuvre qu'il avait achevée ; il renvoyait, sous mille prétextes, ses pratiques de semaine en semaine, de mois en mois. En vain offrait-on de lui payer le double de la somme convenue, il n'aurait pas accepté un louis d'or de plus que ce qu'il avait demandé. Lorsque enfin il était forcé de céder aux instances de ceux qui l'employaient, de délivrer une parure, il ne pouvait s'empêcher de laisser éclater tous les signes d'une douleur profonde et d'une colère péniblement contenue. Que s'il s'agissait de remettre un travail auquel le prix des joyaux, les ciselures de l'or, donnaient une valeur considérable, alors on voyait le malheureux Cardillac courir de côté et d'autre comme un insensé, maudissant son travail et se maudissant lui-même. Si quelqu'un s'approchait de lui dans ce moment, et lui disait : « René Cardillac, voulez-vous me faire un collier pour ma fiancée, des bracelets pour ma maîtresse ? » il s'arrêtait tout à coup, le regardait avec ses petits yeux étincelants, et lui disait en se frottant les mains : « Que m'apportez-vous ? — Des bijoux, lui répondait-on en lui montrant une cassette, rien de très-brillant, pierres communes ; mais entre vos mains... » Cardillac ne le laissait pas achever, arrachait la cassette, regardait au jour les bijoux, qui peut-être n'étaient réellement pas très-choisis, et s'écriait avec ravissement : Oh ! des pierres communes, dites-vous ; non pas, ma foi, ce sont de très-jolies pierres, de superbes pierres ; et, si vous ne tenez pas à une poignée de louis d'or, j'y ajouterai encore quelques petits diamants qui étincelleront à vos yeux comme le soleil. » Si on lui répondait : « Je m'en rapporte à vous, maître René, et je payerai ce que vous voudrez, » sans regarder s'il avait affaire à un riche bourgeois ou à un seigneur de la cour, Cardillac se jetait à son cou, l'embrassait, lui disait qu'il était heureux, et que dans huit jours il lui remettrait sa parure. Là-dessus il rentrait dans sa maison en toute hâte, s'enfermait dans son atelier, travaillait sans relâche, et au bout de huit jours il avait fait un chef-d'œuvre. Mais dès que celui qui lui avait commandé ce travail venait lui apporter la somme convenue et demander avec empressement l'ouvrage qui devait être fait, Cardillac se montrait triste, grossier, insolent.

« Songez donc, maître Cardillac, que c'est demain le jour de mon mariage !

— Que m'importe votre mariage ? Revenez dans quinze jours.

— La parure est finie, donnez-la-moi ; voici votre argent.

— Et moi je vous dis qu'il y a encore plusieurs changements à faire à cet ouvrage, et que je ne puis vous le livrer aujourd'hui.

— Et moi je vous dis que si vous ne me remettez pas à l'instant de bon gré cette parure, dont je suis prêt à vous payer doublement la façon, vous me verrez revenir la prendre avec les archers de la police.

— Eh bien, que le diable vous étreigne dans ses tenailles ardentes, et puisse ce collier peser trois cents livres et étrangler votre fiancée! »

En disant ces mots, Cardillac plaçait la parure dans le pourpoint du fiancé; puis, le prenant par le bras, le jetait avec tant de violence hors de la chambre, qu'il le faisait rouler au bas de l'escalier. Alors il se mettait à la fenêtre, et riait d'un rire satanique en voyant le pauvre homme s'éloigner sanglant et écloppé, et le mouchoir sur le visage.

Il y avait encore dans la conduite de Cardillac d'autres bizarreries qu'on ne comprenait pas davantage. Souvent, après avoir accepté une commande avec enthousiasme, il revenait tout à coup trouver avec un profond chagrin la personne qui la lui avait faite, et la conjurait en pleurant, en sanglotant, en invoquant la sainte Vierge et les saints, de le dispenser de poursuivre la tâche qui lui était ordonnée. Plusieurs personnes de la plus haute distinction lui avaient en vain offert des sommes considérables pour obtenir de lui le moindre travail. Il s'était jeté aux pieds du roi, et avait imploré comme une faveur l'assurance qu'il serait exempt de travailler pour lui. Il refusa également les commandes de madame de Maintenon, et repoussa avec une expression de crainte et d'horreur le désir qu'elle lui témoigna un jour de lui faire faire une bague ornée des emblèmes de l'art, qu'elle voulait donner à Racine.

« Je parie, dit madame de Maintenon, que, si j'envoie chercher Cardillac pour savoir à qui il a livré cette parure, il refusera de venir ici, de peur que je n'aie quelque ouvrage à lui commander, car il ne veut en aucune façon travailler pour moi. Il paraît cependant que depuis quelque temps il n'est plus aussi tenace qu'autrefois; on diqu'il est plus actif que jamais, et qu'il livre sans trop de difficulté son travail, mais non pourtant sans un profond chagrin. »

Mademoiselle de Scudéri, dont le désir ardent était que la cassette qui lui avait été envoyée fût aussitôt que possible remise à son légitime propriétaire, pensa qu'on pouvait faire dire à cet étrange personnage qu'il ne s'agissait point de lui imposer une commande, mais d'avoir son avis sur la valeur d'une parure. La marquise accepta cette proposition. On envoya chercher Cardillac ; et, comme s'il eût été déjà en route pour venir au palais, il entra quelques instants après.

A l'aspect de mademoiselle de Scudéri, il parut ému, comme un homme frappé d'un incident inattendu ; et, oubliant, dans son émotion, ce qu'exigeaient les convenances, il s'inclina d'abord avec un profond respect devant elle, puis ensuite salua la marquise, qui, en lui montrant du doigt les pierreries étalées sur la table, lui demanda si c'était lui qui les avait enchâssées. A peine y eut-il jeté un regard, qu'il les renferma avec précipitation dans la cassette, et les rejeta violemment loin de lui.

« En vérité, madame la marquise, dit-il avec un affreux sourire qui contractait son visage bourgeonné, il faut bien peu connaître l'art de René Cardillac pour croire un seul instant qu'il existe dans le monde un autre orfèvre capable de confectionner une telle parure ; oui, ce travail est le mien.

— Dites-nous donc, reprit la marquise, pour qui vous l'avez fait.

— Pour moi seul, répondit Cardillac. Oui, ajouta-t-il en voyant que madame de Maintenon et mademoiselle de Scudéri le regardaient, étonnées, l'une avec défiance, l'autre avec anxiété ; oui, vous pouvez, madame la marquise, trouver la chose étrange, mais il en est ainsi. Uniquement pour le plaisir de faire une œuvre achevée, j'ai choisi mes plus belles pierres, et j'y ai travaillé avec plus d'ardeur et de soins que jamais. Il y a quelque temps, cette parure disparut de ma demeure d'une manière inconcevable.

— Que le ciel soit loué ! » s'écria mademoiselle de Scudéri avec un regard étincelant de joie ; et, se levant de son fauteuil avec la vivacité d'une jeune fille, elle s'avança vers Cardillac : « Maître René, lui dit-elle en posant ses mains sur ses épaules, recevez le trésor que des scélérats vous avaient enlevé. »

Elle raconta alors de point en point comment cette parure lui avait été apportée. Cardillac écoutait en silence, les yeux baissés ; de temps en temps seulement il faisait entendre une exclamation inintelligible, comme : Ah! ainsi ! ah ! Tantôt il joignait ses mains derrière son dos, tantôt il se frottait légèrement les joues et le menton. Lorsque mademoiselle de Scudéri eut achevé son récit, Cardillac parut en proie à une lutte intérieure, à un conflit d'idées auxquelles il cherchait une résolution. Il se frotta le front, soupira, se passa la main sous les yeux, comme pour arrêter une larme prête à tomber ; enfin il saisit la cassette que lui présentait mademoiselle de Scudéri, s'agenouilla lentement et lui dit : « C'est à vous, noble et digne demoiselle, que le sort a réservé ces pierreries. Je me rappelle à présent qu'en les enchaînant l'une à l'autre je pensais à vous ; c'est pour vous que j'ai travaillé. Ne dédaignez pas d'accepter et de porter cette parure, la plus belle de celles que j'aie faites depuis longtemps.

— Comment, répondit mademoiselle de Scudéri avec un aimable sourire, y songez-vous, maître René ? me convient-il de me parer à mon âge de ces pierreries étincelantes ? et quelle raison avez-vous de me faire un si riche présent ? Allez, allez, maître René, si j'étais belle, comme la marquise de Fontange, et riche, je ne laisserais point sortir cette parure de mes mains ; mais pourquoi mettrais-je ces bijoux sur mes bras maigris, et ce collier brillant sur cette gorge voilée ? »

Cardillac, qui s'était relevé, continuait à présenter la cassette à mademoiselle de Scudéri, et lui dit, avec un regard farouche et comme hors de lui-même : « Par pitié, mademoiselle, prenez cette parure ! Vous ne vous imaginez pas quel profond respect je garde au fond du cœur pour vos vertus et vos grandes qualités. Acceptez donc ce modeste présent comme un témoignage des pensées intimes que je voudrais vous exprimer. »

Mademoiselle de Scudéri hésitait encore. Madame de Maintenon, prenant la cassette des mains de Cardillac, lui dit : « Au nom du ciel, mademoiselle, vous parlez toujours de votre grand âge ; qu'avons-nous à nous occuper, vous et moi, du fardeau des années ? n'êtes-vous pas là comme une jeune créature timide et confuse qui voudrait bien toucher à de doux fruits défendus, si seulement elle pouvait y atteindre sans y poser les doigts ? Ne refusez pas le présent que le brave maître René vous offre volontairement, et que des milliers d'autres ne pourraient obtenir ni à prix d'or, ni par leurs prières et leurs supplications. »

En parlant ainsi, elle avait forcé mademoiselle de Scudéri de prendre la cassette. Alors Cardillac se jeta aux pieds de la vénérable demoiselle, lui baisa la robe et les mains, soupira, pleura, gémit ; puis, se levant tout à coup, se précipita hors de l'appartement comme un insensé, renversant la table, la porcelaine, les verres.

« Au nom de tous les saints, s'écria mademoiselle de Scudéri épouvantée, qu'est-il arrivé à cet homme ? » Mais la marquise, qui ce jour-là se trouvait dans une gaieté d'humeur assez étrangère à sa nature, fit un éclat de rire et dit : « Voilà le secret, mademoiselle : maître René est mortellement amoureux de vous, et, d'après les mœurs et coutumes de la vraie galanterie, il commence le siège de votre cœur par de riches présents. »

Madame de Maintenon, continuant cette plaisanterie, engagea mademoiselle de Scudéri à ne pas se montrer trop cruelle envers un amant au désespoir. Celle-ci se laissa entraîner au même caprice de gaieté, et répondit que, puisque les choses en étaient venues à ce point, elle s'avouait vaincue, et donnerait au monde l'exemple inouï d'une fille, de noblesse intacte, fiancée, à l'âge de soixante-treize ans, à un orfèvre. Madame de Maintenon offrit de tracer la couronne de noce et d'instruire la nouvelle mariée des devoirs d'une bonne maîtresse de maison, qu'une petite fille inexpérimentée comme elle ne pouvait guère connaître.

Lorsque mademoiselle de Scudéri quitta la marquise, elle demeura, après ces joyeux propos, sérieuse et pensive ; en regardant la cassette qui était restée entre ses mains : « Je ne me servirai jamais, madame, dit-elle, de cette parure ; quel que soit l'événement par suite duquel elle m'est parvenue, elle a été au pouvoir de ces brigands affreux qui volent et égorgent avec l'audace du démon, qui est peut-être uni à eux par un pacte maudit. J'ai horreur du sang qui me paraît entacher ces pierreries dans leur éclat ; et la conduite de Cardillac lui-même a pour moi, je l'avoue, je ne sais quoi de sombre et de terrible. Je ne puis me défendre d'un sinistre pressentiment : il me semble qu'il y a dans toute cette affaire un effroyable mystère. Lorsque je me retrace toutes les circonstances de ce qui vient de se passer, je ne puis discerner en quoi consiste ce mystère, et comment il se fait que le brave et honnête maître René, ce type du pieux et bon bourgeois, m'apparaisse avec de mauvaises et fatales pensées. Mais il est certain que jamais je ne pourrai me résoudre à me parer de ces joyaux. »

La marquise affirma que c'était porter le scrupule trop loin. Cependant, lorsque mademoiselle de Scudéri lui demanda : « Que feriez-vous à ma place ? » madame de Maintenon répondit d'un air ferme : « Plutôt jeter cette parure à la Seine que la porter jamais ! »

La visite de maître René inspira à mademoiselle de Scudéri d'agréables vers qu'elle lut le lendemain soir au roi, dans les appartements de madame de Maintenon. Ce fut peut-être pour éloigner les sombres idées qui assiégeaient son esprit, qu'elle s'amusa à représenter sous des couleurs assez vives la plaisante image d'une noble fille fiancée avec un orfèvre, à l'âge de soixante-treize ans. Le roi rit beaucoup en écoutant la lecture de ces vers, et déclara que mademoiselle de Scudéri n'avait jamais rien écrit de plus spirituel, et que Boileau venait de trouver son maître.

CHAPITRE IV.

Plusieurs mois s'étaient écoulés, lorsqu'un jour, par hasard, mademoiselle de Scudéri passa sur le pont Neuf dans le carrosse à glaces de la duchesse de Montausier. L'invention de ces voitures était encore si nouvelle, que, lorsqu'il y en avait une dans la rue, une foule de curieux se pressait pour la voir. Ce jour-là les badauds assemblés sur le pont Neuf entouraient le carrosse de madame de Montausier en telle quantité, qu'ils empêchaient les chevaux d'avancer ; tout à coup mademoiselle de Scudéri entend vociférer des injures, des malédictions, et aperçoit un homme qui cherche à se frayer de vive force un chemin à travers la multitude ; il s'approche, et elle rencontre le regard pénétrant d'un jeune homme au visage pâle et empreint d'une profonde douleur. Le jeune homme la contemple opiniâtrément, tout en se défendant contre les curieux qui cherchaient à lui barrer le passage. Enfin il s'élance jusque auprès de la voiture, monte avec impétuosité sur le marchepied, jette un billet sur le sein de mademoiselle de Scudéri, et disparaît comme il était venu, en frappant à droite et à gauche pour s'ouvrir une route. En voyant cet homme à la portière du carrosse, la Martinière, qui était près de mademoiselle de Scudéri, avait poussé un cri d'effroi et était tombée évanouie au fond du carrosse. En vain mademoiselle de Scudéri tire le cordon du cocher ; celui-ci, comme emporté par les méchants esprits, fouette ses chevaux, qui, piétinant et écumant, partent au galop et franchissent en un clin d'œil le pont qui retentit sous leurs pas. Mademoiselle de Scudéri versa tout son flacon d'eau de senteur sur sa femme de chambre, qui, ouvrant les yeux, s'attache, pâle et tremblante, dans un état convulsif, à sa maîtresse, et lui dit d'une voix étouffée : « Au nom de la sainte Vierge, que voulait donc cet homme terrible? ah! c'est lui, lui-même qui vous a apporté la cassette dans cette nuit épouvantable. » Mademoiselle de Scudéri tranquillisa la pauvre femme en lui représentant qu'il n'était arrivé aucun malheur et qu'il s'agissait seulement de savoir ce que renfermait le billet. Elle l'ouvrit et y trouva ces mots :

« Un funeste destin que vous pouvez détourner me jette dans l'abîme. Je vous conjure, comme un fils conjure sa mère, avec toute l'ardeur d'une tendresse filiale, de prendre le collier, les bracelets que vous avez reçus de moi, et de les faire porter chez maître René Cardillac, sous le prétexte que vous voudrez, comme, par exemple, pour y faire un changement ou une réparation : votre repos, votre vie en dépendent. Si d'ici à après-demain ces bijoux ne lui ont été reportés, je pénètre dans votre demeure et je me tue à vos yeux. »

« Il est bien sûr, dit mademoiselle de Scudéri après avoir lu ce billet, que si cet homme mystérieux appartient réellement à une bande maudite de scélérats, il ne trame aucun sinistre dessein contre moi : s'il avait pu me parler lorsqu'il est entré la nuit dans ma demeure, qui sait s'il ne m'aurait pas expliqué maint événement étrange, mainte circonstance obscure dont je cherche en vain, dans mon esprit, à me rendre compte? Quoi qu'il en soit, je ferai ce qu'il me demande dans ce billet, ne fût-ce que pour être délivrée de cette malheureuse parure qui est pour moi comme un talisman infernal ; Cardillac, fidèle à ses vieilles passions, ne la laissera pas facilement sortir de ses mains. »

Le lendemain, mademoiselle de Scudéri songeait à porter les diamants chez l'orfévre, mais on eût dit que tous les beaux esprits s'étaient donné rendez-vous chez elle pour l'assiéger de vers, de comédies et d'anecdotes. A peine Chapelle avait-il terminé la lecture d'une scène de tragédie, en assurant malicieusement qu'il comptait bien cette fois battre Racine, que celui-ci entra et le terrassa par une tirade pathétique; puis vint Boileau, qui fit briller sur ce tragique horizon les étincelles de son humeur caustique, et cesser les longs récits sur la Colonnade du Louvre, entamés par Perrault, l'architecte-médecin.

Il était plus de midi, mademoiselle de Scudéri devait se rendre chez la duchesse de Montausier, et remit au lendemain la visite qu'elle projetait de faire à maître René Cardillac. Cependant elle se sentait en proie à une inquiétude singulière; sans cesse elle voyait le pâle jeune homme devant ses yeux, et un vague et confus souvenir éveillé au fond de son cœur lui disait que ce n'était pas pour la première fois qu'elle voyait ces traits et ce visage. Des rêves agités troublèrent son sommeil : il lui semblait qu'elle avait commis une coupable légèreté en ne tendant pas aussitôt sa main secourable au malheureux qui, prêt à tomber dans l'abîme, élevait les siennes vers elle; il lui semblait qu'il avait dépendu d'elle de prévenir l'événement déplorable, un crime peut-être... Dès le matin elle se fit habiller, et se dirigea avec sa cassette vers la demeure de l'orfèvre.

Dans la rue Saint-Nicaise une foule nombreuse était assemblée devant la maison de Cardillac, criant, vociférant, menaçant d'enfoncer la porte. La maréchaussée avait peine à contenir ce peuple en tumulte. Au milieu de cette agitation bruyante, effrénée, on entendait des voix furieuses qui disaient : « Déchirez-le! écrasez-le, ce meurtrier maudit! » Desgrais s'avança avec une cohorte nombreuse qui parvint à se frayer une route à travers les rangs serrés de la multitude. La porte s'ouvrit; un homme chargé de chaînes sortit de la maison, au milieu des imprécations, des accents de colère du peuple. Au même instant, mademoiselle de Scudéri, pleine de terreur et saisie d'un affreux pressentiment, entendit résonner un cri lamentable. « Avancez! avancez! » dit-elle au cocher, qui, faisant un détour habile et rapide, pénétra dans les masses et s'arrêta à la porte de Cardillac. Mademoiselle de Scudéri aperçut alors, aux pieds de Desgrais, une jeune fille à demi vêtue, les cheveux épars, belle comme le jour, le visage empreint d'un affreux désespoir. Elle embrassait les genoux de Desgrais, et s'écriait avec l'accent déchirant de la douleur : « Il est innocent! il est innocent! » En vain Desgrais et ses gens s'efforçaient-ils de la relever et de l'éloigner. Un homme rude et fort la saisit d'une main vigoureuse, l'arracha avec violence, puis, chancelant lui-même, la laissa échapper : elle roula au bas de l'escalier de pierre et tomba sur le pavé, immobile et sans voix. Mademoiselle de Scudéri ne put se contenir plus longtemps. « Au nom de Jésus-Christ, dit-elle, que se passe-t-il donc? qu'est-il arrivé? » et, ouvrant vivement la portière, elle descendit de voiture.

Le peuple s'écarta respectueusement devant la vénérable dame, qui, voyant quelques femmes compatissantes occupées à relever la jeune fille et à lui frotter le front avec une eau spiritueuse, s'approcha de Desgrais et réitéra ses questions.

« Un crime épouvantable! dit Desgrais. Ce matin, René Cardillac a été trouvé assassiné d'un coup de poignard. Le meurtrier est son apprenti Olivier Brusson. On l'emmène au cachot.

— Et la jeune fille! s'écria mademoiselle de Scudéri.

— C'est Madelon, la fille de Cardillac, la maîtresse de l'assassin. A présent, elle pleure, gémit, répète qu'Olivier est innocent, entièrement innocent. En tout cas, elle sait ce qui s'est passé, et je vais la conduire à la Conciergerie. » En disant ces mots, Desgrais jeta sur la malheureuse jeune fille un regard cruel qui fit frémir mademoiselle de Scudéri.

Madelon commençait à respirer; mais, incapable de prononcer une parole, de faire un mouvement, elle restait là, les yeux fermés, et l'on ne savait s'il fallait la transporter dans la maison, ou lui donner encore des soins jusqu'à ce qu'elle fût complétement revenue à elle-même. Profondément émue, mademoiselle de Scudéri contemplait avec des larmes dans les paupières cette figure innocente, et jetait un regard effrayé sur Desgrais et sur ses archers. Tout à coup un bruit sourd retentit sur le perron ; on apporte le cadavre de Cardillac. Mademoiselle de Scudéri prend aussitôt sa résolution : « J'emmène, s'écrie-t-elle, la jeune fille avec moi ; Desgrais, chargez-vous du reste. » Le peuple répond à ces paroles par un murmure de satisfaction. Les femmes relèvent la jeune fille ; des centaines de bras viennent à leur secours, et on l'apporte dans le carrosse, au milieu des bénédictions que la multitude adresse à la digne dame qui arrache l'innocence au tribunal de sang.

Les soins de Féron, le plus célèbre médecin de Paris, ramenèrent enfin à elle-même Madelon, qui, pendant des heures entières, était restée dans un état d'insensibilité absolue. Mademoiselle de Scudéri acheva l'œuvre du médecin en faisant luire un rayon d'espérance dans l'âme de la jeune fille, qui se soulagea enfin en répandant un torrent de larmes. Elle essaya de raconter ce qui s'était passé, mais à tout instant la douleur étouffait sa voix, et sa parole se changeait en sanglots.

Vers minuit elle avait été réveillée par quelques légers coups frappés à la porte de sa chambre, et avait entendu la voix d'Olivier qui la priait de se lever sur-le-champ, parce que son père allait mourir. Elle s'était levée avec épouvante et avait ouvert la porte. Olivier, pâle et défait, ruisselant de sueur, s'était dirigé, à pas vacillants et une lumière à la main, vers l'atelier ; elle l'avait suivi. Là, elle avait vu son père, les yeux fixes, râlant, dans les convulsions de la mort. Elle s'était jetée sur lui en gémissant, et alors elle avait aperçu sa chemise ensanglantée. Olivier l'avait éloignée doucement, et s'était occupé de laver avec une eau vulnéraire et de panser une blessure faite au côté gauche de la poitrine. Pendant ce temps, son père avait repris connaissance et cessé de râler ; il avait jeté sur eux un regard de bénédiction ; et, posant la main de sa fille dans celle d'Olivier, il les avait serrées toutes les deux avec force. Olivier et elle étaient tombés à genoux devant son lit ; Cardillac s'était relevé en jetant un cri perçant, et était retombé aussitôt, en rendant l'âme avec un profond soupir. Tous deux alors s'étaient mis à gémir et à pleurer. Olivier lui avait raconté comment, dans une course qu'il venait de faire avec René, le pauvre bijoutier avait été assassiné devant lui, et comment il avait rapporté au logis, avec la plus grande peine, cet homme qui était lourd et qu'il ne croyait pas blessé à mort. Dès le matin, les gens de la maison, qu'ils avaient réveillés la nuit par leurs gémissements, étaient montés et les avaient trouvés devant le corps de Cardillac, dans une profonde désolation. Un grand tumulte avait éclaté, la maréchaussée était venue, et avait arrêté Olivier comme coupable d'avoir assassiné son maître. Madelon joignit à ce récit la peinture la plus touchante de la vertu, de la piété, de la fidélité de son cher Olivier. Elle raconta quel respect il avait pour son maître, qu'il traitait comme son propre père, et comme celui-ci répondait avec abandon à sa tendresse; comme il l'avait choisi, quoique pauvre, pour son gendre, parce que son adresse d'artiste égalait sa fidélité et sa noblesse de sentiments. Madelon parlait du fond du cœur; elle conclut en disant que, si elle avait vu elle-même Olivier plonger le poignard dans la poitrine de son père, elle eût pris ce fait pour un prestige du diable, plutôt que de croire jamais Olivier capable d'un crime aussi affreux.

Mademoiselle de Scudéri, vivement émue de la douleur de Madelon, et très-portée à croire à l'innocence du pauvre Olivier, prit des renseignements qui confirmèrent tout ce que Madelon lui avait dit sur les relations du maître avec l'apprenti. Les gens de la maison, les voisins, s'accordaient tous à citer Olivier comme un modèle d'assiduité au travail, de piété, de morale et de bonne conduite. Personne ne pouvait porter contre lui un témoignage défavorable; et cependant, lorsqu'il était question du crime qui venait d'être commis, chacun haussait les épaules, et se disait qu'il y avait là-dessous quelque chose d'incompréhensible.

Olivier fut conduit devant la chambre ardente, et repoussa l'accusation portée contre lui avec la plus grande fermeté, avec l'indépendance la plus entière : il affirma que son maître avait été, en sa présence, attaqué, renversé dans la rue, et qu'il l'avait emporté au logis, où il était mort peu de moments après : cette déclaration s'accordait avec le récit de Madelon.

Mademoiselle de Scudéri cherchait à connaître et à recueillir les plus petites circonstances de cet horrible événement. Elle s'informa avec soin si jamais une contestation s'était élevée entre le maître et l'apprenti ; si Olivier n'était point peut-être sujet à un de ces accès de colère qui peuvent égarer la raison des hommes les plus doux, et les entraînent à des actions où ils semblent avoir perdu le libre exercice de leur volonté : mais Madelon lui parlait avec plus d'enthousiasme encore du paisible bonheur domestique où vivaient ces trois personnes unies par une affection intime, et dissipait de plus en plus tous les soupçons qui pesaient sur la tête d'Olivier. En examinant toute cette affaire attentivement ; en admettant même qu'Olivier, malgré ce qui attestait si hautement son innocence, fût pourtant le meurtrier de Cardillac, mademoiselle de Scudéri ne pouvait trouver, dans toutes les hypothèses possibles, aucun motif qui eût pu entraîner ce jeune homme à commettre un crime dont le premier résultat devait être d'anéantir son bonheur. « Il est pauvre, se disait-elle, mais habile ; il était parvenu à gagner l'affection du maître le plus célèbre ; il aime sa fille, le maître favorise ses amours ; le bien-être, la joie, lui sont assurés pour toute la vie. Mais, en supposant qu'Olivier, emporté par la colère, Dieu sait pour quelle raison, ait assassiné son bienfaiteur, son père, quelle diabolique hypocrisie ne faut-il pas lui supposer pour qu'il ait pu se conduire comme il l'a fait après le crime? » Intimement convaincue de l'innocence d'Olivier, mademoiselle de Scudéri résolut de sauver, à quelque prix que ce fût, l'innocent jeune homme.

Avant d'invoquer la clémence du roi, il lui parut prudent de s'adresser d'abord au président la Reynie, d'appeler son attention sur toutes les circonstances qui attestaient la non-culpabilité d'Olivier, et d'éveiller, s'il était possible, dans l'âme du président, une conviction bienveillante qui pourrait peut-être se communiquer aux juges.

La Reynie reçut mademoiselle de Scudéri avec tous les égards auxquels la noble dame, honorée de la faveur du roi, avait droit de prétendre. Il écouta tranquillement tout ce qu'elle lui raconta sur les rapports d'Olivier avec son maître, sur son caractère et sur le crime qui venait d'être commis. Elle répéta plusieurs fois, avec des larmes, qu'un juge ne devait pas être l'ennemi des accusés ; qu'il devait prêter son attention à tout ce qui parlait en leur faveur. Un sourire fin, presque sardonique, attesta seul que les oreilles du président n'étaient point entièrement fermées à ce plaidoyer. Quand mademoiselle de Scudéri eut achevé son récit et essuyé les larmes de ses yeux, la Reynie lui dit : « Il est digne de votre excellent cœur, mademoiselle, de vous laisser émouvoir par les pleurs d'une jeune fille amoureuse, de croire tout ce qu'elle rapporte, et il est tout simple que vous ne puissiez concevoir la pensée d'une atrocité pareille ; mais il n'en est pas de même du juge, qui est habitué à arracher le masque impudent de l'hypocrisie. Mes fonctions ne m'obligent pas à dérouler aux yeux de quiconque m'interroge la marche d'un procès criminel. Mademoiselle, je fais mon devoir ; peu m'importe le jugement du monde. Les coupables doivent trembler devant la chambre ardente, qui ne connaît d'autre punition que le feu et le sang. Mais devant vous, mademoiselle, je ne voudrais point passer pour un monstre de cruauté ; permettez-moi donc de vous présenter en peu de mots le crime de ce jeune scélérat, qui, grâce au ciel, sera puni. Votre esprit clairvoyant vous fera rejeter alors cette émotion de bienveillance qui vous fait honneur, mais qui, pour moi, ne serait pas convenable. Un matin on trouve René Cardillac frappé d'un coup de poignard ; il n'y a auprès de lui que son compagnon Olivier Brusson et sa fille. On découvre, entre autres choses, dans la chambre d'Olivier, un poignard fraîchement taché de sang, qui s'adapte à la blessure. « Cardillac, dit Olivier, a été frappé la nuit, sous mes yeux. — On voulait le voler? — Je ne sais. — Tu étais avec lui, et tu n'as pu combattre le meurtrier, l'arrêter, appeler au secours? — Le maître marchait à quinze ou vingt pas devant moi; je le suivais. — Au nom du ciel! pourquoi restais-tu à une telle distance? — Le maître le voulait ainsi. — Quelle affaire appelait donc maître Cardillac si tard dans les rues? — Je ne puis le dire; ordinairement il ne sortait jamais de la maison passé neuf heures. » Ici Olivier s'arrête, se trouble, soupire, pleure, et jure par tout ce qu'il y a de plus sacré que Cardillac est réellement sorti cette nuit, et qu'il a été assassiné dans la rue. Mais, remarquez bien ceci, mademoiselle : il est prouvé de la manière la plus certaine que Cardillac n'a point quitté sa maison cette nuit-là; ainsi, lorsque Olivier affirme être sorti avec lui, il profère un impudent mensonge. La porte de la maison est garnie d'une lourde serrure qui fait un bruit aigu lorsqu'on l'ouvre et lorsqu'on la ferme; les battants de la porte roulent avec peine sur leurs gonds, en criant et en gémissant, comme plusieurs essais l'ont démontré, et le bruit discordant résonne jusqu'à l'étage supérieur de la maison. Au rez-de-chaussée, près de la porte d'entrée, demeure le vieux maître Claude Patru, avec sa gouvernante, âgée d'environ quatre-vingts ans, mais encore vive et alerte. Ces deux personnes ont entendu Cardillac descendre, selon sa coutume, à neuf heures précises, fermer la porte à grand bruit, la verrouiller, remonter, lire à haute voix la prière du soir, et se retirer dans sa chambre à coucher, comme on a pu le reconnaître au craquement de la porte. Maître Claude est affligé d'insomnie, comme cela arrive assez souvent aux vieillards. Ce soir-là il ne put fermer l'œil; il était environ dix heures lorsque sa gouvernante alla prendre de la lumière dans la cuisine, s'assit à une table placée près de maître Claude, et lui lut une ancienne chronique; tandis que le vieillard, s'abandonnant à ses pensées, tantôt se plaçait dans son fauteuil, tantôt se levait, et, pour gagner le sommeil avec la fatigue, se promenait lentement de long en large dans sa chambre. Tout resta paisible et silencieux jusque après minuit. Ils entendirent alors au-dessus d'eux des pas pesants, une chute retentissante, comme si un lourd fardeau tombait sur le plancher, et, immédiatement après, un sourd gémissement. Tous deux furent saisis d'une profonde anxiété : l'idée du crime qui s'exécutait dans ce moment traversa leur esprit ; les rayons du jour éclaircirent ce qui s'était fait dans les ténèbres.

— Mais, au nom du ciel ! dit mademoiselle de Scudéri, après tout ce que je vous ai raconté très en détail, quelle cause pourriez-vous assigner à cette infernale scélératesse ?

— Hum ! répondit la Reynie : Cardillac n'était pas pauvre, il possédait de magnifiques pierreries.

— Sa fille, reprit mademoiselle de Scudéri, ne devait-elle pas hériter de tout son bien ? Vous oubliez qu'Olivier devait être le gendre de Cardillac ?

— Il devait peut-être, dit la Reynie, partager ou assassiner pour d'autres.

— Partager ! assassiner pour d'autres ! s'écria mademoiselle de Scudéri avec la plus grande surprise.

— Savez-vous, mademoiselle, continua le président, qu'Olivier aurait depuis longtemps versé son sang sur la place de Grève, si son crime ne se rattachait pas au profond mystère qui, jusqu'à présent, menace tout Paris ? Olivier appartient évidemment à cette bande d'assassins effrénés qui, se jouant de toute la vigilance, de toutes les recherches et de tous les efforts de la justice, exécute ses complots avec assurance et impunité ; par lui tout s'éclaircira, tout doit s'éclaircir. La blessure de Cardillac ressemble complètement à celle que portaient toutes les personnes volées, assassinées dans les rues et dans les maisons. Mais ce qu'il y a de plus positif encore, c'est que, depuis l'arrestation d'Olivier Brusson, tous les meurtres, tous les vols ont cessé ; les rues sont sûres la nuit comme le jour. C'est une preuve qu'Olivier était à la tête de cette bande de brigands. Il ne veut rien avouer, mais il y a des moyens de le faire parler malgré lui.

— Et Madelon! s'écria mademoiselle de Scudéri, cette fidèle et innocente colombe!

— Qui me répond, reprit la Reynie avec un sourire envenimé, qu'elle n'a point pris part au complot? Que lui importe son père? ses larmes ne s'adressent qu'à son assassin.

— Que dites-vous? c'est impossible! son père! cette jeune fille!...

— Oh! continua la Reynie, songez seulement à la Brinvilliers! Vous me pardonnerez si je me vois bientôt contraint de vous enlever votre protégée et de la faire jeter à la Conciergerie. »

Mademoiselle de Scudéri fut saisie d'un frisson glacial en entendant ces paroles. Il lui semblait que devant cet homme terrible il n'y avait plus ni fidélité ni vertu; qu'il cherchait le meurtre et la tache de sang au fond des plus secrètes pensées. Elle se leva: « Soyez humain! » dit-elle; ce furent là les seuls mots qu'elle put proférer. Sur le point de descendre l'escalier, accompagnée du président, qui l'avait reconduite avec une politesse cérémonieuse, il lui vint une pensée singulière :

« Me serait-il permis de voir le malheureux Olivier Brusson? » demanda-t-elle au président en se retournant vivement vers lui. Celui-ci l'observa d'un air pensif, et prenant le sourire sinistre qui lui était particulier: « Vous voulez sans doute, mademoiselle, lui répondit-il, sonder vous-même le crime ou l'innocence d'Olivier : vous vous en rapportez plus à votre sentiment, à la voix intérieure qui vous parle, qu'à vos propres observations. Si le sombre séjour de la scélératesse ne vous épouvante pas, si vous ne craignez pas de voir l'image complète de l'abjection, dans deux heures les portes de la Conciergerie vous seront ouvertes : on vous montrera cet Olivier dont le sort excite votre intérêt. »

En effet, mademoiselle de Scudéri ne pouvait croire que le jeune homme fût coupable : tout déposait contre lui, et nul juge au monde n'eût pu agir, dans un tel cas, autrement que la Reynie. Mais le tableau du bonheur domestique, peint par Madelon sous des couleurs si riantes, effaçait dans le cœur de mademoiselle de Scudéri tout soupçon. Elle aimait mieux adopter un mystère inexplicable qu'une croyance contre laquelle toute sa nature protestait.

Elle voulait se faire encore une fois raconter par Olivier tout ce qui s'était passé dans cette nuit affreuse, et pénétrer par là, autant que possible, un secret qui n'avait peut-être pas été révélé aux juges parce qu'ils ne s'étaient pas donné la peine de le sonder.

Arrivée à la Conciergerie, mademoiselle de Scudéri fut conduite dans une grande chambre claire. Un instant après, le bruit des chaînes se fit entendre : on amenait Olivier Brusson. Au moment où il se montra sur le seuil de la porte, mademoiselle de Scudéri tomba évanouie ; lorsqu'elle revint à elle, Olivier avait disparu. Elle demanda avec impatience qu'on la conduisît à sa voiture ; car elle voulait quitter à l'instant, à l'instant même, ce refuge du brigandage. Hélas ! elle avait du premier coup d'œil reconnu dans Olivier Brusson ce même jeune homme qui, sur le pont Neuf, avait jeté un billet dans sa voiture, et qui lui avait apporté la cassette de pierreries.

CHAPITRE V.

C'en était fait des doutes de mademoiselle de Scudéri ; les terribles présomptions de la Reynie étaient confirmées ; Olivier Brusson appartenait sans doute aussi à une bande d'assassins, il avait égorgé son maître. Et Madelon ! jamais mademoiselle de Scudéri n'avait été si amèrement trompée dans un de ses sentiments les plus intimes : mortellement frappée sur la terre par les puissances infernales, dont elle avait nié l'existence, elle doutait à présent de toutes les vérités.

Elle s'abandonna au plus horrible soupçon, au soupçon que Madelon pourrait avoir elle-même pris part au complot et trempé ses mains dans le parricide. Comme il arrive toujours que l'esprit humain, dès qu'il a enfanté une nouvelle image, cherche avec avidité et trouve des couleurs pour la rendre de plus en plus frappante, mademoiselle de Scudéri, en se rappelant la conduite de Madelon, y découvrit mille circonstances qui devaient entretenir ses soupçons. Ainsi, mainte chose qu'elle avait d'abord regardée comme une preuve d'innocence et de pureté lui parut être le signe certain d'une méchanceté insigne et d'une hypocrisie étudiée. Ses plaintes déchirantes, ses larmes pouvaient lui avoir été arrachées par la crainte de la mort, ou par la crainte de voir son amant périr sur l'échafaud et d'être elle-même livrée au bourreau. Mademoiselle de Scudéri descendit de voiture avec la résolution d'arracher de son sein la vipère qu'elle avait recueillie. Quand elle entra dans sa chambre, Madelon se jeta à ses pieds, les mains jointes sur la poitrine, pleurant, implorant un appui et une consolation, et élevant vers elle des yeux purs comme ceux des anges de Dieu. Mademoiselle de Scudéri, se contenant avec peine, lui dit, en essayant de donner à sa voix le plus de calme et de sérieux possible : « Va ! va ! console-toi de la mort du meurtrier qui va recevoir le juste châtiment de son forfait ! Puisse la sainte Vierge te garder toi-même d'être convaincue d'un horrible crime !

— Hélas ! à présent tout est perdu ! » s'écria Madelon ; et elle tomba inanimée sur le parquet. Mademoiselle de Scudéri l'abandonna aux soins de la Martinière, et se retira dans une autre chambre.

Le cœur déchiré, dépouillée de toutes les illusions de la terre, mademoiselle de Scudéri souhaita de quitter un monde plein de fausseté et de trahison. Elle accusa le sort, qui, par une amère dérision, semblait n'avoir affermi, pendant tant d'années, sa croyance à la loyauté et à la vertu, que pour anéantir, dans sa vieillesse, cette noble image qui faisait le charme de sa vie.

Elle entendit Madelon qui soupirait doucement auprès de la Martinière, et disait avec douleur : « Hélas ! elle aussi, elle aussi, les cruels l'ont trompée ! Malheureuse que je suis ! pauvre malheureux Olivier ! » Ces accents pénétraient dans le cœur de mademoiselle de Scudéri, et il s'y éleva de nouveau le pressentiment d'un mystère, la foi en l'innocence d'Olivier. Agitée par les émotions les plus contradictoires, hors d'elle-même, elle s'écria : « Quel esprit infernal m'a donc enlacée dans ce tissu affreux qui me coûtera la vie ? »

En ce moment, Baptiste entra, pâle et effrayé, annonçant que Desgrais était à la porte. Depuis l'effroyable procès de la Voisin, l'apparition de Desgrais dans une maison était le présage assuré d'une accusation criminelle : de là venait la frayeur de Baptiste. Sa maîtresse lui dit en souriant : « Qu'as-tu donc, Baptiste ? N'est-il pas vrai que le nom de Scudéri se trouvait aussi sur la liste de la Voisin ?

— Au nom de Jésus-Christ, répondit Baptiste tremblant de tous ses membres, comment pouvez-vous dire de telles choses ? Mais Desgrais est là, le terrible Desgrais ! Il a l'air si mystérieux, si pressé, qu'il ne peut attendre le moment où il lui sera permis de vous parler.

— Eh bien, Baptiste, fais entrer cet homme qui te cause tant de peur, et qui ne peut éveiller en moi aucune inquiétude.

— Mademoiselle, dit Desgrais en entrant, le président la Reynie m'a chargé de vous adresser une prière, qu'il n'oserait espérer de vous voir exaucer s'il ne connaissait votre vertu, votre courage, si vous n'aviez entre les mains le dernier moyen qui lui reste d'éclaircir un grand crime, et si vous n'aviez déjà pris part à ce procès qui nous épuise, nous et la chambre ardente. Depuis qu'Olivier Brusson vous a vue, il est à moitié fou : autant il paraissait disposé à faire un aveu, autant il s'y refuse à présent. Il jure par le ciel et par les saints qu'il est entièrement innocent du meurtre de Cardillac, quoiqu'il se résigne volontiers à subir la mort qu'il a méritée. Remarquez, mademoiselle, que ce dernier aveu se rapporte évidemment à d'autres crimes qu'il a commis : mais tous les efforts tentés pour lui arracher une parole de plus ont été inutiles; la menace même de la torture ne l'a point effrayé. Il pleure, il nous conjure de lui procurer un entretien avec vous. C'est à vous, à vous seule qu'il veut tout avouer.

— Quoi! s'écria mademoiselle de Scudéri avec indignation, dois-je servir d'intermédiaire à un tribunal de sang? Dois-je abuser de la confiance d'un malheureux pour le conduire à l'échafaud? Non, Desgrais : si coupable que soit Brusson, il me serait impossible de le tromper si méchamment. Je ne veux rien savoir de ses secrets, qui resteraient ensevelis dans mon cœur comme une sainte confession.

— Peut-être, mademoiselle, répliqua Desgrais en souriant finement, peut-être que vos dispositions changeraient si vous aviez entendu Brusson. N'avez-vous pas prié vous-même le président d'être humain? Il fait un acte d'humanité en cédant au désir insensé de Brusson, et en recourant à ce dernier moyen, avant d'employer la torture pour laquelle le jeune homme est mûr depuis longtemps. »

Mademoiselle de Scudéri fit un mouvement involontaire de frayeur.

— On ne vous engagera point, noble dame, poursuivit Desgrais, à pénétrer une seconde fois dans ces sombres cachots qui vous remplissent d'horreur et d'épouvante. Dans le silence de la nuit, sans appareil, Olivier sera amené dans votre maison comme s'il était libre. Gardé avec précaution, mais sans qu'on l'écoute, il pourra tout vous avouer. Vous n'avez, du reste, rien à craindre de ce misérable; j'en réponds sur ma vie. Il parle de vous avec la plus profonde vénération; il jure que le destin sinistre qui l'a empêché de vous voir plus tôt l'a seul précipité dans l'abîme.

11.

Enfin, il vous sera permis de ne révéler que ce qui vous conviendra de votre entretien avec lui. Peut-on moins exiger? »

Mademoiselle de Scudéri resta quelques instants pensive, silencieuse, les yeux baissés. Il lui semblait qu'elle devait obéir à la justice céleste qui la choisissait pour découvrir un horrible mystère : elle sentait d'ailleurs qu'elle ne pouvait échapper à ces liens étranges dans lesquels, sans l'avoir voulu, elle se trouvait enlacée. Prenant tout à coup sa résolution, elle dit avec dignité : « Dieu me donnera du courage et de la fermeté. Amenez ici Brusson; je veux le voir. »

De même que le jour où Brusson avait apporté la cassette, on frappa à la porte vers minuit. Baptiste, instruit de cette visite, ouvrit. Un frisson glacial s'empara de mademoiselle de Scudéri lorsqu'un sourd murmure et des pas répétés lui révélèrent que les soldats composant l'escorte de Brusson se répandaient dans les corridors de la maison.

Enfin, Desgrais entra; derrière lui était Olivier, délivré de ses chaînes, et convenablement vêtu. « Mademoiselle, voici Brusson, » dit Desgrais en s'inclinant respectueusement; et il sortit de la chambre.

Brusson tomba à deux genoux devant mademoiselle de Scudéri, et leva vers elle ses mains jointes et ses yeux pleins de larmes.

Mademoiselle de Scudéri, le visage pâle, le regardait sans pouvoir proférer une parole : sur ses traits, ravagés par le chagrin, par le désespoir, on distinguait encore l'expression la plus pure de loyauté. Plus mademoiselle de Scudéri observait la physionomie du jeune homme, plus elle sentait renaître dans sa mémoire l'image d'une personne chérie, dont elle ne pouvait cependant se souvenir que confusément. Toutes ses frayeurs se dissipèrent; elle oublia que le meurtrier de Cardillac était à genoux devant elle, et lui parla avec l'accent d'aménité et de bienveillance qui lui était familier.

« Eh bien, Brusson, qu'avez-vous à me dire? »

Celui-ci, toujours à genoux, soupira plus péniblement encore, et répondit avec douleur : « O ma digne, ma vénérable demoiselle! n'avez-vous donc conservé aucun souvenir de moi? »

Mademoiselle de Scudéri, le regardant plus attentivement encore, répondit qu'à la vérité elle croyait distinguer sur son visage une ressemblance avec une personne qu'elle avait aimée; que, grâce à cette ressemblance seule, elle avait pu vaincre l'horreur profonde que lui inspirait un meurtrier, et qu'elle était prête à l'écouter. Profondément blessé par ces paroles, Olivier se leva vivement et fit un pas en arrière, baissant sur le parquet ses regards sombres. Puis il dit d'une voix sourde : « Avez-vous donc entièrement oublié Anne Guiot? C'est son fils Olivier, c'est l'enfant que vous avez si souvent bercé sur vos genoux qui est là devant vous.

— Au nom de tous les saints! » s'écria mademoiselle de Scudéri en se couvrant le visage de ses deux mains et retombant sur son fauteuil. Elle n'avait que trop de motifs d'éprouver cette violente émotion. Anne Guiot, la fille d'un bourgeois appauvri, avait été confiée, dès son enfance, à la commisération de mademoiselle de Scudéri, qui l'avait élevée avec le soin et la tendresse d'une mère. Lorsqu'elle fut devenue grande, un beau et honnête garçon, nommé Claude Brusson, la demanda en mariage. C'était un habile horloger, qui ne pouvait manquer de gagner aisément sa vie à Paris; et comme Anne l'aimait, mademoiselle de Scudéri n'hésita pas à consentir au mariage de sa fille adoptive. Les jeunes époux entrèrent en ménage, vécurent d'une vie heureuse et paisible, et la naissance d'un charmant enfant, image vivante de sa mère, vint encore resserrer leurs liens.

Mademoiselle de Scudéri fit du petit Olivier une idole; elle l'enlevait à sa mère pendant des heures, des jours entiers, pour le combler de caresses. L'enfant s'attacha naturellement à elle, et en vint à rester près d'elle tout aussi volontiers qu'auprès de sa mère. Trois ans s'étaient écoulés, lorsque la jalousie des confrères de Brusson lui porta tant de préjudice, qu'il vit son travail diminuer de jour en jour, et qu'enfin il eut beaucoup de peine à pourvoir à sa subsistance. Alors le désir de revoir Genève, sa ville natale, s'empara de lui; et la petite famille partit pour la Suisse, malgré les instances de mademoiselle de Scudéri, qui avait promis de la soutenir. Anne écrivit quelquefois à sa mère adoptive; puis tout à coup celle-ci, n'entendant plus parler d'elle, pensa que le bonheur dont elle jouissait dans la patrie de Brusson ne lui permettait plus de se souvenir du passé. Il y avait environ vingt-trois ans que Brusson avait quitté Paris avec sa femme et son enfant pour se retirer à Genève.

« Oh! quelle horreur! s'écria mademoiselle de Scudéri lorsqu'elle fut un peu revenue de son agitation; tu es Olivier, le fils de ma chère Anne, et à présent...

— Ah! sans doute, mademoiselle, répondit Olivier avec calme et fermeté, vous n'auriez jamais pu supposer que cet enfant traité par vous avec tant d'affection, bercé sur vos genoux, et doté par vous des noms les plus tendres, se présenterait un jour à vos yeux sous le poids d'une épouvantable accusation. Je ne suis pas exempt de reproches; la chambre ardente a le droit de me soumettre à son jugement; mais, au nom de mon salut éternel, auquel j'espère arriver, fût-ce même en mourant de la main du bourreau, je suis pur du sang que l'on rejette sur moi; ce n'est point par moi, ce n'est point par ma faute que Cardillac a succombé. »

A ces mots, Olivier frissonna et trembla. Mademoiselle de Scudéri lui indiqua en silence un tabouret; il s'assit lentement.

« J'ai eu le temps, dit-il, de me préparer à cette entrevue avec vous, que je regarde comme la dernière faveur du ciel miséricordieux; j'ai eu le temps de reprendre le calme, la tranquillité nécessaire pour vous raconter l'histoire inouïe de mes malheurs. Par pitié, écoutez-moi patiemment, quelque horreur que vous cause la découverte d'un secret dont vous n'avez certainement pas le moindre soupçon. Ah! si mon pauvre père n'avait jamais quitté Paris! Aussi loin que mes souvenirs peuvent atteindre, je me vois arrosé de larmes par mes parents malheureux, attendri par leurs plaintes, que je ne comprenais pas. Plus tard, j'eus le sentiment distinct de leurs besoins pressants, de leur profonde misère. Mon père avait été trompé dans toutes ses espérances. Affaibli, abattu par le chagrin, il mourut au moment où il venait de me faire entrer comme apprenti chez un orfèvre. Ma mère parlait beaucoup de vous, elle voulait vous adresser ses plaintes; mais chaque fois qu'elle songeait à le faire, elle était retenue par le découragement qu'enfante la misère. Peut-être aussi la fausse honte qui souvent s'attache aux caractères profondément blessés l'empêcha d'exécuter sa résolution. Peu de mois après la mort de mon père, ma mère le suivit au tombeau.

— Pauvre femme! pauvre femme! s'écria mademoiselle de Scudéri, vaincue par la douleur.

— Grâces soient rendues à l'éternelle justice de Dieu! dit Olivier en lançant vers le ciel un regard farouche, à la Providence qui l'a fait mourir! elle ne verra pas son fils chéri marqué honteusement par la main d'un infâme bourreau. »

On entendit du bruit au dehors, des gens qui allaient et venaient.

« Oh! reprit-il avec un amer sourire, Desgrais stimule la surveillance de ses archers comme si je pouvais lui échapper. Mais continuons. Je fus durement traité par mon maître; cependant je faisais des progrès si rapides dans ma profession, que j'en vins bientôt à le surpasser lui-même. Un jour, un étranger entre dans notre atelier pour acheter quelques bijoux. Il aperçoit un collier auquel je travaillais, et, me frappant amicalement sur l'épaule tout en regardant le collier : « Eh! mon jeune ami, dit-il, voilà un excellent travail! je ne sais, en vérité, qui pourrait l'achever mieux que vous, si ce n'est René Cardillac, le premier orfévre du monde. Vous devriez aller le trouver, il vous recevra avec joie dans son atelier; car vous seul pouvez le seconder dans ses œuvres d'art, et lui seul peut vous donner encore d'utiles leçons. » Ces paroles de l'étranger pénétrèrent dans mon âme; je ne trouvai plus de repos à Genève, une puissance invincible m'entraînait ailleurs. Enfin je parvins à me dégager du contrat qui me liait à mon maître, et j'arrivai à Paris. René Cardillac me reçut d'un air froid et repoussant; je ne me laissai pas effrayer, je le priai de me confier quelque travail, si minime qu'il fût, et il me remit une petite bague. Lorsque je la lui rapportai, il me regarda fixement avec ses yeux étincelants, comme s'il voulait lire au fond de mon cœur; puis il me dit : « Tu es un brave et habile ouvrier; tu peux venir ici et m'aider dans mes travaux, je te payerai bien; tu seras content de moi. » Cardillac tint sa parole. J'étais chez lui depuis plusieurs semaines, et je n'avais pas encore vu Madelon, qui, si je ne me trompe, était à la campagne chez une de ses cousines. Enfin elle apparut. O puissance du ciel! que devins-je quand je vis ce visage d'ange! Jamais homme a-t-il aimé comme moi? Et maintenant, ô Madelon!... »

La douleur étouffa la voix d'Olivier, il mit les mains sur son visage et sanglota violemment. Enfin, surmontant la douleur qui l'accablait, il continua son récit.

« Madelon me regardait d'un air bienveillant; elle venait de plus en plus dans l'atelier, et je reconnus avec ravissement qu'elle m'aimait. Malgré la surveillance rigoureuse du père, plus d'un serrement de main furtif et secret fut pour nous un signe de notre union. Cardillac semblait ne rien remarquer. Je pensais que, quand j'aurais gagné ses bonnes grâces et acquis ce qui est nécessaire pour obtenir une maîtrise, je demanderais la main de Madelon. Un matin, au moment où j'allais commencer mon travail, Cardillac vint se placer devant moi, me jeta un regard sombre, plein de colère et de mépris.

« Je n'ai plus besoin de ton travail, me dit-il ; sors d'ici à l'instant même, et ne reparais jamais à mes yeux. Je n'ai pas besoin de te dire pourquoi je ne veux plus te voir. Pauvre diable, les doux fruits que tu contemplais sont trop haut placés pour toi. »

« Je voulus parler; il me saisit d'une main robuste, et me jeta si rudement à la porte, que je tombai et me blessai à la tête et au bras.

« Déchiré par la douleur, en proie à une agitation extrême, je m'éloignai de cette maison, et je trouvai, à l'extrémité du faubourg Saint-Martin, un honnête garçon de ma connaissance qui me donna asile dans sa mansarde. Je n'avais plus ni paix ni repos. La nuit je me glissais près de la demeure de Cardillac, dans l'espoir que Madelon entendrait mes soupirs et mes plaintes, et parviendrait peut-être à me parler à sa fenêtre sans être vue. Mille plans téméraires se croisaient dans mon cerveau, et je comptais m'adresser à elle pour les exécuter. A la maison de Cardillac, dans la rue Saint-Nicaise, est jointe une haute muraille coupée par des niches, et parsemée de statues à demi mutilées. Une nuit j'étais près d'une de ces statues, et je regardais vers les fenêtres de la maison placées sur la cour. Tout à coup je vois luire de la lumière dans l'atelier de Cardillac. Il est minuit. Jamais Cardillac ne veille si tard ; il a coutume de se coucher à neuf heures précises. L'inquiétude me fait battre le cœur : je songe qu'il va peut-être arriver quelque circonstance qui m'ouvrira la porte. Mais la lumière disparaît. Je me serre contre la statue, au fond de la niche, et me recule avec terreur, en éprouvant un mouvement opposé au mien, comme si la statue elle-même s'animait. A un léger rayon de crépuscule, je vois le piédestal se tourner lentement, et, derrière la statue, apparaît une figure sombre qui s'avance d'un pas léger dans la rue; puis la statue redevient immobile et adossée au mur comme auparavant. Entraîné malgré moi par une puissance secrète, je me glisse derrière cet homme. Il arrive près d'une image de la Vierge, devant laquelle une lampe brûle toujours ; il se retourne : à la clarté de la lampe, je distingue son visage : c'est Cardillac. Une anxiété inexprimable, une frayeur secrète s'empare de moi. Dominé par une sorte de magie, il faut que je marche, que je suive cette ombre nocturne, ce somnambule ; car, dans ce moment, je regardais mon maître comme un somnambule, quoique nous ne fussions pas au temps de la pleine lune, où cette sorte de maladie surprend dans leur sommeil ceux qui y sont sujets. Cardillac fait un détour et disparaît dans l'ombre. A une petite toux que je connais, je m'aperçois qu'il s'est retiré dans le corridor d'une maison. Que signifie cette action ? Que va-t-il faire ? Voilà ce que je me demande avec surprise, et je me serre contre les murs. Quelques instants se passent. Un homme portant un chapeau à plumes et des éperons retentissants arrive en chantant. De même qu'un tigre s'élançant de sa tanière, Cardillac se précipite sur cet homme, qui, au même moment, tombe en râlant sur le pavé. J'accours en jetant un cri de terreur. Cardillac est penché sur le corps inanimé de ce malheureux.

« Maître Cardillac, lui dis-je à haute voix, que faites-vous ?

« Malédiction ! » s'écrie Cardillac en rugissant. Il passe devant moi et disparaît avec la rapidité de l'éclair. Hors de moi, incapable de m'éloigner, je m'approche du cadavre ; je m'agenouille près de lui : peut-être, me dis-je, y a-t-il encore quelques moyens de sauver cet homme. Mais il ne donne plus aucun signe de vie. Dans mon angoisse mortelle, je remarque à peine que la maréchaussée m'entoure.

« Encore un malheureux assassiné par ces démons ! Eh ! eh ! jeune homme, que fais-tu là ? es-tu de la bande ? Allons, marche ! »

« En m'adressant ces mots, ils s'emparent de moi. J'ai à peine la force de balbutier, de leur dire que je suis incapable de commettre une telle atrocité, et de les prier de me laisser aller en paix. Un d'eux me met la lanterne sous le visage, et dit en riant : « C'est Olivier Brusson, l'apprenti orfèvre, qui travaille chez le brave et honnête maître René Cardillac. Égorgerait-il les gens dans les rues ?

« — Voyons ! voyons !

« — Ce n'est pas l'habitude des scélérats de se lamenter près d'un cadavre, pour se faire pendre.

« — Allons, jeune homme, raconte-nous ce qui s'est passé : parle hardiment !

« — Un homme, leur dis-je, s'est élancé sur ce malheureux, l'a jeté par terre, et a disparu au moment où je poussais un cri. Je voulais voir s'il n'était pas possible de sauver encore sa victime.

« — Non, mon enfant, dit un de ceux qui venaient de soulever le cadavre ; il a reçu, comme de coutume, le coup de poignard au cœur.

« — Diable, repartit un autre, nous sommes encore arrivés trop tard, comme avant-hier. » Et ils s'éloignèrent, emportant le mort.

« Je ne puis dire ce que j'éprouvai. Il me semblait que je venais d'être le jouet d'un mauvais rêve, que je devais me réveiller bientôt, tout étonné de cette folle fantasmagorie.

« Cardillac, le père de Madelon, un infâme meurtrier ! » Je tombai sans forces sur les marches d'un escalier. Les rayons du matin parurent : un chapeau d'officier, orné de plumes flottantes, était devant moi sur le pavé. Le crime de Cardillac, commis à la place où je me trouvais, se représenta clairement à mon esprit. Je m'enfuis avec horreur.

« Tout troublé, privé, pour ainsi dire, du sentiment de moi-même, j'étais assis dans ma mansarde, lorsque la porte s'ouvre, et René Cardillac apparaît.

« Au nom du ciel ! lui dis-je, que voulez-vous de moi ? »

« Lui pourtant, sans prendre garde à ces paroles, s'avance vers moi avec un sourire, un calme, une expression de béatitude qui augmente encore ma terreur. Il prend un vieil escabeau fragile et s'assoit près de moi, car je ne pouvais me lever de la couche de paille sur laquelle je m'étais jeté.

« — Eh bien, Olivier, dit-il, comment vas-tu, pauvre garçon ? je me suis trop pressé de te renvoyer de ma maison. Tu me manques en tout et pour tout. Dans ce moment même, j'ai un travail que je ne puis achever sans ton secours. Si tu revenais dans mon atelier !... qu'en dis-tu ?... Tu ne réponds pas ?... Oui, je sais, je t'ai offensé... Je ne pouvais te dissimuler que tes galanteries avec ma Madelon m'avaient irrité contre toi. Depuis, j'ai bien réfléchi à tout cela, et je vois que, grâce à ta fidélité, à ton zèle, à ton habileté, je ne puis souhaiter un meilleur gendre que toi. Reviens donc dans ma maison, et fais en sorte d'obtenir la main de Madelon. »

« Les paroles de Cardillac me perçaient le cœur. J'étais épouvanté de sa perfidie et ne pouvais prononcer un mot.

« Tu hésites ! s'écria-t-il d'une voix pénétrante et en me regardant avec ses yeux étincelants ; tu ne peux pas venir chez moi aujourd'hui, tu as d'autres affaires..... Tu dois peut-être rendre une visite à Desgrais, ou te faire conduire chez d'Argenson ou la Reynie. Prends garde, garçon, prends garde que les griffes que tu veux mettre en mouvement ne te saisissent toi-même et ne te déchirent ! »

« Mon indignation péniblement contenue éclata, et je m'écriai : « Que ceux qui se savent coupables d'un crime affreux redoutent les hommes dont vous venez de prononcer les noms ; moi, je n'ai rien à démêler avec eux.

« — A vrai dire, reprit Cardillac, il y a pour toi de l'honneur à travailler chez moi, moi le plus célèbre orfèvre du temps, moi qui jouis d'une telle considération, dont on respecte tant la droiture et la probité, que, si on essayait de me calomnier, la calomnie retomberait sur la tête de celui qui oserait la formuler. Quant à Madelon, je dois t'avouer que tu dois à elle seule ma condescendance : elle t'aime avec une passion dont je n'aurais jamais cru la pauvre enfant capable. Dès que tu fus parti, elle tomba à mes pieds, embrassa mes genoux, et me déclara, en fondant en larmes, qu'elle ne pouvait vivre sans toi. Je supposais qu'elle se créait à elle-même cette idée, comme cela arrive à toutes les jeunes filles éprises d'amour, et qui veulent mourir quand elles sont séparées du premier blanc-bec qui les a regardées tendrement ; mais ma pauvre Madelon tomba malade, et, lorsque j'essayai de lui représenter sa folie, elle répéta cent fois ton nom. Que faire ? Je ne pouvais la désespérer. Hier au soir, je lui dis que je consentirais à tout et que je viendrais te chercher aujourd'hui. Cette nuit, elle s'est épanouie comme une rose, et t'attend avec la plus ardente impatience de l'amour. »

« Que la puissance du ciel me pardonne ! je ne sais comment il se fit que je me trouvai tout à coup dans la maison de Cardillac ; que Madelon accourut vers moi, m'enlaça dans ses bras, me serra sur son cœur, en s'écriant avec l'accent de la joie la plus éclatante : « Olivier, mon Olivier, mon bien-aimé, mon époux ! » et que moi, dans l'excès de mon ravissement, je jurai par la sainte Vierge et par tous les saints que jamais, jamais je ne la quitterais. »

Ébranlé par le souvenir de ce moment ineffaçable, Olivier s'arrêta. Mademoiselle de Scudéri, pleine d'horreur en apprenant la scélératesse de l'homme qu'elle avait regardé comme l'honnêteté, la vertu même, s'écria : « Quelle affreuse découverte ! Comment ! René Cardillac appartenait à cette bande infâme qui a fait si longtemps de notre ville un repaire d'assassins !

— « Que dites-vous, mademoiselle ! à cette bande d'assassins ! Jamais une bande n'a existé ; c'était Cardillac seul qui, dans son effroyable activité, cherchait et trouvait de par la ville ses victimes ; c'est parce qu'il était seul qu'il exécutait avec plus de sécurité ses attentats et qu'il était si difficile de découvrir les traces du meurtrier. Mais permettez-moi de continuer ; la suite de mon récit achèvera de vous révéler les secrets du plus coupable et du plus malheureux de tous les hommes. On peut facilement se figurer la situation dans laquelle je me trouvai chez mon maître ; le premier pas était fait, je ne pouvais plus reculer ; quelquefois il me semblait que j'étais devenu le complice de Cardillac : l'amour de Madelon pouvait seul me faire oublier la douleur qui me tourmentait, et effacer les traces de mes angoisses inouïes. Lorsque je travaillais avec le vieil orfévre dans l'atelier, je ne pouvais ni le regarder en face, ni prononcer un mot, tant j'éprouvais d'horreur à l'aspect de cet homme qui accomplissait tous les devoirs d'un père tendre, d'un citoyen honnête, tandis que la nuit voilait ses forfaits. Madelon, cette pieuse et angélique enfant, l'aimait avec une sorte d'idolâtrie : mon cœur se désolait à l'idée que, si la vengeance de la justice venait à démasquer ce scélérat, celle qu'il avait trompée par ses ruses sataniques succomberait au désespoir. Cette idée seule m'eût fermé la bouche, si j'eusse dû expier mon silence par une mort honteuse. Quoique les paroles des gens de la maréchaussée m'en eussent beaucoup appris sur les crimes de Cardillac, leur motif, la manière dont il les exécutait, tout était encore pour moi une énigme. J'en eus bientôt l'explication.

« Un jour, Cardillac, qui d'ordinaire paraissait de bonne humeur en travaillant, et riait et plaisantait, se montra sombre et concentré en lui-même ; tout à coup il jette si vivement de côté les bijoux auxquels il travaillait, que les diamants et les perles roulent çà et là ; il se lève brusquement et me dit : « Olivier, cette situation ne peut durer plus longtemps et m'est insupportable ! Le hasard a remis entre tes mains le secret que la finesse de Desgrais et de ses agents n'a pu découvrir ; tu m'as vu à cette œuvre nocturne à laquelle ma mauvaise étoile me pousse sans que je puisse résister ; c'est aussi ta mauvaise étoile qui te porta à me suivre, qui t'enveloppa d'un voile impénétrable, qui donna à tes pas une telle légèreté, que moi, dont les regards percent, comme ceux du tigre, la nuit la plus profonde, dont l'oreille distingue dans les rues le plus léger bruit, le vol d'un insecte, je ne te remarquai pas ; c'est ta mauvaise étoile qui t'a associé à moi ; dans la situation où tu te trouves, tu ne peux me trahir et tu vas tout savoir. »

« Non, jamais, voulais-je lui répondre, jamais je ne serai ton complice, indigne scélérat ! » Mais l'agitation où me jetèrent ces paroles de Cardillac me ferma la bouche, et, au lieu d'une protestation, je ne pus faire entendre qu'un son inarticulé.

« Cardillac se remit sur sa chaise de travail et essuya la sueur de son front. Il semblait douloureusement ému par les souvenirs du passé, et avait peine à se remettre. Enfin il commença :

« Les hommes de la science parlent beaucoup des impressions étranges dont les femmes enceintes sont frappées, et de l'influence étonnante que ces impressions involontaires exercent sur l'enfant qu'elles portent dans leur sein. On m'a raconté une chose prodigieuse, qui arriva à ma mère dans les premiers mois de sa grossesse. Elle assistait, avec d'autres femmes, à une fête brillante que la cour donnait à Trianon. Son regard tomba sur un gentilhomme revêtu du costume espagnol, et portant au cou une chaîne de diamants dont elle ne pouvait détourner les yeux. Toute son âme, toutes ses pensées furent absorbées par un seul désir, celui de posséder ces pierreries étincelantes, qui lui semblaient un bien surnaturel. Quelques années auparavant, ma mère n'étant pas encore mariée, ce cavalier avait essayé de faire succomber sa vertu, et elle l'avait repoussé avec horreur. Ce jour-là, ma mère le reconnut ; et, au milieu de la splendeur de ses diamants, il lui apparut comme un être d'une nature supérieure, comme l'idéal de la beauté. Le cavalier remarqua les regards ardents et passionnés de ma mère ; il pensa que cette fois il serait plus heureux. Il réussit à s'approcher d'elle et à l'attirer loin de ses amies, dans un lieu écarté. Là, il la serra avec ardeur dans ses bras, ma mère porta les mains sur la chaîne brillante ; au même instant il tomba et entraîna ma mère dans sa chute. Soit qu'il eût été subitement frappé d'un coup de sang, soit par toute autre cause, bref, il était mort. En vain ma mère s'efforça de se dégager des bras du cadavre, roidi par les convulsions de la mort ; les yeux éteints et fixés encore sur elle, il la tenait enchaînée sur le sol. Les cris d'angoisse qu'elle poussa parvinrent enfin à ses compagnes ; on accourut à son secours, et on la délivra de cet affreux amant. La terreur qu'elle avait éprouvée lui occasionna une longue maladie. On la croyait perdue, ainsi que moi ; mais son accouchement fut plus heureux qu'on eût jamais pu l'espérer. Cependant l'impression de ce sinistre événement m'avait atteint. Mon étoile pernicieuse s'était levée et avait lancé les étincelles qui devaient allumer dans mon cœur une des plus étranges et des plus fatales passions. Dès mon enfance, l'or et les diamants avaient pour moi un magique attrait. On regarda cette prédilection comme un de ces penchants communs aux enfants. Plus tard, il prit un autre caractère, car je me mis à voler l'or et les bijoux partout où je pouvais les trouver. Comme le connaisseur le plus exercé, je distinguais, par instinct, les fausses pierreries des véritables. Celles-ci seules excitaient mes désirs ; je ne touchais ni aux autres ni à l'or monnayé. Les corrections cruelles que m'infligea mon père me détournèrent de cette habitude. Alors, pour tenir à mon aise entre mes mains l'or et les pierres fines, je me fis joaillier. Je travaillai avec passion et devins bientôt le premier artiste de ma profession. Ici commence une époque où mon penchant inné et longtemps comprimé éclate violemment, et dévore, par sa propre force, tout ce qui lui fait obstacle. Dès que j'avais achevé et livré une parure, j'éprouvais une inquiétude, une douleur qui me ravissait le sommeil, la santé, les joies de la vie. Nuit et jour je voyais se lever devant moi, comme un spectre, la personne pour laquelle j'avais travaillé : elle portait la parure forgée de mes mains, et une voix me criait à l'oreille : « C'est à toi ! c'est à toi ! prends donc ces bijoux ! les morts n'en ont pas besoin. »

« Je commençai à m'exercer au vol; j'avais accès dans les maisons des riches, je profitais habilement de toutes les occasions. Pas une serrure ne résistait à mon adresse, et bientôt je rentrais en possession des diamants que j'avais montés. Mais cette conquête même n'apaisait pas mon trouble : une voix fatale se faisait toujours entendre à mon oreille, et me criait avec un ricanement : « Oh! la mort porte tes bijoux ! »

« Je ne sais comment il arrivait que j'éprouvasse une haine inexprimable pour ceux qui m'avaient fait une commande. Au fond de ma pensée, je sentais s'éveiller contre eux une soif sanguinaire qui me faisait moi-même trembler. A cette époque, j'achetai cette maison. Le marché était conclu avec le propriétaire; nous étions là, tous deux, dans cette chambre, satisfaits d'avoir fini notre contrat, et buvant une bouteille de vin. La nuit était venue; je voulais me lever, lorsque le propriétaire me dit : « Écoutez, maître René ; avant que vous sortiez, il faut que je vous révèle un des secrets de cette maison. » A ces mots, il ouvre une armoire pratiquée dans le mur, fait mouvoir le pan du fond, entre dans une petite chambre, se baisse, et lève une trappe. Nous descendons un escalier roide et étroit, nous arrivons à une petite porte qu'il fait tourner sur ses gonds, et nous voilà dans la cour. Il s'avance vers le mur, pose la main sur un bouton de fer peu saillant ; une partie de la muraille se tourne, de manière à livrer à un homme un passage assez large pour descendre dans la rue. Tu verras un jour, Olivier, cette invention curieuse : elle a sans doute été mise en œuvre par les moines rusés de l'ancien cloître bâti en cet endroit; ils s'en servaient pour sortir et rentrer furtivement. C'est une pièce de bois couverte, au dehors, de mortier et de chaux, dans laquelle on a placé une statue de bois, mais semblable à la pierre, et tout cet appareil se meut sur ses gonds cachés. A la vue de ce travail ingénieux, des pensées confuses s'élevèrent en moi : il me semblait que cette invention avait été préparée pour m'aider dans des tentatives dont je ne me rendais moi-même pas compte. Je venais de livrer à un riche seigneur de la cour une riche parure destinée à une danseuse de l'Opéra : l'aspect impitoyable de la mort ne me quittait plus ; le spectre s'attachait à mes pas, le démon retentissait à mon oreille. Je vins m'établir dans la maison ; agité par la fièvre, baigné d'une sueur froide, je me retourne dans mon insomnie ; une vision me présente cet homme se glissant, avec mes diamants, chez la danseuse. Emporté par la rage, je me lève, je m'enveloppe de mon manteau, je me précipite au bas de l'escalier secret, je descends par l'ouverture de la muraille dans la rue Saint-Nicaise. Il vient, je m'élance sur lui, il crie ; mais, le saisissant d'une main vigoureuse par derrière, je lui plonge le poignard dans le cœur : les diamants sont à moi. Cet acte sanglant accompli, j'éprouve un repos, un bien-être intérieur que je n'avais jamais ressenti ; le fantôme avait disparu, la voix de Satan cessait de murmurer ; je compris alors ce que voulait ma mauvaise étoile ; il fallait lui céder ou succomber. Tu comprends à présent, Olivier, toute ma conduite, tout mon sort. Ne crois pas qu'en cédant à une impression à laquelle je ne puis résister j'aie abdiqué tout sentiment de pitié et de compassion humaine. Tu sais combien il m'en coûte de livrer une parure, et comme je refuse de travailler pour ceux que je ne veux pas faire mourir. Souvent aussi, quoique le sang seul dissipe les spectres qui me poursuivent, je me contente d'étourdir par un coup violent le possesseur de mes bijoux, et de les reprendre. »

« Après m'avoir ainsi parlé, Cardillac me conduisit dans un souterrain dérobé à tous les regards, et me montra son trésor. Le roi n'en a pas un plus beau. Sur chaque parure était attaché un petit billet indiquant le nom de celui pour qui elle avait été faite, et le jour où elle lui avait été reprise par le vol ou l'assassinat.

« Le jour de ton mariage, reprit Cardillac d'une voix sombre et imposante, tu me jureras sur le crucifix d'anéantir, dès que je serai mort, toutes ces richesses, par un procédé que je t'enseignerai. Je ne veux pas qu'aucun être humain, et surtout toi et Madelon, possède ces joyaux achetés par le sang. »

« Enfermé dans ce labyrinthe du crime, torturé à la fois par l'amour et l'indignation, par un sentiment de félicité et de terreur, je ressemblais au damné auquel un ange sourit tandis que Satan le tient dans ses griffes brûlantes, et pour qui le céleste sourire de l'ange, dans lequel se reflètent les béatitudes éternelles, est le plus affreux des tourments. Je songeais à fuir, à me tuer; mais Madelon!... Condamnez, condamnez ma faiblesse! Je n'ai pu résister à une passion qui m'entraînait au crime, mais je vais expier cette faiblesse par une mort honteuse.

« Un jour, Cardillac rentra à la maison plus gai que de coutume. Il parla avec tendresse de sa Madelon, me jeta un regard amical, et s'assit à table pour boire une bouteille de bon vin, chose qui ne lui arrivait qu'aux jours de grande fête. Il chantait et causait joyeusement. Madelon nous quitta, je voulais retourner à l'atelier : « Reste là, mon garçon! dit Cardillac. Plus de travail aujourd'hui : buvons à la santé de la plus digne et de la plus excellente dame de Paris. » Après que j'eus trinqué avec lui et qu'il eut vidé son verre, il reprit : « Que penses-tu, Olivier, de ces deux vers :

Un amant qui craint les voleurs
N'est pas digne d'amour ?

« Alors il me raconta ce qui s'était passé chez madame de Maintenon entre vous et le roi, et ajouta qu'il vous avait toujours vénérée plus que toute autre personne au monde. Il dit que vos nobles qualités détruisaient l'influence de son étoile, et qu'il pourrait vous voir porter ses plus beaux diamants sans être poursuivi par ses fantômes, sans concevoir une idée de meurtre.

« Écoute, Olivier, ajouta-t-il, voici ce que j'ai résolu : il y a longtemps que je devais faire un collier et des bracelets pour Henriette d'Angleterre et fournir moi-même les pierreries. Ce travail est le plus beau que j'aie exécuté, mais mon cœur se déchire lorsque je songe qu'il faudra me séparer de cette parure qui est mon trésor le plus cher. Tu connais la mort fatale de la princesse. J'ai conservé les diamants qui lui étaient destinés, et je veux les envoyer à mademoiselle de Scudéri, au nom de la bande persécutée, comme un témoignage de mon respect et de ma reconnaissance ; en lui faisant cette magnifique offrande, j'aurai de plus le plaisir de me moquer de Desgrais et de ses archers comme ils le méritent. C'est toi qui lui porteras cette parure. »

« Dès que Cardillac eut prononcé votre nom, mademoiselle, il me sembla que j'étais délivré d'un voile sombre ; les fraîches et riantes images de mon heureuse enfance se représentèrent à mes yeux sous leurs vives couleurs. Une merveilleuse consolation pénétra dans mon âme, je vis luire un rayon d'espoir devant lequel s'évanouissaient les esprits sinistres. Cardillac remarqua l'impression produite sur moi, et l'interpréta à sa manière. « Mon projet, me dit-il, te plaît, à ce qu'il me paraît. Je dois t'avouer qu'en l'exécutant j'obéis à une voix intérieure bien différente de celle qui me demande sans cesse des meurtres et du sang. Parfois j'éprouve une agitation singulière, une inquiétude difficile à exprimer, la crainte de je ne sais quel événement redoutable dont l'appréhension me saisit de loin avec violence. Il me semble même, dans ces moments-là, que les crimes commis par l'influence de ma mauvaise étoile doivent être imputés à mon âme immortelle, qui n'y a cependant pris aucune part. Dans une de ces heures pénibles, j'avais résolu de faire une riche couronne de diamants pour la bonne Vierge de l'église Saint-Eustache. Mais chaque fois que je voulais me mettre à l'œuvre, je sentais redoubler cette indéfinissable anxiété, et je renonçais à mon idée. A présent, il me paraît qu'en envoyant à mademoiselle de Scudéri les plus beaux joyaux que j'aie jamais montés, je rends un hommage à la vertu, à la piété, et que j'invoque par là une patronne puissante. »

« Cardillac connaissait parfaitement, mademoiselle,

votre manière de vivre. Il m'indiqua de quelle façon, à quelle heure je devais me présenter chez vous et vous remettre les bijoux, qu'il enferma dans une jolie cassette. J'étais dans le ravissement. Le ciel lui-même me montrait, par l'entremise du scélérat, le chemin par lequel je pouvais échapper à cet enfer où je languissais comme un réprouvé. C'était là ma pensée. Je voulais, malgré les instructions de Cardillac, arriver jusqu'à vous, et me jeter à vos pieds, moi, votre fils adoptif, et vous tout découvrir. Touchée de l'irréparable infortune à laquelle cette découverte aurait livré la pauvre innocente Madelon, vous eussiez gardé le secret; et, en même temps, votre esprit noble, pénétrant, eût trouvé un moyen certain d'arrêter les brigandages de Cardillac sans avoir recours à un éclat désastreux. Ne me demandez pas quels pouvaient être ces moyens, je ne le sais. Mais que vous deviez me sauver ainsi que Madelon, c'était pour moi une conviction aussi fortement enracinée dans mon âme que ma croyance au secours de la sainte Vierge. Vous savez, mademoiselle, comment mes efforts pour vous voir échouèrent. Je ne renonçai cependant pas à l'espoir de mieux réussir une autre fois. Mais soudain Cardillac perdit toute sa gaieté : il errait tristement de côté et d'autre, s'arrêtant tout à coup, l'œil hagard, murmurait des paroles inintelligibles, agitait les bras comme pour éloigner un ennemi. Bref, son esprit était troublé par de méchantes pensées. Un jour qu'il avait passé plusieurs heures dans cette agitation, il s'assit enfin à sa table de travail, se leva d'un air chagrin, regarda par la fenêtre, et dit d'une voix triste et sourde : « Je voudrais pourtant qu'Henriette d'Angleterre eût porté mes diamants! »

« Ces paroles m'épouvantèrent. Je vis qu'il était de nouveau poursuivi par l'image des spectres, que la voix de Satan retentissait à son oreille. Je vis votre existence menacée par cet affreux scélérat, mais que vous seriez sauvée s'il rentrait en possession de ces diamants. A chaque instant le péril augmentait. Je vous rencontrai sur le pont Neuf; je me frayai un passage jusqu'à votre carrosse; je vous jetai ce billet, par lequel je vous conjurais de faire rendre les pierreries à Cardillac. On ne les rapporta pas le lendemain. J'éprouvai un vrai désespoir; Cardillac ne parlait plus que de la précieuse parure qu'il avait vue toute la nuit devant ses yeux. Je pensai que cette parure était la vôtre, et je fus convaincu qu'il méditait un nouveau meurtre et qu'il devait l'exécuter cette nuit même. Il fallait vous sauver, dût Cardillac y perdre la vie. Dès qu'il se fut, selon sa coutume, enfermé après la prière du soir, je descendis par une fenêtre dans la cour; et, passant par l'ouverture de la muraille, j'allai me cacher non loin de là, dans une profonde obscurité. Peu de moments après, Cardillac arrive et se glisse le long des maisons; je le suis; il se dirige vers la rue Saint-Honoré; mon cœur tremble. Tout à coup il disparaît. Je veux aller me placer sur la porte de votre demeure; alors, comme dans la nuit où le hasard m'avait rendu témoin d'un assassinat de Cardillac, un officier passe en chantant, sans m'apercevoir. Au même instant, une longue figure noire s'élance sur lui : c'est Cardillac. Je veux empêcher ce meurtre; je pousse un cri, en trois bonds je suis près de l'assassin. Ce n'est pas l'officier, c'est Cardillac qui tombe sur le pavé avec un lugubre gémissement. L'officier jette son poignard, tire l'épée du fourreau et se met en garde, supposant que je venais seconder le meurtrier; puis il s'éloigne à la hâte, en voyant que je m'approche du mourant pour lui porter secours. Cardillac vivait encore. Après avoir ramassé l'arme que l'officier avait laissée tomber, je le prends sur mes épaules, et je l'emporte péniblement dans l'atelier, en entrant par le passage secret. Le reste, vous le savez; et, vous voyez, mademoiselle, mon seul crime est de n'avoir pas dénoncé le père de Madelon, pour mettre fin à ses forfaits. Mes mains n'ont point trempé dans le sang, et nulle torture ne me fera révéler les crimes de Cardillac. Je ne veux point offenser la Providence, en découvrant les scélératesses qu'elle a voilées aux yeux de cette vertueuse jeune fille; je ne veux point, par suite de mes aveux, que l'horreur du passé retombe sur elle; je ne veux point que la justice humaine enlève le cadavre de son père à la tombe, et que le bourreau imprime une marque ignominieuse sur ses ossements desséchés. Non! celle que j'aime pleurera son père innocent; les années adouciront sa douleur; mais le désespoir que lui causeraient les atrocités de Cardillac serait éternel. »

Olivier se tut; un torrent de larmes tombait de ses yeux; il se jeta aux pieds de mademoiselle de Scudéri en s'écriant : « Vous êtes convaincue de mon innocence! Oh! sans doute! Maintenant, prenez pitié de moi; dites-moi ce qu'est devenue Madelon?.... »

Mademoiselle de Scudéri appela la Martinière, et, quelques instants après, Madelon se jetait dans les bras d'Olivier.

« Tout est bien, s'écria-t-elle, puisque te voilà! Je savais que cette noble dame te sauverait. » Olivier, en l'écoutant, oubliait son sort, ses dangers; il était libre et heureux. Tous deux se plaignirent tendrement de ce qu'ils avaient souffert, et ils s'embrassaient de nouveau et pleuraient de joie.

Si mademoiselle de Scudéri n'avait pas été déjà convaincue de l'innocence d'Olivier, elle n'eût plus conservé aucun doute en contemplant le jeune couple, en les voyant tous deux oublier, dans la félicité de leur amour, le monde et leur infortune, et leur douleur inouïe. « Ah! s'écriat-elle, un cœur pur est seul capable d'éprouver une telle émotion! »

Les rayons du matin pénétraient à travers les fenêtres. Desgrais frappa légèrement à la porte de la chambre, et dit qu'il était temps d'emmener Brusson; plus tard, on ne pouvait le faire sans exciter quelques rumeurs. Les deux amants se séparèrent.

CHAPITRE VI.

Les sombres pressentiments qui s'étaient emparés de mademoiselle de Scudéri, dès le jour où Olivier était entré pour la première fois dans sa maison, venaient de se réaliser d'une terrible manière. Elle voyait le fils de sa chère Anne enveloppé, tout innocent qu'il fût, dans une telle accusation, qu'il était presque impossible de l'arracher à une mort ignominieuse. Elle était touchée de l'héroïque résolution du jeune homme, qui aimait mieux succomber que de révéler un secret dont l'éclat ferait mourir Madelon. Elle ne concevait aucun moyen d'arracher ce malheureux à la cour de justice, et cependant elle était bien déterminée à ne reculer devant aucun sacrifice pour prévenir l'iniquité révoltante que l'on était sur le point de commettre. Elle forgeait mille plans, mille desseins aventureux, et les rejetait l'un après l'autre. De plus en plus tout rayon d'espérance s'évanouissait à ses yeux, et elle ne savait à quelle idée recourir. Mais la confiance enfantine, tendre, de Madelon ; l'enthousiasme avec lequel elle parlait de son bien-aimé, qu'elle devait bientôt revoir affranchi de toute accusation, et embrasser comme son époux, relevaient le courage abattu de mademoiselle de Scudéri, et lui rendaient ses premières résolutions.

Pour commencer son œuvre généreuse, elle écrivit à la Reynie une longue lettre, où elle disait que Brusson lui avait prouvé son innocence de la manière la plus évidente, et que la noble résolution d'emporter au tombeau un secret dont la découverte porterait un coup mortel à l'innocence et à la vertu même, était le seul motif qui l'empêchât de dévoiler au tribunal des faits qui le justifieraient non-seulement de la mort de Cardillac, mais du soupçon d'avoir été affilié à une bande de brigands. Tout ce que peuvent faire un zèle ardent et une parole éloquente, mademoiselle de Scudéri l'employa pour toucher le cœur endurci de la Reynie. Quelques instants après, le président répondit qu'il se réjouissait sincèrement d'apprendre qu'Olivier se fût si bien justifié aux yeux de sa digne protectrice. Quant à l'héroïque résolution qu'il avait prise d'emporter dans la tombe un secret relatif à l'assassinat de Cardillac, il regrettait vivement que la chambre ardente n'eût aucun respect pour un tel héroïsme; que son devoir l'obligeait, au contraire, à vaincre, par les moyens les plus décisifs, les résolutions d'Olivier. Il espérait être dans trois jours en possession de ce secret merveilleux qui produirait sans doute des miracles au grand jour.

Mademoiselle de Scudéri ne savait que trop de quels moyens la Reynie comptait se servir pour vaincre les résolutions de Brusson. Elle voyait le malheureux condamné à la torture. Dans sa frayeur, l'idée lui vint de consulter un homme de droit, pour obtenir au moins quelque délai. Pierre-Arnaud d'Andilly était alors le plus célèbre avocat de Paris : sa probité et sa vertu égalaient sa science profonde et sa vaste intelligence. Mademoiselle de Scudéri alla le trouver, et lui dit tout ce qu'elle pouvait lui dire sans toucher au secret de Brusson. Elle pensait que d'Andilly allait prendre avec ardeur la cause de l'innocent; mais ses espérances furent amèrement trompées. Après l'avoir écoutée attentivement, il lui répondit en souriant par ce vers de Boileau : « Le vrai peut quelquefois n'être pas vraisemblable. »

Il démontra à mademoiselle de Scudéry que les présomptions les mieux fondées pesaient sur Olivier; que la conduite de la Reynie, dans cette circonstance, n'était ni cruelle ni précipitée, mais très-légale, et qu'il ne pourrait agir autrement sans manquer à ses devoirs de juge. D'Andilly n'espérait pas sauver, par la défense la plus habile, Olivier de la torture. L'accusé pouvait seul l'éviter, soit par un aveu sincère de son crime, soit par un récit très-circonstancié de la mort de Cardillac, lequel récit pourrait peut-être offrir un nouveau moyen de défense.

« Eh bien, s'il en est ainsi, s'écria mademoiselle de

Scudéri, hors d'elle-même, et d'une voix étouffée, j'irai me jeter aux pieds du roi et lui demander grâce.

— N'en faites rien, au nom du ciel, répondit d'Andilly ; gardez cette dernière ressource, qui, si elle venait une fois à manquer, serait à jamais perdue. Le roi ne fera jamais grâce à un criminel de ce genre ; le peuple irrité le poursuivrait de ses reproches. Il est possible que Brusson, par la révélation de son secret ou par quelque autre moyen, parvienne à éloigner les soupçons qui planent sur lui ; alors il sera temps d'invoquer la clémence du roi, qui ne s'inquiétera point de ce qui aura été démontré par-devant la justice, qui ne consultera que son intime conviction. » Mademoiselle de Scudéri dut nécessairement céder au conseil expérimenté de d'Andilly. Absorbée dans un profond chagrin, réfléchissant à tout ce qu'elle devait faire pour sauver le malheureux Brusson, elle était assise très-tard, le soir, dans sa chambre, lorsque la Martinière entra et annonça le comte Miossens, colonel de la garde du roi, qui demandait instamment à parler à mademoiselle de Scudéri.

« Pardonnez-moi, mademoiselle, dit-il en faisant un salut militaire, si je me présente chez vous à une heure inaccoutumée. Nous autres soldats, nous ne pouvons choisir nos moments, et en deux mots je vous aurai dit mon excuse : c'est Olivier Brusson qui m'amène vers vous.

— Olivier Brusson ! s'écria mademoiselle de Scudéri, très-inquiète de ce qu'elle allait apprendre. Olivier Brusson ! le plus malheureux des hommes ! Qu'avez-vous de commun avec lui ?

— Je savais bien, reprit Miossens en souriant, que le nom seul de votre protégé suffirait pour me procurer auprès de vous un accueil bienveillant. Tout le monde est persuadé du crime de Brusson ; je sais que vous avez à cet égard une autre opinion, fondée, à ce que l'on dit, sur les assurances de l'accusé même. Personne mieux que moi ne peut être convaincu qu'Olivier Brusson n'avait point pris part à la mort de Cardillac.

— Parlez! parlez! dit mademoiselle de Scudéri avec l'exaltation de la joie.

— C'est moi-même, dit Miossens, qui ai jeté par terre le vieil orfévre, dans la rue Saint-Honoré, non loin de votre demeure.

— Vous! s'écria mademoiselle de Scudéri; au nom de tous les saints! vous-même!

— Oui, et je vous le déclare, mademoiselle, je suis fier de ce que j'ai fait. Sachez que Cardillac était le plus hypocrite et le plus infâme scélérat; que c'était lui qui assassinait, volait au milieu de la nuit, et échappait à toute surveillance. Je ne sais quel soupçon indéfinissable s'éleva en moi contre ce vieux coquin lorsqu'il me remit, dans un trouble visible, la parure que je lui avais commandée, qu'il me demanda à qui je la destinais, et s'informa adroitement auprès de mon valet de chambre de l'heure à laquelle j'avais coutume de visiter certaine dame. Depuis longtemps j'avais été frappé de voir que les malheureuses victimes de ce brigandage portaient toutes la même blessure; j'en concluais que le meurtrier avait dû s'exercer à la faire, et qu'il était sûr de son coup; s'il le manquait, le combat devenait égal. Dans cette pensée, j'employai une précaution si simple, que je ne conçois pas qu'elle n'ait pas été prise par d'autres avant moi. Je mis une légère cuirasse sous mon pourpoint. Cardillac m'attaqua par derrière. Il me saisit avec une force de géant; mais le coup, frappé avec habileté, glissa sur le fer. Au même instant, je me dégageai de ses mains, et je lui plongeai dans la poitrine le poignard dont je m'étais muni.

— Et vous gardez le silence! s'écria mademoiselle de Scudéri, vous ne déclarez pas aux tribunaux ce qui est arrivé!

— Permettez-moi, mademoiselle, répondit Miossens, de vous faire observer qu'une telle déclaration entraînerait, sinon ma ruine, du moins le procès le plus pénible pour moi. La Reynie, qui partout flaire le crime, me croirait-il si j'allais accuser de meurtre l'honnête Cardillac, le modèle de la piété et de la vertu? Le glaive de la justice ne se tournerait-il pas contre moi?

— Impossible! dit mademoiselle de Scudéri... votre naissance, votre rang...

— Oh! continua Miossens, pensez au maréchal de Luxembourg, qui, pour le plaisir de se faire tirer son horoscope par la Voisin, a été accusé d'empoisonnement et renfermé à la Bastille. Non, par saint Denis! je ne livrerai pas une heure de ma liberté ni le bout de mon oreille à cet enragé la Reynie, qui nous mettrait volontiers à tous le couteau sous la gorge.

— Mais, en vous taisant, vous conduisez l'innocent Brusson à l'échafaud!

— Innocent! mademoiselle; appelez-vous innocent le complice du maudit Cardillac, celui qui l'assistait dans toutes ses atrocités, et qui a cent fois mérité la mort? Non, il est juste qu'il périsse; et si je vous ai découvert le véritable état des choses, c'est en supposant que vous pourriez vous servir de cet aveu en faveur de votre protégé, sans me compromettre auprès de la chambre ardente. »

Mademoiselle de Scudéri, ravie de voir ainsi confirmer l'innocence d'Olivier, n'hésita pas à révéler au comte tous les crimes de Cardillac, et le pria de se rendre avec elle chez d'Andilly.

L'avocat, après avoir entendu le récit du comte, l'interrogea encore sur les moindres détails. Il lui demanda surtout s'il était bien persuadé d'avoir été attaqué par Cardillac, et s'il reconnaîtrait Olivier Brusson pour l'homme qui avait emporté le cadavre.

« Sans doute, dit Miossens, car non-seulement j'ai parfaitement reconnu le joaillier à la clarté de la lune, mais j'ai vu chez la Reynie le poignard avec lequel Cardillac a été tué : c'est le mien; il est remarquable par le curieux travail de la poignée. Je n'étais qu'à deux pas du jeune homme qui vint relever le cadavre; son chapeau était tombé ; j'ai pu distinguer tous ses traits, et je le reconnaîtrais parfaitement. »

D'Andilly garda un instant le silence, puis il dit : « On ne sauvera point Brusson des mains de la justice par les moyens ordinaires. Par amour pour Madelon, il ne veut pas dénoncer Cardillac ; et s'il le dénonçait, s'il montrait le passage secret et les trésors amassés par le joaillier, il n'en serait pas moins condamné à mourir, comme complice de tous ses crimes. La situation est encore la même si le comte de Miossens raconte aux juges le fait tel qu'il s'est passé. Tout ce que nous devons tâcher d'obtenir, c'est un sursis ; puis nous verrons. Que monsieur le comte se rende à la Conciergerie, se fasse montrer Olivier Brusson, et le reconnaisse pour celui qui a emporté le cadavre de Cardillac. Il ira ensuite trouver la Reynie, et lui dira : « J'ai vu assassiner un homme dans la rue Saint-Honoré ; je me trouvais près de la victime lorsqu'un autre homme accourut, se baissa pour voir si le blessé vivait encore, et l'emporta sur ses épaules. J'ai reconnu cet homme dans Olivier Brusson. » Cette déclaration nécessitera un nouvel interrogatoire et la confrontation de Brusson avec monsieur le comte ; la torture sera suspendue, et l'on fera de nouvelles enquêtes. Alors nous aurons le temps de nous adresser au roi. Je laisse à votre sagacité, mademoiselle, le soin d'entreprendre cette tâche de la manière la plus convenable. Selon moi, le mieux serait de raconter tout ce mystère au roi. Les aveux de Brusson seront confirmés par le récit de monsieur le comte et par les recherches secrètes que l'on fera dans la maison de Cardillac. Le roi, cédant à sa conviction, peut faire grâce là où le juge est obligé de punir. » Le comte suivit ces instructions, et tout se passa comme d'Andilly l'avait prévu.

CHAPITRE VII.

Il fallait maintenant recourir au roi, et c'était là un point difficile ; car il regardait Olivier Brusson comme l'assassin dont les crimes avaient épouvanté tout Paris, et il éprouvait pour lui une telle horreur, que le moindre mot relatif à ce procès suffisait pour le jeter dans une violente colère. Madame de Maintenon, fidèle à la loi qu'elle s'était imposée de ne jamais entretenir le roi d'affaires désagréables, rejeta toute médiation. La destinée de Brusson reposait tout entière dans les mains de mademoiselle de Scudéri. Après y avoir longtemps réfléchi, elle prit enfin une résolution qu'elle exécuta sur-le-champ. Elle se revêtit d'une longue robe de soie noire, se para des précieux bijoux de Cardillac, mit un voile noir sur sa tête, et se présenta ainsi dans les appartements de madame de Maintenon, à l'heure où le roi s'y trouvait. La noble attitude de la vénérable demoiselle avait, dans cet appareil solennel, une majesté qui éveillait le respect, même parmi ce peuple léger qui occupe les antichambres. Tout le monde s'écarta respectueusement à son approche; et lorsqu'elle entra dans l'appartement de madame de Maintenon, le roi lui-même la regarda avec surprise et s'avança vers elle. Les pierreries du collier, des bracelets, attirèrent ses regards : « Par le ciel! dit-il, c'est la parure de Cardillac! » et, se penchant vers madame de Maintenon, il ajouta en souriant : « Voyez, madame la marquise, comme notre belle fiancée porte le deuil de son époux.

— Ah! sire, dit mademoiselle de Scudéri, comme si elle continuait cette plaisanterie, conviendrait-il à une fiancée désolée de se parer avec tant d'éclat? Non, je me suis entièrement affranchie de ce joaillier, et je ne penserais plus à lui, si je n'avais présente à l'esprit l'image de son cadavre, tel qu'on l'emporta devant moi.

— Comment! dit le roi, vous l'avez vu, le pauvre diable? »

Mademoiselle de Scudéri raconta alors en peu de mots, et sans faire encore mention de Brusson, comment le hasard l'avait conduite devant la maison de Cardillac lorsque l'assassinat venait d'être découvert. Elle peignit la douleur de Madelon, l'impression que cette charmante jeune fille avait produite sur elle, et comment elle l'avait arrachée des mains de Desgrais, aux applaudissements du peuple. Elle retraça ensuite, avec un intérêt toujours croissant, ce qui s'était passé avec la Reynie, Desgrais et Olivier Brusson lui-même.

Le roi, entraîné par le mouvement et la vivacité de ce récit, ne remarquait pas qu'il était question de l'affreux procès de Brusson; il pouvait à peine prononcer une parole; il manifestait de temps à autre son émotion par un cri subit. Avant qu'il eût le temps de réfléchir à tout ce qu'il venait d'entendre, mademoiselle de Scudéri se jeta à ses pieds et lui demanda la grâce d'Olivier.

« Que faites-vous, mademoiselle? s'écria le roi en lui prenant les mains et en la forçant de se rasseoir; vous me jetez dans une étrange surprise. C'est une affreuse histoire. Qui me répond de la vérité de la situation romanesque de Brusson?

— La déclaration de Miossens, les perquisitions faites dans la maison de Cardillac, votre conviction, sire, hélas! et le cœur vertueux de Madelon, qui a trouvé la même vertu dans celui de Brusson. »

Le roi allait répondre, lorsqu'un léger bruit se fit entendre dans une chambre voisine. C'était Louvois qui s'avançait avec un regard soucieux. Le roi se leva et alla joindre son ministre. Madame de Maintenon et mademoiselle de Scudéri furent attristées de cette interruption, car le roi pouvait bien ne pas se laisser surprendre et émouvoir une seconde fois.

Quelques minutes après, il revint, se promena de long en large, les mains derrière le dos, et, s'arrêtant devant mademoiselle de Scudéri, il lui dit d'une voix douce et sans la regarder : « Je voudrais bien voir votre Madelon.

— Ah! sire, quelle grande et heureuse faveur vous accordez à cette pauvre enfant! Il ne faut qu'un signe de Votre Majesté pour la voir à vos pieds. »

Mademoiselle de Scudéri, s'avançant vers la porte aussi vite que ses lourds vêtements le lui permettaient, alla dire que le roi voulait voir Madelon Cardillac, et revint en pleurant de joie et d'attendrissement. Elle avait eu le pressentiment de cette faveur, et Madelon était chez la femme de chambre de la marquise, avec une supplique rédigée par d'Andilly. En un instant elle était aux pieds du roi, mais incapable de proférer une parole. L'anxiété, la surprise, le respect, l'amour, la douleur, faisaient bouillonner son sang dans ses veines. Ses joues étaient couvertes d'une rougeur éclatante ; ses yeux humides de larmes, qui tombaient l'une après l'autre, à travers ses cils, sur sa poitrine blanche comme un lis. Le roi parut étonné de l'admirable beauté de la jeune fille. Il la releva doucement et fit un mouvement, comme s'il voulait baiser sa petite main ; puis il laissa retomber cette main, et regarda Madelon avec une vive émotion.

« Voyez, dit à voix basse madame de Maintenon à mademoiselle de Scudéri, comme cette petite fille ressemble à mademoiselle de la Vallière ! Le roi s'abandonne au plus doux souvenir. Votre cause est gagnée. »

Quoique ces paroles eussent été dites à voix basse, le roi parut les avoir entendues. Une rougeur soudaine colora son visage ; il jeta un regard sur madame de Maintenon, lut la supplique de Madelon, et lui dit avec bonté : « Je veux bien croire, mon enfant, que tu es convaincue de l'innocence de ton amant ; mais il faut voir ce que la chambre ardente en dira. » Et, d'un léger mouvement de la main, il congédia la jeune fille, prête à fondre en larmes.

Mademoiselle de Scudéri s'aperçut avec effroi que le souvenir de mademoiselle de la Vallière, favorable d'abord à Madelon, avait produit sur le roi une impression fâcheuse dès que madame de Maintenon avait prononcé ce nom. Peut-être le roi se trouva-t-il averti par là qu'il était sur le point de sacrifier la justice à la beauté ; peut-être lui arriva-t-il ce qui arrive au dormeur qui, dans un brusque réveil, voit disparaître les riants fantômes qu'il allait saisir ; peut-être aussi, au lieu de voir devant lui sa belle la Vallière, ne pensa-t-il qu'à la sœur Louise de la

Miséricorde, qui le tourmentait par ses scrupules et sa pénitence.

Quoi qu'il en fût, il n'y avait plus d'autre parti à prendre que d'attendre patiemment sa résolution.

Cependant la déposition du comte Miossens devant la chambre ardente était connue du public; et, comme il arrive souvent que le peuple, dans sa mobilité, passe d'un extrême à l'autre, ce même homme que l'on maudissait comme un infâme assassin, et qu'on menaçait de déchirer avant qu'il arrivât aux marches de l'échafaud, devint tout à coup la victime innocente d'une barbare justice. Les voisins de Cardillac se rappelèrent alors l'honnête conduite d'Olivier, son amour pour Madelon, sa fidélité, son dévouement envers le vieux joaillier. Des bandes de peuple se rassemblaient, avec des menaces, devant l'hôtel de la Reynie, et s'écriaient : « Rends-nous Olivier Brusson! il est innocent! » Et l'on jetait des pierres contre les fenêtres. La Reynie fut forcé de requérir le secours de la maréchaussée pour se défendre contre cette populace en colère.

Plusieurs jours se passèrent, et mademoiselle de Scudéri n'apprit aucun détail relatif au procès d'Olivier; elle se présenta très-affligée chez madame de Maintenon, qui lui dit que le roi gardait un silence profond sur cette affaire, et qu'il ne serait pas prudent de la lui rappeler. Puis elle lui demanda avec un singulier sourire ce que faisait sa petite la Vallière. Mademoiselle de Scudéri fut convaincue que cette femme orgueilleuse s'inquiétait secrètement d'une circonstance qui pouvait attirer le roi, si facile à séduire, dans une région dont elle ne comprenait pas les enchantements. Il n'y avait donc plus rien à espérer de la marquise.

A l'aide de d'Andilly, mademoiselle de Scudéri parvint enfin à découvrir que le roi avait eu un long entretien avec le comte Miossens. Elle apprit aussi que Bontemps, valet de chambre et homme d'affaires du roi, était entré à la Conciergerie pour parler à Brusson; que, dans la nuit, ce même Bontemps s'était rendu avec plusieurs personnes dans la maison de Cardillac, et qu'il y était resté quelque temps. Claude Patru, qui habitait le rez-de-chaussée, assurait qu'il avait entendu du bruit toute la nuit, et qu'il avait reconnu la voix d'Olivier. Il était donc évident que le roi voulait s'enquérir de cette affaire lui-même; et l'on ne comprenait plus les longs retards apportés à sa solution. La Reynie s'efforçait sans doute de retenir entre ses dents la proie qu'on voulait lui arracher. Cette idée étouffait toutes les espérances.

Environ un mois après, madame de Maintenon fit dire à mademoiselle de Scudéri que le roi voulait la voir le soir même.

La digne demoiselle sentit battre son cœur bien fort; elle savait que la destinée de Brusson allait être décidée. Elle dit à la pauvre Madelon d'invoquer la Vierge et les saints pour que le roi fût convaincu de l'innocence d'Olivier.

Cependant on eût dit que le roi avait complètement oublié cette affaire; car il s'entretint légèrement, comme il le faisait parfois, avec madame de Maintenon et mademoiselle de Scudéri, sans prononcer un seul mot qui eût rapport à Olivier. Enfin Bontemps parut; il s'approcha du roi, et lui murmura à voix basse quelques paroles que les deux dames ne purent entendre. Le roi s'avança vers mademoiselle de Scudéri et lui dit : « Réjouissez-vous, mademoiselle : votre protégé, Olivier Brusson, est libre. »

La noble fille fondit en larmes, et voulut se jeter aux pieds du roi. Il la retint en lui disant : « Allez, allez, mademoiselle, vous devriez être avocat au parlement et défendre mes droits, car, par saint Denis! personne en ce monde ne pourrait résister à votre éloquence. Mais, ajouta-t-il d'un ton plus grave, celui que la vertu protége n'est pas toujours à l'abri d'une fâcheuse accusation et de la chambre ardente. »

Mademoiselle de Scudéri trouva enfin des paroles pour exprimer son ardente reconnaissance. Le roi l'interrompit en lui disant qu'elle recevrait elle-même des remercîments plus vifs que ceux qu'il avait le droit d'attendre d'elle, lorsqu'elle rentrerait dans sa maison, où l'heureux Olivier serrait vraisemblablement, à l'heure même, sa Madelon sur son cœur.

« Bontemps vous comptera, ajouta-t-il, mille louis que vous remettrez en mon nom à la jeune fille. Qu'elle épouse son Olivier, qui ne mérite pas un tel bonheur, et que tous deux sortent de Paris : telle est ma volonté. »

La Martinière vint en courant à la rencontre de mademoiselle de Scudéri. Derrière elle venait Baptiste ; tous deux lui crièrent avec joie : « Il est ici ! il est libre ! Oh ! les bons et aimables jeunes gens ! » L'heureux couple tomba aux pieds de mademoiselle de Scudéri.

« Je l'avais bien pensé, dit Madelon, que vous seule, vous seule sauveriez Olivier. — Ah ! ma mère, dit Olivier, j'avais la même confiance en vous ! »

Tous deux baisaient les mains de mademoiselle de Scudéri et les arrosaient de leurs larmes ; puis ils s'embrassaient de nouveau, et juraient que ce moment de bonheur effaçait toutes leurs souffrances, et que la mort seule pourrait les séparer.

Quelques jours après ils furent unis. Lors même que le roi ne leur eût pas prescrit de quitter Paris, Olivier n'aurait pu rester dans cette ville, où tout lui rappelait les meurtres de Cardillac, où le moindre incident de cette affreuse histoire aurait pu troubler le repos de sa vie. Il partit donc après son mariage, emportant les bénédictions de mademoiselle de Scudéri, et se rendit à Genève avec sa jeune femme. Son habileté dans son art et la dot de Madelon lui assurèrent bientôt une existence heureuse et tranquille.

Un an après le départ de Brusson, un avis public, signé de Harlay de Champ-Vallon, archevêque de Paris, et de Pierre-Arnaud d'Andilly, avocat au parlement, annonça qu'un pécheur repentant venait de remettre à l'Église, sous le sceau de la confession, un grand nombre de bijoux volés. Tous ceux qui avaient été, jusqu'à la fin de l'année 1680, attaqués dans les rues et dépouillés d'objets précieux, pouvaient se présenter chez d'Andilly, où on leur rendrait les joyaux qui leur avaient été enlevés, s'ils pouvaient les décrire d'une manière exacte, et prouver par là le droit qu'ils avaient de les réclamer. Un grand nombre de personnes, qui n'étaient point portées sur la liste de Cardillac, qui avaient été seulement étourdies dans la rue par un violent coup de poing, et volées, se présentèrent chez l'avocat, et retrouvèrent, à leur grande surprise, les diamants qui leur avaient été ravis. Le reste des bijoux fut remis au trésor de l'église Saint-Eustache.

LE MAJORAT.

CHAPITRE PREMIER.

Non loin des bords de la mer Baltique, s'élève le château héréditaire de la famille de Her... qu'on appelle Her...bourg. La contrée est âpre et déserte. A peine aperçoit-on çà et là sur le sol sablonneux quelques brins de gazon. Au lieu d'un de ces jardins qui ornent généralement les habitations seigneuriales, on ne voit au-dessus des murailles nues qu'un chétif bois de sapins, dont le deuil sombre et continu semble mépriser la riante parure du printemps. Dans ce bois, à la place du joyeux gazouillement des oiseaux, on n'entend que le croassement monotone des corbeaux et le sifflement des mouettes, précurseur de l'orage. A quelque distance de là, tout à coup la nature présente un autre aspect. On se trouve transporté, comme par l'effet d'une baguette magique, au milieu des campagnes fleuries, des vallées fécondes. On aperçoit un grand et riche village, avec la large maison de l'inspecteur de la propriété. A l'extrémité d'un agréable bosquet d'aunes, on aperçoit les fondements d'un grand château qu'un des anciens propriétaires du lieu avait dessein de construire. Ses successeurs, retirés dans leurs propriétés de Courlande, laissèrent cet édifice inachevé ; et le baron Rodrigue de Her..., qui revint se fixer dans le domaine de ses pères, aima mieux, avec son humeur sombre et misanthropique, habiter le vieux château solitaire, que de finir celui qui avait été commencé.

Il fit restaurer aussi bien que possible l'édifice délabré de ses ancêtres, et s'y renferma avec un intendant grondeur et un petit nombre de domestiques. Il se montrait rarement dans le village. En revanche, il allait souvent à cheval errer çà et là au bord de la mer ; et on croyait avoir remarqué de loin qu'il semblait s'entretenir avec les vagues, et écouter la rumeur, le sifflement des lames, comme s'il entendait la voix de l'esprit des eaux. Au-dessus de la tour la plus élevée, il avait fait construire un cabinet, et l'avait pourvu de lunettes et d'un appareil complet d'astronomie. Chaque jour, les yeux tournés vers la mer, il observait les navires qui souvent se dessinaient à l'horizon lointain comme des mouettes aux ailes blanches et étendues. Dans les nuits étoilées, il se livrait là, avec son vieil intendant, à des travaux astronomiques, ou, comme on le soupçonnait, astrologiques. En général, on croyait qu'il s'était adonné aux sciences secrètes, autrement dit à la magie noire, et que, par la non-réussite d'une opération qui blessait une maison souveraine, il avait été forcé de quitter la Courlande. Le plus léger souvenir des jours qu'il avait passés dans cette province lui inspirait un sentiment d'horreur, et il attribuait tous les malheurs de sa vie à la faute que ses ancêtres avaient commise en quittant le château de leurs aïeux. Pour enchaîner l'avenir de sa famille à ce château, il résolut d'en faire un majorat. Le souverain du pays accepta d'autant plus volontiers cette fondation, qu'elle fixait dans la contrée une famille illustre dont les rameaux s'étendaient déjà dans des provinces étrangères. Cependant, ni le fils du baron, ni le possesseur du majorat, qui portait, comme son grand-père, le nom de Rodrigue, ne purent rester dans ce château; tous deux habitèrent la Courlande. Avec leur nature légère et joyeuse, ils semblaient redouter cette sombre demeure adoptée par Rodrigue. Celui-ci avait deux vieilles tantes pauvres, célibataires, auxquelles il accordait dans ses domaines un refuge et un moyen de subsistance. Elles habitaient avec une servante âgée dans un chaud appartement d'une aile latérale du château; et, avec elles et le cuisinier, qui occupait une grande chambre souterraine près de la cuisine, on ne rencontrait dans les larges salles de l'édifice qu'un vieux garde-chasse, qui remplissait en même temps les fonctions de concierge. Les autres domestiques demeuraient dans le village chez l'inspecteur du domaine.

A la fin de l'automne, quand les premières neiges commençaient à tomber, quand le temps de la chasse aux loups et aux sangliers était venu, le château silencieux et abandonné s'animait de nouveau. Alors arrivait de Courlande le baron Rodrigue, avec sa femme, ses parents, ses amis et de nombreux équipages de chasse. La noblesse des environs et les amateurs de chasse de la ville voisine arrivaient en même temps, et le château pouvait à peine contenir les hôtes qui y affluaient. Dans tous les poêles et les cheminées, la flamme pétillait du matin au soir; les cuisiniers étaient à l'œuvre; une bande joyeuse de maîtres et de valets descendait et montait les escaliers; là retentissaient le bruit des verres, le chant des chasseurs, ici les airs de danse, partout des rires bruyants et des cris de joie. Pendant cinq à six semaines, le château ressemblait plus à une magnifique auberge située au bord d'une route fréquentée qu'à l'habitation d'un seigneur.

Le baron Rodrigue consacrait, autant que possible, ces quelques semaines à des affaires sérieuses. Retiré à l'écart du tumulte des convives, il remplissait les devoirs d'un maître de majorat. Non-seulement il se faisait rendre un compte exact de ses revenus, mais il examinait encore chaque projet d'amélioration, prêtait l'oreille aux plus petites plaintes de ses vassaux, et cherchait à mettre tout en ordre, à réparer chaque tort et chaque injustice. Il était loyalement secondé dans ses efforts par le vieil avocat V..., chargé, comme l'avait été son père, des affaires de la maison Her..., et justicier des biens qu'elle possédait dans la province. Huit jours avant l'arrivée du baron, l'avocat se rendait au château.

CHAPITRE II.

En l'année 179., l'époque était venue où le fidèle V... devait, selon sa coutume, partir pour la demeure du baron. Il avait alors soixante-dix ans, et, quelque énergie qu'il eût conservée, il pensait cependant qu'une main auxiliaire lui serait utile dans ses travaux. Un jour il me dit en riant : « Neveu (j'étais son petit-neveu, et je porte son nom), je pense que tu ferais bien de prêter l'oreille au vent de la mer, et de venir avec moi à Her... Tu peux d'abord m'être d'un grand secours dans mes pénibles occupations ; et, après avoir écrit le matin un joli protocole, tu pourrais peut-être essayer de la vie de chasseur, t'exercer à regarder en face un grand loup aux poils gris, un sanglier altéré de sang, et lui lâcher un bon coup de fusil. »

J'avais trop entendu parler des bruyantes chasses de Her..., j'étais trop attaché à mon vénérable et excellent grand-oncle, pour ne pas accepter avec joie sa proposition. Habitué déjà passablement au genre d'affaires qu'il avait à traiter, je me promettais de lui alléger par mon zèle une partie de ses sollicitudes. Le lendemain, enveloppé d'épaisses fourrures, nous roulions vers le château de Her..., au milieu d'un tourbillon de neige, précurseur de l'hiver. Le long du chemin, mon oncle me racontait maintes choses étranges du baron Rodrigue, fondateur du majorat, qui, malgré sa jeunesse, l'avait choisi pour son justicier et son exécuteur testamentaire. Il me parlait de la rude et farouche nature du vieux baron, qu'il semblait avoir transmise comme un héritage à toute sa famille, et qui dominait de plus en plus le baron actuel, qui annonçait dans ses premières années un caractère doux et faible. Il me disait que je devais me montrer ferme et hardi, pour avoir quelque valeur aux yeux du maître ; et, enfin, il me dépeignit l'appartement qu'il avait choisi une fois pour toutes au château, et qui était chaud, commode, et si éloigné des autres, que nous pourrions à notre gré nous y soustraire au tumulte de la société. Cet appartement se composait de deux petites chambres garnies de bonnes tentures, situées près de la grande salle de justice, en face de l'habitation des deux vieilles demoiselles.

Après un voyage rapide, mais pénible, nous arrivons,

par une nuit sombre, à Her... Nous traversons le village.

C'était un dimanche; la maison de l'inspecteur était éclairée du haut en bas; on entendait le bruit de la danse, le son des chants joyeux, et cet aspect et ces chants ne nous rendirent que plus triste et plus désert l'édifice où nous devions nous arrêter.

Le vent de la mer poussait de profonds gémissements, et les sombres sapins, réveillés dans leur sommeil, y répondaient par des plaintes lugubres. Au-dessus d'un abîme de neige s'élevaient les murailles nues et noires du château. La porte d'entrée était close. Les cris, les claquements du fouet, les coups de marteau, rien ne pouvait nous la faire ouvrir; on n'apercevait aucune lumière; on eût dit que tout était mort. Mon vieil oncle cria d'une voix rude et menaçante : « François ! François ! où êtes-vous donc ? Mille diables ! remuez-vous. Nous gelons à cette porte. La neige nous coupe le visage. — Tonnerre ! allons, arriverez-vous ? » Un chien de basse-cour se mit à hurler, une lumière vacillante parut, les clefs résonnèrent, et les lourdes portes crièrent sur leurs gonds.

« Ah ! soyez le bienvenu; soyez le bienvenu, monsieur le justicier. Quel triste temps ! »

Ainsi parla le vieux François, en élevant sa lanterne si haut, que toute la lumière tomba sur sa figure ridée, et contractée en ce moment d'une façon singulière par un sourire amical. La voiture entra dans la cour, nous mîmes pied à terre, et je distinguai alors l'ensemble bizarre du vieux domestique, revêtu d'une antique livrée garnie de galons. Sur son front large et pâle tombaient deux boucles de cheveux gris; la partie inférieure de son visage offrait les robustes teintes du chasseur; et, malgré les muscles saillants qui donnaient à sa figure l'apparence d'un masque singulier, il y avait dans ses yeux et dans les contours de sa bouche une expression de bonhomie un peu niaise.

« Eh bien, mon vieux François, dit mon grand-oncle en secouant dans le vestibule la neige de sa pelisse, tout est-il prêt ? Les tapis de ma chambre ont-ils été battus ?

les lits sont-ils préparés ? a-t-on fait un bon feu hier et aujourd'hui ?

— Non, répondit François très-tranquillement ; non, monsieur le justicier, rien de tout cela n'a été fait.

— Mais, mon Dieu ! s'écria mon oncle, j'ai cependant écrit assez à temps ; j'arrive juste au jour indiqué. Quel oubli ! ces chambres doivent être froides comme glace.

— Oui, monsieur le justicier, répliqua François en détachant soigneusement avec les mouchettes un lumignon qui s'élevait sur la mèche de la chandelle, et en l'écrasant sous son pied. Voyez-vous, à quoi nous eût-il servi de faire du feu ? Le vent et la neige entrent dans ces chambres par les carreaux brisés, et.....

— Comment ! s'écria mon grand-oncle en l'interrompant et en rejetant les pans de sa pelisse pour se croiser les bras, les vitres sont brisées, et vous, gardien de la maison, vous ne les avez pas fait remettre ?

— Non, monsieur le justicier, reprit le vieux serviteur avec la même tranquillité. Il n'est pas facile d'entrer dans votre appartement, à cause des pierres et du plâtre qui l'encombrent.

— Mille diables ! d'où vient qu'il y a des pierres et du plâtre dans mon appartement ?

— A vos souhaits, mon jeune maître, dit François en faisant un salut poli au moment où j'éternuais. Puis il ajouta : Ces pierres et ce plâtre viennent du mur qui s'est écroulé pendant le grand ébranlement.

— Vous avez donc eu un tremblement de terre ? s'écria mon oncle avec impétuosité.

— Non, monsieur le justicier, répondit François le visage riant ; mais, il y a trois jours, la lourde voûte de la salle d'audience est tombée avec un affreux fracas.

— Quel enfer ! » Mon grand-oncle, irritable et violent de sa nature, allait proférer une terrible imprécation ; mais, élevant en l'air la main droite, et de la main gauche dégageant son front de son bonnet de peau de renard, il se retint, et se retournant vers moi en poussant un éclat de rire : « Vraiment, mon neveu, dit-il, il ne faut plus faire de questions, car nous apprendrions peut-être que le château tout entier s'est écroulé.

— Eh! pourquoi, dit-il en s'adressant à François, n'avez-vous pas eu l'idée de me faire nettoyer et chauffer une autre chambre? Ne pouviez-vous pas préparer à la hâte une salle d'audience dans le corps d'édifice?

— C'est ce que nous avons fait, dit le vieux François en indiquant l'escalier d'un air de satisfaction, et en commençant à monter les degrés.

— Voyez donc ce curieux original! » dit mon oncle en marchant après lui. Nous avançâmes à travers de longs corridors voûtés, dont la lumière que portait François éclairait d'une étrange façon les ténèbres. Des colonnes, des chapiteaux, des ogives semblaient flotter à nos yeux dans les airs. A côté de nous s'étendaient nos ombres gigantesques, flottant le long des murs sur des images singulières qui paraissaient s'agiter, trembler, et des voix mystérieuses semblaient murmurer dans le bruit de notre marche : « Ne nous éveillez pas! ne nous éveillez pas! nous qui dormons d'un sommeil magique, suspendus à ces vieilles pierres. » Enfin, après nous avoir fait traverser une longue suite de chambres sombres et froides, François ouvrit une salle où un feu brillant dans la cheminée nous salua par ses joyeux pétillements : je me sentis à mon aise dès que j'entrai dans cet appartement. Quant à mon oncle, il s'arrêta au milieu de la salle, promena ses regards autour de lui, et dit d'une voix grave et presque solennelle : « C'est donc ici qu'on rendra la justice? »

François, élevant sa lumière de façon à faire voir sur la muraille une grande tache large comme une porte, répondit d'un ton douloureux : « On a déjà rendu la justice ici!

— Quel souvenir vous revient? s'écria mon oncle en ôtant sa pelisse et en s'approchant de la cheminée.

— Cela m'est échappé, » repartit François. Il alluma des

bougies et ouvrit la chambre voisine, qui avait été préparée pour nous. Quelques moments après, une table toute servie était près du feu. Le vieux serviteur apporta des plats bien préparés, chose fort agréable pour mon oncle et pour moi, et un large vase de punch apprêté à la manière du Nord.

Fatigué du voyage, mon oncle se retira dès qu'il eut soupé. L'aspect nouveau et singulier de ce séjour, la saveur du punch, m'agitaient trop pour qu'il me fût possible de songer à dormir. François ôta la table, ranima le feu, et me quitta en me saluant amicalement.

CHAPITRE III.

Je restai seul dans la haute et large salle des chevaliers. Le tourbillon de neige avait cessé, l'orage ne grondait plus, le ciel s'était épuré, et la lune éclairait, à travers les arceaux des fenêtres, tous les sombres recoins de cet édifice curieux où la lueur des bougies et du feu ne pouvait pénétrer. Les murailles et le plafond de la salle étaient revêtus, ainsi qu'on le voit dans beaucoup de vieux châteaux, d'ornements antiques et bizarres : çà et là on voyait des images fantastiques, de lourds tableaux, des arabesques bariolées et dorées. La plupart des peintures représentaient des chasses sanglantes au loup et à l'ours, et dans les intervalles on voyait des figures d'hommes et d'animaux sculptées sur la boiserie, et portant des habits de différentes couleurs, auxquelles la clarté de la flamme et de la lune donnait une sombre vérité. D'un côté et de l'autre on apercevait les portraits, de grandeur naturelle, des ancêtres du baron, avec leur costume de chasseur. Toutes ces peintures et ces sculptures, assombries par le temps, faisaient mieux ressortir la tache blanche qui se trouvait à l'entrée des appartements voisins : je reconnus qu'il y avait eu là une porte récemment murée, et qu'on avait négligé de peindre et d'orner comme le reste de la muraille.

Qui ne sait combien l'aspect d'un séjour mystérieux

éveille de sensations profondes dans l'esprit? Au milieu d'un vallon entouré de rocs, ou dans l'enceinte d'une église, l'imagination la plus faible prend l'essor, et l'on éprouve des émotions qu'on n'avait pas encore ressenties. Si l'on se figure ensuite que j'avais vingt ans, que je venais de boire plusieurs verres de punch, on comprendra dans quelle disposition d'esprit je devais me trouver. Qu'on se figure le silence de la nuit au milieu duquel j'entendais résonner comme le son d'un orgue agité par les esprits, le sourd mugissement de la mer, les rafales du vent ; qu'on se représente les nuages que je voyais passer comme des géants et qui semblaient me regarder à travers les ogives des fenêtres : voilà le spectacle qui me remplissait d'une sorte d'effroi, et produisait sur moi l'effet d'une vision merveilleuse. J'éprouvais une sensation pareille à celle que l'on ressent en écoutant une histoire de revenants qui effraye et qui attire ; je pensai que je ne pouvais me trouver dans une meilleure disposition pour lire le livre que, dans mes goûts romanesques, j'avais apporté avec moi : c'était *le Visionnaire* de Schiller ; je le lus et le relus, et j'échauffai de plus en plus mon imagination. J'en étais arrivé au récit saisissant de la noce du comte de V..., au moment même où la figure sanglante de Jéronimo apparaît ; la porte de l'antichambre s'ouvrit avec fracas : je me lève effrayé, le livre s'échappe de mes mains ; mais tout retombe dans le silence, et j'ai honte de ma terreur enfantine. « Sans doute, me dis-je, c'est un coup de vent ou quelque autre accident qui aura ouvert cette porte, et, dans l'exaltation de ma pensée, j'ai vu là un événement surnaturel. »

Je reprends mon livre, je m'assois de nouveau dans mon fauteuil ; tout à coup j'entends des pas légers dans la salle, des soupirs, des gémissements qui expriment une profonde douleur ; je pensai que c'était quelque bête malade qui se trouvait à l'étage inférieur : on sait à quelle illusion d'acoustique on est exposé pendant la nuit, et comme les sons éloignés se rapprochent dans le silence, et j'étais décidé à ne plus me laisser effrayer. Je continue ma lecture, et voilà qu'on gratte à la porte, et que j'entends des soupirs plus distincts, plus profonds, qui ressemblaient à ceux qui s'exhalent dans l'angoisse de la mort. « Sans doute, me dis-je, c'est une pauvre bête prisonnière ; je crierai, je frapperai du pied sur le parquet, et ce bruit cessera, ou cet animal se fera entendre d'une façon plus distincte. » Voilà ce que je me disais, et mon sang s'agitait dans mes veines, une sueur froide découlait de mon front, et je restais immobile sur mon fauteuil, hors d'état de me lever ou de pousser un cri.

Le grattement sinistre cesse enfin, les pas se font entendre de nouveau, je reprends la vie et le mouvement, je me lève, je marche ; au même instant, un coup d'air glacial pénètre dans la chambre, la clarté de la lune me fait voir l'image d'un homme sombre et pâle ; et sa voix murmurante, au milieu du mugissement des vagues et du sifflement des vents, me crie : « N'avance pas! n'avance pas! ou tu tombes au pouvoir des esprits infernaux. »

La porte se referme avec le même bruit qu'auparavant, j'entends distinctement les pas dans l'antichambre, on descend les escaliers, on ouvre et l'on referme la porte d'entrée du château ; il me semble qu'on tire un cheval de l'écurie, qu'on l'y fait rentrer, puis tout retombe dans un calme profond. Au même moment, j'entends mon grand-oncle qui soupire et s'agite dans la chambre voisine ; je reviens à moi-même, je m'empare d'un flambeau, je cours auprès de lui. Le vieillard semblait dominé par un rêve pénible : « Éveillez-vous, éveillez-vous, lui dis-je à haute voix, en le prenant par la main et en plaçant la lumière près de lui. » Il pousse un cri, me regarde d'un air de satisfaction et me répond : « Tu as bien fait de m'éveiller, je faisais un mauvais rêve ; c'est cette chambre et cette salle qui en sont cause, car elles me rappellent les étranges choses qui s'y sont passées ; à présent nous allons dormir paisiblement. » A ces mots, il s'enveloppe dans la couverture et ferme les yeux. Lorsque j'eus éteint les bougies et que je me fus couché, j'entendis le vieillard prier à voix basse.

CHAPITRE IV.

Le lendemain, nous nous mîmes à l'œuvre. L'inspecteur des domaines arriva avec ses comptes, et nous reçûmes les gens qui avaient un différend à finir ou une affaire à régler. Dans l'après-midi, mon grand-oncle m'emmena chez les deux vieilles baronnes pour leur présenter, selon toutes les règles, nos hommages obligés. François nous annonça ; nous attendîmes quelques instants, et une femme de soixante ans, courbée et revêtue d'une robe de soie, qui se donnait le titre de femme de chambre de leurs seigneuries, nous fit entrer dans le sanctuaire. Là, nous fûmes reçus avec un cérémonial grotesque par les deux vieilles dames, habillées d'une façon gothique ; je fus pour elles un sujet d'étonnement ; lorsque mon oncle me présenta comme un jeune légiste qui devait l'assister dans ses fonctions, leur figure indiquait clairement qu'elles regardaient les affaires de la maison Her... comme fort compromises, si on les confiait à ma jeunesse. Cette visite était après tout fort plaisante ; mais l'effroi de la nuit passée occupait encore mon esprit ; je me sentais atteint par une puissance inconnue ; il me semblait que j'avais été au bord d'un cercle magique où j'étais perdu sans ressource en faisant un pas de plus, et que je ne pouvais échapper à un fatal prestige qu'en recueillant toutes mes forces. Dans cette situation d'esprit, les vieilles baronnes, avec leur haute coiffure frisée, leurs vêtements chargés de fleurs et de rubans, qui dans d'autres circonstances m'auraient paru fort drôles, prirent à mes yeux un aspect effrayant. Sur leurs visages jaunis et ridés, dans leurs yeux pétillants, dans le mauvais français qui s'échappait de leurs lèvres pincées, je voulais chercher à reconnaître qu'elles vivaient en bonne intelligence avec les spectres du château, et qu'elles se livraient elles-mêmes à d'effrayantes pratiques. Mon grand-oncle, qui était d'une humeur joviale, engagea en plaisantant un entretien si ironique, que, dans toute autre disposition, je n'aurais pu réprimer un éclat de rire. Mais, comme je l'ai dit, les baronnes avec leur accoutrement m'apparaissaient comme des fantômes, et mon oncle, qui croyait me procurer une distraction, me regarda plusieurs fois avec surprise.

Quand nous nous retrouvâmes seuls dans notre appartement, il me dit : « Mais, au nom du ciel ! qu'as-tu donc ? tu ne ris pas, tu ne parles pas, tu ne bois pas, tu ne manges pas ; es-tu malade, ou te manque-t-il quelque chose ? »

Je n'hésitai pas à lui raconter tout ce qui m'avait effrayé la nuit précédente ; je n'oubliai pas de lui dire que j'avais bu beaucoup de punch, et lu *le Visionnaire* de Schiller. « Il est probable, ajoutai-je, que mon imagination exaltée a seule produit l'apparition, qui n'existe que dans mon cerveau. »

Je m'imaginais que mon grand-oncle allait faire une bonne plaisanterie sur mes extravagances ; mais il devint très-grave, fixa ses regards sur le parquet, secoua la tête, et me dit, en me jetant un coup d'œil étincelant : « Je ne connais pas ton livre, neveu ; mais ce n'est ni cet ouvrage ni le punch qui ont produit la vision dont tu me parles. Apprends que j'ai rêvé tout ce que tu as vu. J'étais, dans mon songe, assis, comme toi, près de la cheminée. J'ai vu cet être effrayant entrer, se glisser près de la porte murée, gratter sur les parois avec une telle fureur, que le sang jaillissait de ses ongles ; puis descendre, tirer un cheval de l'écurie, et l'y ramener. As-tu entendu comme le coq criait dans le village ? c'est en ce moment même que tu es venu me réveiller. » Le vieillard se tut, et je n'osai le prier de m'expliquer ce merveilleux événement.

Après un moment de silence, pendant lequel mon oncle était concentré en lui-même, il reprit : « As-tu assez de courage, maintenant que tu as été témoin de cette apparition, pour l'affronter de nouveau, et cette fois avec moi ? »

Je lui répondis que j'accepterais bravement cette épreuve.

« Eh bien, dit-il, la nuit prochaine nous veillerons ensemble. Une voix intérieure me dit que ma résolution, appuyée sur une noble confiance, fera fuir ce spectre sinistre, et que j'entreprends une œuvre pieuse en exposant ma vie pour bannir le fantôme qui chasse nos maîtres du château de leurs aïeux. Avec la pensée généreuse qui m'anime, je suis sûr de remporter la victoire. Si cependant Dieu veut que je succombe dans cette rencontre avec les esprits funestes, tu raconteras, neveu, que j'ai été la victime d'une lutte honorable et vraiment chrétienne. Reste à l'écart; il ne t'arrivera rien. »

La journée avait été consacrée à mainte affaire. François apporte, le soir, comme la veille, notre souper et du punch. La lune brillait à travers des nuages argentés, et l'on entendait, comme le soir précédent, les mugissements de la mer et les rafales du vent. Pour nous distraire de notre émotion, nous essayâmes de parler de choses indifférentes. Mon oncle avait mis sur la table sa montre à répétition. Minuit sonna. Tout à coup la porte s'ouvre avec le même bruit que la veille; des pas mesurés se font entendre dans la salle, et l'on distingue des soupirs et des gémissements. Le vieillard pâlit, mais ses yeux brillent d'une ardeur inaccoutumée : il se lève de toute sa hauteur, et, étendant sa main droite, il ressemblait, dans sa majestueuse stature, à un héros qui va donner un ordre. Cependant les soupirs devenaient de plus en plus distincts, et l'on grattait à la muraille avec plus de force que la veille. Mon oncle s'avance vers la porte murée d'un pas si ferme, que le parquet en retentit. A l'endroit même où le grattement réitéré se faisait entendre, il s'arrête, et dit d'une voix solennelle et inusitée pour moi : « Daniel! Daniel! que fais-tu ici à cette heure? »

Un son affreux lui répond, et l'on entend un bruit pareil à celui que produit la chute d'un corps pesant.

Mon oncle s'écrie avec plus de force : « Cherche grâce et miséricorde devant le trône du Très-Haut. Éloigne-toi de ce monde, auquel tu ne peux plus jamais appartenir. »

Un léger murmure résonne dans l'air, et se dissipe dans

l'orage qui commençait à s'élever. Mon oncle s'approche de la porte, la ferme si violemment, que toute la salle en retentit. Il y avait dans l'accent de sa voix, dans sa contenance, quelque chose de surhumain qui m'inspira une sorte d'effroi profond. Lorsqu'il se fut assis sur son fauteuil, son regard avait un éclat extraordinaire ; il joignit les mains, et pria intérieurement. Quelques instants après, il me dit avec une expression qui me pénétra jusqu'au fond du cœur : « Eh bien, neveu ? »

Ébranlé par l'anxiété, par la frayeur, et saisi d'un sentiment de vénération et d'amour, je me jetai à genoux, et j'arrosai ses mains de larmes brûlantes. Mon oncle me serra sur son cœur, et me dit avec attendrissement : « Allons dormir, cher neveu. » Nous nous retirâmes ; et comme, la nuit suivante, je n'entendis plus aucun bruit mystérieux, je repris ma gaieté naturelle.

CHAPITRE V.

Quelques jours après, le baron arriva avec son épouse et une suite nombreuse de chasseurs. Les convives se rassemblèrent au château, et la joyeuse vie que mon oncle m'avait décrite commença.

Lorsque le baron vint nous voir dans notre salle, il parut très-étonné de notre changement de résidence ; il jeta un regard sombre sur la porte murée, et, se détournant aussitôt, passa la main sur son front, comme pour écarter un pénible souvenir. Mon oncle parla de l'écroulement de la salle de justice ; le baron blâma François de ne nous avoir pas mieux logés, et invita avec bonté le vieil avocat à se faire donner tout ce dont il aurait besoin dans cet appartement, beaucoup moins commode que celui qu'il occupait précédemment. Il y avait, du reste, dans la conduite du baron envers mon oncle non-seulement une apparence de cordialité, mais une sorte de respect et de déférence, comme s'il eût été lié au vieillard par des relations de parenté : ce fut là tout ce qui me plut dans les manières du baron, qui étaient rudes et hautaines. Il parut faire très-peu de cas de moi, et me traita comme un simple scribe. Lorsque je lui présentai pour la première fois un acte, il le critiqua assez rudement. Le sang bouillonnait dans mes veines, et j'allais lui répondre avec aigreur, quand mon oncle, prenant la parole, assura que je l'avais parfaitement rédigé selon ses intentions, et qu'il était conçu selon les formules légales.

Dès que nous fûmes seuls, je me plaignis amèrement du baron, qui me devenait de plus en plus désagréable. « Crois-moi, neveu, dit-il, malgré ces apparences peu attrayantes, le baron est le meilleur des hommes. Il n'a pris ces façons, comme je te l'ai dit, que depuis qu'il est entré en possession du majorat; auparavant, c'était un caractère doux et modeste. Au reste, il n'est point si rude que tu le prétends, et je voudrais bien savoir pourquoi il te déplaît si fort. »

Mon oncle prononça ces paroles avec un sourire ironique qui me fit monter le rouge au visage. En m'interrogeant scrupuleusement, je sentais que cette répulsion me venait d'un sentiment d'amour ou plutôt d'adoration pour la plus charmante, la plus noble créature que j'eusse jamais vue sur la terre. Cette personne était la baronne elle-même. Dès l'instant où elle était arrivée, où je l'avais vue traverser les appartements, enveloppée dans une pelisse de martre qui cachait à demi sa taille gracieuse, et la tête couverte d'un riche voile, elle avait produit sur moi une impression magique. La présence même des vieilles tantes, avec leurs grandes fontanges et leur accoutrement singulier, leurs manières bizarres et leurs mauvais compliments français, auxquels la baronne répondait par des regards d'une douceur inexprimable, le sourire plein de grâce de la jeune femme, et son pur dialecte courlandais, entremêlé de temps à autre de quelques mots allemands, tout contribuait à donner à son apparition un caractère saisissant; et lorsque je songeais au spectre nocturne, la baronne s'offrait à mes yeux comme l'ange de lumière qui devait chasser au loin les sombres puissances.

Elle avait environ dix-neuf ans. Son visage, aussi délicat que sa taille, portait l'empreinte d'une beauté céleste. Il y avait surtout dans son regard un charme inexprimable. On y voyait briller un rayon humide, expression d'un désir mélancolique; et le ciel entier, avec ses joies et sa béatitude, semblait se refléter dans son sourire. Souvent elle se montrait comme absorbée en elle-même, et alors l'ombre d'un nuage passait sur sa suave figure. On eût dit qu'elle était, dans ces moments-là, en proie à une violente douleur; mais je m'imaginais que ce pouvait être l'effet de vagues pressentiments d'un avenir malheureux, et je ne sais pourquoi j'associais ce pressentiment à l'apparition du fantôme.

Le lendemain de l'arrivée du baron, toute la société se réunit à déjeuner; mon oncle me présenta à la baronne, et, comme cela arrive souvent dans une situation pareille à celle où je me trouvais, je me comportai de la manière la plus gauche. Je ne savais que répondre aux questions les plus simples que la baronne m'adressait. Les vieilles tantes, prenant mon embarras pour la marque d'un respect profond, se crurent obligées de me faire mille compliments, et se mirent à me louer dans leur mauvais français, comme un jeune homme bien élevé et un *très-joli garçon*. Ces éloges m'irritèrent; et, reprenant tout à coup l'empire de moi-même, je me mis à parler français mieux que les vieilles tantes, qui me regardèrent alors avec de grands yeux et en prenant force prises de tabac. Aux regards pensifs que la baronne me jeta en se détournant de moi, je crus remarquer que mon langage ressemblait fort à une folie, ce qui me chagrina encore plus, et j'envoyai les deux vieilles filles à tous les diables. Mon oncle m'avait depuis longtemps dépeint de la façon la plus ironique l'époque des bergères langoureuses, des enfantillages d'amour, et je remarquais que la baronne exerçait sur moi une puissance que je n'avais jamais ressentie. Je ne voyais, je n'entendais qu'elle, et j'étais pourtant bien convaincu que ce serait une folie de m'abandonner à cette passion d'aimer, comme un enfant transi, sans espoir. Vivre auprès de cette noble femme sans lui laisser soupçonner mes sentiments secrets, savourer le doux poison de ses regards, écouter la mélodie de sa voix, puis me retirer, et emporter mon secret dans mon cœur, voilà ce que je voulais, ce que je pouvais faire.

Cet amour romantique, chevaleresque, m'occupa toute la nuit, de telle sorte que j'en vins à me haranguer moi-même en termes pathétiques, que je soupirai et m'écriai d'une voix plaintive : « Séraphine ! Séraphine ! » Mon oncle se réveilla et me dit : « Neveu, tu rêves trop haut. Rêve pendant le jour tant que tu voudras, mais la nuit laisse-moi dormir. »

Je ne fus pas peu embarrassé d'avoir laissé échapper ce nom devant le vieillard, qui avait déjà remarqué mon agitation à l'arrivée de la baronne. Je m'attendais à être, le lendemain, le sujet de ses paroles ironiques ; mais il me dit en entrant dans la salle de justice : « Que Dieu donne à chacun le sentiment de sa situation et le maintienne en paix ! » Là-dessus il s'assit à la grande table, et ajouta : « Écris lisiblement, cher neveu, afin que je puisse te lire sans peine. »

CHAPITRE VI.

La considération, ou, pour mieux dire, le respect que le baron avait pour mon oncle, se manifestait en toutes choses. Ainsi il lui faisait prendre, aux côtés de la baronne, la place enviée par beaucoup de gens. Le hasard me mettait tantôt à un endroit, tantôt à un autre ; et ordinairement quelques officiers de la ville voisine s'asseyaient à côté de moi, pour raconter à leur aise les nouvelles récentes et boire vaillamment.

Pendant plusieurs jours, je me trouvai assis à l'extrémité de la table, loin de la baronne. Un incident imprévu me rapprocha d'elle. Au moment où les portes de la salle à manger venaient de s'ouvrir, je causais avec la demoiselle de compagnie de la baronne, qui ne manquait ni d'agréments ni d'esprit, et semblait prendre intérêt à la conversation. Selon l'usage, je lui offris mon bras, et je n'éprouvai pas peu de joie en la voyant s'asseoir auprès de sa maîtresse, qui me jeta un regard amical. On peut se figurer que tout ce que je dis pendant le dîner s'adressait moins à ma voisine qu'à la baronne. Soit que mon exaltation donnât à toutes mes paroles un élan particulier, soit que la demoiselle de compagnie fût disposée à m'entendre, elle prêta de plus en plus une oreille attentive à mes discours, et fut bientôt subjuguée par la variété d'images que je lui retraçais. Elle avait, comme je l'ai dit, de l'esprit. Bientôt notre entretien, séparé de la conversation générale, jeta comme un éclair du côté où je voulais qu'il arrivât. Je remarquai que ma voisine se tournait de temps à autre, avec un regard expressif, vers la baronne, et que celle-ci s'efforçait de nous écouter. Je fis surtout cette remarque lorsque, parlant de la musique avec tout l'enthousiasme que m'inspire cet art sacré, je dis qu'au milieu des sèches et monotones occupations de la science juridique j'avais trouvé le temps d'apprendre à jouer du piano, à chanter, et que j'avais même composé quelques airs.

On était entré dans une autre salle pour prendre le café. Je me trouvai, sans y prendre garde et je ne sais comment, près de la baronne, qui causait avec sa demoiselle de compagnie. Elle m'adressa aussitôt la parole d'un ton plus amical que celui qu'on prend avec une simple connaissance, et me demanda si je me plaisais dans le château. Je lui répondis que, dans les premiers moments de mon séjour en ce lieu, l'aspect de la solitude et du vieux château avait produit sur moi une impression pénible ; que, depuis, j'avais senti naître dans mon cœur des pensées plus douces, et que je désirais seulement être dispensé d'assister aux grandes chasses.

Elle se mit à sourire et me dit : « Je comprends que ces courses dans nos sombres forêts de pins ne vous plaisent guère ; vous êtes musicien, et, si je ne me trompe, poëte. J'aime ces deux arts à la passion. Je joue même de la harpe ; mais à Her... il faut que je me prive de ce plaisir, car mon mari ne veut pas que j'apporte ici un instrument dont les sons harmonieux ne s'accorderaient guère avec le bruit du cor et les cris des chasseurs. O mon Dieu ! combien la musique me rendrait heureuse ici ! »

Je lui dis que je ferais tous mes efforts pour satisfaire à ses vœux ; qu'on devait sans doute trouver quelque instrument dans le château, ne fût-ce qu'un mauvais piano. Mademoiselle Adélaïde (la demoiselle de compagnie) partit d'un éclat de rire, et me demanda si j'ignorais que, de mémoire d'homme, on n'avait entendu dans le château d'autres instruments que les trompettes, les cors des chasseurs, les violons criards, les basses discordantes, et les hautbois usés des musiciens ambulants. La baronne exprima de nouveau le désir de m'entendre faire de la musique, et se mit, avec Adélaïde, à chercher toute sorte d'expédients pour me procurer un piano.

En ce moment François traversa la salle.

« Voilà celui qui trouve remède à tout, qui procure tout, même ce qui est inouï et impossible. » En disant ces mots, Adélaïde l'appela ; et, tandis qu'elle cherchait à lui faire comprendre ce dont il s'agissait, la baronne était là, les mains jointes, la tête inclinée en avant, regardant le vieux serviteur avec un doux sourire. Elle était là comme une aimable enfant qui voudrait tenir entre ses mains le jouet désiré.

Après avoir énuméré dans son langage diffus toutes les difficultés qu'il y aurait à se procurer dans un court délai le rare instrument, François finit par se gratter le front, et dit : « Mais il y a dans le village la femme de l'inspecteur qui tape avec une étonnante adresse sur une espèce d'orgue, et chante d'un ton à la fois si doux et si triste, que les yeux en deviennent rouges, comme quand on mange des oignons, et que les jambes ont envie de sauter.

— Elle a un piano ! s'écria Adélaïde.

— Oui vraiment, reprit François. Cela lui est venu directement de Dresde. Un...

— A merveille ! s'écria la baronne.

— Un bel instrument, continua le vieux serviteur, mais un peu faible ; car dernièrement, lorsque l'organiste a voulu jouer là-dessus un de nos cantiques, il l'a mis en pièces, de telle sorte...

— O mon Dieu ! s'écrièrent à la fois la baronne et Adélaïde.

— De telle sorte, continua le vieux serviteur, qu'il a fallu l'envoyer à la ville voisine, et qu'il en a coûté beaucoup d'argent pour le faire réparer.

— Mais enfin il est ici ? dit Adélaïde avec impatience.

— Sans doute, sans doute, mademoiselle, et madame l'inspectrice se fera un honneur de... »

Dans ce moment, le baron vint à passer ; il nous regarda d'un air surpris, et dit en riant d'un ton ironique à la baronne : « François a-t-il été encore appelé à vous donner un bon conseil ? »

La baronne baissa les yeux en rougissant. François s'arrêta tout court, la tête droite, les bras pendants, dans l'attitude du soldat.

Les vieilles tantes se soulevèrent dans leurs larges jupes et nous ravirent la baronne. Mademoiselle Adélaïde la suivit. J'étais frappé d'une sorte d'enchantement, agité par le bonheur de me rapprocher de celle qui gouvernait tout mon être et par l'aversion que j'éprouvais pour le baron, qui m'apparaissait comme un rude despote devant lequel les vieux serviteurs à cheveux blancs devaient eux-mêmes agir comme des esclaves.

« M'entendras-tu, me regarderas-tu enfin ? » s'écria mon grand-oncle en me frappant sur l'épaule. Lorsque nous fûmes rentrés dans notre appartement : « Ne sois pas si empressé auprès de la baronne, me dit-il ; laisse ce soin aux jeunes fats qui lui font la cour ; il y en a assez. » Je lui racontai ce qui s'était passé, et le priai de me dire si je méritais ses reproches. Il ne me répondit que : « Hem ! hem ! » revêtit sa robe de chambre, alluma sa pipe, s'assit dans son fauteuil, et me parla des chasses de la veille en se moquant de mon inhabileté à manier un fusil.

Dans le château tout était tranquille : chacun s'occupait, dans sa chambre, à préparer sa toilette pour le soir. Les musiciens étaient arrivés avec ces instruments discordants dont parlait mademoiselle Adélaïde, et il devait y avoir cette nuit même un bal en règle.

Mon oncle, qui préférait le sommeil à ces réunions tumultueuses, resta dans sa chambre ; moi, je m'étais habillé pour le bal, lorsqu'on frappa à la porte. Je vis entrer François, qui m'annonça d'un air de satisfaction qu'on venait d'apporter sur un traîneau le piano de l'inspectrice, et que mademoiselle Adélaïde me faisait prier de descendre à l'instant chez la baronne.

CHAPITRE VII.

On peut s'imaginer avec quel battement de cœur, avec quelle douce émotion j'ouvris la porte de la chambre où je devais la trouver. Adélaïde s'avança gaiement à ma rencontre. La baronne, déjà complétement parée pour le bal, était assise d'un air rêveur devant la caisse mystérieuse où dormaient les sons que je devais éveiller. Elle se leva dans une telle splendeur de beauté, que je ne pus proférer une syllabe. « Eh bien, Théodore, me dit-elle (selon l'aimable coutume du Nord, que l'on trouve au fond du Midi, elle appelait chacun par son prénom), l'instrument est arrivé. Dieu veuille qu'il ne soit pas trop indigne de votre talent ! »

Dès que je soulevai le couvercle, une quantité de cordes s'échappèrent, et au premier accord toutes celles qui étaient restées en place rendirent des sons d'une affreuse discordance.

« L'organiste a encore passé par là avec sa main légère, » dit mademoiselle Adélaïde en riant. Mais la baronne attristée s'écria : « C'est pourtant un vrai malheur ! Il est décidé que je n'aurai ici aucune joie. »

Je cherchai dans la case de l'instrument, et trouvai par

bonheur quelques rouleaux de cordes, mais pas une clef d'accordeur.

Nouvelle désolation !

« Toute clef, leur dis-je, dont le tuyau saisira la cheville, peut nous servir. » Aussitôt la baronne et Adélaïde se mettent à courir joyeusement de côté et d'autre. En un instant un magasin de petites clefs est étalé devant moi sur la table d'harmonie.

Je me mis avec ardeur à l'œuvre. Mademoiselle Adélaïde et la baronne elle-même s'efforçaient de m'aider en essayant tour à tour chaque clef.

« En voici une qui s'ajuste à la cheville. Cela va, cela va ! » s'écrièrent-elles avec bonheur. La corde, tendue jusqu'à l'accord pur, se brise avec éclat, et toutes deux reculent effrayées. La baronne reprend avec ses petites mains le fil d'archal, me présente les numéros dont j'ai besoin et les rouleaux, que je développe. Une corde se rompt encore. La baronne pousse un soupir d'impatience, tandis que mademoiselle Adélaïde éclate de rire. Je cours après les rouleaux jusqu'à l'extrémité de la chambre. A nous trois, nous le rattachons pour le voir se briser encore. Enfin tous les numéros sont trouvés, les cordes tendues ; les sons incomplets ou discordants deviennent de plus en plus nets et se changent en accords harmonieux. « Nous y voilà, nous y voilà ! » s'écrie la baronne en me regardant avec un gracieux sourire.

Cette œuvre, entreprise en commun, fit disparaître en un instant toute la gêne et l'ennui des convenances. Il s'établit entre nous une sorte de confiance qui effaça, comme par un pouvoir électrique, l'embarras qui m'accablait de son fardeau ; le ridicule pathos qu'enfante ordinairement un amour pareil à celui que j'éprouvais était loin de moi ; et, lorsque le piano fut enfin passablement d'accord, au lieu d'exprimer, comme j'y avais pensé, mes sentiments secrets par des improvisations, je me mis à exécuter des canzonettes italiennes.

Tandis que je répétais ces mots : *Senza di te, sentimi*

idolmio, almen senon poso io morir mi sento, les regards de Séraphine s'animaient de plus en plus. Elle s'était assise près de moi et je sentais son souffle courir sur mes joues. Pendant qu'elle était appuyée derrière moi, sur le dossier de mon fauteuil, un ruban blanc, qui se détachait de sa toilette de bal, tombait sur mes épaules et flottait çà et là, agité par les soupirs de Séraphine et par mon souffle, comme un fidèle message d'amour. Je ne sais comment j'ai conservé ma raison.

Lorsque je m'arrêtai, en cherchant les accords d'une autre mélodie, Adélaïde, qui était assise dans un coin de la chambre, vint se mettre à genoux devant la baronne et lui dit, en lui prenant les deux mains et en les pressant sur son cœur : «Oh! chère baronne Séraphine, chantez aussi. — A quoi penses-tu donc, Adélaïde? répondit la baronne; comment pourrais-je faire entendre à notre virtuose ma misérable voix? »

C'était une chose charmante que de la voir là semblable à une enfant timide, les yeux baissés, le visage rose, combattue tout à la fois par l'embarras et le désir. Je joignis mes prières à celles d'Adélaïde; et lorsqu'elle eut parlé des chansons populaires de la Courlande, je ne lui laissai de repos que quand, promenant sa main sur l'instrument, elle en eut tiré quelques sons comme pour préluder. Je voulais lui céder ma place au piano; mais elle s'y refusa en disant qu'elle était incapable de produire un seul accord. Elle commença alors à chanter, d'une voix pure, argentine, profonde comme la voix du cœur, une chanson dont la mélodie simple portait le caractère des chants populaires, de ces chants qui vibrent si profondément dans l'âme, qu'ils nous révèlent la poétique nature de l'homme.

Il y a un charme indéfinissable dans les paroles insignifiantes de ces textes qui sont comme les hiéroglyphes des sentiments dont le cœur est rempli et que la voix ne peut exprimer. Qui ne connaît ces chansons espagnoles que l'on peut résumer en quelques mots, comme ceux-ci :

« Je m'étais embarqué sur la mer avec la jeune fille que

j'aime ; l'orage nous surprend ; celle que j'aime vacille avec terreur. Non, jamais plus je ne m'embarquerai sur mer avec celle que j'aime. »

La chanson de la baronne disait seulement : « J'ai dansé naguère à la noce avec mon bien-aimé ; une fleur est tombée de mes cheveux, il l'a relevée et me l'a donnée en me disant : Ma bien-aimée, quand reviendrons-nous à la noce ? »

Lorsque j'accompagnais par des arpéges la seconde strophe de cette chanson, et que dans mon enthousiasme je saisis, pour ainsi dire, la mélodie des chants suivants sur les lèvres de la baronne, je passai à ses yeux et à ceux d'Adélaïde pour le plus grand maître, et toutes deux m'accablèrent d'éloges.

L'éclat des lumières de la salle de bal se répandait dans l'appartement où nous étions, et un bruit affreux de cors et de trompettes annonçait l'heure de la réunion.

« Hélas ! dit la baronne, il faut que je m'en aille. » Je quittai aussitôt le piano.

« Vous m'avez fait passer, ajouta-t-elle, un heureux moment, le plus heureux moment que j'aie jamais eu dans cette demeure. » A ces mots, elle me tendit la main. Dans mon ivresse, je la portai à mes lèvres, et je sentis ses doigts tressaillir sous mon baiser.

Je ne sais comment j'arrivai à la salle de bal, ni comment je rentrai dans la chambre de mon oncle. Un Gascon disait que s'il redoutait les batailles, c'est que chaque blessure lui serait mortelle, parce qu'il était tout cœur de la tête aux pieds. Je ressemblais à ce Gascon ; chaque émotion me tuait. Les doigts frissonnants de la baronne avaient pénétré dans mon cœur comme des flèches empoisonnées ; mon sang brûlait dans mes veines.

CHAPITRE VIII.

Sans me soumettre précisément à un interrogatoire, mon oncle fit si bien le lendemain, qu'il apprit toute mon histoire de la veille. Je fus bien surpris de voir tout à coup le visage riant avec lequel il me parlait prendre une expression grave, et de l'entendre me dire : « Je t'en prie, neveu, résiste à la folie qui s'est si puissamment emparée de toi. Tu ne sais pas que ces galanteries, si innocentes qu'elles soient, peuvent avoir les suites les plus affreuses. Tu marches, dans ton aveugle folie, sur une légère couche de glace, qui se brisera sous tes pieds avant que tu puisses t'en apercevoir. Au diable ta musique, si tu ne peux mieux l'employer qu'à troubler dans leur repos les femmes impressionnables !

— Mais, lui dis-je, croyez-vous que je songe à nouer une intrigue d'amour avec la baronne?

— Fou que tu es, dit mon oncle, si je le pensais, je te jetterais par cette fenêtre. »

Le baron interrompit ce pénible entretien, et les affaires m'arrachèrent aux rêveries, où je ne voyais que Séraphine. Dans le salon, la baronne m'adressait de temps à autre quelque mot amical, et pas une soirée ne se passait sans qu'il m'arrivât un message secret de mademoiselle Adélaïde, qui m'appelait auprès de Séraphine. Quelquefois nous interrompions par divers entretiens nos chants et notre musique, et lorsque Séraphine et moi nous commencions à nous jeter dans des idées vagues et sentimentales, mademoiselle Adélaïde y mettait fin par toute sorte de plaisanteries. Plusieurs observations me persuadèrent que la baronne devait avoir dans l'âme un sentiment douloureux, ainsi que je croyais l'avoir remarqué dans son regard, la première fois que je l'avais vue, et l'idée du fantôme nocturne me revint de nouveau à l'esprit. Il était arrivé ou il devait arriver quelque chose d'affreux. Souvent j'éprouvai le désir de raconter à Séraphine l'apparition du spectre, et comment mon oncle l'avait banni, sans doute pour toujours; mais une crainte inexplicable m'arrêta chaque fois que l'idée me vint de commencer ce récit.

Un jour, la baronne ne parut pas au dîner. On dit

qu'elle était indisposée et qu'elle gardait la chambre. Quelqu'un demanda au baron si c'était une indisposition sérieuse. Il sourit d'une façon amèrement ironique, et répondit : « C'est un léger rhume causé par l'air de la mer, qui n'épargne point ici de petites voix tendres, et ne souffle d'autres concerts que les rudes fanfares de la chasse. » En disant ces mots, le baron, assis en face de moi, me jeta un regard pénétrant. C'était à moi évidemment que ces paroles s'adressaient. Adélaïde, assise à mes côtés, rougit, et me dit à voix basse : « Vous verrez aujourd'hui encore Séraphine, et vos chants calmeront encore aujourd'hui son cœur malade. » Lorsque Adélaïde prononça ce peu de mots, il me parut que j'étais engagé avec la baronne dans une intrigue illégitime qui ne pouvait se terminer que par un crime ou par une circonstance affreuse. Les paroles de mon grand-oncle occupèrent péniblement ma pensée. Que devais-je faire? Cesser de la voir? c'était impossible, aussi longtemps que je resterais au château; et impossible encore, quand j'en viendrais à quitter cette demeure. Hélas! je ne sentais que trop vivement que je n'étais pas assez fort pour me détacher de ce rêve d'amour idéal et entraînant. Adélaïde m'apparaissait comme une espèce d'entremetteuse. J'aurais voulu pouvoir la mépriser; et, en y réfléchissant, j'avais honte de ma folie. Dans ces heures du soir où je voyais Séraphine, que se passait-il donc qui ne fût pas parfaitement moral et convenable? Comment pouvais-je concevoir que la baronne eût pour moi le moindre sentiment? et cependant j'étais convaincu du danger de ma situation.

Le dîner se termina promptement; on devait poursuivre des loups qui s'étaient montrés dans la forêt de sapins, tout près du château. La chasse convenait en ce moment à l'exaltation de ma pensée. Je dis à mon oncle que je voulais m'y associer. Il me regarda en souriant, et me répondit : « C'est bien, va; moi, je reste dans ma chambre. Prends mon fusil et mon couteau de chasse : c'est une arme sûre qui peut être utile au besoin. »

La partie de la forêt où les loups devaient se trouver fut cernée par les chasseurs. Le froid était excessif; le vent gémissait à travers les sapins, et me chassait tant de flocons de neige au visage, qu'à peine pouvais-je voir à six pas devant moi. Je quittai la place qui m'avait été assignée, et cherchai un refuge au fond du bois. Là, je m'appuyai contre un arbre, mon fusil sous le bras; et, oubliant la chasse, je me reportai par la pensée vers la retraite de Séraphine. Soudain des coups de feu se font entendre, et un loup puissant apparaît devant moi. Je tire sur lui et le manque. L'animal se précipite de mon côté avec des yeux étincelants; j'étais perdu si je n'avais eu assez de sang-froid pour prendre mon couteau de chasse et le plonger dans la poitrine de la bête féroce au moment où elle allait me saisir. Son sang jaillit sur mes mains. Un des chasseurs du baron, qui se tenait à quelque distance, accourut en poussant un grand cri qui appela tout le cortége. Le baron vint à moi et me dit : « Au nom du ciel! vous saignez! vous êtes blessé! »

J'affirmai que j'étais parfaitement intact. Le baron, s'adressant alors au chasseur qui était près de moi, lui reprocha vivement de n'avoir pas tiré dès qu'il avait vu que je venais de manquer mon coup. Quoique celui-ci protestât qu'il ne pouvait tirer sur le loup, qui se précipitait sur moi, sans s'exposer à m'atteindre du même coup, le baron n'en parut pas moins irrité contre lui.

Cependant les chasseurs avaient relevé le dangereux animal. C'était un des plus grands de son espèce, un des plus grands que l'on eût vus depuis longtemps, et tout le monde s'accorda à admirer mon courage et ma résolution, quoique ma conduite me parût fort naturelle, et que je n'eusse nullement songé aux périls auxquels j'étais exposé. Le baron me témoigna surtout un vif intérêt, et ne pouvait se lasser de me demander si je n'avais pas été blessé, et si je ne me ressentais pas encore d'une impression de frayeur. Nous revînmes au château. Le baron me tenait amicalement sous le bras, et avait remis mon fusil à un des chasseurs. Il parlait constamment de mon action héroïque, si bien qu'à la fin je crus à mon héroïsme ; je perdis toute timidité, et me plaçai en face du baron comme un homme d'un courage rare. L'écolier avait heureusement subi son examen, et toutes les modestes inquiétudes de l'école étaient loin de lui. Il me sembla que j'avais acquis le droit d'obtenir les bonnes grâces de Séraphine. On sait quel singulier rapprochement peut faire l'imagination d'un jeune homme.

Le soir, au coin du feu, près du bol de punch, je restai le héros du jour ; le baron seul avait tué un loup ; les autres chasseurs furent forcés d'attribuer leur mésaventure à la neige, à l'obscurité, et de chercher une satisfaction dans le récit de quelques autres périls et de quelques anciens exploits.

J'espérais exciter aussi l'admiration de mon oncle, et recevoir ses éloges. Dans cette persuasion, je lui racontai mon aventure, et n'oubliai pas de lui dépeindre de la manière la plus saisissante l'effrayant aspect de la bête sauvage. Il me regarda en souriant et me dit : « Dieu est fort dans les faibles. »

CHAPITRE IX.

Lorsque je m'en allai vers la salle de justice, las de boire et de poser au milieu de l'assemblée, je vis une femme s'avancer vers moi avec une bougie à la main, et je reconnus mademoiselle Adélaïde.

« Ne faut-il pas errer, me dit-elle en me prenant la main, comme une somnambule ou un fantôme pour vous rencontrer, mon brave chasseur de loups ? »

Ces mots de somnambule, de fantôme, prononcés en ce lieu, me pesèrent sur le cœur ; ils me rappelèrent la nuit terrible où j'avais vu l'apparition fantastique, cette nuit sinistre où le vent gémissait à travers les fenêtres, où la lune projetait sa lueur pâle sur les murailles, qui me semblaient marquées d'une tache de sang. Adélaïde parut sentir, au frémissement de ma main, le frisson glacial qui me saisit.

« Qu'avez-vous donc? qu'avez-vous donc? me dit-elle; vous tremblez! Allons! je veux vous rappeler à la vie. Apprenez que la baronne ne peut attendre le moment de vous voir; elle ne peut croire que le loup ne vous a pas dévoré; elle éprouve une anxiété inexprimable. Oh! mon ami, qu'avez-vous fait à Séraphine? Jamais je ne l'ai vue ainsi..... Mais comme votre pouls est agité! comme ce beau monsieur à demi mort se réveille tout à coup! Allons, venez doucement..... nous allons trouver la jolie baronne. »

Je me laissai conduire, indigné cependant de la manière dont elle parlait de sa maîtresse, et surtout de l'espèce d'intelligence établie entre nous. Lorsque j'entrai avec Adélaïde, Séraphine vint au-devant de moi en poussant un soupir, puis resta comme fixée au milieu de la chambre par un sentiment de réflexion. J'osai prendre sa main et la porter à mes lèvres; elle la laissa reposer entre mes doigts et me dit : « Mais, mon Dieu! est-ce donc votre affaire d'attaquer les loups? Ne savez-vous donc pas que les temps fabuleux d'Orphée et d'Amphion sont depuis longtemps écoulés, et que les animaux sauvages n'ont plus aucun respect pour les meilleurs musiciens? »

Cette manière agréable d'exprimer l'intérêt que la baronne me portait me rappela aussitôt ma véritable situation envers elle. Cependant je ne sais comment il se fit qu'au lieu de m'asseoir, selon mon habitude, devant le piano, je pris place à côté d'elle sur le canapé.

« Comment, me dit-elle, vous êtes-vous mis dans un tel péril? » Ces paroles m'indiquaient que notre entretien ne devait point, ce jour-là, être consacré à la musique. Après lui avoir raconté mon aventure dans la forêt et les témoignages de bienveillance que le baron m'avait donnés, en lui laissant entrevoir que je ne les méritais pas, la baronne me dit d'une voix tendre et presque plaintive : « Oh! combien le baron doit vous paraître rude et violent! mais, croyez-moi, son séjour dans ce sombre château et cette chasse dans les forêts désertes changent complètement sa nature, ou du moins son apparence extérieure. Une pensée pénible le poursuit sans cesse : il croit qu'il doit éprouver ici quelque événement affreux. Voilà pourquoi votre aventure, qui, grâce à Dieu, a eu un si bon résultat, l'a vivement frappé. Il ne voudrait pas exposer au plus léger péril le dernier de ses serviteurs, à plus forte raison un ami. Et je sais que Gottlieb, auquel il reproche de n'être pas venu à votre secours, subira une humiliante punition pour un chasseur; qu'il sera condamné à suivre la chasse prochaine à pied, sans fusil, et un bâton à la main. Je suis tourmentée par l'idée des dangers auxquels on est exposé dans ces chasses, par l'idée que le baron, tout en craignant une destinée fatale, brave gaiement les esprits funestes. On raconte tant de choses sinistres sur celui qui a fondé ce majorat! Je sais qu'un secret de famille, enfoui dans ces murs, chasse les propriétaires de ce domaine, et ne leur permet que de passer ici quelques semaines, au milieu du tumulte et de la dissipation. À quelle solitude ne suis-je pas condamnée au milieu de ces assemblées bruyantes, et quelle terreur indéfinissable l'aspect de ces murailles n'éveille-t-il pas en moi! C'est vous, mon ami, vous qui m'avez le premier donné, par votre talent musical, quelques moments heureux dans ce séjour sinistre. Comment pourrais-je assez vous en remercier? »

Je laissai tomber la main qu'elle me présentait, et je lui parlai de l'étrange émotion que j'avais ressentie le jour de mon arrivée dans le château. La baronne me regarda fixement tandis que je lui dépeignais la singulière construction de cet édifice, les ornements de la salle de justice et les ombres de la nuit. L'expression de ma voix annonçait peut-être des impressions plus grandes que celles dont je venais de parler, et, lorsque je me tus, la baronne s'écria vivement : « Ah! il vous est arrivé quelque chose d'affreux dans cette salle où je n'entre pas sans terreur. Je vous en prie, dites-moi tout. »

Son visage était pâle comme la mort; je vis qu'il valait

mieux lui raconter fidèlement tout ce que je savais, que de livrer son imagination à de vagues et fantasmagoriques idées, plus effrayantes encore que celles qui m'avaient occupé. Elle m'écouta avec une agitation toujours croissante. Lorsque j'en vins à parler du grattement qui retentissait sur les murs, elle s'écria : « C'est affreux ! Oui, oui, il y a dans ces murs un épouvantable mystère ! » Lorsque je lui dis ensuite comment mon oncle avait banni le fantôme, elle poussa un profond soupir, comme si elle sentait sa poitrine délivrée d'un lourd fardeau, et resta un instant penchée sur son fauteuil, les deux mains sur son visage. Je remarquai alors qu'Adélaïde nous avait quittés. Mon récit était achevé depuis quelque temps, Séraphine gardait toujours le silence. Je me levai doucement, et, m'approchant du piano, j'essayai de rappeler par mes accords l'esprit de Séraphine des sombres régions où mon récit l'avait jetée. J'entonnai avec autant de délicatesse que possible une des cantates sacrées de l'abbé Stephani. Aux sons plaintifs qui accompagnaient ces mots : *Occhi perche piangete*, Séraphine parut se réveiller d'un rêve sombre, et m'écouta en souriant, tandis que des larmes brillaient comme des perles dans ses yeux. Comment se fit-il que je m'agenouillai devant elle, qu'elle se pencha vers moi, que je l'enlaçai dans mes bras, et qu'un long baiser s'imprima brûlant sur mes lèvres ? Comment ne perdis-je pas le sentiment de moi-même lorsque je la sentis se serrer doucement contre moi ? Comment eus-je la force de m'arracher de ses bras, de me lever et de retourner au piano ? La baronne fit quelques pas vers la fenêtre, puis se retourna ; et, me regardant avec une sorte de fierté que je ne lui avais pas encore vue, elle me dit : « Votre oncle est le plus digne vieillard que je connaisse ; c'est l'ange protecteur de notre famille ; puisse-t-il mêler mon nom à ses prières ! »

J'étais hors d'état de lui répondre ; l'ardeur de son baiser enflammait tous mes sens, se répandait dans tous mes nerfs. Adélaïde rentra : la violente émotion que je venais de subir se termina par un torrent de larmes que je ne pouvais réprimer. Adélaïde me regarda avec surprise, puis se mit à rire d'un air équivoque ; j'aurais voulu la tuer.

La baronne me tendit la main, et me dit avec une douceur inexprimable : « Adieu, mon cher ami, adieu. Croyez que personne n'a mieux compris que moi votre musique. Les mélodies que vous m'avez fait entendre résonneront longtemps dans mon cœur. »

Je m'efforçai de prononcer je ne sais quelles paroles embarrassées et décousues, et je m'enfuis dans ma chambre.

CHAPITRE X.

Mon oncle était déjà depuis longtemps dans son lit. Je restai dans la salle, je tombai à genoux, je pleurai, je répétai à haute voix le nom de ma bien-aimée ; bref, je m'abandonnai à toutes les folies d'un extravagant amoureux, et je ne revins à la raison qu'en entendant la voix du vieillard. « Neveu, me disait-il, es-tu fou, ou attaques-tu encore un loup ? Tâche, je t'en prie, de te coucher et de dormir. » Je me mis au lit avec la ferme intention de ne rêver qu'à Séraphine.

Il était environ minuit, et je n'avais pu parvenir encore à m'endormir, lorsque j'entendis le bruit confus de plusieurs voix éloignées, des gens qui couraient çà et là, des portes qu'on ouvrait et qu'on refermait. J'écoute, je distingue des pas retentissants dans le corridor ; la salle s'ouvre ; bientôt on frappe à la porte de notre chambre.

« Qui est là ? » m'écriai-je.

Une voix du dehors répond : « Monsieur le justicier ! monsieur le justicier, levez-vous ! levez-vous ! »

Je reconnais la voix de François. Je lui demande si le feu est au château. Mon oncle se réveille à ces mots, et dit :

« Est-ce le feu, ou bien le diable est-il encore déchaîné ?

— Levez-vous, monsieur le justicier, répète François ; M. le baron veut vous parler.

— Que me veut le baron à cette heure ? ne sait-il pas que les affaires de justice sont au lit avec le justicier, et doivent dormir aussi bien que lui ?

— Hélas ! répliqua François d'un ton lamentable, madame la baronne est mortellement malade. »

Je me lève en poussant un cri de terreur.

« Ouvre la porte à François, » me dit mon oncle.

Je me précipite avec une sorte d'égarement dans la chambre, et je ne puis trouver ni la porte ni la serrure. Mon oncle vient m'aider. François apparaît, le visage pâle et décomposé, et allume nos bougies. A peine achevions-nous de nous habiller, que nous entendons dans la salle voisine le baron qui s'écrie : « Puis-je vous parler, mon cher avocat ?

— Pourquoi t'es-tu habillé, neveu ? me dit mon oncle ; le baron ne demande que moi.

— Il faut que je descende, que je la voie et que je meure.

— Tu as raison. C'est bien. » En prononçant ces mots, mon oncle ferme violemment la porte sur moi et tire le verrou.

Dans le premier mouvement de ma colère, je voulais briser cette porte ; mais je réfléchis qu'un tel éclat pourrait avoir les suites les plus funestes. Je résolus d'attendre le retour du vieillard.

Je l'entendis causer très-vivement avec le baron. Mon nom fut prononcé plusieurs fois ; je ne distinguai rien de plus. A chaque minute, je sentais s'accroître l'horreur de ma situation. Enfin j'entendis appeler le baron, et il s'éloigna aussitôt.

Mon oncle rentra dans sa chambre. « Elle est morte ? m'écriai-je en courant au-devant de lui.

— Et toi, tu es fou, me dit-il d'une voix calme, en me prenant par le bras et en me faisant asseoir.

— Il faut que je descende, que je la voie, dût-il m'en coûter la vie.

— Eh bien, va ! » répliqua mon oncle, en fermant la porte et en mettant la clef dans sa poche.

Alors ma fureur ne connut plus de bornes. Je pris un fusil chargé et m'écriai : « Je me lance à vos yeux cette balle dans la tête, si vous ne m'ouvrez à l'instant la porte. »

Le vieillard se plaça debout devant moi, et me dit en me regardant fixement : « Crois-tu donc, enfant, que tu puisses m'effrayer par tes misérables menaces? Crois-tu que ta vie ait pour moi quelque prix, si tu peux la briser comme un vain jouet dans ta sotte folie ? Quel rapport y a-t-il entre toi et la femme du baron ? Quel droit as-tu de te jeter comme un fat importun dans des affaires qui ne te regardent point, et où on ne réclame pas ta présence ? Veux-tu jouer, à l'heure solennelle de ta mort, le rôle d'un berger langoureux ? »

Je retombai anéanti sur mon fauteuil.

Un instant après, mon oncle me dit d'un ton plus doux : « Sache que le prétendu danger de la baronne n'est rien. Mademoiselle Adélaïde est hors d'elle-même dès qu'une goutte d'eau lui tombe sur le nez, et s'écrie: Quel effroyable orage ! Par malheur, l'alarme est arrivée jusqu'aux vieilles tantes, qui sont accourues aussitôt en pleurant, avec un arsenal d'élixirs, de drogues, et Dieu sait quoi. Ce n'était qu'un évanouissement. »

Mon oncle s'arrêta et put voir à quelle lutte intérieure j'étais encore livré. Il se promena dans la chambre ; puis, revenant vers moi en poussant un éclat de rire : « Neveu, neveu, me dit-il, quelle folie fais-tu donc ? Allons ! le sort en est jeté ; le diable joue ici toute sorte de tours. Tu es tombé entre ses griffes et tu danses avec lui. »

Il fit encore quelques pas, puis reprit : « Adieu le sommeil ! je pense que nous ferions bien de fumer une pipe et de passer ainsi le reste de la nuit. »

A ces mots, il détacha de la muraille une longue pipe

de terre, la remplit soigneusement de tabac en chantant une petite chanson, chercha parmi ses papiers une feuille qu'il roula en forme d'allumette, et huma à longs traits la fumée de sa pipe, en murmurant entre ses dents. « Allons! neveu, raconte-moi encore l'histoire du loup. »

Le calme de mon oncle produisit sur moi une singulière impression. Il me semblait que je n'étais plus à Her..., que je me trouvais très-loin de la baronne, et que mes pensées seules arrivaient jusqu'à elle. La dernière question de mon oncle me chagrinait pourtant.

« Qu'y a-t-il donc, lui dis-je, dans mon aventure de chasse qui vous semble si comique?

— Rien, cher neveu; mais tu ne te figures pas quelle singulière figure fait dans le monde un blanc-bec comme toi, et quelle plaisante attitude il prend quand le bon Dieu daigne l'honorer d'un rôle qui n'est point dans sa nature. J'avais à l'université un ami qui était un homme doux et réfléchi. Le hasard le lança dans une affaire d'honneur; et cet homme, que l'on regardait comme un faible athlète, se conduisit avec un courage et une résolution qui furent très-admirés. Dès ce jour il changea complétement. A la place de l'étudiant paisible et laborieux, nous vîmes apparaître un matamore insupportable. Il se jeta dans les parties les plus bruyantes, commit toute sorte de sottises, tant et tant qu'à la fin le chef d'un cercle d'étudiants qu'il avait insulté de la façon la plus grossière le tua en duel. Je te raconte cette historiette; tu en penseras ce que tu voudras. »

Dans ce moment on entendit résonner des pas dans la salle, et je crus distinguer un gémissement plaintif.

« C'est elle! » me dis-je; et je me sentis comme frappé d'un coup de foudre.

Mon oncle se leva et appela : « François! François!

— Oui, monsieur le justicier, répondit-on du dehors.

— François, dit le vieillard, attise un peu le feu, et, s'il est possible, prépare-nous deux bonnes tasses de thé. Il fait horriblement froid, ajouta-t-il en se tournant vers moi, et nous voulons causer près de la cheminée. »

Il ouvrit la porte ; je le suivis machinalement.

« Comment cela va-t-il là-bas? dit mon oncle au vieux serviteur.

— Ah! répondit François, ce n'était rien. Madame la baronne est parfaitement remise, et attribue son évanouissement à un mauvais rêve. »

J'allais faire un bond de joie ; mon oncle me calma par un regard sérieux.

« Après tout, reprit-il, il vaudrait mieux nous coucher encore quelques instants. Laisse-là le thé, François.

— Comme vous voudrez, monsieur le justicier, » répondit François ; et il quitta la salle en nous souhaitant une bonne nuit, quoiqu'on entendît déjà le chant du coq.

« Eh bien, neveu! dit mon oncle en secouant sa pipe dans l'âtre, c'est cependant une bonne chose qu'il ne te soit arrivé aucun malheur avec les loups et les fusils chargés. »

Je compris le sens de ces paroles, et j'eus honte d'avoir donné à mon oncle une occasion de me traiter comme un enfant étourdi.

CHAPITRE XI.

« Cher neveu, me dit mon oncle, le matin, aie la bonté de descendre et de t'informer de la santé de la baronne. Tu n'as qu'à en demander des nouvelles à mademoiselle Adélaïde ; elle ne manquera pas de te donner un bulletin circonstancié. »

On peut se figurer avec quel empressement je courus hors de la salle. Mais, au moment où je me disposais à frapper doucement à la porte de Séraphine, son mari en sortit tout à coup et s'avança vers moi. « Que voulez-vous? » me dit-il en s'arrêtant devant moi d'un air étonné et me mesurant d'un regard sombre.

Quoique mon cœur battît violemment, je me contins, et

lui répondis avec fermeté : « Mon oncle m'avait chargé de demander des nouvelles de madame la baronne.

— Ce n'est rien, rien qu'une attaque de nerfs ; elle repose à présent, et paraîtra très-bien portante au dîner. Dites cela à votre oncle, dites-lui cela. »

Le baron prononça ces paroles avec une vivacité et un emportement qui me semblaient indiquer chez lui plus d'inquiétude au sujet de la baronne qu'il ne voulait en montrer.

Je fis un mouvement pour m'éloigner ; il me saisit par le bras, et me dit en me jetant un coup d'œil flamboyant :

« Jeune homme, j'ai à vous parler. »

Je voyais devant moi un époux offensé, et j'avais à craindre une entrevue qui pouvait avoir pour moi un résultat funeste. J'étais en ce moment sans armes ; mais soudain je me rappelai que j'avais encore dans ma poche le couteau de chasse dont mon oncle m'avait fait présent. Je suivis le baron, qui marchait devant moi à pas précipités, et j'étais bien résolu à n'épargner la vie de personne, si je me trouvais exposé à quelque offense.

Nous entrâmes dans la chambre du baron. Il ferma la porte, se promena de long en large, les bras croisés ; puis, s'arrêtant tout à coup devant moi il me répéta : « Jeune homme, j'ai à vous parler. »

Je me sentais un courage intrépide. Je lui répondis d'un ton de voix élevé : « J'espère que vous ne m'adresserez que des paroles que je puisse entendre. »

Il me regarda avec surprise, comme s'il ne me comprenait pas ; puis, les yeux fixés sur le plancher, les bras croisés derrière lui, il se remit à marcher ; il détacha un fusil du mur, y fit entrer la baguette, comme pour voir s'il était chargé. Le sang bouillonnait dans mes veines ; je saisis mon couteau, et m'avançai vers le baron pour le mettre dans l'impossibilité de m'ajuster.

« Une belle arme ! » dit le baron en remettant le fusil à sa place.

Je reculai de quelques pas ; il se rapprocha de moi, et, me frappant avec force sur l'épaule, il me dit : « Théodore, je dois vous paraître très-violent et très-agité. Les anxiétés de cette nuit m'ont vivement ébranlé. L'attaque de nerfs de ma femme n'était nullement dangereuse, je le savais ; mais ici, dans ce château hanté par un esprit funeste, j'éprouve toujours un sentiment de crainte : c'est la première fois qu'elle tombe malade dans cette demeure, et vous seul, vous seul en êtes cause.

— Comment ! répondis-je avec calme. Cela est-il possible ? Je n'en avais pas la moindre idée.

— Oh ! continua le baron, que le diable n'a-t-il brisé en mille morceaux le fatal instrument de l'inspectrice ! Que n'êtes-vous... Mais, non... non... cela devait être ainsi, et c'est moi seul qui suis coupable. Au moment où vous avez commencé à faire de la musique dans l'appartement de ma femme, c'était à moi à vous dire sa situation d'esprit. »

Je voulus répondre.

« Laissez-moi continuer, reprit le baron. Il faut d'abord que je vous évite tout jugement irréfléchi. Vous devez me considérer comme un homme rude, ennemi des beaux-arts. Je ne le suis pas ; mais une conviction profonde et fondée sur de graves motifs m'oblige à interdire ici, autant que possible, toute musique qui pourrait amollir le caractère et m'ébranler moi-même. Apprenez que ma femme souffre d'une excitation nerveuse qui finira par détruire en elle les jouissances de la vie. Dans cette demeure mystérieuse, elle ne sort pas de cet état d'irritation qui est souvent le présage d'une sérieuse maladie. Vous me demanderez pourquoi je ne la dispense pas de venir ici, d'assister à ce tumulte de la vie de chasseurs. Dites que c'est une faiblesse de ma part : il m'est impossible de me séparer d'elle. D'ailleurs je crois que ce séjour et ce genre de vie doivent fortifier cette nature délicate. Le vent qui s'élève sur la mer et gémit entre les sapins, le bruit des cors, l'aboiement des chiens, doivent l'emporter sur les mélodies languissantes du piano, que nul homme ne devrait toucher ; et vous avez trouvé le moyen de tourmenter méthodiquement et mortellement ma femme. »

Le baron prononça ces mots d'une voix plus forte et en me jetant un regard sombre et flamboyant.

Le sang me montait à la tête ; je fis un mouvement pour prendre la parole ; il m'arrêta de nouveau.

« Je sais ce que vous voulez dire, je le sais, et je vous répète que vous êtes en bon chemin pour tuer ma femme, et vous comprenez que je doive y mettre ordre. Bref, vous exaltez la baronne par votre jeu et votre chant ; et lorsque vous l'avez jetée dans cet océan de visions et de pressentiments que votre musique éveille par une magie fatale, lorsqu'elle est là sans soutien et sans gouvernail, vous la précipitez dans l'abîme par le récit d'une apparition qui vous a surpris dans la salle de justice. Votre grand-oncle m'a tout appris ; mais je vous prie de me répéter tout ce que vous avez vu et n'avez pas vu, tout ce que vous avez entendu, senti, soupçonné. »

Je lui racontai avec calme, et du commencement à la fin, ce qui s'était passé. Le baron prononçait de temps à autre quelques mots qui exprimaient sa surprise. Lorsque j'en vins à lui dire comment mon oncle s'était avancé bravement au-devant du fantôme, et l'avait banni par des paroles énergiques, il leva vers le ciel ses mains jointes, et s'écria : « Oh ! oui, oui, c'est l'ange protecteur de notre famille. Il faut qu'il repose dans le caveau de nos aïeux. »

Mon récit était achevé.

« Daniel ! Daniel ! répéta le baron, que fais-tu ici à cette heure ? » Et, en prononçant ces mots, il errait de long en large dans la chambre, les bras croisés.

« Vous n'avez rien de plus à me dire, monsieur le baron ? » lui demandai-je en faisant un mouvement pour me retirer.

Le baron parut sortir d'un rêve, et, me prenant par la main : « Mon ami, me dit-il, il faut que vous rameniez à une situation meilleure ma femme, que vous avez si vivement agitée ; vous seul le pouvez. »

Je me sentis rougir, et, debout devant la glace, j'y vis se réfléchir mon visage avec une expression assez sotte.

Le baron parut jouir de mon embarras, et me regarda avec un sourire ironique.

« Comment dois-je m'y prendre? lui dis-je d'une voix balbutiante.

— Allons, vous n'avez pas affaire à une malade dangereuse; je n'en veux qu'à votre talent de musicien. La baronne est sous le charme de ce piano, et vouloir l'en priver tout à coup serait une chose cruelle et absurde. Continuez vos concerts; vous serez chaque soir le bienvenu dans l'appartement de la baronne; mais tâchez d'arriver peu à peu à un genre de musique plus grave. Mêlez habilement le plaisant au sévère, et surtout répétez-lui l'histoire de l'apparition du fantôme; elle s'y habituera; elle oubliera que ce fantôme habite dans cette maison, et ce récit ne produira pas plus d'impression sur elle que tous les détails de sorcellerie que l'on voit dans les romans. Voilà, mon cher ami, ce que je vous demande. »

A ces mots, le baron me quitta. Je restai confondu; j'étais réduit au rôle d'un enfant sans importance. Moi qui croyais avoir éveillé la jalousie dans son cœur, il m'envoyait lui-même près de Séraphine; il ne voyait en moi qu'un instrument sans volonté, qu'il pouvait employer ou rejeter à son gré.

Quelques minutes auparavant, je craignais le baron; j'avais au fond de l'âme le sentiment de ma faute; mais cette faute me donnait une idée plus élevée, plus palpitante de la vie. A présent tout retombait dans l'ombre, et je me regardais comme un enfant qui, dans un de ses caprices, a mis sur sa tête ardente une couronne de papier, et l'a prise pour une couronne d'or.

Je retournai auprès de mon oncle, qui m'attendait.

« Eh bien, neveu, me dit-il, où es-tu donc resté si longtemps?

— J'ai causé avec le baron, répondis-je à voix basse au vieillard, sans oser le regarder.

— Diable! je le pensais; et le baron t'a sans doute appelé en duel? »

L'éclat de rire qui suivit ces paroles me prouva que mon oncle avait, cette fois comme toujours, pénétré ma pensée. Je me mordis les lèvres et n'ajoutai aucun mot; car je savais que tout ce que je dirais ne pourrait que m'attirer le déluge de plaisanteries que je voyais errer dans le regard de mon oncle.

CHAPITRE XII.

La baronne se montra, à l'heure du dîner, en frais déshabillé plus blanc que la neige : elle paraissait fatiguée, abattue; mais, lorsqu'elle leva la tête et fit entendre sa voix mélodieuse, ses regards exprimaient une sorte de désir ardent, et une légère rougeur colora sa pâle figure. Elle était plus belle que jamais.

Qui pourrait dépeindre la folie d'un jeune homme qui a la tête et le cœur trop chauds? Je reportai sur la baronne l'amer mécontentement que son mari m'avait fait éprouver. Tout ce qui venait de se passer me parut une honteuse mystification. Je voulus montrer que j'avais conservé l'empire de moi-même, et que je pouvais user d'une grande perspicacité. Comme un enfant boudeur, j'évitai la baronne, j'échappai aux poursuites d'Adélaïde, et je me trouvai assis à l'extrémité de la table, entre deux officiers, avec lesquels je fis d'amples libations. Au dessert, nous fîmes un si bon usage de nos verres, que je devins, contre mon habitude, très-gai et très-bruyant. Un domestique m'apporta une assiette sur laquelle se trouvaient des dragées, et me dit : « De la part de mademoiselle Adélaïde. » Je les pris, et je remarquai ces mots tracés au crayon sur une des dragées : « Et Séraphine? » Mon sang bouillonna dans mes veines; je regardai Adélaïde, qui m'observait d'un air malin, et qui saisit son verre en me faisant un léger signe de tête. Involontairement je murmurai : « Séraphine! » et je vidai mon verre d'un seul trait. Mes yeux se tournèrent vers elle; je m'aperçus qu'elle replaçait au même moment sa coupe vide à côté d'elle; ses regards rencontrèrent les miens, et une voix diabolique me murmura à l'oreille :

« Malheureux ! elle t'aime pourtant. »

Un des convives se leva, et porta, selon l'usage du Nord, la santé de la maîtresse de maison. Les verres furent choqués avec des acclamations de joie.

Le ravissement et le désespoir brisaient mon cœur. Le vin enflammait mes sens ; tout vacillait autour de moi ; il me semblait que je devais me précipiter devant elle, et exhaler ma vie à ses pieds.

« Qu'avez-vous donc, mon cher ami ? » me dit un de mes voisins. Cette question me rappela à moi ; mais Séraphine avait disparu.

Je voulais m'éloigner. Adélaïde était là, qui me retint et me dit je ne sais quoi. Je ne comprenais aucune parole : elle me prit par les deux mains, et me glissa en riant quelques mots à l'oreille. Je restai stupéfait, immobile et silencieux. Je ne sais comment il se fit que je reçus machinalement des mains d'Adélaïde un verre de liqueur, que je me précipitai hors de la salle, et que je courus dans la forêt. La neige tombait à gros flocons ; l'orage mugissait entre les sapins ; j'errais comme un insensé en poussant des cris sauvages.

Qui sait combien de temps aurait duré mon extravagance, si je n'avais entendu prononcer à haute voix mon nom. L'orage avait cessé ; la lune brillait entre les nuages ; j'entendis les chiens aboyer ; je vis un homme qui s'avançait vers moi : c'était le vieux chasseur.

« Ah ! monsieur Théodore, me dit-il, pourquoi vous êtes-vous ainsi égaré dans la neige ? M. le justicier vous attend avec impatience. »

Je suivis le vieux domestique, et trouvai mon oncle qui travaillait dans la salle d'audience.

« Tu as bien fait, me dit-il, de prendre un peu l'air pour te rafraîchir. Une autre fois, ne bois pas tant ; à ton âge, cela ne vaut rien. »

Je m'assis, sans répondre un mot, à sa table de travail.

« Mais dis-moi, cher neveu, ce que le baron voulait de toi. »

Je lui racontai tout mon entretien, et je terminai en ajoutant que je ne voulais pas me charger de la tâche qu'il m'avait imposée.

« Sois tranquille, me répondit-il, nous partons demain de bonne heure. » Nous partîmes en effet, et je ne revis plus Séraphine. »

CHAPITRE XIII.

A peine étions-nous arrivés dans la demeure de mon oncle, qu'il se plaignit plus vivement que jamais des souffrances de ce voyage. Son silence pénible, interrompu par des accès violents de mauvaise humeur, m'annonça le retour de ses attaques de goutte. Un jour, je fus appelé en toute hâte auprès de lui. Je le trouvai frappé d'un coup de sang, étendu, immobile sur son lit, et tenant une lettre entre ses mains fermées par la convulsion. Je reconnus l'écriture de l'inspecteur du domaine de Her...; mais, dans ma profonde douleur, je n'osais lui enlever cette lettre. Il me semblait qu'il allait bientôt mourir. Cependant, avant l'arrivée du médecin, les pulsations des artères reprirent leur cours. La nature énergique du vieillard résista à cette attaque mortelle; le même jour, le médecin le déclara hors de danger. L'hiver était, cette année-là, très-rude; il fut suivi d'un printemps froid et insalubre; et la goutte, aggravée par l'influence du climat, retint longtemps mon oncle sur son lit. Il résolut alors de se retirer des affaires; il abandonna ses fonctions, et je perdis ainsi tout espoir de retourner jamais au château de Her....

Mon oncle ne voulait être soigné que par moi; c'était moi seul qui pouvais le soulager et l'égayer. Lorsque sa gaieté reparaissait dans ses moments de calme, il reprenait ses habitudes de plaisanterie, racontait des histoires de chasseurs, et je m'attendais à chaque instant à l'entendre rappeler mes hauts faits et ma lutte avec le loup; mais jamais il ne fit mention de notre séjour à Her...., et un sentiment de réserve facile à concevoir m'empêchait d'éveiller son attention sur ce sujet.

Mes sollicitudes pénibles, les soins que je donnais à mon oncle, avaient éloigné de moi l'image de Séraphine. Lorsqu'il se trouva mieux portant, je me remis à songer plus vivement à l'appartement de la baronne, à cette soirée qui m'apparaissait comme une étoile brillante et ineffaçable. Un incident imprévu vint tout à coup donner une nouvelle impulsion aux souvenirs et au sentiment d'effroi que j'avais rapportés de la demeure du baron. Un soir, en ouvrant le portefeuille dont je m'étais servi au château de Her..., je trouvai dans une feuille de papier une boucle de cheveux noirs liés avec un ruban blanc : c'étaient des cheveux de Séraphine. En examinant de plus près le ruban, j'y vis une goutte de sang : c'était peut-être Adélaïde qui, la veille de notre séparation, dans le moment de mon égarement, m'avait laissé ce souvenir. Mais pourquoi cette goutte de sang qui était pour moi comme un affreux présage? C'était ce même ruban qui flottait sur mon épaule la première fois que j'entrai dans la chambre de Séraphine.

Les orages du printemps avaient enfin cessé, l'été rayonnait, les ardeurs du mois de juillet succédaient à un froid insupportable; mon oncle reprenait ses forces à vue d'œil, et s'en alla, comme de coutume, s'établir dans une maison qu'il possédait à la porte de la ville. Par une belle et paisible soirée, nous étions assis ensemble sous un bosquet de jasmin; mon oncle était d'une gaieté extraordinaire, sans sarcasmes, et disposé à une sorte d'attendrissement.

« Neveu, me dit-il, j'éprouve aujourd'hui un bien-être singulier que je n'ai pas connu depuis longtemps; une espèce de chaleur électrique me pénètre. Je pense que c'est le présage d'une mort prochaine. »

Je m'efforçai de le détourner de ces sombres pensées.

« C'est bien, me dit-il, je n'ai pas longtemps à rester ici-bas, et je veux m'acquitter d'une dette contractée envers toi. Penses-tu encore à notre séjour à Her...? »

Cette question traversa mon esprit comme un éclair. Avant que je lui eusse répondu, il continua :

« Le ciel a voulu que tu te trouvasses, d'une bizarre façon et malgré toi, associé aux plus profonds secrets de cette demeure ; maintenant il est temps que tu saches tout. Je t'ai souvent parlé de différentes choses dont tu n'avais que le pressentiment, et que tu ne pouvais comprendre. La nature a, dit-on, tracé dans le cours des saisons l'image symbolique de la vie humaine ; mais je diffère en cela de l'opinion générale. Les nuages du printemps tombent, les brumes de l'été se dissipent, et c'est la pure lumière de l'automne qui nous montre les paysages lointains au moment où ils vont être enveloppés dans les ténèbres de l'hiver. Je pense que c'est à la clarté de l'âge qu'on distingue le mieux l'action d'une puissance impénétrable. On jette alors un regard vers la terre promise, où le voyage commence avec la mort. Je distingue à présent la sombre destinée de cette maison, à laquelle j'ai été enchaîné par des liens plus forts que ceux de la parenté. Tout se montre clairement à mon esprit mais ce que je vois, je ne puis le reproduire dans mes paroles, et nulle langue humaine ne pourrait le dire. Écoute donc, mon fils, tout ce qu'il m'est possible de raconter, et garde dans ton âme la persuasion que les événements auxquels tu as été mêlé pouvaient te perdre..... Enfin, c'est passé. »

Le récit que mon oncle me fit s'imprima tellement dans ma mémoire, que je puis le répéter mot pour mot.

Dans ce récit, il parlait de lui à la troisième personne.

CHAPITRE XIV.

« Dans une orageuse nuit d'automne de l'année 1760, un fracas subit réveilla tous les habitants de Her... ; on eût dit que le château s'écroulait en entier sur ses fondements. En une minute tout le monde fut sur pied ; on alluma des flambeaux ; le concierge, pâle, épouvanté, accourut avec ses clefs, et chacun fut bien surpris lorsqu'en traversant les corridors, les salles, les appartements, on n'aperçut aucune trace de désordre. Un sombre pressentiment s'empara du vieil intendant. Il monta dans la salle des chevaliers, près de laquelle était le cabinet où le baron Rodrigue avait coutume de se reposer lorsqu'il entreprenait ses observations astronomiques ; on arrivait par ce cabinet à la tour qui servait d'observatoire. Au moment où Daniel (c'était le nom de l'intendant) ouvrait la porte, l'orage lança contre lui des décombres, des pierres détachées de la muraille. Il laissa tomber avec effroi son flambeau, que le vent venait d'éteindre, et s'écria : « Dieu du ciel ! le baron est mort d'une mort misérable. »

« Au même instant, des cris de douleur se firent entendre dans la chambre à coucher du baron. Daniel trouva les autres serviteurs réunis autour du cadavre de leur maître. Il était assis dans son magnifique fauteuil, vêtu avec plus d'élégance que jamais, le visage calme et sérieux, comme s'il s'était mis là pour se reposer de son travail ; mais son repos, c'était la mort. Lorsque le jour revint, on s'aperçut que le dôme de la tour s'était écroulé. Les lourdes pierres de taille qui en formaient la voûte avaient brisé le plafond et le plancher de l'observatoire, démoli le balcon, pénétré dans une voûte inférieure, et entraîné une partie des murs extérieurs et du corridor. On ne pouvait faire un pas hors de la salle sans courir risque de faire une chute de quatre-vingts pieds de haut.

« Le vieux baron avait prévu l'heure de sa mort, et en avait instruit ses enfants. Le lendemain, Wolfgang, son fils aîné, héritier du majorat, arriva au château. D'après les ordres de son père, il avait quitté Vienne au moment même, et était accouru en toute hâte à Her...

« L'intendant avait fait tendre de noir la grande salle, et exposer sur un lit de parade le baron, tel qu'on l'avait trouvé sur son fauteuil ; de grands flambeaux d'argent étaient placés autour de lui. Wolfgang monta l'escalier en silence, entra dans la salle, et s'approcha tout près du corps de son père. Là, il resta les bras croisés sur sa poitrine, et contempla, d'un regard sombre et les sourcils froncés, la pâle figure du mort ; il ressemblait à une statue ; pas une larme ne s'échappait de ses yeux. Enfin il étendit, par une sorte de mouvement convulsif, le bras droit vers le cadavre, et murmura d'une voix sourde : « Les astres te forçaient-ils donc à rendre malheureux le fils que tu aimais ? Pauvre vieillard, insensé ! ajouta-t-il en levant les yeux au ciel, le temps de tes folles illusions est maintenant passé ; tu peux maintenant reconnaître qu'il n'y a rien de commun entre les choses de ce monde et le domaine des étoiles. Quelle volonté, quelle force s'étend au delà du tombeau ? »

« Il se tut quelques instants, puis reprit avec plus de violence : « Non, ton entêtement ne m'enlèvera pas une parcelle de ma fortune terrestre, que tu voulais anéantir ; » et tirant de sa poche un papier plié, il le tint de ses deux doigts au-dessus d'un des cierges allumés près du cadavre ; le papier noircit et prit feu. Lorsque la flamme qu'il projetait se répandit sur la figure du mort, on eût dit que ses muscles se contractaient et que ses lèvres murmuraient des sons inintelligibles. Tous les domestiques en furent épouvantés. Le baron continua paisiblement sa tâche, et broya avec soin à ses pieds les plus petits morceaux du papier brûlé qui tombaient sur le parquet ; puis, jetant encore un regard sombre sur son père, il sortit de la salle à pas précipités. »

CHAPITRE XV.

« Le lendemain, Daniel raconta au baron comment la tour s'était écroulée, et tout ce qui était arrivé dans la nuit fatale où le vieux seigneur était mort. Il termina en disant qu'il serait prudent de rétablir cette tour, qui pouvait, par un nouvel écroulement, ébranler, ou du moins endommager le château.

« Rétablir la tour ! s'écria le baron en lançant au vieux serviteur un regard courroucé ; non, jamais. N'as-tu pas vu que la tour ne pouvait s'écrouler par un accident ordimaire? Mon père voulait anéantir le lieu où il se livrait à ses observations astrologiques; il avait tout disposé pour que le faîte de la tour tombât dès qu'il le désirerait. D'ailleurs, que m'importe de quelle façon cette tour s'est écroulée? que m'importe que le château tombe en entier? Penses-tu que je veuille habiter cet affreux nid de hiboux? Non; mon sage aïeul, qui a posé dans la riante vallée les fondements d'un nouveau château, m'a montré l'exemple, je le suivrai.

« — De cette façon, dit Daniel à demi-voix, les vieux et fidèles serviteurs n'auront qu'à prendre leur bâton de voyage.

« — Il va sans dire, répliqua le baron, que je ne veux point être servi par des vieillards impotents; mais je ne chasserai personne; le pain que je vous accorderai vous plaira assez, j'espère, si vous le gagnez sans travail.

« — Me mettre hors de service, moi, l'intendant du château! » dit le vieillard avec douleur.

« Le baron, qui lui avait tourné le dos, et qui se disposait à quitter la salle, se retourna tout à coup, le visage enflammé de colère, et, s'avançant sur lui le poing fermé, il lui dit d'une voix terrible : « Toi, vieux coquin, hypocrite, toi qui as aidé mon père dans ses funestes penchants, toi qui reposais comme un vampire sur son cœur, qui abusais de la folie du vieillard pour le pousser à des pratiques infernales qui m'ont entraîné au bord de l'abîme, je devrais te chasser comme un chien galeux! »

« A ces affreuses paroles, le vieillard épouvanté tomba à genoux devant le baron; et celui-ci, obéissant peut-être machinalement à un mouvement imprimé par la colère, leva le pied, et en frappa si fort le vieux serviteur à la poitrine, que celui-ci roula sur le parquet en jetant un cri sourd. Il se releva avec peine, et poussa un lourd gémissement en lançant au baron un regard enflammé par la rage et le désespoir; puis il s'éloigna sans toucher à une bourse d'argent que le baron venait de lui jeter.

« Cependant les parents de la famille qui se trouvaient

dans le pays se rassemblèrent au château. Le vieux seigneur fut enseveli avec pompe dans le caveau de l'église de Her... Après la cérémonie, le jeune seigneur se montra fort réjoui de son héritage ; il vérifia scrupuleusement les comptes et les revenus du domaine avec le justicier, qu'il confirma dans son emploi, et auquel il accorda toute sa confiance ; il calcula avec lui les moyens de reconstruire un nouveau château. Le justicier V... était persuadé que le vieux baron n'avait pu dépenser tous ses revenus ; et comme on ne trouvait dans son coffre et son portefeuille que quelques milliers d'écus, il pensait qu'il devait y avoir de l'argent caché dans quelque partie du château.

« Personne ne pouvait mieux le savoir que Daniel, qui, dans son opiniâtreté, attendait sans doute qu'on l'interrogeât. Le baron craignait que Daniel, qu'il avait si grièvement offensé, ne voulût rien découvrir, plutôt par esprit de vengeance que par cupidité ; car le vieillard était sans enfants, il ne songeait qu'à finir ses jours au château ; et à quoi aurait-il pu employer une somme considérable ? Le baron raconta à V... ce qui s'était passé entre lui et Daniel, et lui dit qu'il avait été porté à cet acte de violence parce qu'il croyait, d'après plusieurs renseignements, être en droit d'admettre que Daniel avait entretenu dans la pensée du vieux baron une aversion inexplicable pour ses enfants. Le justicier déclara que ces renseignements étaient complètement erronés, que nul être au monde n'aurait jamais pu régir l'esprit du baron, et s'offrit à demander à Daniel s'il ne connaissait point de trésor caché dans le château.

« L'entreprise ne fut pas difficile, car dès que le justicier lui eut dit : « Daniel, d'où vient que le seigneur a laissé peu d'argent comptant ? » Daniel répondit avec un sourire forcé : « Monsieur le justicier veut sans doute parler des écus que l'on a trouvés dans la cassette : le reste est sous une voûte, près de la chambre à coucher du vieux seigneur ; mais la meilleure part est enterrée dans les décombres. Il y a là des milliers de pièces d'or. »

« Le justicier appela aussitôt le baron. On entra dans la chambre à coucher ; Daniel posa la main sur un des panneaux de la muraille et découvrit une serrure. Tandis que le baron contemplait cette serrure d'un regard avide, et essayait d'y faire entrer l'une après l'autre les clefs qu'il tirait de sa poche, Daniel le regardait debout d'un air de supériorité et d'ironie ; puis il lui dit d'une voix tremblante : « Monseigneur, si je suis un chien, j'ai aussi la fidélité d'un chien. » Alors il présenta au baron une clef d'acier, que celui-ci prit avec vivacité, et avec laquelle il ouvrit facilement la serrure. On pénétra sous une petite voûte où se trouvait un grand coffre ouvert : sur des sacs empilés on aperçut un billet écrit de la main du baron. Il contenait ces mots :

« Cent cinquante mille écus impériaux en vieux frédérics d'or, épargnés sur les revenus du majorat d'Her..., pour être employés à la construction du château. Mon héritier fera bâtir, à la place de la tour qu'il trouvera écroulée, un fanal, et y fera entretenir un feu chaque nuit pour guider les navigateurs.

« Her..., dans la nuit de Saint-Michel de l'année 1760.

« RODRIGUE, Baron DE HER... »

« Après avoir soulevé les sacs et les avoir laissés retomber dans le coffre, en prêtant joyeusement l'oreille au son de l'or, le baron se retourna vers le vieil intendant, le remercia de sa fidélité et lui dit que des rapports calomnieux avaient été la seule cause de l'injustice commise envers lui. Il ajouta qu'il lui conservait sa place d'intendant avec un double traitement. « Je te dois une réparation, continua-t-il ; si tu veux de l'or, prends un de ces sacs. »

« Le baron prononça ces mots les yeux baissés, en indiquant du doigt au vieillard le coffre, où il jetait lui-même encore un regard de cupidité.

« Le visage de l'intendant se couvrit d'une rougeur subite ; il poussa un gémissement pareil à celui que fait entendre un animal blessé. Le justicier le regarda avec terreur; car il lui semblait que le vieux serviteur murmurait entre ses dents : « Du sang pour de l'or! »

« Le baron, plongé dans la contemplation de ses écus, n'avait point remarqué l'émotion de Daniel, qui, s'avançant enfin la tête courbée, baisa humblement la main de son maître et lui dit d'une voix larmoyante : « Hélas! mon noble seigneur, que ferais-je de cet or, moi, pauvre vieillard sans enfants? Mais j'accepte avec joie le double traitement que vous m'offrez, et je continuerai à remplir mes fonctions avec zèle et loyauté. »

« Le baron, qui avait peu fait attention à ces paroles, laissa retomber le couvercle du coffre, et dit, en tirant la clef de la serrure et la remettant avec soin dans sa poche : « C'est bien! c'est bien! vieux. Mais n'as-tu pas encore parlé de plusieurs milliers d'écus qui devaient se trouver enfouis sous les décombres de la tour? »

« Le vieillard s'approcha en silence de la porte et l'ouvrit avec peine. Mais, au moment où les battants tournèrent sur leurs gonds, un coup de vent chassa dans la salle des tourbillons de neige; un corbeau s'élança en croassant vers la fenêtre, frappa les vitres de ses ailes noires, et plongea dans le précipice.

« Le baron s'avança au bord de l'ouverture; mais à peine eut-il jeté un regard dans le gouffre, qu'il recula avec effroi : « Horrible aspect! s'écria-t-il. La tête me tourne. » Et il tomba presque évanoui dans les bras du justicier. Puis, se relevant et se tournant vers le vieux Daniel : « Là-bas? là-bas? » lui demanda-t-il.

« Daniel avait déjà refermé la porte. Il la poussa de toutes ses forces, et tira avec peine les clefs qu'il ne pouvait détacher des serrures rouillées. Lorsque ce travail fut achevé, il se retourna vers le baron et lui répondit avec un sourire étrange : « Oui, là-bas, il y a des milliers et des milliers d'écus... Tous les beaux instruments de mon défunt maître, télescopes, quarts de cercle, globes, mi-

18.

roirs nocturnes, tout est là enseveli dans les décombres, entre les pierres et les poutres.

« — Mais l'argent ! l'argent ! Tu as parlé, vieillard, de sommes considérables.

« — Je voulais parler des objets qui ont coûté des milliers de pièces d'or. »

« On ne put tirer de lui aucun autre renseignement. »

CHAPITRE XVI.

« Le baron parut très-réjoui de posséder ainsi les moyens de réaliser son projet favori, c'est-à-dire de faire élever sur un large plan un nouveau château. Le justicier pensait, il est vrai, que, d'après les intentions du défunt, il ne pouvait être question que de réparer en entier le vieux château. Et, en effet, il était difficile de donner à une nouvelle construction la noble grandeur, le caractère simple et imposant de l'ancienne demeure de la famille. Mais le baron n'en persévéra pas moins dans ses idées, et il dit que son devoir était d'embellir autant que possible le séjour de Her..., car il songeait à y amener bientôt une jeune femme, pour laquelle il ne pouvait faire de trop grands sacrifices.

« La discrétion avec laquelle le jeune seigneur parla de son mariage ne permit pas au justicier de faire de nouvelles questions. Du reste, il se complut à voir dans les intentions du baron plutôt un désir de rendre agréable cette contrée à une personne aimée, qu'un penchant trop vif pour les prodigalités de la fortune. Cependant le baron manifestait un singulier amour pour l'or ; il contemplait avec ardeur le coffre plein d'écus, et murmurait d'un ton chagrin : « Le vieux coquin nous a certainement caché notre plus beau trésor ; mais, au printemps prochain, je ferai moi-même fouiller les décombres de la tour. »

« Les architectes arrivèrent, le jeune seigneur eut avec eux de longues conférences ; il rejeta maint plan ; aucun genre d'architecture ne lui semblait assez splendide ni assez grandiose. Il se mit à tracer lui-même un modèle, et ce travail, qui lui présentait sans cesse l'image du plus riant avenir, lui donna une gaieté qu'il communiqua à tous ceux qui l'entouraient. Sa générosité, son faste, éloignèrent de lui tout soupçon d'avarice ; Daniel lui-même parut oublier l'injure qu'il avait soufferte : il se montra humble et soumis envers le baron, qui le regardait souvent d'un air de méfiance. Mais ce qui parut singulier, ce fut de voir le vieillard reprendre de jour en jour une apparence de jeunesse. Peut-être que le temps lui faisait oublier la profonde douleur qu'il avait ressentie à la mort subite de son maître ; peut-être aussi qu'étant affranchi de l'obligation de veiller pendant de longues nuits froides dans la tour, et libre de boire du vin meilleur, il reprenait par là de nouvelles forces. Quoi qu'il en soit, à la place du vieillard débile, on vit bientôt apparaître un homme robuste, au visage rose, aux membres musculeux, qui riait et plaisantait.

« La joyeuse vie que l'on passait à Her... fut tout à coup troublée par l'arrivée d'un personnage qui devait cependant y appartenir : c'était Hubert, le frère cadet du jeune seigneur. En le voyant, Wolfgang, le visage pâle, s'écria « Malheureux ! que viens-tu faire ici ? »

« Hubert se jeta dans ses bras. Le baron l'entraîna dans une chambre écartée, où il s'enferma avec lui. Les deux frères restèrent plusieurs heures ensemble ; puis Hubert descendit avec une figure décomposée, et demanda ses chevaux.

« Le justicier s'avança vers lui avec le douloureux pressentiment qu'une haine mortelle allait séparer les deux frères, et le conjura de retarder quelques instants son départ. Au même moment, le baron accourut en s'écriant : « Reste ici, Hubert, tu réfléchiras. »

« Le visage du jeune frère s'éclaircit ; et, en jetant sa pelisse à un valet, il prit la main de V..., et lui dit avec un sourire ironique : « Le seigneur du majorat veut donc bien tolérer ma présence dans cette demeure ? »

« V... pensa que c'en était fait d'une malheureuse mésintelligence qu'une séparation n'aurait pu qu'accroître.

« Hubert prit les pincettes de la cheminée, et, en attisant le feu, dit au justicier : « Vous voyez, mon ami, que je suis un bon garçon, très-apte à toute sorte d'affaires de ménage; mais Wolfgang a les préjugés les plus étranges, et, de plus, c'est un avare. » V... n'osa point entrer plus avant dans les discussions des deux frères, et Wolfgang trahissait par l'expression de sa physionomie, par son ton de voix et ses manières, une violente agitation.

« Le soir, le justicier monta chez le baron pour s'entretenir avec lui de différentes choses relatives au majorat. Il le trouva errant à grands pas dans sa chambre, avec toutes les apparences d'une vive émotion. En apercevant l'avocat, le jeune seigneur s'arrêta, lui prit les deux mains, et, le regardant fixement, lui dit d'une voix tremblante : « Mon frère est arrivé; » et comme le justicier faisait mine de répondre : « Je prévois bien, ajouta-t-il, la question que vous allez me faire. Hélas! vous ne savez rien; vous ne savez pas que mon malheureux frère, oui, je puis l'appeler malheureux, est placé partout sur mon chemin, comme un mauvais esprit, pour détruire mon repos. Il n'a pas dépendu de lui que je fusse le plus misérable des hommes; mais le ciel ne l'a pas voulu. Depuis l'institution du majorat, il me poursuit d'une haine mortelle; il m'envie cette propriété, qui, dans ses mains, s'envolerait comme un brin de paille : c'est le dissipateur le plus insensé qui existe; ses dettes excèdent plus de la moitié des biens qu'il possède en Courlande. Poursuivi par ses créanciers, il accourt ici et demande de l'argent.

« — Et vous, son frère, vous lui en refusez? » dit le justicier.

« Le baron l'interrompit : « Arrêtez! s'écria-t-il; oui, je lui en refuse; je ne peux pas détourner un écu du majorat. Mais apprenez la proposition que j'ai faite, il y a quelques heures, à cet insensé, et jugez. Le patrimoine de Courlande est, comme vous savez, important. J'ai droit d'en prendre la moitié ; je veux bien y renoncer, mais en faveur de sa famille. Hubert a épousé une charmante et noble jeune fille pauvre ; elle lui a donné des enfants, et languit avec eux. Ces biens devraient être administrés, et les revenus employés à apaiser les créanciers ; mais que lui importe une vie paisible et exempte d'inquiétudes, que lui importent sa femme et ses enfants ? C'est de l'argent qu'il veut, c'est une somme considérable pour se livrer à ses folies. Quel démon lui a révélé le secret des cent cinquante mille écus ? Il en réclame la moitié, et prétend que ce trésor doit être considéré comme une propriété indépendante du majorat. Je veux, je dois lui refuser ce partage ; mais j'ai le pressentiment qu'il médite ma ruine. »

« V... s'efforça, par toute sorte de raisons morales et de principes généraux, de détruire ces soupçons dans l'esprit de son jeune maître, et ne put y parvenir. Le baron le chargea de négocier avec Hubert. V... remplit cette tâche avec autant de précaution que possible, et ne fut pas peu réjoui lorsque le jeune frère finit par lui dire : « Eh bien, j'accepte les offres du seigneur du majorat, mais à la condition qu'il me donne à l'instant même mille frédérics d'or, pour sauver l'honneur de mon nom des rigoureuses poursuites de mes créanciers, et qu'il me permette de m'établir pendant quelque temps dans cette riante demeure.

« — Jamais ! s'écria le baron, lorsque V... lui rapporta ces paroles, jamais je ne souffrirai que mon frère reste dans ce château dès que j'y aurai amené ma femme. Allez, mon ami, et dites à ce perturbateur de mon repos que je lui fais présent de deux mille frédérics d'or, pourvu qu'il parte à l'instant. »

« Le justicier apprit alors que le baron s'était marié à l'insu de son père, et que ce mariage avait mis la désunion entre les deux frères.

« Hubert écouta avec fierté la proposition du justicier, et lui dit d'une voix sombre : « Je verrai. En attendant, je resterai encore ici quelques jours. »

« V... essaya de lui démontrer que le baron, en renonçant à la moitié de son patrimoine, faisait tout ce qui était en son pouvoir pour le dédommager convenablement de l'inégalité de partage produite par l'institution du majorat, qui favorise l'aîné d'une famille au détriment de ses frères.

« Hubert déboutonna vivement, comme pour respirer plus à son aise, son pourpoint du haut en bas, et s'écria en faisant une pirouette : « Bah! le détriment est l'enfant de la haine. » Puis il ajouta en poussant un éclat de rire : « Le seigneur du majorat est pourtant bien magnanime en jetant quelques pièces d'or à un pauvre mendiant. »

« V... vit bien que toute réconciliation entre les deux frères était impossible. »

CHAPITRE XVII.

« Hubert s'installa dans l'appartement qui lui avait été assigné, et parut vouloir y séjourner longtemps, au grand déplaisir de son frère aîné. On remarqua qu'il avait de longs et fréquents entretiens avec Daniel, et qu'il l'emmenait avec lui à la chasse. Du reste, il se montrait peu, et évitait de se trouver seul avec son frère, ce qui convenait fort à ce dernier. V... sentait tout ce qu'il y avait de pénible dans cette situation ; il était forcé de s'avouer à lui-même que les façons singulières et le langage d'Hubert troublaient toute idée de joie, et il comprit alors l'effroi que le baron éprouvait chaque fois qu'il voyait entrer son frère.

« Un jour, V... était assis dans la salle d'audience et occupé à revoir différents actes, lorsque Hubert entra plus grave, plus réfléchi que de coutume, et lui dit avec un accent de tristesse : « J'accepte les dernières propositions de mon frère ; faites que je reçoive aujourd'hui même les deux mille frédérics d'or ; je veux partir cette nuit, seul, à cheval.

« — Avec cette somme ? demanda le justicier.

« — Vous avez raison, répondit Hubert, je vois ce que

vous voulez dire ; donnez-moi une lettre de change sur Isaac Lazare, à K...; cette nuit même je pars. Les mauvais esprits ont été ici lancés par le vieux.

« — Voulez-vous parler de votre père, monsieur le baron? dit le justicier d'une voix sérieuse. »

« Hubert frissonna et s'appuya sur une chaise, puis tout à coup reprenant sa fermeté : « Aujourd'hui donc, monsieur le justicier; » et en disant ces mots il s'éloigna. « Il voit donc maintenant, dit le baron, que toute illusion est inutile, qu'il ne peut rien contre ma ferme volonté ! » et il signa gaiement la traite sur Isaac Lazare.

« Le départ de son frère parut le délivrer d'un lourd fardeau ; il se montra au souper plus gai qu'on ne l'avait jamais vu. Hubert avait refusé d'y venir : personne ne le regrettait.

« Le justicier occupait une chambre écartée dont les fenêtres s'ouvraient sur la cour du château. Pendant la nuit, il fut tout à coup réveillé par des gémissements lointains ; mais il écouta en vain, tout semblait plongé dans un profond silence, et il pensa qu'il avait été le jouet d'un rêve. Cependant un sentiment d'anxiété et de terreur le dominait tellement, qu'il ne put rester dans son lit ; il se leva et s'approcha de la fenêtre. Un instant après, la porte du château s'ouvrit, et un homme portant un flambeau à la main traversa la cour. V... reconnut le vieux Daniel, et il le vit entrer dans l'écurie et en sortir avec un cheval sellé. Un autre personnage, enveloppé dans une large pelisse et la tête couverte d'un bonnet de renard, apparut alors : c'était Hubert ; il causa vivement avec Daniel, puis se retira. Daniel reconduisit le cheval dans l'écurie et referma la porte de la cour. Il était évident qu'Hubert avait voulu partir, puis avait pris une autre détermination ; il était évident aussi qu'il entretenait des relations secrètes avec le vieil intendant. V... attendit impatiemment le jour pour raconter au baron tout ce dont il avait été témoin ; il s'agissait de se mettre en garde contre les projets d'Hubert, que l'avocat jugeait sévèrement. »

CHAPITRE XVIII.

« Le lendemain, à l'heure où le baron avait coutume de se lever, V... entendit le bruit de différentes portes que l'on ouvrait et refermait, et des paroles confuses et des cris. Il sortit en toute hâte de sa chambre, et rencontra des domestiques qui, courant, le visage pâle, sans le regarder, du haut en bas des escaliers, traversaient toutes les salles ; il apprit qu'on cherchait en vain le baron depuis plusieurs heures. Il s'était couché en présence de son chasseur, puis il s'était relevé et était sorti avec ses pantoufles, sa robe de chambre et un flambeau, car on ne retrouvait pas ces objets. V..., tourmenté par un funeste pressentiment, courut dans la grande salle, près de laquelle Wolfgang avait, de même que son père, établi sa chambre à coucher. La porte de la tour était ouverte, et V... s'écria avec terreur : « Il est là ! écrasé au fond du gouffre ! » Cela était vrai : la neige était tombée pendant la nuit, et on ne pouvait apercevoir qu'un bras roidi qui s'élevait au milieu des pierres. Les gens de la maison employèrent, au péril de leur vie, plusieurs heures à descendre par des échelles liées l'une à l'autre, et à retirer le cadavre. Dans les convulsions de la mort, le baron avait serré fortement le candélabre, et la main qui le tenait était la seule partie de son corps qui n'eût pas été fracassée sur les pierres aiguës.

« Hubert arriva, le visage décomposé par une sorte de désespoir. Il trouva le corps de son frère étendu sur une table dans la salle même où, quelques semaines auparavant, gisait le vieux baron. Accablé par cet affreux spectacle, il s'écria : « Mon frère ! mon pauvre frère ! Non, ce n'est pas là ce que je demandais au démon qui planait sur moi. »

« V... tressaillit à ces paroles. Il crut voir dans Hubert le meurtrier du jeune seigneur.

« Hubert était tombé sans mouvement sur le parquet. On l'emporta dans son lit, et il reprit péniblement ses forces.

Quelques instants après, il entra, la figure pâle, les regards éteints, dans la chambre du justicier, et lui dit, en se laissant aller sur un fauteuil : « J'ai désiré la mort de mon frère, parce que mon père lui avait, par une folle institution, livré la meilleure part de son héritage. Maintenant il a succombé d'une façon terrible, me voilà le maître du majorat ; mais mon cœur est brisé, et je ne serai jamais heureux. Je vous continue dans votre emploi, et vous aurez de pleins pouvoirs pour administrer cette propriété, où il m'est impossible de séjourner. »

« A ces mots, il quitta le justicier, et quelques heures après il était en route pour K...

« On crut que le malheureux Wolfgang avait voulu entrer pendant la nuit dans un autre cabinet où se trouvait une bibliothèque ; que, sommeillant encore à demi, s'était trompé de porte et précipité dans le gouffre ; mais cette opinion était peu vraisemblable.

« Hélas ! dit François, en entendant ainsi expliquer la mort du baron devant les autres domestiques, les choses ne se sont point passées de la sorte.

« — Comment donc ? » demanda le justicier.

« François, qui était si dévoué à son maître qu'il aurait pu le suivre dans le tombeau, ne voulut point s'expliquer plus au long en présence des gens, et déclara qu'il ne confierait ce qu'il savait qu'au justicier.

« V... apprit alors que le baron parlait souvent des précieux trésors qu'il croyait enfouis dans les décombres ; que souvent, poussé comme par la puissance des démons, il ouvrait pendant la nuit la porte dont Daniel lui avait remis la clef, et jetait des regards avides sur les profondeurs du gouffre. Il paraissait certain que, dans cette malheureuse nuit, le baron, après avoir renvoyé son chasseur, s'était de nouveau avancé au bord de la tour, et que, surpris par un étourdissement, il était tombé dans l'abîme. Daniel, qui se montra très-affecté de la mort du baron, dit que, pour prévenir de nouveaux malheurs, il serait prudent de faire murer la porte fatale, et l'on suivit son conseil.

« Hubert alla s'établir en Courlande. V... reçut des pouvoirs illimités pour régir le majorat. La construction du nouveau château fut abandonnée. On se contenta de réparer aussi bien que possible l'ancien. »

CHAPITRE XIX.

« Plusieurs années s'étaient écoulées, lorsque Hubert revint à Her..., et, après s'être enfermé plusieurs jours avec le justicier, repartit pour la Courlande. En passant à K..., il avait déposé son testament entre les mains des autorités du pays. Pendant son séjour à Her..., le baron parut complétement changé et parlait souvent du pressentiment de sa mort prochaine. Ses prévisions se réalisèrent ; il mourut avant la fin de l'année. Son fils, qui portait comme lui le nom d'Hubert, arriva en toute hâte avec sa mère et sa sœur pour prendre possession du majorat. Ce jeune homme semblait réunir en lui tous les défauts de ses ancêtres. Il était orgueilleux, violent, dur et avare. Dès son arrivée au château, il voulut réformer tout ce qui ne lui convenait pas entièrement. Il chassa le cuisinier et voulut battre le cocher, qui, sentant la force de ses poignets, ne se résigna point aux mauvais traitements. Enfin il menaçait d'user sévèrement de ses droits de maître, lorsque V... s'opposa avec fermeté à ses rigueurs, et lui dit que pas une chaise ne serait dérangée dans le château avant l'ouverture du testament.

« Comment ! s'écria l'impatient jeune homme, vous osez vous opposer au maître du majorat ! »

« V... le laissa paisiblement exhaler sa colère, puis lui dit : « Pas tant de précipitation, monsieur le baron. Vous n'avez aucun droit de souveraineté avant l'ouverture du testament. Jusque-là je suis ici le maître de ces lieux, et je repousserai la force par la force. Souvenez-vous qu'en ma qualité d'exécuteur testamentaire de votre père je puis vous interdire le séjour de Her..., et, pour vous éviter des affaires désagréables, je vous engage à vous retirer à K... »

« Le ton sévère et décidé du justicier imposa au baron, qui se résigna à ajourner l'exercice de son pouvoir.

« Trois mois s'étaient écoulés ; le jour vint où, selon la volonté du défunt, le testament déposé à K... devait être ouvert. Après les gens de justice, le baron et V..., on vit arriver un jeune homme d'une figure noble, qui portait un rouleau de papiers et que l'on prit pour le secrétaire de V...

« Le baron le regarda dédaigneusement, et demanda qu'on supprimât toutes les formalités ennuyeuses et les préambules inutiles. Il ne concevait pas qu'il pût être question d'un testament pour l'héritage d'un majorat inaliénable.

« On lui présenta l'écriture et le sceau de son père, qu'il regarda d'un air impatient, et, tandis que le greffier se préparait à lire le testament, l'orgueilleux Hubert, étendu sur son fauteuil, promenait ses yeux de côté et d'autre, et tambourinait sur le tapis vert de la table.

« Après un court exorde, le baron Hubert déclarait qu'il n'avait jamais été possesseur réel du majorat ; qu'il l'avait seulement régi au nom du fils unique de Wolfgang, nommé Rodrigue, comme son père ; que c'était à lui que le château devait appartenir. Wolfgang, disait le testateur, avait, dans le cours de ses voyages, rencontré à Genève mademoiselle Julie de Saint-Val, et s'était épris pour elle d'un si violent amour, qu'il n'avait pu se résoudre à la quitter. Elle était pauvre et d'une famille noble, mais obscure. Il pouvait espérer que le vieux Rodrigue consentît à ce mariage. Cependant il lui écrivit de Paris pour lui faire part de ses désirs. Ce qu'il avait prévu se réalisa. Son père lui déclara qu'il lui avait déjà choisi une femme, et qu'il ne pouvait jamais être question d'une autre. Wolfgang, avec sa nature inflexible, retourna à Genève, sous le nom de Born, et épousa Julie, qui lui donna, un an après, le fils auquel devait revenir le majorat. Hubert, qui savait tout, garda le silence, et se flatta de l'espoir de s'approprier lui-même le majorat par différents motifs dont Wolfgang lui démontra plus tard le peu de solidité.

« Le baron, en écoutant ce récit, parut comme frappé d'un coup de foudre. Quand la lecture fut finie, le justicier prit par la main le jeune étranger, et dit aux assistants : « Messieurs, j'ai l'honneur de vous présenter le jeune baron Rodrigue Her..., seigneur du majorat. »

« Hubert lança un regard étincelant sur le jeune homme, qui semblait tomber du ciel pour lui enlever le riche majorat, la moitié du domaine de Courlande, et, serrant les poings avec colère, s'élança hors de la salle sans prononcer une parole. Rodrigue produisit alors les documents qui devaient le faire reconnaître comme héritier légitime. Il présenta l'extrait des registres de l'église, qui constataient le mariage de son père avec mademoiselle Julie de Saint-Val. Il présenta ensuite son acte de baptême et différentes lettres que sa mère, morte depuis longtemps, avait reçues du baron, et qui n'étaient signées que d'un W...

« Le justicier regarda d'un air inquiet tous ces papiers, et dit, après les avoir parcourus : « Allons, Dieu nous aidera. »

« Le lendemain, Hubert adressa, par l'entremise d'un avocat de ses amis, une protestation aux autorités de K... contre le testament. L'avocat expliquait très en détail toutes les raisons qui devaient frapper de nullité les prétentions du jeune étranger.

« Malgré l'autorité du testament, les tribunaux décidèrent que le majorat ne serait point remis à Rodrigue avant qu'il eût fourni des titres plus complets que ceux qu'il venait de présenter. »

CHAPITRE XX.

« Le justicier avait compulsé toute la correspondance du père de son protégé sans y trouver aucun acte qui déterminât positivement ses relations avec mademoiselle de Saint-Val. Un soir, il était assis très-soucieux dans la chambre à coucher du vieux Rodrigue, et travaillait à rédiger une lettre pour un notaire de Genève, qu'on lui avait recommandé comme un homme très-intelligent, et dont il espérait obtenir d'utiles renseignements. Vers minuit, il entendit quelqu'un monter d'un pas lourd les escaliers avec un trousseau de clefs. Il se leva, s'avança dans la grande salle, et reconnut que quelqu'un approchait. Bientôt la porte s'ouvrit, et un homme en chemise, le visage pâle, apparut, tenant d'une main un flambeau, et de l'autre de grosses clefs : c'était l'intendant. V... se disposait à lui demander ce qu'il venait chercher si tard dans la nuit, lorsqu'il distingua dans les manières, dans la physionomie du vieillard tous les symptômes du somnambulisme. Daniel traversa à pas mesurés la salle, et s'approcha de la porte murée qui autrefois conduisait à la tour. Là, il s'arrêta, poussa un profond soupir qui retentit dans toute la salle et fit frissonner le justicier ; puis, posant son flambeau et ses clefs sur le parquet, il commença à gratter à la muraille avec tant de force, que le sang lui jaillissait des ongles, et, en même temps, il gémissait comme s'il était en proie à une violente torture. Il colla ensuite son oreille contre la muraille pour mieux écouter ; fit signe de la main, comme pour empêcher quelqu'un d'avancer ; puis, reprenant son flambeau, s'éloigna d'un pas léger.

« V... le suivit, tenant également une lumière à la main. Daniel descendit l'escalier, entra dans la cour, se rendit à l'écurie, y prit une selle, une bride, lia fortement sur un cheval une courroie et des étriers, visita le mors, arrangea la crinière, et conduisit le cheval hors de l'écurie en le frappant sur le dos et l'animant par un claquement de langue. Il resta quelques instants dans la cour, comme s'il attendait des ordres auxquels il promettait d'obéir, en faisant un signe de tête. Il reconduisit ensuite le cheval à l'écurie, lui ôta sa selle, et le lia au râtelier. Puis il ferma la porte, retourna au château, et rentra dans sa chambre, dont il tira le verrou.

« V... se sentit vivement ému de cette apparition. Il lui vint l'idée qu'il s'était commis là quelque action atroce, et, tout occupé de la situation de son protégé, il pensa cependant que cet événement pourrait le servir.

« Le lendemain, dès le matin, Daniel entra dans sa chambre pour une affaire domestique; V... le prit par le bras, et, le faisant asseoir familièrement, lui dit : « Écoute-moi, Daniel, il y a longtemps que je veux te demander ce que tu penses des embarras où nous a jetés le testament d'Hubert. Crois-tu que notre jeune homme soit vraiment le fils légitime de Wolfgang? »

« L'intendant, s'agitant sur sa chaise et évitant les regards du justicier, répondit d'un air contraint : « Bah! il se peut que cela soit et que cela ne soit pas. Que m'importe qui sera maître ici?

« — Mais je pense, continua V... en se rapprochant de Daniel, que toi, qui étais le confident du vieux baron, tu dois connaître toute l'histoire de ses fils. Ne t'a-t-il point dit que Wolfgang s'était marié contre son gré?

« — Je ne m'en souviens pas, répliqua Daniel en bâillant.

« — Tu as envie de dormir, mon vieux, ajouta le justicier. Aurais-tu par hasard passé une mauvaise nuit?

« — Non pas, que je sache, répondit froidement le vieillard; mais je veux aller commander le dîner. »

« En disant ces mots, il se leva péniblement et bâilla encore plusieurs fois.

« — Assieds-toi donc encore, »s'écria V... en le prenant par la main et essayant de le faire asseoir. Mais Daniel resta debout devant la table et dit d'un air ennuyé : « Que me font le testament et cette discussion pour le majorat?

« — Eh bien, reprit le justicier, n'en parlons plus; causons d'autre chose. Tu bâilles, tu sembles fatigué, et je crois que tu as été en mouvement cette nuit.

« — Qu'ai-je été cette nuit? demanda le vieillard immobile.

« — Vers minuit, je travaillais près de la grande salle; je t'ai vu entrer, le visage pâle, marcher vers la tour, gratter à la muraille avec tes deux mains, et gémir comme si tu éprouvais une grande souffrance. Es-tu donc somnambule, Daniel? »

« Le vieillard retomba sur sa chaise sans prononcer une parole; sa respiration était embarrassée, et ses dents claquaient l'une contre l'autre.

« Oui, continua V... après un moment de silence, c'est une singulière chose que le somnambulisme; le lendemain on ne se souvient plus de ce qui nous est arrivé dans cet état. J'avais un ami qui se promenait régulièrement comme toi la nuit au temps de la pleine lune. Quelquefois il s'asseyait à sa table et écrivait des lettres. Il répondait à toutes les questions, et disait même malgré lui ce qu'il n'aurait pas voulu révéler dans le jour. Une force irrésistible l'obligeait à parler. Je crois que, si un somnambule avait commis quelque mauvaise action, on la lui ferait avouer dans son sommeil. Heureux ceux qui ont comme nous une bonne conscience! Nous pouvons être somnambules sans crainte, nous n'avons aucun crime à révéler. Mais, dis-moi, Daniel, que veux-tu donc faire dans la tour astronomique? tu veux sans doute aller travailler avec le vieux Rodrigue? La nuit prochaine, je te demanderai cela. »

« Daniel tremblait de plus en plus, tous ses membres étaient agités par une violente convulsion, et ses lèvres ne proféraient que des sons inintelligibles. V... sonna; des domestiques entrèrent dans la chambre et emportèrent le vieillard inanimé dans son lit. Bientôt il s'endormit d'un profond sommeil. Lorsqu'il se réveilla, il demanda du vin, puis s'enferma seul dans sa chambre.

« V... avait réellement résolu d'interroger Daniel dans son somnambulisme. Il se rendit à minuit dans la grande salle, espérant que l'intendant, poussé par la nature même de sa maladie, y viendrait malgré lui. Tout à coup il entendit une rumeur bruyante; il courut au bas de l'escalier, et vit un tourbillon de fumée qui s'échappait de la chambre de Daniel. On emporta l'intendant à demi mort, et on le mit dans un autre lit. Les domestiques racontèrent qu'ils avaient été réveillés à minuit par un bruit sourd ; ils pensaient que le vieillard avait besoin d'eux, et comme ils se disposaient à se rendre vers lui, le gardien de la cour annonça que le feu venait d'éclater dans la chambre de Daniel. Les gens de la maison se précipitèrent de ce côté et tentèrent vainement d'ouvrir la porte. On brisa alors la fenêtre basse, on arracha les rideaux enflammés, et on trouva l'intendant étendu sur le parquet et évanoui. Il tenait à la main le flambeau dont la flamme avait atteint les rideaux ; des lambeaux d'étoffe en feu lui avaient brûlé les sourcils et une partie des cheveux, et on remarqua avec surprise que la porte était fermée en dedans par de lourds verroux qui ne s'y trouvaient pas la veille. V... reconnut par là que l'intendant avait voulu s'enlever la possibilité de sortir, mais qu'il n'avait pu résister à son aveugle impulsion.

« Le vieillard tomba gravement malade ; il ne parlait plus, prenait peu de nourriture, et semblait accablé par une affreuse pensée. Le justicier le croyait perdu ; et comme il avait fait tout ce qui dépendait de lui pour son protégé, il se disposait à quitter le château. La veille de son départ, en rassemblant tous ses papiers, il aperçut un petit paquet qui lui avait échappé. Ce paquet était scellé de la main du baron Hubert, et portait cette inscription : « Pour être lu après l'ouverture de mon testament. » Le justicier allait ouvrir ce papier qu'il retrouvait d'une façon si inexplicable, lorsque Daniel entra. Il déposa sur la table un carton noir qu'il tenait à la main, et, tombant à genoux : « Je ne voudrais pas, dit-il d'une voix sourde, mourir sur l'échafaud. » Puis il se leva péniblement, et s'en alla. »

CHAPITRE XXI.

« Le justicier passa toute la nuit à lire les papiers contenus dans le carton noir et le paquet. Toutes ces pièces s'accordaient ensemble, et lui indiquaient les mesures qu'il devait prendre. A son arrivée à K..., il se rendit aussitôt chez le baron Hubert, qui le reçut avec un froid orgueil. Il eut avec lui une conférence qui dura depuis midi jusque dans la nuit, et le lendemain le baron déclara devant la justice qu'il renonçait à ses prétentions sur le majorat, et reconnaissait comme légitime possesseur de ce domaine le baron Rodrigue, fils de Wolfgang et de mademoiselle Julie de Saint-Val. En sortant du tribunal, il monta dans sa voiture, s'éloigna seul, et écrivit à sa mère et à sa sœur une lettre dans laquelle il leur laissait entendre, par certaines expressions équivoques, qu'elles ne le reverraient peut-être jamais.

« Rodrigue fut bien surpris d'apprendre cette solution de son affaire : il pria le justicier de lui expliquer par quel moyen merveilleux il en était venu à un tel résultat. Mais celui-ci ajourna ses confidences au temps où son jeune maître serait en possession du majorat. Un obstacle s'y opposait encore : la justice, ne se contentant point de la déclaration d'Hubert, demandait à voir l'acte de légitimation de Rodrigue. En attendant, V... proposa au jeune seigneur de demeurer à Her..., et de donner dans le château un asile à la mère et à la sœur d'Hubert, qui se trouvaient dans un assez grand état de gêne. La joie avec laquelle Rodrigue accepta cette proposition montra quelle vive impression la jeune Séraphine avait faite sur lui, et il sut si bien profiter de son séjour à Her..., que quelques mois après il avait gagné le cœur de la jeune fille et le consentement de la baronne. V... trouvait ce projet d'union un peu précipité; car il était assez douteux qu'on parvînt à se procurer l'acte de légitimation.

« Des lettres de Courlande interrompirent la vie idyllique que l'on passait au château. Hubert n'avait point paru dans ses propriétés : il s'était engagé au service de la Russie, et venait de partir pour faire une campagne contre la Perse. Cette nouvelle obligeait la baronne à se rendre avec sa fille dans ses terres, pour les administrer;

Rodrigue demanda à les accompagner, et lorsque V... retourna à K... le château était désert.

« La maladie de l'intendant empirait de jour en jour, et, comme il ne croyait pas en revenir, ses fonctions furent confiées à François, le fidèle serviteur de Wolfgang. Après de longs délais, le justicier reçut enfin les heureuses nouvelles qu'il attendait de la Suisse. Le pasteur qui avait marié Rodrigue était mort depuis longtemps; mais on trouva dans le registre de l'église une note écrite de sa main, et où il était dit que le jeune homme uni sous le nom de Born avec mademoiselle de Saint-Val s'était fait connaître à lui comme le baron Wolfgang de Her..., fils aîné du baron Rodrigue. On retrouva de plus deux témoins du mariage: un négociant de Genève, et un capitaine français, retiré à Lyon. Wolfgang leur avait également déclaré son vrai nom, et ils confirmèrent par serment le fait que constatait la note du pasteur. Rien ne s'opposait plus à ce que Rodrigue entrât en possession du majorat; Hubert fut tué dans la première bataille à laquelle il assistait; son jeune frère avait déjà eu le même sort. La baronne Séraphine héritait ainsi des domaines de Courlande, et les apporta pour dot à l'heureux Rodrigue. »

CHAPITRE XXII.

« Au mois de novembre, Rodrigue amena sa fiancée à Her..., prit possession du majorat, et épousa Séraphine. Plusieurs semaines se passèrent dans le tourbillon des fêtes. Peu à peu les convives quittèrent le château, à la grande satisfaction de V..., qui ne voulait pas s'éloigner de ce domaine sans le faire connaître dans tous ses détails au jeune seigneur. L'oncle de Rodrigue avait réglé scrupuleusement les revenus et les dépenses de la propriété, et avait laissé un capital considérable. Hubert avait employé les revenus pendant trois ans à acquitter ses dettes. Depuis le jour où le justicier avait reconnu le somnambulisme de Daniel, il s'était installé dans la chambre à coucher du vieux baron, afin d'être plus à portée d'épier l'intendant, et de tirer de lui un aveu. Un soir, le justicier et le jeune seigneur travaillaient dans cette chambre voisine de la grande salle; tous deux étaient assis près de la cheminée : V..., la plume à la main, calculait les ressources du majorat, tandis que Rodrigue parcourait les livres de compte. Ni l'un ni l'autre n'entendaient le sourd mugissement de la mer, le cri des mouettes qui frappaient de leurs ailes sur les vitraux, ni les rafales du vent qui sifflait et gémissait dans les corridors. Tout à coup cependant, à un éclat de l'orage, le justicier s'écria : « Quel mauvais temps ! » Le baron, plongé dans le calcul de ses richesses, répondit d'un air distrait : « En effet, c'est un temps très-orageux. »

« Mais au même instant il se lève avec terreur; la porte de la salle venait de s'ouvrir, et Daniel, que l'on croyait retenu au lit par sa maladie, apparut, le visage pâle et livide, comme un fantôme : il recommençait ses promenades nocturnes. Il s'approcha, en poussant de douloureux soupirs, de la porte, et se remit à la gratter avec une sorte de fureur.

« Daniel! Daniel! s'écria le baron épouvanté, que fais-tu ici à cette heure? »

« L'intendant poussa un douloureux gémissement, et tomba sur le parquet.

« Le justicier appela des domestiques, qui relevèrent l'intendant : mais tous les efforts que l'on fit pour réveiller ses sens furent inutiles.

« Alors le baron désespéré s'écria : « Dieu du ciel! n'ai-je pas entendu dire qu'en appelant un somnambule par son nom, on peut le faire mourir...? Malheureux que je suis! j'ai tué ce pauvre vieillard; de ma vie je n'aurai un instant de repos. »

« Lorsque les domestiques eurent emporté Daniel, le justicier prit le baron par la main, et, le conduisant vers la porte murée, lui dit : « Celui qui est tombé ici à vos pieds, baron Rodrigue, est l'assassin de votre père. »

« Le baron resta pétrifié. V... continua : « Il est temps de vous dévoiler cet affreux secret, et de vous dire ce qui troublait le sommeil de ce misérable. Les paroles que vous avez fait retentir à ses oreilles sont les dernières que votre père ait prononcées. »

« Tremblant et incapable de proférer une parole, le baron s'assit à côté du justicier, devant la cheminée. V... déploya le papier légué par Hubert, pour être lu après l'ouverture du testament.

« Hubert exprimait un vif repentir de la haine qu'il avait éprouvée pour son frère après la fondation du majorat. Il perdait par là un magnifique héritage; car, à supposer qu'il parvint à jeter la division entre le fils et le père, le majorat n'en devait pas moins être dévolu par les lois à Wolfgang, en sa qualité d'aîné de la famille. Ce ne fut qu'après le mariage de celui-ci avec Julie de Saint-Val qu'Hubert conçut l'espoir de réaliser ses funestes projets; ce fut alors qu'il forma, pour ruiner son frère, un complot avec Daniel.

« Le vieux baron considérait l'union de son fils aîné avec Julie comme un crime, et se croyait en droit d'user de tous les moyens pour perdre Julie, qu'il regardait, dans ses idées astrologiques, comme un funeste principe. Il ignorait, cependant, que le mariage était conclu et que Wolfgang était devenu père. Mais, sur la fin de sa vie, tourmenté, obsédé par un douloureux pressentiment, il écrivit une lettre à Wolfgang, pour lui ordonner de se trouver à Her... au jour qu'il lui préservirait, le menaçant de sa malédiction s'il n'obéissait pas à cette dernière volonté. Ce fut cette lettre que Wolfgang brûla près du corps de son père.

« Wolfgang, devenu, par la mort subite du vieux baron, maître du majorat, écrivit franchement à Hubert qu'il était marié, qu'il avait un fils, et qu'il se préparait à aller chercher à Genève sa femme. La mort le surprit avant qu'il pût exécuter cette résolution. Hubert garda le silence sur ce qu'il savait, et prit possession du château. Quelques années après, il éprouva de violents remords, et la haine qui éclata entre ses deux fils fut pour lui le châtiment de celle qu'il avait portée à son frère.

« Tu es un pauvre hère, disait un jour l'aîné au plus jeune ; à la mort de mon père, je deviendrai maître du majorat de Her..., et toi, il faudra que tu viennes humblement me baiser la main pour obtenir quelque argent, afin d'avoir un habit neuf. » L'enfant, irrité de ces paroles, lui jeta un couteau qu'il tenait à la main, et lui fit une grave blessure.

« Hubert, redoutant de plus grands malheurs, envoya le cadet à Pétersbourg, où il devint officier, et mourut en combattant, sous les ordres de Suwarow, contre les Français.

« Hubert n'osait point avouer le secret de sa possession illégitime ; mais il ne voulut plus enlever un seul denier à son neveu. Il demanda des renseignements à Genève, et apprit que la veuve de son frère, désespérée de la disparition subite de Wolfgang, était morte ; mais que le jeune Rodrigue avait trouvé un asile dans la maison d'un brave homme. Hubert lui envoya, sous un nom supposé, l'argent nécessaire pour achever convenablement son éducation.

« Il ne parlait de la mort de son frère qu'en termes équivoques, qui cependant laissaient soupçonner que le malheureux avait pris part à cet horrible attentat.

« Les papiers renfermés dans le carton noir expliquaient tout. Ils contenaient une déclaration signée de Daniel, et sa correspondance avec Hubert. C'était Daniel qui l'avait invité à venir à Her..., et qui lui avait appris quelle somme immense on avait découverte dans les coffres du vieux baron. L'intendant brûlait du désir de se venger du jeune seigneur qui l'avait cruellement traité ; il attisait le feu de la haine et de la colère dans l'âme d'Hubert. Dans une des parties de chasse qu'ils entreprenaient tous deux au milieu des tourbillons de neige, ils résolurent la mort de Wolfgang.

« Il faut en finir, murmura Hubert en regardant son fusil.

« — Oui, il faut en finir, répéta Daniel, mais pas de la sorte. » Et il s'engagea à tuer le baron d'une telle manière qu'on n'entendrait pas le cri d'un coq.

« Hubert, après avoir reçu la somme qu'il demandait, voulait partir pour échapper à toute tentation; Daniel lui sella un cheval, mais au moment où il vit le baron prêt à s'éloigner, il lui dit d'une voix sombre : « Je pense que vous feriez bien de rester ici; car, dans ce moment même, l'orgueilleux seigneur est enfoui sous les décombres de la tour. »

« Daniel avait remarqué que Wolfgang, poussé par la soif de l'or, se levait souvent au milieu de la nuit, et s'avançait vers la porte de la tour, au fond de laquelle il croyait voir les trésors dont Daniel lui avait parlé. Cette nuit-là, Daniel l'attendait; dès qu'il le vit au bord du gouffre, il s'approcha de lui : le baron se retourna, et, lisant dans les yeux du traître l'expression de la vengeance, s'écria avec effroi : « Daniel! Daniel! que fais-tu ici à cette heure?

« — Meurs, chien galeux, » murmura Daniel; et d'un vigoureux coup de pied il le précipita dans l'abîme.

« Épouvanté de cette affreuse découverte, le baron ne put trouver aucun instant de repos dans le château où son père était mort; il se retira en Courlande, et ne revint chaque année qu'en automne à Her... C'était cette même découverte qui avait troublé l'esprit du jeune Hubert et l'avait forcé de fuir en Russie. »

Après m'avoir fait ce récit, mon grand-oncle, me prenant la main, me dit d'une voix émue : « Neveu, neveu, la fatale destinée qui pèse sur cette maison a aussi atteint la jeune femme. Deux jours après notre départ de Her.... le baron prépara une partie de traîneau; il conduisait lui-même son épouse. A la descente d'un ravin, les chevaux s'emportent, écument, se cabrent.

« Le vieux! le vieux est derrière nous! » s'écrie la baronne effrayée. Au même instant, le traîneau est renversé, et la malheureuse femme expire. Jamais le baron ne se consolera, et jamais nous ne retournerons à Her... »

Mon oncle se tut. Je le quittai, le cœur déchiré. Le temps seul pouvait alléger ma douleur.

Des années s'étaient écoulées ; mon oncle reposait dans la tombe, et moi j'avais quitté ma patrie. Les orages de la guerre, qui ravageaient alors l'Allemagne, me poussèrent jusqu'en Russie. A mon retour, je passais, par une sombre nuit d'été, le long des bords de la mer Baltique ; tout à coup je vis s'élever une lueur éclatante. « Postillon ! postillon ! m'écriai-je, d'où vient ce feu que nous voyons devant nous?

— Ce n'est pas du feu, répondit le postillon ; c'est le fanal de la tour de Her... »

En entendant prononcer ce nom, je vis reparaître à mes yeux l'image des jours d'automne que j'avais passés dans ce château. Je vis le baron, Séraphine et les deux vieilles tantes, avec leur figure ridée, leur robe de soie, leurs cheveux poudrés et frisés ; et moi, je me vis aussi soupirant, languissant, dans mon amour de jeune homme ; et au milieu de la tristesse que me donna ce souvenir je croyais entendre encore les vives plaisanteries de mon oncle.

Au lever du jour, je me trouvai à Her... ; je reconnus la maison de l'inspecteur du domaine, et je m'informai de lui.

« Avec votre permission, me répondit le maître de poste, il n'y a plus d'inspecteur du domaine ; c'est un bailliage royal, et M. le bailli est encore endormi. »

Je fis quelques autres questions, et j'appris que, depuis seize ans, le baron Rodrigue, propriétaire du majorat, était mort sans descendant, et que, d'après son institution, le domaine était échu à l'État.

Je pris le chemin du château ; il tombait en ruine. On avait employé une partie des matériaux à construire la tour du fanal ; et un paysan, qui sortait de la forêt et que j'interrogeai, m'apprit qu'on parlait encore dans le pays de mystérieuses apparitions, et qu'au temps de la pleine lune on entendait encore sortir des décombres une voix lamentable.

Pauvre vieux imprévoyant Rodrigue! quelle puissance funeste a détruit dans ses derniers rejetons la tige dont tu croyais avoir planté les racines pour l'éternité?

MAITRE MARTIN

ET SES OUVRIERS.

N'as-tu pas éprouvé, cher lecteur, une vague mélancolie, en parcourant une ville où les magnifiques monuments de l'ancien art germain racontent, comme des voix éloquentes, la splendeur, la pieuse persévérance, et l'histoire d'un temps qui n'est plus? Ne t'a-t-il pas semblé alors, que tu entrais dans une maison abandonnée? Sur la table est encore le livre religieux ouvert par le père de famille; sur les murailles, la riche et belle tapisserie faite par la maîtresse du logis; dans les armoires, on aperçoit de précieux ustensiles, offerts en présent à certains jours de fête. Tu croirais qu'un des habitants de cette demeure va venir et t'adresser le salut cordial de l'hospitalité; mais tu attends en vain ceux que le temps a entraînés dans sa course rapide et incessante. Tu ne peux que t'abandonner aux doux rêves enfantés par les œuvres des maîtres, qui te parlent un langage si pur et si fort, que tu en es ébranlé jusqu'au fond de l'âme. Alors tu comprends le sens intime de leurs productions; car tu vis dans leur temps, et tu vois ce qui les a inspirés. Mais, hélas! n'arrive-t-il pas qu'au moment où tu croyais saisir ces riantes images elles s'envolent, chassées par les rumeurs du jour; elles fuient sur les nuages légers du matin, tandis que toi, tu suis, les larmes dans les yeux, ces ombres pâlissantes! Tout à coup tu t'éveilles de ta vision, au rude contact de la vie réelle, et il ne reste de ton rêve qu'un désir profond qui agite ton cœur.

Celui qui écrit pour toi ces lignes, lecteur chéri, a éprouvé ces émotions chaque fois que sa route le conduisait dans la célèbre cité de Nuremberg. Il s'abandonnait à tous ses rêves, tantôt en contemplant la merveilleuse fontaine du marché, tantôt le tombeau de Saint-Sébald, ou le tabernacle de Saint-Laurent; tantôt en parcourant le château ou l'hôtel de ville, en revoyant les chefs-d'œuvre d'Albert Dürer, les magnificences de cette ville impériale chantées par le vieux Rosenblüt; et maint tableau de la noble vie bourgeoise, de ce temps où l'artiste et l'ouvrier se tenaient par la main, marchant vers un même but, s'élevait à ses yeux et se gravait dans sa pensée. Permets-moi de te présenter un de ces tableaux. Peut-être te plairas-tu à l'observer; peut-être voudras-tu entrer dans la maison de maître Martin, et t'arrêter au milieu de ses tonnes et de ses brocs. Qu'il en soit ainsi, et les vœux de l'auteur seront accomplis!

COMMENT MAITRE MARTIN FUT ÉLU SYNDIC.

Le 1er mai de l'an 1580, l'honorable corporation des tonneliers de la ville libre impériale de Nuremberg s'assembla solennellement selon les vieilles mœurs et coutumes. Peu de temps auparavant, un des syndics (ou, comme on les appelait, un des maîtres du cierge) avait été enterré : il fallait en élire un nouveau. Le choix tomba sur maître Martin. Personne ne l'égalait pour la solidité et l'élégance de ses tonnes; personne ne s'entendait comme lui à mettre le vin en cave. Aussi comptait-il les seigneurs les plus distingués parmi ses pratiques, et il jouissait d'une grande aisance, ou, pour mieux dire, il était vraiment riche.

Après l'élection, le digne conseiller Paumgartner, qui présidait la corporation des ouvriers, prit la parole et dit : « Vous avez très-bien fait, mes amis, de choisir maître Martin pour votre syndic : vous ne pouviez confier cette dignité à de meilleures mains. Maître Martin est très-estimé de tous ceux qui le connaissent : il a une grande habileté dans sa profession et une grande expérience dans l'art de conserver et de soigner le noble vin. Son zèle au travail et la religieuse vie qu'il mène malgré ses richesses doivent vous servir à tous de modèle. Soyez donc salué mille fois, cher maître Martin, comme notre syndic! »

A ces mots, Paumgartner se leva et fit quelques pas, les bras ouverts, en attendant que maître Martin vînt à lui. Celui-ci appuya ses deux bras sur son fauteuil, et se leva lentement autant que le lui permettait son heureux embonpoint; puis il s'avança vers Paumgartner, et répondit à peine à ses tendres embrassements.

« Allons! dit le conseiller un peu surpris, allons! maître Martin, ne seriez-vous pas content d'avoir été élu pour notre syndic? »

Maître Martin rejeta la tête en arrière, comme il en avait l'habitude, joua avec ses doigts sur son ventre arrondi, et regarda avec de grands yeux l'assemblée; puis, se tournant vers le conseiller, il lui dit: « Comment, mon cher sire, ne serais-je pas content de recevoir ce qui m'appartient? Qui refuse d'accepter le salaire d'un bon travail? Qui renvoie le débiteur tardif, lorsqu'il vient acquitter la dette contractée depuis longtemps? Et vous, mes chers compagnons, ajouta-t-il en s'adressant aux maîtres qui l'entouraient, avez-vous eu enfin l'idée que je devais être le syndic de notre honorable corporation? Qu'exigez-vous d'un syndic? qu'il soit le plus habile dans son métier? Allez et regardez ma tonne de deux foudres, faite sans feu, mon beau chef-d'œuvre, et dites-moi si l'un de vous peut se vanter d'avoir achevé un travail d'une telle force et d'une telle élégance? Voulez-vous que votre syndic ait de l'argent et des biens? Entrez dans ma demeure, je vous ouvrirai mes coffres et mes armoires, et vous vous réjouirez d'y voir briller l'or et l'argent. Faut-il que le syndic soit en honneur auprès des grands et des petits? Demandez à nos honorables sires du conseil, demandez aux princes et aux seigneurs voisins de notre ville de Nuremberg, demandez au vénérable évêque de Bamberg; demandez-leur ce qu'ils pensent de maître Martin; j'espère qu'ils n'en parleront pas mal. »

A ces mots, maître Martin frappa d'un air satisfait sur son gros ventre, ferma les yeux à demi; et comme tout le monde se taisait et qu'on n'entendait seulement qu'un léger murmure, il reprit : « Mais je remarque et je me souviens que je dois poliment vous remercier de ce que le Seigneur a dans cette élection éclairé vos cerveaux. Allons! soit; quand je reçois le prix de mon travail, quand mes débiteurs me payent l'argent qu'ils me doivent, j'écris au bas du mémoire : « Reçu avec remercîment, maître Martin, tonnelier en cette ville. » Soyez donc tous remerciés d'avoir acquitté une vieille dette en me nommant votre syndic! Du reste, je vous promets de remplir mes fonctions avec zèle et droiture. Chacun de vous trouvera près de moi, en cas de besoin, assistance et conseil, autant que mon pouvoir me le permettra, et je prendrai à tâche de maintenir l'honneur et la dignité de notre digne profession. Je vous invite, mon respectable chef de métier, et vous tous, mes maîtres et amis, à un joyeux repas pour dimanche prochain. Nous boirons gaiement de bonnes bouteilles de vin de Hochheim, de Johannisberg, ou de quelque autre vin qui vous plaira dans ma cave bien fournie, et nous aviserons à faire ce qui sera le plus utile à nous tous. Encore une fois, soyez tous cordialement invités. »

Les honorables maîtres, dont la figure s'était visiblement assombrie aux orgueilleuses paroles de Martin, s'égayèrent alors, et à leur silence chagrin succéda un joyeux babil, dans lequel il était grandement question de maître Martin, de ses qualités et de son excellente cave. Tous promirent de se trouver le dimanche chez leur nouveau syndic, qui leur prit la main et les serra l'un après l'autre sur son ventre, comme pour les embrasser. On se sépara gaiement et en bon accord.

CE QUI SE PASSA DANS LA MAISON DE MAITRE MARTIN.

Un jour, le conseiller Paumgartner, en se rendant à ses affaires, passait devant la maison de maître Martin. Comme il allait continuer sa route, le nouveau syndic, ôtant son bonnet et s'inclinant respectueusement, lui dit :

« Ne daignerez-vous pas, mon digne sire, vous arrêter un instant dans mon humble demeure? Laissez-moi jouir et profiter de vos sages entretiens.

— Ah! mon cher maître Martin, répondit Paumgartner en souriant, je m'arrêterai volontiers auprès de vous; mais pourquoi parlez-vous de votre humble demeure? Je sais que pas un de nos riches bourgeois n'en a une plus belle. N'avez-vous pas achevé dernièrement le superbe édifice qui fait de votre maison un des ornements de notre ville célèbre! Je ne parle point de l'arrangement intérieur, que pas un patricien ne dédaignerait. »

Le vieux Paumgartner avait raison; car dès qu'on avait ouvert la porte, revêtue de divers ornements en étain, on entrait dans un vaste vestibule, où l'on apercevait un élégant parquet, des tableaux de choix suspendus aux murailles, des armoires et des sièges artistement travaillés; et chacun alors obéissait volontiers à l'avertissement rédigé en vers, imprimé sur une tablette et suspendu à la porte, lequel avertissement prescrivait aux visiteurs d'essuyer leurs pieds en entrant.

C'était par un jour de chaleur; l'atmosphère de cette chambre était lourde et pesante; maître Martin conduisit son hôte dans une salle plus vaste et qui ressemblait à une cuisine d'apparat. C'était, à cette époque, l'usage des riches bourgeois d'avoir une salle garnie, comme une cuisine, d'ustensiles de ménage qui servaient seulement d'ornements.

« Rosa! Rosa! » s'écria maître Martin en entrant. Au même instant une porte s'ouvrit, et Rosa, la fille unique du tonnelier, s'avança vers lui.

Puisses-tu, cher lecteur, te rappeler à présent les chefs-d'œuvre de notre grand Albert Dürer! puisses-tu revoir les nobles figures de jeunes filles avec leurs grâces, leur dignité, leur expression de douceur et de piété, telles qu'elles apparaissent dans ses tableaux! Pense à ces tailles majestueuses et fines, à ces fronts blancs et arrondis, à cet incarnat de rose répandu sur leurs joues, à ces lèvres vermeilles comme la cerise, à ces regards où se peint un pieux désir, et dont la prunelle brille entre des cils bruns comme le rayon de la lune entre les verts feuillages ; pense à ces cheveux soyeux, nattés avec tant de soin ; pense à la céleste beauté de ces jeunes filles, et tu auras une idée de Rosa. Comment le narrateur de cette histoire pourrait-il te décrire cette charmante enfant ? Mais qu'il lui soit permis de rappeler encore un jeune et habile artiste, dans le sein duquel a pénétré la lumière de ces bons vieux temps ; je veux parler du peintre Cornélius. « Je ne suis ni noble ni belle. » Telle apparaît dans les dessins de Cornélius la Marguerite de Gœthe, au moment où elle prononça ces paroles ; telle était Rosa au moment où, dans sa naïve timidité, elle cherchait à se soustraire à des hommages trop empressés.

Rosa s'inclina humblement devant le conseiller, lui prit la main et la porta à ses lèvres. Les joues pâles de Paumgartner se colorèrent vivement, et, comme les derniers rayons du jour empourprent tout à coup une verdure sombre, le feu de sa jeunesse passée brilla dans ses yeux.

« Ah ! mon cher maître Martin, s'écria-t-il gaiement, vous êtes un homme riche ; mais le plus beau don que le ciel vous ait fait, c'est votre charmante fille Rosa. Si nous autres, vieux conseillers, nous ne pouvons détourner nos regards de cette aimable enfant, peut-on savoir mauvais gré aux jeunes gens de rester immobiles et comme pétrifiés lorsqu'ils rencontrent votre fille dans la rue ; d'oublier, en la voyant à l'église, le prédicateur ; et, chaque fois qu'il y a une fête, d'oublier pour elle toutes les autres jeunes filles, de la poursuivre de leurs soupirs, de leurs regards et de leurs hommages ? Allons ! vous pouvez choisir votre gendre parmi nos patriciens et partout où vous voudrez. »

A ces mots, le visage de maître Martin prit une sombre expression ; il ordonna à sa fille d'aller chercher une bouteille de bon vieux vin ; et lorsqu'elle s'éloigna, les regards baissés, il dit à Paumgartner : « Il est vrai, mon cher sire, que ma Rosa est douée d'une grande beauté, et que le ciel m'a fait riche ; mais comment pouvez-vous parler ainsi devant cette jeune fille? Quant au gendre patricien, il n'en sera rien.

— Taisez-vous, maître Martin, répondit le conseiller en souriant, taisez-vous! Quand le cœur est plein, il faut que les lèvres s'ouvrent. Croiriez-vous que mon sang refroidi s'échauffe dans mon cœur quand je vois Rosa! Et si je dis franchement ce que je pense, ce qu'elle doit bien savoir elle-même, quel mal y trouvez-vous? »

Rosa apporta le vin et deux verres précieux. Maître Martin tira au milieu de la chambre une lourde table chargée d'admirables ciselures. A peine les deux vieillards avaient-ils pris place, à peine les verres étaient-ils remplis, qu'on entendit à la porte le bruit des pas d'un cheval. Un cavalier s'arrêta, et l'on distingua dans le vestibule le son de sa voix. Rosa descendit à la hâte et revint bientôt annoncer que le chevalier Henri de Spangenberg était là, et désirait parler à maître Martin.

« Bien, dit Martin, voici une heureuse soirée, puisqu'une de mes plus anciennes et de mes meilleures pratiques arrive chez moi. C'est sans doute pour une nouvelle commande. »

En disant ces mots, il alla aussi vite que ses forces le lui permettaient à la rencontre de cet hôte respecté.

COMMENT MAÎTRE MARTIN ÉLEVAIT AU-DESSUS DE TOUTES LES AUTRES SA PROFESSION.

Le vin de Hochheim brillait dans les verres ciselés, et déliait la langue et le cœur des trois vieillards. De temps à autre le vieux Spangenberg, qui, à un âge avancé, avait encore conservé la fraîcheur et la vivacité de la jeunesse, racontait quelques joyeuses histoires de son bon temps, et égayait si bien maître Martin, que son gros ventre se balançait joyeusement, et que dans ses éclats de rire les larmes lui venaient aux yeux. Paumgartner oubliait aussi plus que de coutume sa gravité de conseiller, et prenait plaisir à goûter le bon vin et à entendre ces légers propos. Mais lorsque Rosa revint, apportant une corbeille d'où elle tira une nappe blanche comme la neige ; lorsque, marchant çà et là d'un pied léger, elle se mit à déposer sur la table des mets épicés, et qu'elle pria, avec un doux sourire, les hôtes de son père de ne point dédaigner une collation préparée à la hâte, les propos et les rires cessèrent. Spangenberg et le conseiller suivaient d'un regard étincelant l'aimable jeune fille, et maître Martin lui-même, appuyé sur son fauteuil et les mains jointes, l'observait avec un sentiment de satisfaction.

Au moment où Rosa allait se retirer, le vieux Spangenberg se leva avec la légèreté d'un jeune homme, et, la prenant par la main, lui dit avec des larmes dans les yeux : « O douce et belle enfant, chère fille, ange charmant ! » Puis il la baisa deux ou trois fois sur le front, et retourna s'asseoir pensif à sa place. Paumgartner but à la santé de Rosa.

« Oui, dit le chevalier lorsque Rosa fut sortie, oui, maître Martin, le ciel, en vous donnant cette fille, vous a doté d'un trésor que vous ne pouvez assez apprécier. Elle vous vaudra quelque jour de grands honneurs ; car, qui ne voudrait être votre gendre, de quelque rang qu'il fût ?

— Vous voyez, dit Paumgartner, que le noble seigneur de Spangenberg a les mêmes pensées que moi.

— Je vois déjà, reprit le chevalier, la belle Rosa fiancée à un patricien, avec un riche bandeau de perles dans ses cheveux blonds.

— Mes chers sires, répliqua Martin d'un air contristé, pourquoi parler toujours d'une chose à laquelle je ne songe nullement ? Ma Rosa vient d'atteindre ses dix-huit ans, et une jeune créature comme elle ne peut pas encore penser à se fiancer. Qu'arrivera-t-il dans l'avenir ? je ne sais, et je m'abandonne à la volonté du Seigneur ; mais ce qu'il y a de certain, c'est que ni un patricien, ni un autre homme, ne touchera à la main de ma fille, que celui que je reconnaîtrai comme un très-habile et très-laborieux tonnelier, à supposer toutefois que ma fille l'accepte ; car, pour rien au monde, je ne voudrais la contraindre à un mariage qui ne lui plairait pas. »

Spangenberg et Paumgartner se regardèrent avec surprise en écoutant ces paroles.

Après un instant de silence, le conseiller dit à maître Martin : « Ainsi votre fille ne doit pas choisir un époux hors des gens de votre profession?

— Que Dieu l'en préserve! répondit Martin.

— Mais, reprit le chevalier, si un brave maître d'un honorable métier, un orfèvre par exemple, ou un artiste, demandait la main de Rosa, et obtenait son affection, que feriez-vous?

— Montrez-moi, répondit Martin en rejetant la tête en arrière, montrez-moi, lui dirais-je, mon jeune compagnon, la tonne de deux foudres que vous avez faite pour votre chef-d'œuvre; et, s'il ne le pouvait, je lui ouvrirais amicalement la porte, et le prierais, d'un ton très-poli, de chercher fortune ailleurs.

— Cependant, continua Spangenberg, si ce jeune compagnon vous disait : « Je ne puis vous montrer l'ouvrage que vous désirez; mais venez sur la place, et regardez cette belle maison dont les piliers s'élancent hardiment dans les airs, voilà mon chef-d'œuvre. »

— Hélas! cher sire, s'écria Martin avec impatience, que de peines inutiles vous vous donnez pour me faire changer d'opinion! Je vous le répète, mon gendre sera de ma profession, car je regarde ma profession comme la plus belle qu'il y ait dans le monde. Croyez-vous donc qu'il suffise de poser des cercles sur des douves pour former une tonne? Il faut avoir, dans notre métier, une belle intelligence pour conserver et soigner le noble vin, ce don précieux du ciel, pour garder la force et la douceur de cet esprit-de-vin; et, quant à la construction même des tonnes, ne faut-il pas savoir calculer, mesurer? Il faut que nous soyons arithméticiens et géomètres pour saisir les proportions de nos tonnes. Oui, le cœur me rit dans le ventre quand je place une belle tonne sur les tréteaux pour l'achever, quand mes compagnons lui donnent le dernier coup de hache et de rabot, et que j'entends les outils tomber en cadence : clip, clap, clip, clap. Oh! c'est une délicieuse musique. Je suis fier lorsque je vois mon édifice achevé, et que je prends ma griffe pour le marquer du signe honoré de tous les tonneliers. Vous parlez d'architectes? Sans doute une maison bien bâtie est une belle œuvre ; mais si j'étais architecte, et qu'en passant devant mon édifice il me fallût voir un faquin, un fainéant qui l'aurait acheté, et qui me regarderait du haut du balcon, j'en rougirais dans l'âme, et l'envie me viendrait de détruire mon ouvrage. Pareille chose ne peut m'arriver avec mes constructions. Elles ne renferment que le plus charmant esprit de la terre, le noble vin. Que Dieu bénisse mon métier!

— Votre panégyrique, reprit Spangenberg, est parfaitement conçu, et l'estime que vous témoignez pour votre profession vous fait honneur; mais permettez-moi d'en revenir à mon idée : si un patricien se présentait et vous demandait la main de votre fille? Quand une demande semblable vous prend au collet, les choses se passent tout autrement qu'on ne se l'était imaginé.

— Eh bien, s'écria maître Martin d'un ton de voix emporté, que pourrais-je faire alors, sinon m'incliner poliment, et lui dire : « Mon cher seigneur, si vous étiez un bon tonnelier, soit. Autrement... »

— Écoutez encore, dit Spangenberg en l'interrompant : si quelque beau jour un jeune gentilhomme, monté sur un magnifique cheval, et suivi d'une brillante escorte, s'arrêtait devant votre maison et vous demandait la main de Rosa?

— Ah! ah! cria maître Martin avec plus de violence encore, comme je courrais en toute hâte fermer la porte à la clef et au verrou, et comme je lui dirais : « Passez, passez votre chemin, mon noble gentilhomme; des roses comme la mienne ne fleurissent pas pour vous. Ma cave vous plaît, mes ducats vous sourient, et vous prendriez volontiers la jeune fille par-dessus le marché. Mais poursuivez votre route. »

Le vieux Spangenberg se leva, le visage rouge, posa ses deux mains sur la table, et baissa les yeux ; puis il reprit : « Maître Martin, encore une question. Si ce jeune homme était mon propre fils, si moi-même je m'arrêtais avec lui devant votre maison, nous fermeriez-vous aussi la porte? croiriez-vous aussi que nous venons pour votre cave et pour vos ducats?

— Non, mon noble seigneur, répondit maître Martin : je vous ouvrirais amicalement la porte ; tout ce qui est dans ma demeure serait à votre disposition et à celle de messire votre fils ; mais, quant à ce qui regarde ma Rosa, je vous dirais : « Plaise au ciel que votre noble fils soit un brave tonnelier, personne ne me conviendrait mieux que lui pour gendre!... » Mais, cher sire, pourquoi me tourmenter par ces étranges questions? Voyez comme nos joyeux propos ont cessé, tandis que nos verres restent pleins. Ne parlons plus de Rosa, ni de son mariage, et buvons à la santé de votre fils, qui est, dit-on, un charmant gentilhomme. »

A ces mots, maître Martin prit son verre ; Paumgartner suivit son exemple, en disant : « Terminons tous ces vains discours. A la santé du jeune seigneur! »

Spangenberg but comme eux, et dit avec un sourire forcé : « Vous pensez bien que je vous ai parlé en riant ; car ce serait de la part de mon fils, qui peut se choisir une femme parmi les plus nobles familles, une grande folie que d'oublier son rang et sa naissance pour s'unir à votre fille. Cependant, maître Martin, vous auriez pu me répondre d'une façon un peu plus amicale.

— Hélas! monseigneur, répliqua le tonnelier, je n'aurais pu répondre autrement, dans le cas même où tout ce que vous avez dit en riant serait réellement arrivé. Pardonnez-moi ma fierté. Vous devez connaître vous-même que je suis le plus habile tonnelier qui existe au loin ; que je m'entends à conserver le vin ; que je suis toujours resté fidèle aux excellentes ordonnances de l'empereur Maximilien, dont l'âme repose en Dieu ; que j'ai horreur de toute méchante action, et que je ne brûle jamais, dans mes plus grandes tonnes, que ce qu'il faut rigoureusement de soufre pour les conserver. Vous devez reconnaître tout cela, mes chers sires, en goûtant mon vin. »

Spangenberg s'efforça de reprendre un visage serein, et le conseiller changea la tournure de l'entretien ; mais de même que lorsque les cordes d'un instrument ont été mises en désaccord elles résistent à la main du maître qui essaye d'en tirer des sons harmonieux, de même les trois vieillards tentèrent inutilement de renouer d'une façon agréable leur conversation. Le chevalier appela ses gens, et quitta d'un air de mauvaise humeur la maison de maître Martin, où il était entré avec joie.

LA PRÉDICTION DE LA GRAND'MÈRE.

Maître Martin fut un peu troublé de la retraite du digne gentilhomme, et dit à Paumgartner, qui, après avoir vidé son dernier verre, se disposait aussi à s'en aller : « Je ne sais ce que signifiaient les paroles du chevalier, et pourquoi il a paru mécontent.

— Mon cher maître Martin, répondit le conseiller, vous êtes un brave et honnête homme, et vous avez raison d'apprécier ce que vous avez fait avec l'aide de Dieu, et l'honneur et les richesses que vous vous êtes acquis. Mais il ne faut point manifester ce sentiment par des paroles fastueuses ; c'est contre les principes d'un bon chrétien. Déjà, dans l'assemblée des maîtres, vous n'avez pas bien agi en vous plaçant au-dessus de tous les autres. J'admets que vous ayez mieux que vos confrères l'intelligence de votre art ; mais, en montrant ainsi votre supériorité, vous ne pouviez qu'exciter la jalousie et le mécontentement. Ce soir vous mettez le comble à ce mouvement d'orgueil. Êtes-vous donc assez aveugle pour ne pas voir que le chevalier, en vous parlant comme il l'a fait, voulait reconnaître par une plaisanterie jusqu'où vous portez votre fierté et votre obstination? Le digne seigneur a dû être blessé en remarquant que vous ne considériez que comme un acte de basse avidité toute demande faite par un gentilhomme pour obtenir la main de votre fille. Tout se serait cependant bien passé si vous aviez pris un autre langage lorsque Spangenberg a fait mention de son fils, si vous lui aviez dit : «Comment, mon digne seigneur! l'honneur que vous me feriez en vous présentant avec votre fils ébranlerait mes résolutions les plus fermes. » Alors le vieux Spangenberg, oubliant l'opinion que vous veniez d'exprimer, aurait repris sa bonne humeur et se serait retiré satisfait.

— Adressez-moi vos reproches, dit Martin, je les ai bien mérités; mais, lorsque le vieux chevalier se mit à me faire une proposition si folle, il me semblait qu'on me prenait à la gorge, et je ne pouvais répondre autrement.

— Et puis, continua Paumgartner, quel singulier projet de ne vouloir donner votre fille qu'à un tonnelier! Vous voulez, dites-vous, confier au ciel sa destinée future, et vous vous opposez avec un caprice terrestre aux décisions de la Providence, en fixant d'avance le cercle étroit dans lequel vous choisirez votre gendre. Une telle volonté peut vous causer de grands chagrins, à vous et à Rosa. Renoncez donc, maître Martin, à ces enfantillages indignes d'un chrétien, laissez le ciel inspirer à votre fille les sentiments qu'elle doit avoir.

— Ah! mon digne sire, répliqua maître Martin d'un ton humble, je vois combien j'ai mal fait de ne pas vous dire tout. Vous pensez que la haute estime que j'ai de mon métier est la seule cause de la résolution que j'ai prise de ne marier Rosa qu'avec un tonnelier; il y a encore un autre motif singulier, mystérieux. Je ne puis vous laisser sortir sans que vous sachiez tout. Je ne veux pas que vous me gardiez rancune jusqu'à demain. Asseyez-vous et accordez-moi, je vous prie, encore quelques instants. Voyez, voyez !

il nous reste une bouteille de vieux vin que le gentilhomme mécontent a dédaigné. Goûtez-le avec moi. »

Le conseiller fut fort surpris de ces instances, peu habituelles à maître Martin, et il lui semblait que le tonnelier avait sur le cœur un poids dont il voulait se délivrer. Après que Paumgartner se fut assis et eut bu un verre de vin, maître Martin commença de la sorte : « Vous savez que ma brave femme, après m'avoir donné Rosa, mourut des suites de ses couches. Ma grand'mère vivait encore, si l'on peut dire qu'une femme vit quand elle est sourde, aveugle, à peine capable de parler, paralysée de tous ses membres, et gisant jour et nuit sur son lit. Ma Rosa venait d'être baptisée, et la nourrice la tenait sur ses genoux dans la chambre où était ma grand'mère. J'étais si triste lorsque je regardais cette jolie enfant, et si joyeux et si ému, qu'il m'était impossible de travailler, et je me tenais près du lit de la vieille femme, qui me semblait heureuse d'être délivrée de toutes les sollicitudes terrestres. Pendant que je contemplais sa figure pâle, elle se mit à sourire d'une façon singulière, et il me parut que ses rides s'effaçaient, que ses joues reprenaient les couleurs d'un autre âge. Elle se leva tout à coup, comme animée par une force surnaturelle, étendit ses bras si longtemps paralysés, et dit d'une voix douce et sonore : « Rosa ! ma chère Rosa ! »

« La nourrice se leva et lui porta l'enfant, qu'elle berça sur son sein. Figurez-vous mon étonnement, et je pourrais dire mon effroi, lorsque la vieille se mit à chanter d'une voix joyeuse cette chanson, à la manière de Jean Berckler, hôtelier du Saint-Esprit à Strasbourg :

> Petite fille aux joues fraîches,
> Rose, écoute mes paroles ;
> Qu'elles éloignent de toi le souci et la douleur !
> Sois fidèle à Dieu, évite la légèreté,
> Et tous les vains désirs !
> Il te viendra une riante maison
> Arrosée par des flots odorants ;
> De jolis petits anges y chanteront gaîment
> Les sentiments pieux et l'amour fidèle.

> Celui qui te donnera cette maison,
> Tu le recevras avec tendresse,
>   Il sera ton fiancé chéri ;
>   Sa maison dans la tienne
> Apportera richesses, bonheur, trésors.
> Jolie petite fille aux yeux clairs,
> Prête l'oreille aux paroles vraies
> Et jouis de la bénédiction de Dieu !

« Après avoir achevé cette chanson, elle posa l'enfant avec précaution sur la couverture du lit, et, lui mettant sa main tremblante sur la tête, elle murmura des paroles inintelligibles ; mais, à l'expression pieuse de sa figure, on voyait qu'elle priait. Elle laissa ensuite retomber son front sur les coussins, et, lorsque la nourrice emporta l'enfant, elle poussa un profond soupir, et mourut.

— C'est une merveilleuse histoire, dit le conseiller ; mais je ne vois pas comment cette chanson de votre aïeule a pu vous faire prendre la résolution de donner votre fille à un tonnelier.

— Quoi de plus clair cependant, répondit maître Martin, que ces paroles prononcées d'un ton inspiré par la vieille femme au moment où elle allait rendre l'âme? Le fiancé qui, avec sa maisonnette, apportera dans ma maison richesses, bonheur, trésors, n'est-ce pas l'habile tonnelier qui viendra faire chez moi son chef-d'œuvre, sa tonne brillante? Dans quelle construction y a-t-il des flots odorants, si ce n'est dans la tonne? et lorsque le vin fermente, il murmure, bouillonne : ce sont les petits anges qui chantent dans les flots de joyeuses chansons. Non, non, ma grand'mère n'a pas pu indiquer un autre fiancé qu'un maître tonnelier, et il en sera ainsi.

— Mon cher maître, reprit le conseiller, vous expliquez les paroles de votre aïeule à votre façon. Pour moi, je n'admets pas une telle interprétation, et je persiste à soutenir que vous devez vous abandonner à la volonté du ciel et au penchant légitime qui se manifestera dans le cœur de votre fille.

— Et moi, répliqua maître Martin avec impatience, je

persiste à déclarer, une fois pour toutes, que je n'aurai pour gendre qu'un brave tonnelier. »

Paumgartner était prêt à s'emporter contre l'obstination de Martin; mais il se domina, et, se levant de son siége, il dit : « Maître Martin, nous avons assez bu et causé, il serait inutile de prolonger la partie. »

En entrant dans le vestibule, ils aperçurent une jeune femme avec cinq enfants, dont l'aîné n'avait pas plus de huit ans, et le dernier pas plus de six mois. La pauvre femme pleurait et se lamentait. Rosa courut à sa rencontre et s'écria : « Dieu du ciel! Valentin est mort, et voilà sa femme avec ses enfants.

— Quoi! Valentin est mort! répliqua maître Martin tout ému. Hélas! quel malheur! quel malheur! Figurez-vous, mon cher sire, que Valentin était le plus habile ouvrier de mon atelier, et un brave homme, et un zélé travailleur. Il y a quelque temps qu'il se fit une blessure grave avec sa hache en travaillant à une grande tonne; cette blessure empira de plus en plus, la fièvre le prit, et le voilà qui vient de succomber à la fleur de l'âge. »

Maître Martin s'approcha de la malheureuse femme, qui fondait en larmes et se plaignait d'être condamnée à mourir dans la misère.

« Comment! s'écria Martin, quelle idée avez-vous donc de moi? Votre mari s'est blessé dans mon atelier, et vous pensez que je pourrais vous abandonner! Non; vous êtes désormais des nôtres. Demain, ou quand vous voudrez, nous enterrerons votre pauvre mari, et alors vous viendrez avec vos enfants dans ma métairie, où j'ai ouvert un bel atelier, et où je travaille chaque jour avec mes compagnons. Vous prendrez soin de mon ménage, et j'élèverai vos enfants comme s'ils étaient les miens; et sachez aussi que je prends également votre vieux père dans ma maison : c'était jadis un bon tonnelier, lorsqu'il avait de la force dans les bras; à présent, s'il ne peut plus manier les douves et les cercles, il peut encore se servir de son rabot. Enfin, il viendra avec vous dans ma maison. »

Si maître Martin n'eût pas soutenu la pauvre femme, la douleur et l'attendrissement l'eussent fait tomber sur le carreau. Ses enfants aînés s'attachaient au pourpoint du tonnelier, et les deux plus jeunes, que Rosa avait pris sur ses bras, étendaient vers lui leurs petites mains, comme s'ils eussent tout compris. Le vieux Paumgartner dit en souriant, avec des larmes dans les yeux : « Maître Martin, on ne peut rester en colère contre vous. » Et il s'en retourna dans sa demeure.

COMMENT LES DEUX JEUNES COMPAGNONS FRÉDÉRIC ET REINHOLD FIRENT CONNAISSANCE ENSEMBLE.

Sur une verte pelouse ombragée par de grands arbres était assis un jeune compagnon d'une figure agréable, nommé Frédéric. Le soleil était déjà couché, et un crépuscule de pourpre éclairait l'horizon. Dans le lointain on apercevait distinctement la célèbre ville impériale de Nuremberg étendue dans la plaine, et ses tours superbes dont les rayons du soir illuminaient les globes dorés. Le bras appuyé sur un sac de voyage, le jeune compagnon jetait un tendre regard vers cette cité ; puis il cueillit quelques fleurs écloses autour de lui sur le gazon, et les effeuilla dans l'air ; puis il promena un regard triste de côté et d'autre, et des larmes brillèrent dans ses yeux. Enfin il releva la tête, étendit les bras comme s'il voulait saisir une image chérie, et chanta d'une voix harmonieuse cette chanson :

> Je te revois, ô ma douce patrie !
> Mon cœur fidèle ne t'a point quittée.
>   Lève-toi, rayon de pourpre,
>   Douce fleur d'amour,
>   Vers de pures délices.
> Veux-tu t'élancer, ô mon âme ardente !
> Sois ferme dans la douleur et dans la joie.
>   Crépuscule d'or,
>   Rayon charmant,
>   Sois mon messager ;

> Porte à celle que j'aime
> Mes soupirs et mes larmes
> Si je venais à mourir,
> Si elle t'interrogeait,
> Dis-lui : Son cœur a succombé à son amour.

Après avoir chanté, Frédéric tira de son sac un morceau de cire qu'il échauffa entre ses mains, et se mit à modeler une belle rose épanouie avec toutes ses feuilles. En travaillant ainsi, il murmurait encore quelques strophes de sa chanson ; et, absorbé dans ses pensées, il ne remarqua pas le beau jeune homme qui, depuis longtemps debout derrière lui, l'observait dans son travail.

« Ah ! dit enfin le jeune homme, vous avez fait là, mon ami, une charmante œuvre d'artiste. »

Frédéric le regarda avec surprise ; mais, en voyant son regard expressif et amical, il lui sembla qu'il le connaissait déjà, et il lui répondit en souriant : « Comment pouvez-vous, mon cher sire, faire attention à une bagatelle qui me sert de passe-temps en voyage ?

— Vous donnez, continua l'étranger, le nom de bagatelle à une fleur si fidèlement imitée de la nature ! vous devez être un artiste exercé, et je vous dois une double satisfaction. D'abord vous m'avez ému par votre chanson, et maintenant j'admire votre habileté de modeleur. Où comptez-vous aller aujourd'hui ?

— Le but de mon voyage, répondit Frédéric, est là sous nos yeux ; je rentre dans mon pays natal, dans la célèbre ville de Nuremberg. Mais, comme le soleil est déjà couché, je passerai la nuit dans ce village. Demain au point du jour je poursuivrai ma route, et vers midi je serai à Nuremberg.

— Quelle bonne rencontre ! s'écria l'inconnu avec joie. Nous devons faire le même chemin, car je vais aussi à Nuremberg ; je passerai la nuit dans ce village, et demain nous partirons ensemble. Maintenant causons un peu. »

A ces mots, Reinhold (ainsi s'appelait l'étranger) s'assit auprès de Frédéric, et continua : « N'est-ce pas, je ne me trompe point, vous êtes un habile fondeur? je le vois à ce que vous venez de faire; ou vous travaillez l'or et l'argent? »

Frédéric baissa les yeux d'un air triste, et dit avec humilité : « Hélas! mon cher sire, vous m'élevez plus haut que je ne mérite. Je vous dirai franchement que j'ai appris la profession de tonnelier, et que je vais à Nuremberg travailler chez un maître célèbre. Vous allez bien me mépriser, à présent que vous savez que je ne puis ni modeler ni fondre de belles statues, mais seulement placer des cercles sur des douves. »

Reinhold, éclatant de rire, s'écria : « En effet, c'est fort plaisant; moi, je vous mépriserais parce que vous êtes tonnelier! et moi, moi-même je ne suis pas autre chose. »

Frédéric le regarda avec surprise, ne sachant que croire; car le costume de Reinhold n'annonçait pas un artisan en voyage. Son pourpoint de fin drap noir, garni de bandes de velours, sa fraise élégante, sa courte et large épée, sa barrette, sur laquelle flottait une longue plume, indiquaient un riche marchand, et cependant il y avait dans la physionomie, dans la tournure du jeune homme un certain je ne sais quoi qui ne pouvait le faire considérer comme un marchand.

Reinhold remarqua les doutes de Frédéric, et, ouvrant son sac de voyage, il en tira son tablier, sa hache de tonnelier, et s'écria : « Regarde, mon ami, regarde; doutes-tu encore que je sois ton camarade? Je vois que mon costume t'étonne; mais je viens de Strasbourg, où les tonneliers se vêtent comme des gentilshommes. A la vérité, j'avais bien comme toi quelque envie de faire autre chose; mais à présent je regarde le métier de tonnelier comme le plus beau de tous, et c'est là-dessus que je fonde de charmantes espérances. N'en est-il pas de même de toi? Mais il me semble qu'un nuage sombre s'est appesanti sur ta riante jeunesse, et trouble tes regards. La chanson que tu chantais tout à l'heure était pleine de douloureux désirs, elle exprimait des sons qui retentissaient dans ma poitrine.

et mon cœur devinait tout ce qui parait renfermé dans le tien. C'est une raison de plus pour que tu aies confiance en moi ; et d'ailleurs ne serons-nous pas tous deux de braves compagnons à Nuremberg ? »

Reinhold passa son bras autour du corps de Frédéric et le regarda amicalement.

Frédéric lui répondit : « Plus je te regarde, bon camarade, plus je me sens attiré vers toi, et ta voix résonne dans mon cœur comme l'écho d'un esprit bienfaisant. Je veux donc tout te dire, non pas qu'un pauvre homme comme moi ait quelque important secret à confier, mais parce que le sein d'un ami fidèle s'ouvre à mes douleurs, et que, dès les premiers moments de notre connaissance, je te regarde comme un véritable ami. Je suis donc tonnelier, et j'ose me vanter de connaître ma profession ; mais, dès mon enfance, je me sentais porté vers un travail plus beau. Je voulais devenir un grand maître en sculpture ou en ciselure, comme Pierre Fischer, ou l'Italien Benvenuto Cellini. Je travaillais avec ardeur chez Jean Holzschuer, le célèbre ciseleur de mon pays, qui, sans être lui-même sculpteur, me donnait cependant d'excellentes leçons. Dans sa demeure je voyais souvent maître Tobie Martin, le tonnelier, avec sa fille, la charmante Rosa. Sans m'en apercevoir, je devins amoureux. Je quittai ma ville natale et m'en allai à Augsbourg, pour me perfectionner dans mon art ; mais j'étais dominé par les feux de mon amour. Je ne voyais et n'entendais que Rosa, et toutes les tentatives qui ne pouvaient me conduire au bonheur de la posséder ne me causaient plus qu'une amère répugnance. Je choisis la seule voie qui pouvait m'amener à ce but. Maître Martin ne veut donner sa fille qu'au tonnelier qui fera son chef-d'œuvre chez lui, et qui du reste pourra plaire à Rosa. J'abandonnai ma première profession, et je me consacrai à celle de tonnelier. Maintenant je vais à Nuremberg travailler chez maître Martin ; mais en ce moment, où je vois ma cité natale devant moi, et où l'image de Rosa reparaît si riante à mes yeux, je n'éprouve plus qu'une pensée de trouble, de crainte et d'anxiété, je ne sens plus que la folie de mon entreprise. Sais-je si Rosa m'aime, si elle m'aimera jamais? »

Reinhold avait écouté l'histoire de Frédéric avec une attention toujours croissante. Il appuya sa tête sur son bras, et, mettant une de ses mains sur ses yeux, il demanda d'une voix sourde : « Rosa vous a-t-elle jamais donné quelque signe d'amour?

— Hélas! répondit Frédéric, lorsque je quittai Nuremberg, Rosa était bien jeune ; elle me voyait volontiers, il est vrai ; elle me souriait quand je dépouillais de ses fleurs le jardin de Holzschuer, pour lui tresser des couronnes ; mais... — Alors tout espoir n'est pas encore perdu! » s'écria Reinhold d'une voix si impétueuse, que Frédéric en fut effrayé. A ces mots, il se leva ; son épée résonna sur ses flancs ; et la lueur sombre de la nuit, tombant sur son visage pâle, donna à ses traits, naguère si doux, une expression sinistre.

Frédéric lui dit avec angoisse : « Que vous est-il donc arrivé? » Il se leva aussi, et, en se reculant, frappa du pied le sac de voyage de Reinhold ; il en sortit un son musical. Reinhold s'écria en colère : « Ne brise pas mon luth, méchant compagnon. »

L'instrument était attaché sur le sac. Reinhold dénoua la courroie, et en saisit les cordes violemment, comme s'il voulait les briser. Mais bientôt son jeu devint doux et mélodieux. « Allons, dit-il avec cordialité, allons, cher frère, dans le village ; je tiens là dans mes mains un bon moyen de chasser les mauvais esprits qui pourraient se trouver sur notre route et m'atteindre, moi surtout.

— Qu'avons-nous donc, répondit Frédéric, à faire avec les méchants esprits? Ton jeu est agréable à entendre. Continue, je t'en prie. »

Les étoiles dorées brillaient sur l'azur du ciel, la brise nocturne murmurait dans le vallon embaumé, les ruisseaux soupiraient sous le feuillage mourant des arbres ; Frédéric et Reinhold descendirent dans la plaine en jouant et en chantant, et leur chant expressif et plein d'amour s'envolait dans les airs. Lorsqu'ils furent arrivés à leur gîte, Reinhold, rejetant avec vivacité son luth et son sac de voyage, pressa Frédéric sur son sein, et celui-ci sentit couler sur ses joues les larmes brûlantes de son jeune compagnon.

COMMENT LES DEUX JEUNES APPRENTIS FURENT REÇUS DANS LA MAISON DE MAITRE MARTIN.

Le lendemain matin, Frédéric, en s'éveillant, n'aperçut pas son nouvel ami, qui s'était jeté la veille sur une couche de paille, à côté de lui; et comme il ne vit ni son luth ni son sac de voyage, il pensa que Reinhold avait pris un autre chemin. Mais, en sortant de la maison, il le vit venir à lui, le sac sur le dos, le luth sous le bras, tout autrement vêtu que la veille. Il avait ôté la plume de sa barrette, son épée; et, au lieu de son élégant pourpoint de velours, il portait une casaque ordinaire de bourgeois, d'une couleur sombre. « Eh bien, s'écria gaîment Reinhold, à présent, me regardes-tu comme ton vrai compagnon? Mais écoute : pour un amoureux, tu as bien longtemps dormi; regarde comme le soleil est déjà levé à l'horizon. Hâtons-nous de partir. »

Frédéric était silencieux, concentré en lui-même, répondant à peine aux questions de Reinhold, et faisant à peine attention à ses plaisanteries.

Reinhold sautait gaîment de côté et d'autre, chantait, et jetait sa barrette en l'air; mais, à mesure qu'il approchait de la ville, il devint aussi plus silencieux.

Arrivés près de la porte de Nuremberg, Frédéric lui dit : « J'éprouve un tel saisissement, que je ne puis aller plus loin; reposons-nous un instant sous ces arbres. » Et il se jeta sur le gazon.

Reinhold s'assit près de lui, et lui dit : « Hier au soir, cher frère, j'ai dû te paraître bien singulier; mais lorsque tu me parlais de ton amour, lorsque tu te montrais si malheureux, il me passait par la tête mille sottes idées qui eussent troublé ma raison, si ton chant et mon luth n'avaient chassé les méchants esprits. Ce matin, en me levant, aux premiers rayons du soleil, tous les fantômes avaient disparu, et je repris ma gaieté naturelle. Je courus hors de la maison, j'errai sous les arbres, et il me vint mille pensées agréables. Je songeais au plaisir que j'avais eu à te rencontrer, et à l'affection que tu m'avais inspirée. Je me rappelai une histoire qui s'est passée en Italie, lorsque j'étais dans ce pays; je veux te la raconter, car elle montre d'une manière frappante ce que peut la véritable amitié.

« Un prince, protecteur zélé des beaux-arts, offrit un prix considérable pour une peinture dont il avait désigné le sujet, très-élevé, il est vrai, mais très-difficile à traiter. Deux jeunes artistes, unis l'un à l'autre par l'amitié la plus étroite, résolurent de concourir pour ce prix. Ils se communiquèrent leur projet, et réfléchirent ensemble aux moyens d'en vaincre les difficultés. Le plus âgé, qui avait une grande expérience dans le dessin et la composition des groupes, eut bientôt conçu et dessiné son plan; tandis que le plus jeune, découragé de ses premiers essais, eût renoncé à l'entreprise si son ami ne l'avait soutenu par ses encouragements et aidé de ses conseils. Lorsqu'ils commencèrent à peindre, le plus jeune, qui était un grand maître en coloris, donna à son camarade plusieurs indications excellentes, dont celui-ci sut profiter de telle sorte, que jamais le plus jeune n'avait dessiné si correctement, et que jamais l'aîné n'avait si bien employé la couleur. Quand les deux tableaux furent achevés, les deux artistes tombèrent dans les bras l'un de l'autre; chacun d'eux était ravi du travail de son camarade, et le reconnaissait digne du prix. Ce fut le plus jeune qui l'obtint; alors il s'écria tout confus: « Oh! pourquoi m'a-t-on donné ce prix? qu'est-ce que mon talent auprès de celui de mon ami? qu'aurais-je fait sans ses conseils et son aide généreuse?

« — Et ne m'as-tu pas, reprit l'aîné, assisté aussi de tes conseils? Mon tableau n'est pas mauvais, il est vrai; mais c'est toi qui as mérité la palme. S'efforcer franchement et noblement d'atteindre le même but, voilà le devoir de deux amis, et le laurier du vainqueur honore le vaincu. Je t'aime encore plus; car la victoire que tu as remportée ajoute à ma réputation... » N'est-ce pas, Frédéric, le peintre avait raison? Un même but, une même ambition doivent resserrer les liens de deux vrais amis, au lieu de les désunir. Une basse envie ou une haine funeste pourrait-elle trouver place dans de nobles cœurs?

— Jamais, répondit Frédéric, non, jamais! nous sommes devenus frères. Bientôt nous ferons tous deux à Nuremberg notre chef-d'œuvre, une belle tonne de deux foudres poussée sans feu; mais que le ciel me garde d'éprouver la moindre envie si la tienne réussit mieux que la mienne!

— Ah! ah! s'écria Reinhold en éclatant de rire, tu feras, j'en suis sûr, un chef-d'œuvre qui plaira à tous les bons tonneliers; et pour ce qui concerne le calcul des dimensions, la courbure des cercles, je suis ton homme. Tu peux aussi t'en rapporter à moi pour la qualité du bois. Fie-t'en à mes yeux pour trouver de belles tiges de chêne abattues en hiver, sans piqûre de vers, sans bandes rouges ou blanches et sans nœuds. Je t'aiderai de mon bras, de mes conseils, et n'en ferai pas moins mon chef-d'œuvre.

— Mais, Dieu du ciel! s'écria Frédéric, pourquoi restons-nous ainsi à jaser sur notre chef-d'œuvre? Sommes-nous donc en rivalité? Il s'agit de Rosa... Comment en sommes-nous venus là? La tête me tourne.

— Allons! frère, dit Reinhold en riant, il n'était point question de Rosa; tu es un rêveur. Poursuivons notre chemin vers la ville. »

Frédéric se leva et se mit en route tout troublé. Lorsque les deux compagnons furent entrés dans une auberge pour se laver et essuyer la poussière de leurs habits, Reinhold dit à son camarade : « En vérité, je ne sais chez quel maître je puis aller travailler; je ne connais personne ici, et je pense que tu pourrais me conduire avec toi chez maître Martin; peut-être pourrai-je travailler dans son atelier.

— Tu délivres mon cœur, répondit Frédéric, d'un lourd fardeau; car avec toi j'aurai plus de courage pour vaincre mon embarras et mon anxiété. »

Tous deux se dirigèrent alors vers la maison du célèbre tonnelier; c'était justement le dimanche où maître Martin donnait son banquet de syndic. En entrant dans sa demeure, les deux compagnons entendirent le bruit des verres et la rumeur d'une société joyeuse.

« Ah! dit Frédéric avec timidité, nous arrivons dans un moment inopportun.

— Je pense, au contraire, répondit Reinhold, que c'est un très-bon moment; car, dans un gai festin, maître Martin doit être de bonne humeur et disposé à écouter nos vœux. »

Bientôt maître Martin, auquel les deux amis s'étaient fait annoncer, arriva dans ses habits de fête, le nez et les joues couverts d'un respectable vermillon. En apercevant Frédéric, il s'écria : « Est-ce toi, mon brave garçon? te voilà donc de retour? à merveille! Et tu t'es donc consacré à la noble profession de tonnelier? Il est vrai que messire Holzschuer fait une terrible grimace quand il est question de toi. Il pense qu'on a perdu en toi un grand artiste, que tu aurais fait de jolies figures comme on en voit dans l'église de Saint-Sébald, et à Augsbourg dans la maison de Fugger. Mais ce sont de vains propos, et tu as eu raison de prendre un bon métier. Sois mille fois le bienvenu. »

En parlant ainsi, maître Martin le prit par les épaules et le serra avec joie sur son cœur, selon sa coutume. Frédéric se ranima à ce cordial accueil; tout son embarras disparut. Il exposa librement sa demande, non-seulement pour lui, mais encore pour son ami Reinhold.

« Bien, répondit maître Martin, vous ne pouvez arriver plus à propos; car le travail augmente et j'ai besoin d'ouvriers. Soyez tous deux les bienvenus! déposez votre sac de voyage, et entrez. Le repas est, à la vérité, presque fini; mais vous pouvez encore prendre place à table, et Rosa aura soin de vous. »

22.

Maître Martin rentra avec les deux compagnons dans la salle. Là étaient les respectables maîtres de la corporation avec le digne Jacob Paumgartner, et tous avaient le visage enluminé. On venait d'apporter le dessert, et un vin généreux brillait dans les coupes. Dans ce moment chaque maître parlait à haute voix de choses différentes; tous croyaient se comprendre, et tantôt l'un, et tantôt l'autre, riait sans savoir pourquoi. Dès que maître Martin, prenant par la main les deux jeunes gens annonça que tous deux, pourvus de bonnes attestations, allaient entrer dans son atelier, il se fit un grand silence, et chacun regarda avec plaisir les deux beaux compagnons. Reinhold promenait autour de lui un regard presque orgueilleux, tandis que Frédéric baissait les yeux et tournait sa barrette entre ses mains. Maître Martin leur indiqua une place au bas bout de la table, et c'était précisément la meilleure, car bientôt Rosa vint s'asseoir entre eux, et leur servit des mets choisis et un vin excellent. C'était une charmante chose à voir que cette jeune et gracieuse enfant assise entre ces deux jeunes gens au milieu de tous ces vieux maîtres à longue barbe : on eût dit une riante nuée du matin s'élevant sur un ciel sombre, ou trois beaux arbres printaniers portant leur tête fleurie au sein d'un gazon desséché.

Dans sa béatitude, Frédéric pouvait à peine respirer. Il jetait de temps à autre à la dérobée un regard qui trahissait son émotion, puis baissait les yeux sur son assiette, et ne pouvait manger.

Reinhold, au contraire, fixait ses yeux étincelants sur la jeune fille, et il commença à raconter ses voyages d'une façon si merveilleuse, que Rosa n'avait jamais rien entendu de pareil. Tout ce qu'il disait se représentait à la fille du tonnelier sous mille formes vivantes et variées. Elle était tout yeux, tout oreilles, et ne savait ce qui se passait en elle, lorsque le jeune narrateur prit sa main et la serra sur sa poitrine.

« Mais, Frédéric, s'écria tout à coup Reinhold, pourquoi restes-tu donc là muet et immobile ? As-tu perdu l'usage de la parole? Allons, buvons tous deux à la belle et gracieuse demoiselle qui nous traite si bien. »

Frédéric saisit d'une main tremblante la coupe que Reinhold avait remplie jusqu'au bord, et qu'il le força de vider jusqu'à la dernière goutte.

« Maintenant, à la santé de notre digne maître ! » dit Reinhold en remplissant de nouveau le verre et en le présentant à Frédéric.

Alors la chaleur du vin monta au cerveau de Frédéric ; son sang s'agita et bouillonna dans ses veines.

« Ah ! murmura-t-il en rougissant, j'éprouve un bien-être inexprimable que je n'avais jamais ressenti. »

Rosa, qui pouvait donner à ces paroles une autre interprétation, lui sourit avec une admirable douceur.

« Chère Rosa, dit Frédéric, délivré de toute gêne, vous ne vous souvenez sans doute pas de moi?

— Comment, cher Frédéric, répondit Rosa les yeux baissés, comment serait-il possible que je vous eusse oublié en si peu de temps? Lorsque je vous vis chez le vieux Holzschuer, je n'étais encore qu'une enfant ; mais vous ne dédaigniez pas de jouer avec moi, et vous saviez toujours imaginer quelque charmante récréation. J'ai conservé, comme un précieux souvenir, la jolie corbeille en filigrane d'argent dont vous me fîtes cadeau à Noël. »

Des larmes brillèrent dans les regards enchantés du jeune homme ; il voulut parler, et ne put exhaler que comme un soupir ces mots interrompus : « O Rosa !... chère... chère Rosa !...

— J'ai toujours, continua Rosa, désiré cordialement de vous revoir ; mais jamais je n'aurais cru que vous vous consacreriez à la profession de tonnelier, quand je pense aux charmants ouvrages que vous faisiez autrefois chez maître Holzschuer. C'est pourtant dommage que vous ayez renoncé à votre art !

— Ah ! Rosa, dit Frédéric, c'est pour vous que j'y ai renoncé. »

A peine ces mots furent-ils prononcés, que Frédéric,

honteux et troublé, eût voulu s'abîmer sous terre. L'aveu irréfléchi s'était échappé de ses lèvres. Rosa, comme si elle eût tout compris, détourna la tête, et le pauvre compagnon chercha en vain quelques paroles.

Dans ce moment, Paumgartner frappa du manche de son couteau sur la table, et annonça que le digne maître chanteur, messire Vohrad, allait entamer une chanson.

Maître Vohrad se leva aussitôt, et commença, sur le mode de Jean Vogelgesang, une chanson si belle, que le cœur de tous les assistants en fut réjoui, et que Frédéric lui-même sortit de son embarras. Après que le poëte eut chanté encore plusieurs autres chansons sur d'autres modes, tels que le mode paridisias oranger, il dit que si quelqu'un des auditeurs était exercé dans l'art admirable du chant, il devait faire entendre aussi sa voix.

A ces mots, Reinhold se leva, et répondit que, s'il lui était permis de se servir du luth à la manière italienne, il essayerait de chanter, en conservant le mètre allemand. Comme personne ne lui faisait d'objections, il prit son instrument, et, après quelques agréables préludes, il chanta la chanson suivante :

> Où est la source précieuse
> D'où coule un vin parfumé ?
> Sous un bois arrondi
> On voit ses flots dorés,
> On entend son doux murmure.
> Qui conserve avec art,
> Qui protège avec soin
> La jolie source ?
> C'est le brave tonnelier.
> Plaisir de l'amour,
> Chaleur du bon vin,
> Joie de la vie,
> Voilà l'œuvre du tonnelier.

Cette chanson charma tous les auditeurs, et surtout maître Martin, dont les yeux pétillaient de joie. Sans faire attention à Vohrad, qui disait que le compagnon avait imité le rhythme de Jean Muller, maître Martin se leva, et s'écria en balançant dans sa main la grande coupe destinée à passer à la ronde : « Viens ici, mon brave tonnelier et maître chanteur, viens ici ! il faut que tu vides ce verre avec ton maître Martin. »

Reinhold obéit. Lorsqu'il fut de retour à sa place, il dit tout bas à Frédéric, absorbé dans une profonde rêverie : « C'est à toi maintenant à chanter : chante ta chanson d'hier.

— Es-tu fou ? répondit Frédéric en colère.

— Nobles messires, et chers maîtres, s'écria Reinhold en s'adressant à l'assemblée, voici mon frère Frédéric qui sait beaucoup de chansons plus belles ; mais son gosier est desséché par la poussière du voyage, et il vous montrera son admirable talent une autre fois. »

Tout le monde se mit alors à louer Frédéric comme s'il eût déjà chanté. Plusieurs maîtres prétendirent même que sa voix était plus agréable que celle de Reinhold ; et Volrad, après avoir bu encore un grand verre, affirma que Frédéric reproduisait mieux les beaux modes allemands que Reinhold, dont le chant était trop italien. Mais maître Martin, rejetant la tête en arrière, et frappant vigoureusement sur son gros ventre, s'écria : « Ce sont mes compagnons, les compagnons de Tobie Martin, maître tonnelier à Nuremberg ! »

Tous les maîtres secouèrent la tête, et dirent en savourant les dernières gouttes de leur large coupe : « Oui, oui, maître Martin, ce sont de braves compagnons. »

Chacun se retira enfin dans sa demeure, et Reinhold et Frédéric allèrent occuper deux agréables chambres que maître Martin leur avait assignées dans sa maison.

COMMENT UN TROISIÈME COMPAGNON SE PRÉSENTA A MAITRE MARTIN, ET CE QUI EN ARRIVA.

Lorsque les deux compagnons eurent passé quelques semaines dans l'atelier de maître Martin, celui-ci remarqua que Reinhold n'avait point son pareil pour ce qui concernait les proportions, les courbures et les cercles, mais qu'il n'en était pas de même quand il s'agissait pour lui de manier la hache ou le maillet. Reinhold se fatiguait alors bien vite, et semblait peu disposé à continuer son ouvrage. Frédéric, au contraire, usait de ces instruments sans se lasser. Ils se distinguaient, du reste, l'un et l'autre par l'honnêteté de leur conduite, et Reinhold en particulier par sa gaieté et sa bonne humeur. Ils n'épargnaient pas leur gosier, surtout en présence de la belle Rosa, et chantaient ensemble d'une voix harmonieuse maintes chansons fort agréables ; et si Frédéric, en regardant Rosa, se laissait aller à des accords mélancoliques, Reinhold entonnait aussitôt une chanson légère qui commençait par ces mots : « La tonne n'est pas la lyre, la lyre n'est pas la tonne, » laquelle chanson égayait tellement maître Martin, qu'il laissait tomber son rabot, et se tenait le ventre en éclatant de rire. Du reste, les deux compagnons, et surtout Reinhold, s'étaient parfaitement insinués dans les bonnes grâces de leur patron, et l'on pouvait remarquer que Rosa cherchait souvent un prétexte pour venir dans l'atelier et s'y arrêter plus longtemps qu'elle n'en avait autrefois l'habitude.

Un jour, maître Martin entra tout pensif dans l'atelier où il avait établi son travail d'été. Reinhold et Frédéric venaient d'achever un petit tonneau. Maître Martin se plaça devant eux, les bras croisés, et leur dit : « Je ne saurais vous exprimer, mes chers compagnons, combien je suis content de vous ; mais je me trouve à présent dans un grand embarras. On écrit des bords du Rhin que la vendange sera cette année meilleure que jamais. Un savant a prédit que la comète que nous avons vue briller au ciel féconderait le sol de ses rayons merveilleux. Toute la chaleur qu'elle renferme, et qui durcit les métaux, se répandra à la surface de la terre, et remplira d'une nouvelle sève les ceps altérés, qui porteront alors une quantité de grappes. On ne reverra une telle constellation que dans trois cents ans. Nous allons donc avoir force travail ; voilà que le digne évêque de Bamberg me commande une grande tonne. Nous ne pourrons jamais en finir, et il faut que je me procure un vigoureux compagnon ; mais je ne voudrais pas prendre le premier venu, et pourtant j'ai le feu sous les ongles. Si vous connaissiez un bon ouvrier que vous aimeriez à vous associer, dites-le-moi, je le ferai venir, dût-il m'en coûter une bonne somme d'argent. »

A peine maître Martin avait-il dit ces mots, qu'un jeune homme d'une haute taille et d'une forte structure entra en s'écriant d'une voix retentissante : « Oh ! oh ! est-ce ici l'atelier de maître Martin ?

— Oui vraiment, répondit le tonnelier en s'avançant vers le nouveau venu ; mais vous n'avez pas besoin de crier comme si vous vouliez tout massacrer, et de frapper de cette sorte sur les tonnes. On ne se présente pas ainsi chez les gens.

— Ah ! s'écria l'étranger, vous êtes sans doute maître Martin lui-même, avec ce ventre arrondi, ce double menton, ces yeux étincelants et ce nez rubicond ? Vous voilà tel qu'on vous a décrit. Salut à vous, maître Martin !

— Eh bien, que voulez-vous de moi ? demanda le tonnelier avec aigreur.

— Je suis un compagnon tonnelier, et je voudrais savoir si on peut trouver de l'ouvrage chez vous. »

Maître Martin recula de deux pas en arrière, et mesura le jeune homme des pieds à la tête, tout étonné de voir apparaître un compagnon au moment même où il désirait l'avoir. L'étranger le regarda hardiment ; et lorsque maître Martin l'eut observé avec sa large poitrine, ses muscles vigoureux, ses forts poignets, il se dit : Voilà précisément l'homme dont j'ai besoin, et il lui demanda ses certificats de corporation.

« Je ne les ai pas sur moi, répondit le jeune homme ; mais je vous les procurerai en peu de temps, et je vous donne ma parole que je puis travailler loyalement. Cela doit vous suffire. »

Là-dessus, sans attendre la réponse du maître, il rejeta sa barrette et son casque de voyage, ôta sa casaque, prit le tablier, et dit : « Voyons, maître Martin, montrez-moi ce que je dois faire. »

Le tonnelier, très-choqué des façons un peu rudes de l'inconnu, réfléchit quelques instants, puis il lui dit : « Eh bien, montrez-nous que vous êtes un bon ouvrier ; faites le trou de la bonde à ce tonneau qui est sur l'établi. »

Le jeune homme accomplit cette tâche avec une force, une célérité et une adresse remarquables ; puis il s'écria en riant à haute voix : « Doutez-vous maintenant, maître Martin, que je sois un habile ouvrier? Mais, ajouta-t-il en se promenant de long en large dans l'atelier, et en mesurant du regard les pièces de bois et les outils, avez-vous de bons ustensiles? Qu'est-ce que ce maillet? c'est sans doute pour amuser vos enfants ; et cette petite hache, c'est bon pour des apprentis. » En parlant ainsi, il jetait en l'air le lourd maillet que Reinhold pouvait à peine manier, et la hache avec laquelle maître Martin travaillait lui-même. Puis il roula comme des balles légères de larges tonnes, et, prenant une des plus grandes douves qui n'étaient pas encore travaillées : « Qu'est-ce que cela? s'écria-t-il ; si c'est de bon bois de chêne, cela doit se rompre comme un verre. » Il lança contre une pierre la douve, qui se brisa en deux morceaux.

« Mon cher compagnon, dit maître Martin, voulez-vous jeter hors de l'atelier cette tonne de deux foudres, ou détruire tout mon établissement? Vous pourriez vous servir de cette poutre ; et, pour que vous ayez une hache qui vous convienne, j'enverrai chercher à l'hôtel de ville l'épée de Roland, qui a trois aunes de longueur.

— C'est ce qu'il me faudrait, » s'écria le jeune homme avec un regard étincelant ; puis, baissant aussitôt les yeux, il dit d'une voix plus douce : « Je pensais, maître Martin, que vous aviez besoin de quelque vigoureux compagnon pour vos travaux. Peut-être ai-je trop fait parade de ma force ; mais donnez-moi du travail, je suivrai bravement vos instructions. »

Maître Martin regarda le jeune homme en face, et se dit que jamais il n'avait vu un visage plus honnête et plus noble. Il lui semblait même que cette figure lui rappelait vaguement un homme qu'il aimait et estimait depuis longtemps; mais il ne put se rendre compte de ses souvenirs, et il céda aux vœux du jeune homme, tout en le priant de se procurer au plus tôt les certificats de sa corporation.

Reinhold et Frédéric posaient pendant ce temps les cercles de leur tonneau. En travaillant ainsi, ils avaient coutume d'entonner une chanson à la manière d'Adam Puschmann. Le nouveau compagnon, nommé Conrad, s'écria : « Qu'est-ce que ce miaulement? On dirait que les souris sifflent dans l'atelier. Voulez-vous chanter? chantez donc de façon à fortifier le cœur et à égayer le travail : je vais vous en donner l'exemple. » A ces mots, il entonna une fanfare de chasse, avec des cris de hallali et de hussa! et il imitait l'aboiement des chiens, le cri des chasseurs, d'une voix si sonore, que les grandes tonnes en retentissaient, et que tout l'atelier en était ébranlé. Maître Martin se couvrit les oreilles avec les deux mains, et les enfants de Marthe, qui jouaient dans l'atelier, se cachèrent, effrayés, sous les cuves. Au même instant Rosa entra, très-surprise de ce vacarme. Dès que Conrad l'aperçut, il se tut aussitôt; puis, s'approchant d'elle, et la saluant avec grâce, il lui dit d'une voix douce : « Ma belle demoiselle, quel rayon charmant a pénétré dans ce hangar lorsque vous y êtes entrée! Si je vous avais vue plus tôt, je n'aurais point blessé vos oreilles par cette sauvage chanson de chasse; et vous autres, s'écria-t-il en se tournant vers maître Martin et ses deux compagnons, cessez donc cet affreux bruit de vos ustensiles. Aussi longtemps que la charmante demoiselle nous gratifie de sa présence, il faut que le maillet et la hache se reposent : nous ne devons entendre que sa voix mélodieuse, et nous courber humblement devant elle comme des serviteurs, pour recevoir ses ordres. »

Reinhold et Frédéric se regardèrent tout étonnés; mais Martin partit d'un éclat de rire et s'écria : « Allons, Con-

23

rad, il est clair que vous êtes le plus grand fou qui ait jamais porté le tablier de compagnon. D'abord vous arrivez ici comme une espèce de géant farouche, pour tout briser; puis vous beuglez de façon à nous déchirer les oreilles, et, pour terminer toutes ces extravagances, vous traitez ma petite Rosa comme une noble demoiselle, et vous lui parlez comme un gentilhomme amoureux.

— Je connais bien votre charmante fille, reprit Conrad, et je vous dis que c'est la plus ravissante demoiselle qu'il y ait au monde; et Dieu veuille qu'elle permette au plus noble gentilhomme de lui montrer son fidèle amour et d'être son paladin. »

Maître Martin se tenait les côtes. Il était sur le point d'étouffer. Enfin, après un long éclat de rire, il dit : « Bien! très-bien, mon cher compagnon; regarde, si tu le veux, ma Rosa comme une noble demoiselle, mais retourne à ton établi. »

Conrad resta comme fixé à sa place; puis, se frottant le front, il murmura : « C'est vrai! » et il obéit. Rosa s'assit, comme elle avait coutume de le faire, sur un petit tonneau que Reinhold essuya avec soin, et que Frédéric apporta près d'elle. Tous deux recommencèrent, sur la demande de maître Martin, la mélodieuse chanson interrompue par Conrad, qui se mit, pendant ce temps, à travailler en silence à son établi.

Lorsque la chanson fut finie, maître Martin leur dit : « Le ciel vous a fait, mes chers compagnons, un don précieux. Vous ne sauriez croire combien j'estime l'art de chanter. J'ai voulu aussi devenir maître chanteur; mais cela n'a pas réussi, malgré tous mes efforts, et je n'ai recueilli de mes tentatives que des moqueries et du dégoût. Dans les concerts, je faisais tantôt de faux accords, tantôt d'inutiles enjolivements, puis de vains essais de mélodie. Vous réussirez mieux que moi, et on dira : « Ce que le maître n'a pu faire, ses compagnons l'ont fait. » Dimanche prochain, après le sermon de midi, il y aura une séance de chant dans l'église de Sainte-Catherine. Vous pourrez y

MAITRE MARTIN ET SES OUVRIERS. 267

acquérir beaucoup d'honneur par votre talent ; chacun est libre de s'associer à cette partie. Et vous, Conrad, ajouta-t-il en se tournant vers le nouveau venu, vous pourriez monter au lutrin, et entonner votre chanson de chasse.

— Ne raillez pas, cher maître, répondit Conrad ; chacun a sa place. Tandis que vous vous réjouirez en écoutant les maîtres chanteurs, moi je me distrairai dans la prairie commune. »

Tout se passa comme maître Martin l'avait prévu. Reinhold chanta des airs sur différents modes qui charmèrent tous les maîtres chanteurs, bien qu'ils exprimassent l'opinion qu'il y avait dans le chant du jeune homme un certain ton étranger qu'on ne pouvait approuver. Frédéric monta ensuite au lutrin, et, après avoir jeté un regard autour de lui, un regard qui pénétra dans le cœur de Rosa et la fit soupirer, il entonna un superbe chant dans le ton mélodieux de Frauenlob. Tous les maîtres déclarèrent d'une voix unanime que nul chanteur ne surpassait le jeune compagnon.

Vers le soir, maître Martin, pour terminer gaiement la journée, se rendit avec Rosa dans la prairie commune. Les deux compagnons Reinhold et Frédéric eurent la permission de le suivre; Rosa marchait entre eux. Frédéric, enhardi par l'éloge des maîtres, osa lui adresser quelques paroles, que la jeune fille semblait ne pas vouloir entendre. Elle se retournait plus volontiers vers Reinhold, qui jasait joyeusement, selon sa coutume, et ne craignait pas de lui prendre le bras. De loin on entendait les cris éclatants qui retentissaient dans la prairie. Arrivés à l'endroit où les jeunes gens de la ville se livraient à toute sorte d'exercices, ils distinguèrent l'accent des voix de la foule, qui s'écriait : « Gagné ! gagné ! c'est encore lui qui est le plus fort ; personne ne peut lui résister. » En s'avançant au milieu de l'assemblée, maître Martin reconnut que tous les éloges s'adressaient à son compagnon Conrad, qui avait vaincu tous ses rivaux à la course, à la lutte et au jeu de palet. Au moment où maître Martin parut, Conrad demandait si personne ne voudrait s'essayer contre lui au jeu des épées émoussées. Plusieurs jeunes patriciens, habitués à ce combat chevaleresque, descendirent dans la lice. Mais, quelques instants après, Conrad les avait tous facilement vaincus, et on ne se lassait pas de louer sa force et son adresse.

Le soleil se penchait à l'horizon; les vapeurs du soir montaient à la surface du ciel; maître Martin, Rosa et les deux compagnons s'étaient assis au bord d'une source murmurante. Reinhold faisait de magnifiques récits de son voyage en Italie, tandis que Frédéric regardait en silence la jeune fille. Conrad s'approcha d'un pas incertain, comme s'il hésitait à se joindre à eux. « Approche, Conrad, lui cria maître Martin; tu t'es bravement conduit dans la prairie, et tu mérites que je t'associe à mes compagnons. N'aie pas peur, assois-toi près de nous, je te le permets. » Conrad jeta un regard perçant sur le maître qui lui adressait un salut bienveillant, et dit d'une voix sourde : « Ce n'est pas vous qui m'intimidez, et je n'ai pas besoin de votre permission pour m'asseoir ici; je ne viens point me joindre à vous. J'ai vaincu tous mes concurrents, et je viens demander à cette charmante demoiselle si, pour prix de ma victoire, elle voudra m'accorder le beau bouquet qu'elle porte sur son sein. »

En parlant ainsi, Conrad fléchit le genou devant Rosa, la regarda avec ses grands yeux noirs, et lui dit : « Chère Rosa, vous ne pouvez me refuser cette grâce; accordez-moi ce beau bouquet, comme prix de ma victoire. »

Rosa détacha en souriant le bouquet de sa poitrine et le lui remit en disant : « Je sais qu'un brave chevalier comme vous a le droit de requérir ce don d'une dame. Recevez donc mes fleurs fanées. »

Conrad baisa le bouquet et l'attacha à sa barrette, tandis que Martin se levait et s'écriait : « Encore une nouvelle folie! Allons! mettons-nous en route, voilà la nuit qui approche. » Il marcha en avant; Conrad prit avec respect le bras de Rosa, et les deux autres compagnons le suivirent d'un air mécontent.

Les bourgeois qu'ils rencontraient s'arrêtaient pour les regarder passer, et disaient : « Regardez ! voilà le riche Tobie Martin avec sa charmante fille et ses compagnons. Ce sont de braves gens. »

COMMENT MARTHE S'ENTRETINT AVEC ROSA DES TROIS COMPAGNONS, ET COMMENT CONRAD SE QUERELLA AVEC MAITRE MARTIN.

Le matin, les jeunes filles ont coutume de songer à toutes les joies d'une fête de la veille, et cette réminiscence est pour elles souvent aussi agréable que la fête même. La belle Rosa était assise dans sa chambre, les mains jointes sur sa poitrine, la tête baissée, laissant reposer son rouet et son aiguille. Peut-être entendait-elle les chants de Reinhold et de Frédéric ; peut-être voyait-elle Conrad remportant la victoire sur ses concurrents. Tantôt elle murmurait le refrain d'une petite chanson, tantôt elle disait à voix basse : « Voulez-vous mon bouquet ? » et une rougeur subite colorait son visage ; ses yeux étincelaient sous ses cils, et un soupir fugitif s'échappait de sa poitrine. Marthe entra, et Rosa se réjouit de pouvoir raconter tout ce qui s'était passé dans l'église Sainte-Catherine et dans la prairie commune.

Lorsqu'elle eut fini, Marthe lui dit en souriant : « Eh bien, chère Rosa, vous aurez bientôt à choisir entre trois beaux amoureux.

— Au nom du ciel! s'écria Rosa effrayée et le visage rouge, que dites-vous, Marthe!... moi... trois amoureux!

— Ma chère enfant, reprit Marthe, n'ayez donc pas l'air de ne rien savoir et de ne rien soupçonner. Il faudrait être aveugle pour ne pas voir que Reinhold, Frédéric et Conrad sont très-amoureux de vous.

— Quelle idée! murmura Rosa en se cachant le visage avec ses mains.

— Allons, ma timide enfant, continua Marthe en s'asseyant près d'elle, regarde-moi, et avoue que tu as remarqué depuis longtemps combien les compagnons sont occupés de toi. Avoue-le. Tu vois bien que tu ne peux le nier, et il serait bien étrange qu'une jeune fille ne remarquât point cela tout de suite. N'as-tu pas vu comme les regards se tournent vers toi, comme tout s'anime dans l'atelier, dès que tu parais, comme Reinhold et Frédéric entonnent leur plus belle chanson, et comme le fougueux Conrad s'adoucit à ton approche? N'as-tu pas vu comme chacun d'eux s'efforce d'arriver à toi, et quelle ardeur anime le visage de celui auquel tu adresses une douce parole et un doux regard? Ah! ma fille, n'est-ce pas un bonheur que de tels jeunes gens s'empressent ainsi autour de toi? Choisiras-tu un des trois, et lequel? c'est ce que je n'ose dire, car tu les traites bien tous trois, quoique je..... Mais silence là-dessus. Si tu venais à moi, et que tu me disses : « Donnez-moi un conseil, Marthe : auquel de ces jeunes gens dois-je accorder mon cœur et ma main ? » je te répondrais : « Si ton cœur ne parle pas clairement, renvoie-les tous trois. » Du reste, Reinhold me plaît beaucoup, ainsi que Frédéric et Conrad, et j'ai pourtant bien quelque chose à objecter contre chacun d'eux. Oui, chère Rosa, quand je vois travailler si ardemment ces jeunes compagnons, je pense toujours à mon pauvre Valentin, et je me dis qu'il n'aurait pu faire un meilleur ouvrage; mais il avait un tout autre élan et une autre manière de se mettre à l'œuvre. On voyait qu'il y allait de cœur et d'âme, tandis que ces jeunes gens semblent avoir en tête tout autre chose que leur travail; car l'on dirait qu'ils se sont imposé un fardeau qu'ils portent avec courage. C'est Frédéric qui me convient le mieux; c'est une douce et honnête nature. Il me paraît qu'il nous appartient de plus près que les autres. Je comprends tout ce qu'il dit; et ce qui me plaît, c'est de voir qu'il ose à peine te regarder, qu'il rougit quand tu lui adresses la parole, qu'il a conservé une pieuse timidité d'enfant. »

Tandis que Marthe parlait ainsi, une larme brillait dans

les yeux de Rosa ; elle se leva, et, se tournant vers la fenêtre, elle dit : « Oui, j'aime aussi Frédéric, mais il ne faut pas mépriser Reinhold.

— Comment pourrais-je le mépriser? s'écria Marthe; Reinhold est évidemment le plus beau de tous. Quels yeux! Non, quand il vous jette un de ses regards perçants, on ne peut le supporter. Mais il y a en lui je ne sais quoi de singulier qui me déconcerte. Il me paraît que maître Martin doit éprouver, en le voyant dans son atelier, ce que j'éprouverais si quelqu'un déposait dans ma cuisine un ustensile d'or et de diamant pour que je m'en servisse comme d'un meuble ordinaire; je n'oserais y toucher. Il parle, il raconte, toutes ses paroles résonnent comme une douce musique et vous entraînent ; mais, lorsque ensuite je songe à ce qu'il a dit, il se trouve que je n'ai pas compris le moindre mot. Et lorsqu'il plaisante à notre manière et qu'il veut être comme nous, tout à coup il a un air distingué qui m'effraye. Je ne puis dire cependant qu'il ait les façons de nos gentilshommes et de nos patriciens; non, c'est quelque chose d'autre. En un mot, il me paraît, Dieu sait pourquoi, comme s'il était en relation avec les esprits supérieurs, et comme s'il appartenait à un autre monde. Conrad est un gaillard rude, impétueux, et a dans toute sa nature une distinction qui ne s'accorde pas avec le tablier. De plus, il agit comme s'il devait être le seul maître ici, et comme si tous les autres devaient lui obéir. Depuis le peu de temps qu'il est arrivé, il a déjà réussi à subjuguer maître Martin. Cependant c'est un caractère si bon et si honnête, qu'on ne peut lui garder rancune. J'ajouterai même que, malgré ses façons impérieuses, il me plaît mieux que Reinhold; car tout ce qu'il dit avec violence, on le comprend. Je parierais qu'il a été soldat; il s'entend à manier les armes, et il a des expressions de guerre qui ne lui vont pas mal. Maintenant, ma chère Rosa, dis-moi sans détour lequel des trois compagnons te plaît le plus.

— Ne me faites pas de ces vaines questions, chère

Marthe, répondit Rosa. Ce qu'il y a de sûr, c'est que Reinhold ne m'effraye pas comme vous. Il est vrai qu'il est d'une tout autre nature que ses camarades; mais son entretien est pour moi comme un beau jardin rempli de fleurs riantes, de fruits inconnus que j'aime à contempler. Depuis que Reinhold est ici, maintes choses, qui me semblaient tristes et décolorées, ont pris à mes yeux une forme éclatante et un attrait puissant. »

Marthe se leva, et, menaçant du doigt Rosa en s'en allant, lui dit : « Oh ! Rosa, c'est donc Reinhold que tu choisis? Je ne l'aurais pas cru.

— Je vous en prie, Marthe, répondit Rosa, ne croyez rien, ne soupçonnez rien. Laissons les volontés du ciel s'accomplir, et acceptons-les en toute humilité. »

Pendant ce temps, l'atelier de maître Martin était fort animé. Pour satisfaire à toutes ses commandes, il avait pris de nouveaux ouvriers, et le bruit du marteau, de la hache, retentissait au loin. Reinhold venait de prendre les mesures de la grande tonne destinée à l'évêque de Bamberg, et y avait si bien réussi, à l'aide de Frédéric et de Conrad, que le cœur de maître Martin en tressaillait de joie : « Voilà, s'écria-t-il, ce que j'appelle un beau travail ! Ce sera une tonne comme on n'en a encore point vu, excepté mon chef-d'œuvre. »

Les trois compagnons enfonçaient à grand bruit les cercles sur les douves. Le vieux Valentin rabotait avec ardeur, et Marthe était assise derrière Conrad avec ses petits enfants, qui couraient de côté et d'autre en criant. C'était un joyeux spectacle, et l'on aperçut à peine le vieux Holzschuer qui entrait dans l'atelier. Maître Martin, en le voyant enfin venir, alla au-devant de lui, et s'informa poliment du but de sa visite.

« Je voulais voir encore une fois, dit Holzschuer, mon cher Frédéric, qui travaille là avec tant de zèle. Puis j'ai besoin pour ma cave d'une bonne tonne, et je viens vous la demander. Mais celle que vos compagnons achèvent là est précisément ce qu'il me faudrait. Voulez-vous me la céder et m'en dire le prix ? »

Reinhold, qui se reposait en ce moment de son travail, lui dit : « Ah! mon cher maître, renoncez à cette tonne, car elle est destinée au vénérable évêque de Bamberg. »

Maître Martin, les bras croisés sur le dos, le pied gauche en avant, et la tête renversée en arrière, jeta un regard radieux sur la tonne, et dit avec fierté : « Mon cher maître, à voir ce bois choisi et cette délicatesse de travail, vous auriez dû comprendre qu'une telle tonne ne pouvait être réservée qu'à une cave princière. Reinhold a bien parlé : ne demandez pas un tel ouvrage. Mais lorsque les vendanges seront finies, je vous ferai une bonne tonne, bien solide, comme il en faut une pour votre cave. »

Le vieux Holzschuer, irrité de l'orgueil de maître Martin, prétendit que ses pièces d'or étaient d'un aussi bon poids que celles de l'évêque de Bamberg, et que, pour son argent, il trouverait dans quelque autre atelier une tonne tout aussi belle.

Maître Martin eut peine à contenir sa colère ; il n'osait offenser le digne Holzschuer, estimé du conseil et de tous les bourgeois. Au même instant, Conrad frappa sur les douves avec tant de force, que tout l'atelier en retentit. La colère de maître Martin éclata contre lui ; il s'écria avec violence : « Conrad, malheureux, enragé, pourquoi frapper ainsi? Veux-tu donc briser ma tonne?

— Pourquoi pas? répondit Conrad en le regardant avec audace ; pourquoi pas, mon petit maître ? » En disant ces mots, il redoubla ses coups de telle sorte, que les cercles éclatèrent, et que les douves renversèrent Reinhold de l'échafaudage où il était assis.

Emporté par sa fureur, maître Martin arracha un bâton des mains de Valentin, et frappa sur le dos de Conrad en lui disant : « Tiens, maudit chien ! »

Dès que Conrad se sentit frappé, il se retourna vivement, et resta un instant comme pétrifié ; puis ses yeux flamboyèrent, il grinça des dents, et s'écria :

« Me frapper, moi ! » Il s'élança d'un bond, et, ramassant une hache sur le sol, il en porta un coup si vigoureux à Martin, qu'il lui eût fendu la tête si Frédéric n'eût poussé le vieux tonnelier de côté, en sorte que la hache lui rasa seulement le bras et en fit jaillir le sang ; Martin perdit l'équilibre et tomba par terre. Tout le monde se jeta au-devant du furieux Conrad, qui, agitant sa hache ensanglantée dans l'air, s'écriait d'une voix terrible : « Il faut que je l'envoie au diable ! » Et, repoussant avec une force de géant tous ceux qui l'entouraient, il allait porter à Martin, couché sur le sol, un second coup qui l'eût achevé, lorsque soudain Rosa apparut à la porte de l'atelier, le visage pâle et épouvanté.

Dès que Conrad aperçut Rosa, il resta, la hache à la main, immobile comme une statue ; puis, rejetant son arme loin de lui, il joignit les deux mains sur sa poitrine et s'écria d'une voix qui émut tout le monde : « O Dieu du ciel ! qu'ai-je fait ! » et il quitta l'atelier. Personne ne songea à le poursuivre. On releva le pauvre maître Martin. La hache n'avait pénétré que dans l'enveloppe de graisse qui couvrait son bras, et sa blessure ne pouvait être dangereuse. On retira du milieu des cercles et des douves le vieux Holzschuer, que Martin avait entraîné dans sa chute, et l'on apaisa aussi bien que possible les enfants de Marthe, qui criaient et pleuraient. Martin était fort abattu, et disait cependant qu'il se consolerait de sa blessure si ce diabolique compagnon n'avait pas détruit sa belle tonne.

On apporta une litière pour les vieux maîtres ; car Holzschuer s'était blessé en tombant. Il maudit un métier où l'on se servait d'instruments si meurtriers, et conjura Frédéric de reprendre sa noble profession d'artiste.

Frédéric et Reinhold, que cet événement avait épouvantés, reprirent tristement vers le soir le chemin de la ville. En marchant, ils entendirent derrière eux des sanglots et des soupirs ; ils s'arrêtèrent, et virent Conrad qui s'approchait d'eux.

« Ah ! mes chers compagnons, leur dit-il d'une voix

gémissante, ne vous effrayez pas de me voir. Vous me regardez comme un misérable assassin; mais non, non, je ne le suis pas. Je ne pouvais agir autrement. Je devais tuer ce vieux maître, et je devrais à présent aller avec vous et lui fendre la tête, s'il était possible. Mais non! c'en est fait, vous ne me reverrez plus. Saluez la douce Rosa, que j'aime par-dessus tout; dites-lui que je conserverai toute ma vie son bouquet sur mon cœur, que je m'en parerai, si...; enfin, un jour peut-être elle entendra parler de moi. Adieu, mes chers compagnons! » Et il s'enfuit à travers la campagne.

« Il y a, dit Reinhold, quelque chose de singulier dans ce jeune homme. Nous ne pouvons juger son action selon la mesure ordinaire. L'avenir nous révélera peut-être le mystère qu'il nous cache. »

REINHOLD QUITTE LA MAISON DE MAITRE MARTIN.

Autant l'atelier de maître Martin était animé naguère, autant il devint triste : Reinhold, incapable de travailler, restait dans sa chambre; Martin, le bras en écharpe, se plaignait sans cesse de Conrad; Rosa et Marthe et ses enfants n'osaient retourner sur le théâtre d'une scène si désolante. Frédéric travaillait seul sans relâche, et les coups de son maillet retentissaient dans l'atelier désert comme ceux du bûcheron retentissent en automne dans la forêt. Un chagrin profond pesait sur l'âme de Frédéric; car il croyait reconnaître clairement ce que depuis longtemps il avait soupçonné : il ne doutait plus que Rosa n'aimât Reinhold. Non-seulement elle adressait autrefois à Reinhold de douces paroles et des regards affectueux, mais, depuis qu'il ne venait plus à l'atelier, elle restait aussi à la maison, sans doute pour prendre soin de lui.

Par une belle journée de dimanche, maître Martin, guéri de sa blessure, invita son jeune compagnon à venir avec lui et Rosa dans la prairie commune; mais Frédéric, oppressé par sa douleur, refusa cette invitation, et se retira près de la colline où il avait rencontré pour la première fois Reinhold. Il se jeta sur le gazon ; et lorsqu'il se mit à songer à cette belle étoile d'espérance qui luisait sur son chemin, et qui maintenant avait disparu dans les ténèbres, lorsqu'il se rappela que tous ses efforts ne ressemblaient plus qu'à un vain rêve, ses yeux se remplirent de larmes, et ses larmes tombèrent sur les fleurs, qui élevaient vers lui leurs têtes comme pour s'associer à ses regrets. Il soupira, et murmura cette chanson :

> Où es-tu, ô ma douce espérance ?
> Hélas ! bien loin, bien loin tu t'es enfuite,
>   Pour réjouir un autre cœur.
>   Levez-vous, vents du soir !
>   Réveillez dans mon sein
>   Toutes mes joies éteintes,
>   Toutes mes douleurs mortelles,
> Afin que mon cœur, abreuvé de larmes,
> Se brise dans ses inutiles désirs.
>
> Que murmurez-vous si tendrement,
>   Jolies fleurs de la prairie ?
>   Pourquoi me regardez-vous
>   Avec vos yeux bleus ?
> Est-ce pour me montrer mon tombeau ?
>   Là est mon dernier asile,
>   Là je trouverai la paix.

Souvent la tristesse la plus profonde se calme par les soupirs et par les larmes, un rayon joyeux pénètre dans l'âme à travers les pleurs ; et lorsque Frédéric eut chanté cette chanson, il se sentait plus calme et plus fort. La brise du soir, les arbres qu'il avait invoqués, semblaient lui adresser des paroles de consolation, et sur le ciel sombre il vit briller des rayons d'or, comme les songes d'un bonheur lointain. Il se leva et descendit au village ; il lui paraissait que Reinhold marchait encore à côté de lui. Il se rappelait tout ce qu'il avait entendu dire ; et quand il se souvint de la comparaison des deux peintres amis luttant l'un contre l'autre, il crut voir tomber un voile de ses yeux. « Sans doute, se dit-il, Reinhold avait déjà vu et aimé Rosa. C'était cet amour qui l'attirait à Nuremberg dans la maison de maître Martin, et en parlant des deux peintres il voulait sans doute se désigner lui-même et désigner son jeune compagnon recherchant tous deux la main de Rosa. » Frédéric entendait encore les paroles que Reinhold lui adressait alors : De vrais amis doivent marcher ensemble vers le même but, sans artifices et sans désunion. L'envie et la haine ne peuvent pénétrer dans de nobles cœurs. « Oui, s'écria-t-il, je veux, ô mon ami, m'adresser à toi franchement ; tu me diras si tout espoir est perdu pour moi. »

Le lendemain matin il frappa à la porte de Reinhold ; comme personne ne répondait, il tourna la clef et entra. Au même instant il resta pétrifié : Rosa était peinte devant lui, dans tout l'éclat de sa grâce, de sa jeunesse, éclairée par les rayons du soleil. L'appui-main posé sur la table, les couleurs humides étendues sur la palette, indiquaient qu'on venait de travailler à ce tableau.

« O Rosa ! Rosa ! Dieu du ciel ! » murmura Frédéric.

Reinhold, qui s'était avancé derrière lui, lui frappa sur l'épaule et lui dit en riant : « Eh bien, Frédéric, que penses-tu de mon tableau ? »

Frédéric le pressa sur son cœur, et s'écria : « O merveilleux artiste ! je comprends tout à présent ; c'est toi qui as remporté le prix. Comment aurais-je pu, pauvre être que je suis, te le disputer ? Que suis-je auprès de toi ? qu'est-ce que mon art comparé au tien ? Hélas ! j'avais aussi quelque chose dans le cœur. Ne te moque pas de moi, cher Reinhold. Vois-tu, je songeais combien il serait beau de modeler la charmante figure de Rosa, et de la couler en argent fin. Mais c'était un enfantillage. Et toi... et toi... Comme elle est belle, comme elle nous sourit dans ce portrait ! Ah ! Reinhold ! heureux homme ! ce que tu avais prédit s'est réalisé ! Nous avons lutté tous les deux, et la victoire est à toi ; c'est toi qui devais vaincre, mais mon cœur te reste dévoué. Seulement il faut que je quitte cette maison, que je m'éloigne de ce pays : je ne puis y rester. Je mourrais, s'il fallait revoir Rosa. Pardonne-moi, mon digne ami. Aujourd'hui même je veux partir, je veux m'en aller porter au loin ma douleur et mes regrets. »

A ces mots, Frédéric fit un mouvement pour s'éloigner; Reinhold le retint et lui dit avec tendresse : « Ne t'en va pas! tout se terminera autrement que tu ne le supposes. Le temps est venu où je dois te dire ce que je t'ai caché. Tu vois à présent que je ne suis pas un tonnelier, mais un peintre, et tu peux reconnaître que je ne suis pas un artiste grossier. Dans ma première jeunesse, j'allai en Italie, terre des arts, et je parvins à me mettre en rapport avec de grands peintres, dont les leçons et les encouragements entretinrent en moi le feu sacré. J'acquis de la célébrité; mes tableaux furent renommés dans toute l'Italie, et le duc de Florence m'appela à sa cour. Alors je dédaignais l'art allemand, et, sans avoir vu vos chefs-d'œuvre, je parlais de la sécheresse de ton et du mauvais dessin de vos Dürer et de vos Kranach. Un jour, un marchand de tableaux apporta dans la galerie du grand-duc une madone de votre vieux Dürer, qui fit sur moi une telle impression, qu'à l'instant même je résolus de partir pour l'Allemagne et d'observer ses œuvres d'art. J'arrivai à Nuremberg, et en voyant Rosa je crus voir l'image vivante de cette madone qui m'avait si vivement ému. De même que toi, cher Frédéric, mon cœur fut enflammé d'amour. J'espérais pouvoir m'approcher de la jeune fille à la façon un peu libre des Italiens; mais toutes mes tentatives furent inutiles : impossible d'entrer dans la maison de maître Martin sous un prétexte frivole. L'idée me vint alors de me présenter comme un prétendu, et j'appris que maître Martin avait résolu de ne donner sa fille qu'à un tonnelier. Enfin je me décidai à m'en aller à Strasbourg, étudier la profession de tonnelier, et à revenir ensuite chez maître Martin. J'abandonnai le reste aux lois de la Providence. Tu sais comme j'ai accompli mon projet; mais sache que maître Martin m'a dit, il y a quelques jours, que je pourrais devenir un bon tonnelier et qu'il m'accepterait volontiers pour gendre, car il avait remarqué que je cherchais les bonnes grâces de Rosa, et qu'elle m'écoutait avec plaisir.

— Peut-il en être autrement? s'écria Frédéric avec une violente douleur. Oui, oui, Rosa doit être à toi. Comment pouvais-je espérer un tel bonheur?

— Tu oublies, reprit Reinhold, que Rosa n'a point encore confirmé les remarques de l'habile tonnelier. Il est vrai qu'elle a toujours été bienveillante et amicale envers moi; mais ce n'est pas là le langage de l'amour. Promets-moi, mon frère, de rester encore paisiblement ici pendant trois jours, et de travailler comme de coutume à l'atelier. Je pourrais bien travailler aussi avec toi; mais, depuis que j'ai commencé ce portrait, tout le métier de tonnelier me cause une répugnance extrême; je ne puis plus reprendre un maillet. Quoi qu'il arrive, dans trois jours je te dirai franchement où j'en suis avec Rosa : si c'est moi qu'elle aime, pars; tu apprendras que le temps guérit les plus profondes blessures. »

Frédéric promit d'attendre son sort.

Pendant trois jours, il évita soigneusement de rencontrer la jeune fille; son cœur était en proie à une vive agitation. L'heure décisive étant venue, il se glissa, rêveur, dans l'atelier, et sa maladresse lui attira plus d'une fois les reproches de maître Martin, qui semblait d'ailleurs péniblement préoccupé, et parlait de ruse et d'ingratitude sans expliquer clairement sa pensée. Vers le soir, Frédéric reprit le chemin de la ville, et aperçut un cavalier qui venait à lui. C'était Reinhold.

« Oh! s'écria celui-ci, je te cherchais. » Il mit pied à terre, et prenant son ami par la main : « Marchons un peu ensemble, lui dit-il, je t'apprendrai où en est mon amour. »

Frédéric remarqua que Reinhold portait le même costume que le jour où il l'avait aperçu pour la première fois, et qu'il avait mis sur son cheval un sac de voyage. Sa figure était pâle et altérée.

« Sois heureux ! s'écria-t-il d'un ton brusque, tu peux continuer ton travail, je te cède la place ; car je viens de prendre congé de la belle Rosa et de maître Martin.

— Comment, répondit Frédéric en frissonnant, tu veux partir lorsque maître Martin désire t'avoir pour gendre et que tu es aimé de Rosa?

— C'est la jalousie qui t'a aveuglé, cher frère ; il est évident pour moi que Rosa ne m'acceptait que par obéissance, et qu'il n'y a pas une étincelle d'amour dans son cœur. Oh! oh! j'aurais pu devenir un bon tonnelier, cercler des douves toute la semaine, aller le dimanche avec ma digne épouse à l'église de Sainte-Catherine et de Saint-Sébald, puis, le soir, à la prairie commune, une année comme l'autre.

— Ne ris pas, lui dit Frédéric, de la vie paisible et honnête de nos bons bourgeois ; si Rosa ne t'aime pas, ce n'est pas de sa faute : tu es si vif, si emporté!

— Tu as raison, reprit Reinhold, c'est une sotte habitude ; quand je me crois blessé, je crie comme un enfant gâté. J'ai parlé à Rosa de mon amour et de la volonté de son père ; des larmes ont coulé de ses yeux, sa main a tremblé dans la mienne, et, détournant la tête, elle m'a dit : « Il faut que j'obéisse aux vœux de mon père. » C'en était assez. Comprends tout ce qui se passe en moi : le désir que j'éprouvais de posséder Rosa n'était qu'une illusion. Quand j'ai eu fini son portrait, mon cœur est devenu calme, et souvent il m'a semblé que je n'avais voulu satisfaire qu'une passion de peintre. La profession de tonnelier m'est devenue odieuse, la vie d'artisan insupportable ; je me regardais comme enfermé dans une prison et oppressé par des chaînes. Comment la vierge céleste que je porte en mon cœur pourrait-elle devenir ma femme? Non, il faut que je la voie avec l'éternelle jeunesse, l'éternelle beauté que je lui ai donnée dans mon imagination. Ah! qu'il me tarde d'être loin d'ici, de me livrer sans réserve à l'art divin! Bientôt je te reverrai dans ta splendeur, adorable patrie de l'art! »

Les deux amis étaient arrivés à l'endroit où le chemin que Reinhold devait suivre prenait une autre direction.

« Séparons-nous ici, » s'écria Reinhold après avoir pressé Frédéric sur son sein. Il monta à cheval, et s'éloigna rapidement.

Frédéric le regarda longtemps en silence, puis s'en retourna chez maître Martin, le cœur agité de mille pensées diverses.

COMMENT FRÉDÉRIC FUT CHASSÉ DE L'ATELIER DE MAITRE MARTIN.

Le jour suivant, maître Martin travaillait sans mot dire et d'un air mécontent à la grande tonne de l'évêque de Bamberg, et Frédéric, affligé du départ de Reinhold, n'avait pas la force de parler, et encore moins de chanter.

Enfin maître Martin, jetant de côté ses ustensiles et croisant les bras, dit d'une voix sombre : « Voilà Reinhold qui est aussi parti! C'était un peintre distingué, et il s'est moqué de moi avec ses apparences de tonnelier. Si j'avais pu soupçonner cela lorsqu'il arriva avec toi, ah! comme je l'aurais renvoyé! Un visage si franc, si honnête, et un cœur plein de mensonge et d'astuce! Le voilà loin, et j'espère que tu resteras fidèle à notre métier. Qui sait combien nous pouvons nous rapprocher, si tu deviens un maître habile, et si Rosa te trouve à son gré! Tu m'entends, tâche de plaire à Rosa. »

A ces mots, il reprit ses instruments, et continua son travail. Frédéric ne pouvait s'expliquer l'impression produite sur lui par les paroles de maître Martin; mais ces paroles lui navraient le cœur, et une anxiété indéfinissable éloignait de lui toute espérance. Rosa reparut pour la première fois depuis longtemps dans l'atelier : elle était pensive, et Frédéric remarqua avec douleur qu'elle avait les yeux rouges. « Elle a pleuré sur son départ, se dit-il, elle l'aime donc! » Il n'osait regarder celle qu'il aimait d'un amour infini. La grande tonne était achevée, et, en la contemplant, maître Martin reprit sa bonne humeur : « Oui, mon enfant, dit-il à Frédéric en lui frappant sur l'épaule, c'est chose convenue, et si tu parviens à gagner la faveur de Rosa, si tu fais un beau chef-d'œuvre, tu seras mon gendre. Tu pourras aussi entrer dans la corporation des maîtres chanteurs, et t'acquérir beaucoup d'honneur. »

Les commandes augmentant de jour en jour, maître Martin prit deux autres compagnons, bons travailleurs, mais gens grossiers, démoralisés par leurs longs voyages. Au lieu des gais et aimables entretiens de Reinhold et de Frédéric, on n'entendait plus que des plaisanteries vulgaires et des chansons de cabaret.

Rosa s'éloigna de l'atelier, et Frédéric ne la vit plus que rarement et à la dérobée. Lorsqu'il arrêtait alors en soupirant ses regards mélancoliques sur elle, et qu'il lui disait : « Ah ! Rosa, si je pouvais causer avec vous, si vous étiez aussi riante que dans le temps où Reinhold travaillait ici !... » elle lui répondait en baissant les yeux : « Avez-vous donc quelque chose à me dire, cher Frédéric ? » Alors Frédéric restait muet, et cet heureux moment s'enfuyait, comme un éclair qui s'évanouit dès qu'on l'a vu.

Maître Martin insistait pour que Frédéric commençât son chef-d'œuvre. Il avait lui-même choisi le plus beau, le plus pur bois de chêne, un bois sans rayure, conservé pendant cinq ans dans son magasin, et personne autre que le vieux Valentin ne devait aider Frédéric. Cependant la grossièreté des nouveaux venus rendait le travail de plus en plus pénible au jeune tonnelier, et il se sentait saisi d'une mortelle tristesse en songeant que le chef-d'œuvre qu'il allait entreprendre devait décider du destin de sa vie. Il sentait qu'il languissait sans cesse dans un métier si opposé à sa première vocation d'artiste. Le portrait de Rosa peint par Reinhold était sans cesse présent à son esprit, et les œuvres d'art lui semblaient de plus en plus entourées d'une auréole éclatante. Souvent, quand il se trouvait subjugué par toutes ces pensées de crainte et de regret, il allait chercher un refuge dans l'église de Saint-Sébald. Là il contemplait pendant des heures entières le monument admirable de Pierre Fischer, et s'écriait avec ravissement : « O Dieu du ciel ! faire une telle œuvre ! Est-il rien de plus beau en ce monde ? » Puis, quand il s'en revenait à ses douves, à ses cercles, et qu'il songeait à tout ce qu'il fallait faire pour gagner la main de Rosa, il lui semblait que des tenailles brûlantes lui déchiraient le cœur, et qu'il devait succomber à sa misère. Souvent, en rêve, il voyait apparaître Reinhold, qui lui présentait de merveilleuses esquisses de sculpture où l'image de Rosa apparaissait tantôt sous la forme d'une fleur, tantôt sous celle d'un ange aux ailes déployées. Cependant il remarquait que Reinhold avait oublié de mettre un cœur dans cette image, et il le dessinait lui-même. Souvent aussi il croyait entendre les feuilles des fleurs chanter ; il voyait les métaux reproduire, sur leur surface polie, la beauté de Rosa. Il étendait les bras vers elle ; l'image matérielle disparaissait, et Rosa elle-même le pressait sur son sein.

La situation devenant de jour en jour plus cruelle, il alla chercher une consolation chez son ancien maître, Jean Holzschuer. Celui-ci lui permit de travailler dans son atelier, et Frédéric employa le fruit de ses épargnes à modeler en argent l'œuvre qu'il avait conçue.

Plusieurs mois se passèrent ainsi ; et Frédéric, qu'on eût pu croire atteint d'une maladie grave, à voir son visage pâle, ne pensait pas à entreprendre son chef-d'œuvre. Maître Martin lui reprocha durement son peu de zèle, et Frédéric fut contraint de reprendre la hache et le rabot. Pendant qu'il travaillait, maître Martin s'approcha de lui, et, regardant les douves qu'il venait de confectionner, lui cria en colère : « Que vois-je ! est-ce là un travail digne du compagnon qui aspire à devenir maître ? Un simple apprenti aurait fait mieux après trois jours d'exercice. Frédéric, quel démon te harcèle ?... Mon beau bois de chêne, comme le voilà perdu par ta maladresse ! »

Subjugué par ses désolantes pensées, Frédéric ne put se maîtriser plus longtemps. Il rejeta la hache, et répondit : « Eh bien, oui, c'en est fait, et dût-il m'en coûter la vie, je ne puis continuer ce grossier travail, tandis que je me sens entraîné par une force irrésistible vers les œuvres d'art. Ah! j'aime votre Rosa d'un amour inexprimable, comme personne ne peut l'aimer en ce monde ; c'est pour elle seule que j'ai voulu me consacrer à ce métier. A présent, elle est perdue pour moi, je le sais, et je succomberai bientôt à mon malheur ; mais je ne puis faire autrement, je retourne à ma noble profession, à mon digne maître Holzschuer, que j'ai indignement abandonné. »

Les yeux de maître Martin flamboyaient, la rage étouffait sa voix, et il ne put que murmurer ces mots : « Quoi!... et toi aussi!... Mensonge et trahison!... comme j'ai été trompé!... Hors d'ici, misérable! va-t'en. »

A ces mots, maître Martin, prenant le pauvre Frédéric par les épaules, le jeta hors de l'atelier, et en s'éloignant il entendit les cris railleurs des nouveaux compagnons. Le vieux Valentin joignit les mains, et dit d'un air pensif : « J'avais bien remarqué que le pauvre jeune homme pensait à quelque chose de meilleur que nos tonneaux. » Marthe pleura, et ses enfants gémirent de ne plus voir Frédéric, qui jouait gaiement avec eux et leur apportait maintes friandises.

CONCLUSION.

Si irrité que fût maître Martin contre Reinhold et Frédéric, il devait reconnaître que toutes les joies et tous les plaisirs avaient disparu de l'atelier avec eux. Les nouveaux apprentis ne lui causaient que des inquiétudes et du chagrin. Il devait s'occuper de tous les détails de leur ouvrage, et ne pouvait obtenir une besogne satisfaisante. Fatigué de tous ces soucis, il s'écriait souvent : « Ah! Reinhold! ah! Frédéric! pourquoi m'avez-vous trompé? pourquoi n'avez-vous pas voulu rester tonneliers? » Parfois sa tristesse était si grande, qu'elle l'empêchait de travailler.

Un soir, il se trouvait assis chez lui, dans une de ces sombres dispositions d'esprit, lorsque Jacob Paumgartner et maître Jean Holzschuer entrèrent tout à coup. Il pensa bien qu'il serait question de Frédéric, et en effet Paumgartner ne tarda pas à parler du jeune homme, et Holzschuer en fit le plus grand éloge ; il dit que Frédéric serait non-seulement un excellent orfévre, mais un illustre fondeur dans le genre de Pierre Fischer.

Paumgartner reprocha alors vivement à maître Martin la dureté avec laquelle il avait traité le pauvre ouvrier, et tous deux prièrent le vieux tonnelier de ne pas refuser sa fille à Frédéric, dans le cas où celle-ci l'aimerait.

Maître Martin les laissa parler, puis leur dit en souriant : « Mes chers sires, vous prenez bien chaudement la défense d'un garçon qui m'a indignement trompé. Je veux bien lui pardonner ; mais quant à Rosa, qu'il n'en soit plus question. »

Au même instant, Rosa entra, le visage pâle, les yeux humides de larmes, et déposa en silence des verres et du vin sur la table.

« Il faut donc, reprit Holzschuer, céder à la résolution de Frédéric, qui veut quitter son pays pour toujours. Il a fait chez moi un beau travail, qu'il vous demande, cher maître, la permission d'offrir à votre Rosa. »

A ces mots Holzschuer tira de sa poche une petite coupe en argent artistement ciselée, et la présenta à maître Martin, qui était un grand amateur de pareils bijoux, et qui la regarda en tous sens avec attention. On ne pouvait rien voir de plus beau que cette coupe. De légères guirlandes de vigne et de roses l'enlaçaient, et du milieu des boutons de roses sortaient de charmantes têtes d'anges. L'intérieur du vase était doré et orné de figures de chérubins. Quand on versait du vin dans cette coupe, on eût dit que tous ces petits anges jouaient dans la liqueur limpide.

« En effet, dit Martin, c'est un délicieux travail, et je le conserverai, si Frédéric veut en recevoir deux fois la valeur en bonnes pièces d'or. »

Au même moment, la porte s'ouvrit doucement, et Frédéric apparut, le visage pâle comme la mort.

À peine Rosa l'eut-elle aperçu, qu'elle s'écria : « O mon cher Frédéric ! » et courut se jeter à demi morte dans ses bras.

Maître Martin les regarda tous deux, stupéfait, puis contempla de nouveau l'intérieur de la coupe, puis s'écria d'une voix retentissante : « Rosa, Rosa, aimes-tu Frédéric ?

— Oh ! murmura Rosa, je ne puis le taire plus longtemps. Je l'aime comme moi-même. J'ai senti mon cœur se briser quand vous l'avez chassé.

— Eh bien, Frédéric, dit maître Martin, embrasse ta fiancée. »

Paumgartner et Holzschuer se regardèrent avec surprise ; mais Martin, reprenant la coupe, leur dit : « O Dieu du ciel ! tout ce que la vieille grand'mère avait prophétisé est accompli. Il apportera une brillante petite maison, où de beaux anges chanteront dans les flots odorants. Voici la maison, voilà les anges, voilà le fiancé. Allons ! allons ! mes chers sires, tout va bien, nous avons notre gendre. »

Celui à qui il est arrivé de se trouver transporté par un mauvais rêve dans une nuit profonde et sinistre, et de se réveiller tout à coup au milieu des fleurs embaumées, de l'air pur du printemps, celui-là peut comprendre l'émotion de Frédéric. Incapable de parler, il tenait Rosa enlacée dans ses bras ; puis enfin il s'écria : « O mon cher maître, est-il vrai ? Voulez-vous me donner la main de Rosa, et puis-je me livrer à mon art ?

— Oui, oui, sans doute, répondit Martin ; je ne puis faire autrement, puisque tu as accompli la prophétie de la grand'mère. Ton chef-d'œuvre en restera là.

— Non, cher maître, j'achèverai ma dernière tonne avec courage, et alors je reprendrai mon œuvre de ciseleur.

— Ah ! mon brave garçon, dit Martin, tandis que la joie étincelait dans ses yeux, fais donc ton chef-d'œuvre, puis nous célébrerons les noces. »

Frédéric remplit loyalement sa promesse. Il termina sa

tonne de deux foudres, et tous les maîtres déclarèrent qu'on trouverait difficilement un plus bel ouvrage. Maître Martin bénissait le ciel de lui avoir donné un tel gendre.

Le jour du mariage arriva. La tonne de Frédéric, pleine de bon vin et couronnée de fleurs, était dans le vestibule de la maison. Les maîtres de la corporation des tonneliers, ayant Paumgartner en tête, se rassemblèrent là avec leurs femmes ; puis vint la corporation des orfévres. Le cortége allait se diriger vers l'église de Saint-Sébald, où le jeune couple devait recevoir la bénédiction nuptiale, lorsqu'on entendit le son des trompettes et des hennissements de chevaux qui s'arrêtaient à la porte de maître Martin. Le tonnelier courut à la fenêtre, et il aperçut Henri de Spangenberg en habit de gala, et à quelques pas derrière lui un jeune homme à cheval, portant une épée brillante à sa ceinture, et une barrette ornée de plumes flottantes et de pierres précieuses. Près du jeune cavalier était une femme d'une admirable beauté, vêtue avec la même élégance, et montée sur un palefroi blanc comme la neige. Des pages et des valets, en grande livrée, les entouraient. Le son des trompettes cessa de se faire entendre, et Spangenberg s'écria : « Holà ! holà ! maître Martin, je ne viens ici ni pour le vin de votre cave, ni pour vos ducats, mais pour le mariage de Rosa. Voulez-vous me laisser entrer ? »

Maître Martin, se souvenant des paroles qu'il avait dites, éprouva une légère confusion, et courut recevoir le vieux gentilhomme.

Spangenberg descendit de cheval, et entra dans la maison en faisant un salut. La jeune dame le suivit avec le chevalier. Dès que maître Martin aperçut ce beau cavalier, il joignit les mains, et s'écria : « Dieu du ciel ! Conrad ! »

— Oui, cher maître, dit celui-ci, je suis votre apprenti Conrad. Pardonnez-moi la blessure que je vous ai faite ; j'aurais dû vous tuer, mais les choses se sont arrangées autrement. »

Maître Martin, fort troublé, répondit qu'il valait mieux qu'il n'eût pas été tué, et qu'il ne songeait plus à la légère égratignure qu'il avait reçue. Lorsque la noble société fut entrée dans la salle, tout le monde s'étonna de voir combien la jeune femme ressemblait à Rosa. Le chevalier s'approcha de la fiancée, et lui dit : « Permettez, charmante Rosa, que Conrad assiste à votre mariage, et pardonnez au fougueux apprenti qui a failli causer un grand malheur. »

Le vieux Spangenberg prit alors la parole, et dit : « Il faut que je fasse cesser votre surprise. Voilà mon fils Conrad et voilà sa femme, qui porte aussi le nom de Rosa. Vous souvenez-vous, maître Martin, de la soirée où je vous demandais si vous voudriez donner votre Rosa à mon fils? Il était alors passionnément épris d'elle, et m'avait décidé à venir vous adresser cette demande. Quand je lui racontai de quelle façon vous m'aviez répondu, il entra chez vous comme apprenti pour gagner les bonnes grâces de votre fille, et peut-être pour vous l'enlever. Vous l'avez guéri par les coups que vous lui avez donnés, je vous en remercie. Il a trouvé une noble fille, qui est sans doute la Rosa qu'il portait en son cœur. »

La jeune dame fit un gracieux salut à la fiancée, et lui dit en lui offrant pour présent de noces un collier de perles : « Voyez, chère Rosa, voici le bouquet de fleurs que vous avez donné à mon Conrad pour prix de sa victoire; il l'a conservé précieusement; mais, lorsqu'il vous est devenu infidèle, il m'en a fait hommage. Ne lui en voulez pas.

— Ah! madame, que dites-vous? répondit Rosa; le noble Conrad pouvait-il jamais aimer une pauvre fille comme moi? Vous seule deviez être son amour, et c'est sans doute parce que je porte le même nom que vous qu'il s'occupait de moi en ne songeant qu'à vous. »

Une seconde fois le cortége allait se mettre en marche, lorsqu'on vit arriver un jeune homme vêtu de velours uni, à la façon italienne, et portant des chaînes d'honneur sur sa poitrine.

« O Reinhold, mon cher Reinhold! » s'écria Frédéric en se précipitant dans les bras du jeune homme. En même temps, maître Martin et la fiancée poussaient une exclamation de joie.

« Ne t'ai-je pas dit, s'écria Reinhold en serrant son compagnon sur son cœur, que tout s'arrangerait pour le mieux? Je viens fêter ton mariage, et je veux t'offrir le tableau que j'ai fait pour toi. »

A ces mots, il ordonna à deux serviteurs d'apporter un grand tableau, entouré d'un cadre d'or, qui représentait maître Martin dans son atelier, avec ses compagnons Reinhold, Frédéric, Conrad, travaillant à la grande tonne au moment où la belle Rosa venait les visiter. Chacun fut surpris de la vérité et de l'éclat du coloris de cet ouvrage.

« Ah! dit Frédéric en souriant, c'est là ton chef-d'œuvre. Le mien est dans le vestibule; mais bientôt j'en ferai un autre.

— Je sais tout, répondit Reinhold, et je t'estime heureux. Reste fidèle à ta profession, qui, après tout, donne plus de joie domestique que la mienne. »

Au repas de noces, Frédéric était assis entre les deux Rosa, et en face de lui était maître Martin entre Conrad et Reinhold.

Paumgartner remplit jusqu'au bord la coupe de Frédéric, et la vida à la santé de maître Martin et de ses braves compagnons. La coupe circula à la ronde, et le vieux Spangenberg et tous les maîtres portèrent de joyeux toasts au tonnelier, à sa fille et à ses anciens apprentis.

LE BONHEUR AU JEU.

CHAPITRE PREMIER.

Dans l'été de 18.., les eaux de Pyrmont attiraient une quantité de monde extraordinaire. Chaque jour s'accroissait l'affluence des riches étrangers, et chaque jour ravivait l'avide pensée des spéculateurs de toute sorte ; les entrepreneurs de la banque de pharaon se mirent à l'œuvre, et étalèrent sur leurs tapis verts des masses d'or, avec lesquelles ils espéraient, comme de fins chasseurs, attirer un bon gibier.

On sait que, dans la saison des bains et dans ces réunions nombreuses où chacun est éloigné de ses habitudes, on se laisse aller à l'oisiveté, on s'abandonne au magique attrait du jeu. Il n'est pas rare alors de voir des personnes qui, dans d'autres temps, ne touchent jamais une carte, s'installer opiniâtrément à la table de jeu ; et d'ailleurs il est de bon ton, au moins dans la société élégante, de se rendre chaque soir auprès du tapis vert, et d'y perdre quelque argent.

Un jeune baron allemand, que nous appellerons Sigfried, semblait seul vouloir résister à cet attrait des cartes et à ces règles du bon ton. Lorsque tout le monde courait à la table de jeu, qu'il perdait ainsi l'occasion de continuer un entretien agréable, il se retirait dans sa chambre pour lire, pour écrire, ou il allait se promener solitairement dans la campagne.

Sigfried était jeune, indépendant, riche, d'un aspect noble, d'une nature riante, et il ne pouvait manquer d'être aimé, estimé, et de réussir auprès des femmes. Dans tout ce qu'il entreprenait, il semblait être guidé et soutenu par une étoile heureuse. On parlait de vingt affaires de cœur très-périlleuses en apparence, et qui, pour lui, furent dénouées légèrement et heureusement. On racontait surtout l'histoire d'une certaine montre qui prouvait son bonheur constant. Sigfried, étant encore mineur, entreprit un voyage, et se trouva un jour dans un besoin si pressant d'argent, qu'il fut forcé de vendre sa montre en or, garnie de brillants. Il était résigné à donner pour une faible somme ce bijou précieux, lorsqu'il arriva dans l'hôtel qu'il occupait un jeune prince qui cherchait précisément un objet semblable, et le paya au delà de sa valeur. Un an après, Sigfried, étant entré en possession de sa fortune, apprend par les journaux qu'une montre est mise en loterie ; il achète un billet pour une bagatelle, et gagne la montre d'or qu'il avait vendue. Peu de temps après, il l'échange contre un anneau de diamants. Il entre au service du prince de Hesse ; celui-ci, voulant un jour lui donner un témoignage de sa bienveillance, lui offre la même montre avec une chaîne précieuse.

Cette histoire rendit plus remarquable l'opiniâtreté de Sigfried à ne toucher aucune carte, à éviter ce moyen d'user de son constant bonheur ; et on s'accorda à penser que le baron, avec toutes ses qualités brillantes, était trop timide, trop avare pour s'exposer à la moindre perte. On ne réfléchit pas que la conduite du baron éloignait au contraire tout soupçon d'avarice ; et, comme il arrive d'ordinaire, on se trouva fort satisfait d'avoir imaginé une explication défavorable à un fait peu usité.

Sigfried apprit bientôt ce qu'on disait de lui ; et comme il ne détestait rien tant que les apparences même de l'avarice, il résolut, quelque répugnance qu'il éprouvât pour le jeu, d'employer quelques centaines de louis à confondre ses calomniateurs. Il se rendit au salon avec la ferme résolution de perdre la somme considérable qu'il avait apportée, mais le bonheur qui le suivait partout lui fut encore fidèle. Chaque carte qu'il choisissait se couvrait d'or. Les calculs les plus raffinés des vieux joueurs échouaient contre le laisser-aller du baron. Il avait beau changer de cartes ou conserver les mêmes, toujours il gagnait. Il offrait le rare spectacle d'un ponteur qui se désespère parce que la chance le favorise, et les spectateurs se regardaient l'un l'autre et semblaient douter de la raison de cet homme, qui se montrait irrité de sa fortune.

Comme il avait gagné des sommes importantes, il se crut obligé de continuer, et il s'attendait à perdre plus qu'il n'avait gagné; mais il n'en fut pas ainsi : son destin l'emporta. Sans qu'il s'en aperçût lui-même, il commençait à prendre goût à ce jeu qui, dans sa simplicité, présente les combinaisons les plus chanceuses.

Il n'était plus mécontent de sa fortune. Le jeu absorba toute son attention, et le retint des nuits entières. Ce n'était plus l'appât du gain, c'était le jeu même, le jeu avec cette magie particulière dont ses amis lui avaient parlé, et qu'il n'avait jamais pu comprendre.

Une nuit, en levant les yeux au moment où le banquier achevait une taille, il aperçut en face de lui un homme d'un certain âge, qui le regardait d'un air fixe, sérieux et triste. Chaque fois que le baron levait la tête, il rencontrait l'œil sombre de l'étranger, qui produisit sur lui une impression pénible et irrésistible. L'inconnu ne quitta la salle qu'à la fin du jeu. Le lendemain il revint se placer en face du baron, et le poursuivit de ses regards sinistres. Le baron se contint encore cette fois; mais lorsqu'il le vit revenir la troisième nuit, il s'écria : « Monsieur, je dois vous prier de choisir une autre place, vous gênez mon jeu. » L'étranger s'inclina avec un sourire mélancolique, et, sans prononcer une parole, il sortit de la salle.

La nuit suivante, il était de nouveau devant le baron, dans la même attitude et avec le même regard. Sigfried se leva en fureur, et lui dit : « Monsieur, si vous croyez faire une plaisanterie en me regardant de la sorte, je vous prie de choisir un autre temps, un autre lieu. Quant à présent... » Un signe de la main dirigé vers la porte en dit plus que les rudes paroles que le baron s'abstint de prononcer.

Comme la nuit précédente, l'étranger sourit tristement, s'inclina et quitta la salle.

Agité par le jeu, par le vin qu'il avait bu, par la scène avec l'étranger, Sigfried ne put dormir. Lorsque le jour parut, il voyait encore cet homme devant ses yeux; il voyait cette figure expressive, vivement dessinée et altérée par la douleur; il voyait ces yeux creux et sombres, et cet humble vêtement sous lequel on distinguait la noble attitude d'un homme de bonne maison. Il se rappelait ensuite la douloureuse résignation avec laquelle l'étranger s'était éloigné de la salle.

« Non, s'écria-t-il, j'ai été injuste envers lui, cruellement injuste. Est-il donc dans ma nature de m'emporter comme un étudiant grossier, et d'offenser un inconnu sans le moindre motif. » Le baron pensa alors, que cet homme ne l'avait tant contemplé que parce qu'il était sous l'influence du plus pénible contraste, parce qu'il se trouvait forcé de lutter contre l'amer besoin, tandis qu'en face de lui le jeune joueur amassait des monceaux d'or. Sigfried résolut de le chercher le lendemain, et de réparer les torts qu'il se reprochait envers lui.

Par hasard, la première personne que le baron rencontra en se promenant fut précisément l'étranger.

Le baron s'approcha de lui, s'excusa de sa dureté de la veille, et finit par lui demander formellement pardon.

L'étranger répondit qu'il n'avait rien à pardonner; qu'il fallait passer beaucoup de choses au joueur entraîné par l'ardeur du jeu; que, du reste, il s'était attiré lui-même les rudes paroles du baron, en se tenant opiniâtrément à une place où il devait le gêner.

Le baron reprit la parole, et dit qu'il y avait parfois dans la vie des embarras temporaires qui devaient péniblement affecter un homme comme il faut, et il laissa entendre qu'il était disposé à employer une partie de l'argent qu'il avait gagné à venir au secours de l'étranger.

« Monsieur, lui répondit celui-ci, vous me croyez dans le besoin; cela n'est pas. Quoique je sois, à la vérité, plus pauvre que riche, ce que j'ai suffit à ma modeste manière de vivre. D'ailleurs vous comprendrez que si, après m'avoir offensé, vous vouliez réparer cette offense par un don d'argent, je ne pourrais, en homme d'honneur, accepter une telle réparation.

— Je crois vous comprendre, répondit le baron, et je suis prêt à vous donner toutes les satisfactions que vous pourrez désirer.

— O ciel! s'écria l'étranger, qu'un combat serait inégal entre nous! Je suis convaincu que, comme moi, vous ne regardez pas un duel comme une folie d'enfant, et que vous ne pensez pas que deux gouttes de sang tombant d'une égratignure au doigt puissent effacer une tache faite à l'honneur. Il est des cas où deux hommes ne peuvent vivre ensemble sur cette terre, quand l'un d'eux serait au Caucase et l'autre sur les bords du Tibre; car il n'y a point de séparation aussi longtemps que la pensée se porte vers l'existence d'un être haï. Dans un tel cas, c'est le duel qui décide lequel des deux doit faire place à l'autre sur cette terre : alors le duel est nécessaire. Entre nous il serait trop inégal, car ma vie n'a pas la même valeur que la vôtre : si je vous tue, j'anéantis tout un monde d'espérances; si je succombe, vous avez mis fin à une existence pleine d'anxiétés et de souvenirs pénibles. Mais l'essentiel est que je ne me regarde pas comme offensé. Vous m'avez dit de sortir, et je suis sorti. »

L'étranger prononça ces mots d'un ton qui trahissait un ressentiment intérieur. Ce fut pour le baron un motif de renouveler ses excuses, et il dit qu'il ne savait comment le regard de l'étranger produisait en lui un tel trouble, qu'il ne pouvait en soutenir la fixité.

« Puisse mon regard, reprit l'étranger, pénétrer assez avant dans votre cœur pour vous montrer le péril auquel vous êtes exposé! L'esprit léger, le cœur riant, vous marchez au bord de l'abîme : un seul coup peut vous y précipiter sans retour. En un mot, vous êtes sur le point de devenir un joueur effréné. »

Le baron affirma que l'étranger se trompait complètement ; il lui raconta par quelles circonstances il s'était mis à jouer, et ajouta que, lorsqu'il serait parvenu à perdre quelques centaines de louis, il cesserait de ponter. Jusque-là il avait eu un bonheur désespérant.

« Hélas ! s'écria l'étranger, ce bonheur est l'amorce trompeuse, effrayante, des puissances ennemies. Ce bonheur avec lequel vous jouez, les motifs qui vous ont porté au jeu, toute votre conduite, qui ne montre que trop clairement combien votre intérêt pour les cartes s'augmente, tout, enfin, me rappelle vivement la destinée effroyable d'un malheureux qui vous ressemblait sous plusieurs rapports, et qui débuta comme vous. Voilà pourquoi je ne pouvais détourner mes yeux de vous ; voilà pourquoi je pouvais à peine m'empêcher de vous dire ce que mes regards devaient vous laisser deviner. Que de fois j'ai voulu vous crier : « Prenez garde ! les démons étendent leurs griffes pour vous entraîner dans le précipice. » Je désirais vous connaître, j'y suis parvenu. Apprenez l'histoire du malheureux dont je viens de vous parler ; peut-être vous persuadera-t-elle que je ne me laisse point troubler par un vain rêve en cherchant à vous arracher à un péril imminent. »

L'étranger s'assit sur un banc solitaire à côté du baron, et commença ainsi :

CHAPITRE II.

« Les mêmes qualités brillantes qui vous distinguent, dit-il, attirèrent au chevalier de Ménars l'estime, l'admiration des hommes, et le firent aimer des femmes. Seulement, sous le rapport de la fortune, le sort ne l'avait pas autant favorisé que vous. Il était presque pauvre, et forcé de vivre de la manière la plus stricte pour pouvoir se montrer dans le monde avec l'apparence convenable au descendant d'une noble famille. Comme la perte la plus minime pouvait troubler toute l'économie de sa manière de vivre, il ne jouait jamais, et ne s'imposait, en agissant ainsi, aucun sacrifice, car le jeu n'avait pour lui nul attrait. Du reste, il réussissait d'une façon incroyable dans tout ce qu'il entreprenait, et le bonheur du chevalier de Ménars était devenu proverbial. Une nuit, contre sa coutume, il se laissa conduire dans une maison de jeu. Les amis qui l'avaient entraîné furent bientôt absorbés par les chances du hasard.

« Tout occupé d'autres pensées, le chevalier se promenait de long en large dans la salle, et, de temps à autre, s'arrêtait vers la table de jeu, où le banquier amassait ses piles d'or. Tout à coup un vieux colonel aperçoit le chevalier, et s'écrie : « Par tous les diables! monsieur de Ménars est ici avec son bonheur, et nous ne pouvons rien gagner puisqu'il ne prend parti ni pour le banquier ni pour les ponteurs; mais cela ne durera pas plus longtemps, il faut qu'il ponte pour moi à l'instant même. »

« Le chevalier s'excusa sur sa maladresse et son défaut d'expérience. Le colonel insista et l'amena vers la table de jeu.

« Il arriva, monsieur le baron, au chevalier, précisément ce qui vous est arrivé à vous-même. Chaque carte lui réussissait, et il eut bientôt gagné une somme considérable pour le colonel, qui ne pouvait assez s'applaudir de l'excellente idée qu'il avait eue d'employer l'étoile du chevalier. Ce bonheur, qui étonnait tout le monde, ne fit pas la moindre impression sur M. de Ménars; bien plus, son aversion pour le jeu s'accrut tellement, que le lendemain, lorsqu'il ressentit les fatigues physiques et morales de cette nuit de veille, il se promit de ne jamais retourner dans une maison de jeu, à quelque condition que ce fût. La conduite du vieux colonel l'affermit encore dans cette résolution : dès que celui-ci touchait une carte, il perdait, et il attribuait son malheur au chevalier. Il conjura de nouveau M. de Ménars de ponter encore pour lui, ou tout au moins de se tenir près de lui pendant le jeu, afin d'éloigner par sa présence le démon funeste qui trompait toutes ses combinaisons. On sait que nulle part il n'existe tant de folles superstitions que parmi les joueurs. Le chevalier ne put se délivrer de ses importunes sollicitations qu'en déclarant au colonel qu'il aimerait mieux se battre avec lui que de jouer de nouveau.

« Cette histoire, brodée, entourée d'une quantité de détails mystérieux, courut de bouche en bouche, et le chevalier passa pour un homme allié, par un pacte secret, avec les puissances surnaturelles. Mais comme, malgré son bonheur, il s'obstinait à ne toucher aucune carte, il fallut bien rendre justice à cette fermeté de caractère, et l'estime qu'on avait pour lui ne fit que s'accroître.

« Un an environ s'était écoulé, lorsque le chevalier se trouva dans un très-grand embarras par la suspension inattendue de la rente qui servait à le faire vivre. Il fut forcé de recourir à un de ses amis, qui l'aida aussitôt, et qui, en même temps, l'accusa d'être le plus bizarre original qu'il eût jamais vu.

« Le destin, lui dit-il, nous indique le chemin que nous devons suivre pour arriver à la fortune ; c'est notre indolence seule qui nous empêche d'observer ces indications et de les comprendre. La puissance suprême qui nous gouverne a fait entendre ces mots à ton oreille : « Veux-tu acquérir de l'or et des biens ? va, joue ; sinon tu seras pauvre, faible, dépendant. »

« Dans ce moment, le souvenir du bonheur extraordinaire qu'il avait eu au pharaon se représenta vivement à son esprit. Dans ses veilles et dans ses rêves, il ne voyait plus que les cartes, il n'entendait plus que la voix monotone du banquier répétant : « Gagne ! perd ! » et le tintement des pièces d'or.

« Il est vrai, se disait-il à lui-même, qu'une seule nuit comme celle-là me tirerait de la misère, me délivrerait de la crainte d'être toujours à charge à mes amis. Mon devoir est d'obéir à la voix du destin. » L'ami qui lui avait conseillé de jouer le conduisit dans une maison de jeu, et lui donna vingt louis d'or pour tenter le hasard. Si, en pontant pour le colonel, le chevalier avait joué avec éclat, cette fois, ce fut bien autre chose : il tirait aveuglément, sans y réfléchir, les cartes, et une main invisible, la main du sort, semblait prendre soin de son jeu. Lorsqu'il se leva de la table du pharaon, il avait gagné vingt mille louis. Le lendemain, il s'éveilla dans un grand trouble d'esprit. L'or qu'il avait gagné était sur sa table ; il crut rêver, il se frotta les yeux, et rapprocha la table de lui. Lorsqu'il se rappela ce qui était arrivé, lorsqu'il compta et recompta son gain avec bonheur, un poison funeste pénétra pour la première fois ses entrailles ; c'en était fait de la pureté de sentiments qu'il avait conservée si longtemps.

« A peine pouvait-il attendre l'heure du soir où il devait retourner à la table de jeu. Son bonheur continua, et en peu de semaines, en jouant chaque nuit, il avait gagné des sommes considérables.

« Il y a deux sortes de joueurs : pour plusieurs, le jeu même est une jouissance inexprimable. Les singuliers enchaînements du hasard changent à tout instant ; les puissances surnaturelles semblent s'avancer près de nous, et il y a je ne sais quelle émotion mystérieuse qui agite notre esprit. On dirait que nous devons nous élancer dans les sombres régions de ces puissances, observer leurs œuvres, épier leurs secrets. J'ai connu un homme qui, jour et nuit enfermé dans sa chambre, jouait contre lui-même ; celui-là était, à mon avis, un vrai joueur. D'autres ne songent qu'au gain, et regardent le jeu comme un moyen de s'enrichir promptement. Le chevalier entra dans cette dernière catégorie, et prouva que la passion du jeu tient à la nature individuelle, et qu'elle est en quelque sorte innée.

« Le cercle restreint dans lequel est limitée l'action du ponteur lui parut bientôt trop étroit. Avec l'argent qu'il avait amassé il établit une banque qui devint bientôt la plus riche banque de Paris, et la plupart des joueurs se réunirent autour de lui.

« La sombre et orageuse existence du joueur anéantit promptement tous les avantages physiques et intellectuels qui avaient acquis au chevalier l'affection et l'estime. Ce n'était plus cet ami fidèle, cet homme de salon, gai et spirituel, cet adorateur chevaleresque des dames; son amour pour les arts et la science était éteint; son désir de s'instruire avait disparu; sur son visage pâle et terne, dans la sombre ardeur de ses yeux creux, on voyait éclater la passion funeste qui le subjuguait. Ce n'était pas l'amour du jeu, non, c'était l'affreuse avarice que Satan lui avait jetée dans le cœur. Il devint le banquier le plus accompli qu'il fût possible de voir. »

CHAPITRE III.

« Une nuit, le chevalier, sans éprouver de pertes importantes, trouva cependant que le sort le favorisait moins que de coutume. Un petit homme vieux, sec, pauvrement habillé et d'un aspect repoussant, s'approcha de la table, prit une carte d'une main tremblante, et y posa une pièce d'or. Plusieurs joueurs regardèrent d'abord le vieillard avec surprise, puis le traitèrent avec un mépris évident, sans qu'il parût s'en émouvoir et qu'il s'en plaignît.

« Il perdit une mise après l'autre, et plus il perdait, plus les autres joueurs s'en réjouissaient. Lorsqu'en doublant toujours ses mises il en vint à perdre cinq cents louis sur une même carte, un de ses voisins s'écria en riant : « Bravo! signor Vertua, bravo! ne perdez pas courage, continuez; il me semble que vous ferez sauter la banque, et que vous gagnerez des sommes énormes. » Le vieillard jeta sur celui qui le raillait ainsi un regard de basilic, puis il quitta la salle, et revint une demi-heure après, les poches pleines d'or; mais, aux dernières tailles, il fut forcé de s'arrêter, car il avait déjà perdu tout ce qu'il avait apporté.

« Le chevalier, qui, au milieu de sa vie désordonnée, avait cependant conservé le sentiment des convenances, fut très-choqué de voir avec quel dédain et quelle ironie on traitait le vieillard. A la fin du jeu, il adressa à ce sujet une remontrance à quelques joueurs qui se trouvaient encore là.

« Allons! allons! s'écria l'un d'eux, vous ne connaissez pas le vieux Francesco Vertua; autrement, loin de nous adresser des reproches, vous approuveriez notre conduite. Sachez que ce Vertua, Napolitain de naissance, établi depuis quinze ans à Paris, est l'avare le plus sale, l'usurier le plus impitoyable que l'on puisse voir. Tout sentiment humain lui est étranger; il verrait son propre frère se tordre à ses pieds dans les convulsions de la mort, qu'il ne donnerait pas un louis d'or pour le sauver. Les malédictions d'une quantité d'hommes et de plusieurs familles entières, qu'il a ruinées par ses diaboliques spéculations, pèsent sur sa tête. Il est abhorré de tous ceux qui le connaissent; chacun désire que la vengeance du ciel le punisse du mal qu'il a fait. Jamais il n'a joué, du moins depuis qu'il est à Paris, et vous ne pouvez vous figurer quelle surprise nous avons éprouvée en le voyant entrer dans cette salle. Nous nous sommes réjouis de le voir perdre, car il eût été par trop triste que la fortune favorisât ce méchant homme. Il est certain que les trésors de votre banque ont aveuglé ce vieux fou; il espérait vous dépouiller, et c'est lui qui a perdu ses plumes. Je ne comprends pas, du reste, que ce sordide avare ait pu se décider à jouer un si gros jeu; mais il ne reviendra plus; nous sommes à jamais délivrés de sa présence. »

« Cette prédiction ne se réalisa pas. La nuit suivante, Vertua se plaçait de nouveau devant le chevalier, et perdait beaucoup plus que la veille. Cependant il resta calme; quelquefois même il souriait avec une amère ironie, comme s'il eût prévu un prompt changement; mais la perte du vieillard grossit comme une avalanche les jours suivants, jusqu'à ce qu'enfin on en vint à compter qu'il avait laissé à la banque 30,000 louis d'or. Une nuit, il entra, le visage pâle et décomposé; il s'assit à quelque distance de la table, les yeux fixés sur les cartes que tenait le chevalier. Au moment où l'on allait commencer une nouvelle taille, il s'écria d'une voix qui fit tressaillir tous les spectateurs : « Arrêtez! » puis, pénétrant à travers la foule des joueurs, il s'approcha du chevalier, et lui dit d'une voix sourde : « Voulez-vous tenir pour 80,000 francs ma maison de la rue Saint-Honoré, avec mes meubles, mon argenterie et mes bijoux ?

« — Cela va, répondit froidement le chevalier sans se retourner vers le vieillard, et il commença la taille.

« — La dame ! » dit Vertua, et au premier coup la dame avait perdu. Le vieillard fit un bond en arrière, et s'appuya, dans une sorte de défaillance, contre la muraille ; il ressemblait à une statue inanimée. Personne ne s'occupa de lui.

« Le jeu était achevé ; les joueurs se retiraient ; le chevalier entassait, avec son croupier, son gain dans sa cassette. Le vieux Vertua s'avança vers lui comme un spectre, et lui dit d'une voix sombre : « Chevalier, encore un mot, un seul mot.

« — Eh bien, qu'y a-t-il ? » répliqua le chevalier en retirant la clef de sa cassette, et en mesurant avec mépris le vieillard des pieds à la tête.

« Chevalier, dit Vertua, j'ai perdu dans votre banque toute ma fortune ; il ne me reste rien, plus rien. Je ne sais où je reposerai demain ma tête et comment j'apaiserai ma faim. J'ai recours à vous : prêtez-moi la dixième partie des sommes que vous m'avez gagnées, afin que je recommence mon métier, et que j'échappe ainsi à une affreuse misère.

« — A quoi pensez-vous, signor Vertua ? répondit le chevalier ; ne savez-vous pas qu'un banquier ne doit jamais rien prêter de ce qu'il a gagné ? C'est contre toutes les règles, et je ne puis les enfreindre.

« — Vous avez raison, continua Vertua, ma demande était exagérée et folle. La dixième partie ! non ; prêtez-moi seulement la vingtième.

« — Je vous répète, répondit le chevalier avec humeur, que je ne prêterai rien de ce que j'ai gagné.

« — Il est vrai, reprit Vertua, dont le visage pâlissait de plus en plus, et dont les regards s'assombrissaient davantage, il est vrai que vous ne devez rien prêter ; moi, j'agirais de même. Mais on donne une aumône à un mendiant : accordez cent louis d'or à celui dont l'aveugle destin vous a livré aujourd'hui la fortune.

« — En vérité, s'écria le chevalier en colère, signor Vertua, vous vous entendez à tourmenter votre monde. Je vous dis que vous n'aurez de moi ni cent, ni cinquante, ni vingt, ni même un seul louis d'or. Il faudrait que je fusse fou pour vous donner les moyens de reprendre votre affreux métier. Le sort vous a jeté dans la poussière, comme un insecte malfaisant, et ce serait un crime de vous relever. Allez, et vivez comme vous l'avez mérité. »

« Vertua se cacha le visage dans les mains, et poussa un profond gémissement. Le chevalier ordonna à ses gens de porter la cassette dans sa voiture, et dit d'une voix retentissante : « Seigneur Vertua, quand me remettrez-vous votre maison et vos effets ? »

« Vertua se releva subitement et lui répondit d'un ton ferme : « A l'instant même ! Venez avec moi, chevalier.

« — Bien ! dit le chevalier ; je vais vous conduire dans ma voiture à votre maison, que vous quitterez demain pour toujours. »

« Le long du chemin, ni Vertua ni le chevalier ne prononcèrent un seul mot. Arrivé à la porte de sa demeure, Vertua tira la sonnette. Une petite vieille vint ouvrir, et s'écria en l'apercevant : « Seigneur du ciel ! est-ce vous enfin ? Angéla succombe aux angoisses que vous lui donnez.

« — Silence ! répondit Vertua. Dieu veuille qu'Angéla n'ait pas entendu le son de cette malheureuse sonnette ! Elle doit ignorer mon retour. »

« En disant ces mots, il prit le flambeau des mains de la vieille femme stupéfaite, et éclaira le chevalier.

« Je suis préparé à tout, dit-il. Vous me haïssez, chevalier, vous me méprisez, ma ruine vous plaît à vous comme à d'autres, mais vous ne me connaissez pas. Apprenez donc que j'ai été autrefois joueur comme vous ; que la fortune m'a favorisé comme vous ; qu'en parcourant l'Europe je m'arrêtais partout où un jeu considérable donnait une espérance de gain, et que partout l'or affluait dans mes mains comme dans les vôtres. J'avais une belle et honnête femme que je négligeais, et qui vivait misérable au milieu de mes richesses. Un jour, à Gênes, un jeune Romain vint jouer à ma banque son opulent héritage. De même que je vous ai imploré aujourd'hui, il m'implora pour obtenir quelque argent afin de retourner à Rome. Je le repoussai avec dédain, et, dans l'égarement de sa fureur, il me frappa d'un coup de stylet dans la poitrine. Les médecins parvinrent avec peine à me sauver, et ma convalescence fut longue et pénible. Alors ma femme prit soin de moi ; elle me consola, elle me soutint dans mes souffrances, et à mesure que je renaissais à la santé, j'éprouvais un sentiment qui grandissait de plus en plus, et que je n'avais pas encore connu. Le joueur est étranger à toutes les affections humaines. Je ne savais ce que c'était que l'amour et le fidèle dévouement d'une femme. Je vis alors combien mon cœur avait été ingrat envers la mienne, et à quel coupable penchant je l'avais sacrifiée. Je vis apparaître, comme les démons de la vengeance, tous ceux dont j'avais détruit, avec une funeste indifférence, le repos et le bonheur ; j'entendis sortir de la tombe des voix irritées qui me reprochaient toutes les fautes, tous les crimes dont j'avais moi-même fait naître les premiers germes. Ma femme seule éloignait de moi les angoisses et les terreurs inouïes que j'éprouvais.

« Je fis vœu de ne jamais toucher une carte. Je rompis les liens qui m'enchaînaient, je repoussai les instances de mes croupiers, qui se fiaient à ma fortune. Je louai une petite maison de campagne près de Rome, et je jouis, dans cette retraite, d'un calme, d'une satisfaction dont je n'avais eu le pressentiment. Hélas ! cette félicité ne dura qu'un an. Ma femme mit au monde une fille, et mourut quelques semaines après. Dans mon désespoir, j'accusai le ciel, je me maudis moi-même ; je maudis la vie coupable que j'avais menée, et dont la Providence me châtiait en m'enlevant mon seul espoir et ma seule consolation. Comme le criminel qui redoute la solitude, je quittai ma retraite, et je vins m'établir à Paris.

« Angéla, la douce image de sa mère, grandissait sous mes yeux. Mon cœur entier était en elle, et pour elle je voulus accroître ma fortune. Il est vrai, j'ai prêté de l'argent à de gros intérêts; mais quand on m'accuse d'avoir exercé une usure trompeuse, c'est une indigne calomnie. Qui sont mes accusateurs? Des prodigues qui me tourmentent sans cesse jusqu'à ce que je leur aie prêté l'argent qu'ils dissipent comme un objet sans valeur, et s'emportent lorsque j'exige le remboursement d'une somme qui ne m'appartient pas à moi, mais à ma fille, car je me regardais seulement comme le régisseur de sa fortune. Il n'y a pas longtemps que je sauvai un jeune homme de l'infamie en lui avançant une somme considérable. Je ne la lui réclamai que lorsque j'eus appris qu'il venait d'entrer en possession d'un riche héritage. Croiriez-vous, chevalier, que ce misérable osa nier sa dette et me traita comme un infâme usurier devant les tribunaux? Je pourrais vous citer plusieurs exemples de ce genre qui ont contribué à me rendre dur et impitoyable. Bien plus, je pourrais vous dire que j'ai séché bien des larmes, que bien des prières se sont élevées vers le ciel pour moi et pour mon Angéla; mais vous regarderiez mon récit comme une fanfaronnade, car vous êtes un joueur.

« Je croyais avoir apaisé la justice du ciel, c'était une erreur. J'étais livré au démon qui devait m'aveugler plus que jamais; j'entendis parler de votre bonheur, chevalier; chaque jour on me citait tel ou tel homme dont vous aviez fait un mendiant. L'idée me vint que j'étais destiné à essayer contre vous ma fortune, qui ne m'avait jamais abandonné; que j'étais appelé à mettre fin à votre rapacité; et cette pensée, enfantée dans le délire, ne me laissa plus ni repos ni trêve. Je me présentai à votre banque, et je ne reconnus ma folie qu'après avoir perdu tout ce que possède Angéla..... Maintenant c'en est fait..... Permettrez-vous, du moins, que ma fille emporte ses vêtements?

« — Je ne me soucie point de la garde-robe de votre fille ; vous pouvez aussi prendre vos lits et vos ustensiles de ménage. Qu'ai-je besoin de toutes ces misères?... Mais gardez-vous de me soustraire un objet de quelque valeur. »

« Vertua regarda quelques instants le chevalier en silence, puis tout à coup un torrent de larmes s'échappa de ses yeux. Il tomba aux genoux du chevalier, et il lui cria, les mains jointes, avec l'accent du désespoir : « Si vous avez encore un sentiment humain dans le cœur, ayez pitié, ayez pitié! ce n'est pas moi, c'est ma fille, mon Angéla, l'ange innocent, que vous précipitez dans l'abîme. Oh! soyez compatissant envers elle, prêtez-lui seulement la vingtième partie des biens que vous lui avez enlevés. Ah! je le sais, vous vous laisserez attendrir. O Angéla! ma fille !... » Et il pleurait, gémissait, et répétait d'une voix déchirante le nom de son enfant.

« Cette ridicule comédie commence à m'ennuyer, dit le chevalier d'un ton dédaigneux. Mais, au même instant, une jeune fille, en déshabillé de nuit, les cheveux épars, la mort peinte sur le visage, se précipita vers le vieux Vertua, le releva, le serra sur son sein, et s'écria : « O mon père! j'ai tout entendu, je sais tout! Avez-vous donc tout perdu? Ne vous reste-t-il pas votre Angéla? ne saura-t-elle pas prendre soin de vous? O mon père! ne vous abaissez pas plus longtemps devant cet être méprisable. Ce n'est pas nous qui sommes à plaindre ; c'est lui qui est pauvre et misérable dans sa richesse, car il est abandonné dans son affreux isolement ; pas un cœur ne bat près du sien, pas une âme ne s'ouvre pour recevoir ses douleurs. Venez, mon père, quittez cette maison avec moi, hâtons-nous de nous éloigner, afin que cet homme affreux ne jouisse pas de votre souffrance. »

« Vertua tomba sans mouvement sur un siége. Angéla s'agenouilla devant lui ; et, prenant ses mains, les baisant, les serrant entre les siennes, elle lui énumérait avec une légèreté enfantine tous les talents, toutes les connaissances qu'elle pouvait mettre en œuvre pour lui procurer une vie aisée, et elle le conjurait en pleurant de ne pas s'abandonner au désespoir, assurant qu'elle serait heureuse du jour où elle devrait broder, coudre, chanter, non plus par désœuvrement, mais pour son père.

« Quel être endurci eût pu voir de sang-froid cette jeune fille dans tout l'éclat de sa beauté céleste, parlant d'une voix si douce, et prodiguant au vieillard tous les trésors de l'amour le plus pur et de la piété filiale !

« Le chevalier éprouva en ce moment les tortures de la conscience. Angéla lui apparut comme un ange vengeur dont le regard dissipait les nuages de la folie et du crime, et il se vit alors lui-même dans toute son indignité.

« Jusque-là il n'avait pas aimé. Au moment où il aperçut Angéla, il se sentit subjugué tout à la fois par la passion la plus violente et par une douleur sans espoir; car il n'osait concevoir la moindre espérance quand il se comparait à cette enfant sans tache, à cette jeune fille charmante. Il voulut parler et ne put proférer aucun mot; sa langue semblait paralysée. Enfin il rassembla ses forces, et murmura d'une voix tremblante : « Écoutez, signor Vertua, je ne vous ai rien gagné, non, rien; voici ma cassette, elle est à vous, et je vous dois plus encore, je suis votre débiteur : prenez, prenez !

« — O ma fille ! » s'écria Vertua.

« Angéla se releva, s'avança vers le chevalier, et, le mesurant d'un regard fier, lui dit : « Apprenez qu'il y a quelque chose qui vaut mieux que l'argent de la fortune : ce sont les sentiments qui vous sont étrangers et qui nous donnent des consolations célestes. Je repousse avec mépris vos présents et votre générosité : gardez cet or auquel est attachée la malédiction qui vous poursuit, homme sans âme, joueur effréné !

« — Oui, s'écria le chevalier hors de lui-même, oui, je veux être maudit et plongé dans les profondeurs de l'enfer, si cette main touche jamais une carte; et si vous me repoussez loin de vous, c'est vous qui me perdrez à tout jamais. Oh ! vous ne me comprenez pas ; vous me regardez comme un insensé ; mais vous reconnaîtrez tout, vous saurez tout quand je viendrai me brûler la cervelle à vos pieds. Angéla, il y va de la vie ou de la mort. Adieu. »

« Le chevalier se précipita hors de l'appartement avec tous les signes du désespoir. Vertua devinait sa situation ; il se rappelait ce qui lui était arrivé à lui-même, et il chercha à faire entendre à Angéla qu'il pouvait y avoir des circonstances qui l'obligeassent à accepter les présents du chevalier. Angéla frémissait à cette idée ; elle ne s'imaginait pas qu'elle pût jamais voir le chevalier autrement qu'avec mépris ; mais le sort, qui change les pensées humaines, amena un résultat inattendu.

« Le chevalier se trouva tout à coup comme éveillé d'un rêve affreux ; il se vit au bord de l'abîme, et tendit les bras vers la lumière céleste qui lui était apparue. »

CHAPITRE IV.

« Au grand étonnement de tout Paris, la banque du chevalier Ménars disparut ; lui-même cessa de se montrer, et cet événement donna lieu aux bruits les plus étranges et les plus mensongers. Le chevalier fuyait toute réunion et manifestait son amour par la plus profonde douleur. Un jour, le vieux Vertua, accompagné de sa fille, le rencontra dans une des allées solitaires de la Malmaison. Angéla, qui croyait ne pouvoir regarder le chevalier qu'avec un mouvement d'horreur et de mépris, se sentit vivement émue en le voyant devant elle, pâle comme la mort, tremblant, défait, et osant à peine lever les yeux. Elle savait que, depuis la nuit sinistre où il lui était apparu pour la première fois, il avait pris un tout autre genre de vie ; elle seule avait opéré ce changement, elle seule avait arraché le chevalier à ses funestes penchants : en fallait-il davantage pour flatter la vanité d'une femme ? Lorsque Vertua eut échangé avec le chevalier quelques paroles de politesse, Angéla lui dit d'un ton de voix doux et bienveillant : « Qu'avez-vous donc, chevalier Ménars? vous paraissez malade et vous devriez y prendre garde. » Ces paroles pénétrèrent comme un rayon d'espérance dans le cœur du chevalier; il releva la tête, et retrouva dans son émotion le langage séduisant qui lui gagnait autrefois tous les cœurs. Vertua lui rappela qu'il devait venir prendre possession de sa maison.

« Oui, signor Vertua, répondit le chevalier, j'irai chez vous demain ; mais permettez que nous traitions avec soin nos conventions, dût cette œuvre durer plusieurs mois.

« — Soit, répliqua Vertua ; nous pourrons, avec le temps, parler de plusieurs choses auxquelles il n'est pas encore permis de songer. »

« Le chevalier, ravivé par l'espoir, reprit l'amabilité naturelle qu'il avait perdue dans le tourbillon de sa vie de joueur. Ses visites chez le vieux Vertua devinrent de plus en plus fréquentes, et Angéla se montra de plus en plus disposée à écouter celui qui la nommait son ange sauveur. Enfin elle crut l'aimer entièrement, et lui promit de l'épouser, à la grande joie de Vertua, qui recouvrait ainsi la fortune qu'il avait perdue.

« Angéla, l'heureuse fiancée du chevalier Ménars, était un jour assise à sa fenêtre et absorbée dans les rêves de l'existence nouvelle qui s'ouvrait à ses yeux ; un régiment de chasseurs, qui partait pour l'Espagne, passa dans la rue au bruit des trompettes. Angéla regarda avec intérêt ces hommes destinés peut-être à succomber dans cette guerre cruelle. Un jeune officier tira brusquement son cheval de côté, leva les yeux vers Angéla, et elle tomba évanouie.

« Ce jeune homme, qui marchait au-devant de la mort, était le fils d'un de ses voisins, nommé Duvernet, qui avait grandi avec Angéla, qui chaque jour venait la voir, et qui avait cessé ses visites du moment où le chevalier commençait les siennes. Dans les regards douloureux du jeune homme, Angéla reconnut non-seulement combien ce malheureux l'avait aimée, mais combien elle l'aimait elle-même sans le savoir, et en se laissant aveugler par le prestige de l'esprit et des paroles du chevalier. Alors elle comprit, pour la première fois, les soupirs profonds de Duvernet, ses adorations modestes et silencieuses ; alors elle sut pourquoi elle se sentait si vivement émue et troublée quand Duvernet venait la voir et quand elle entendait sa voix.

« Il est trop tard, se dit-elle, il est perdu pour moi ! » Elle eut le courage de combattre le sentiment qui la torturait et de reprendre l'apparence du calme. Cependant le regard pénétrant du chevalier entrevit l'agitation de la jeune fille. Il eut la délicatesse de ne pas vouloir pénétrer un secret qu'elle croyait devoir lui cacher, et il se contenta de hâter le mariage, dont il fit les préparatifs avec un tact, une libéralité qui ne pouvaient manquer de toucher l'esprit de sa fiancée.

« Le chevalier témoigna à Angéla la plus vive tendresse, l'estime la plus franche et le plus grand empressement à satisfaire tous ses vœux. Peu à peu elle dut songer moins souvent à Duvernet. Le premier nuage qui obscurcit la vie paisible des deux époux fut la maladie et la mort du vieux Vertua.

« Depuis la nuit où il avait perdu toute sa fortune à la banque du chevalier, il n'avait pas repris les cartes ; mais, aux derniers moments de sa vie, le jeu sembla reprendre possession de son âme. Tandis que le prêtre lui offrait les consolations de la religion, les yeux fermés, il murmurait entre ses dents : « Perd ! gagne ! » et il agitait ses mains tremblantes et déjà refroidies par la mort, comme pour tailler et mêler les cartes. En vain Angéla et le chevalier, penchés sur lui, lui adressaient les noms les plus tendres, il avait cessé de les voir et de les reconnaître. Il poussa un soupir et mourut en s'écriant : « Gagne ! »

« Dans sa douleur profonde, Angéla éprouvait une terreur secrète en songeant aux dernières émotions du vieillard. Elle se retraça la nuit affreuse où le chevalier lui était apparu avec l'inflexibilité du joueur le plus endurci, et elle trembla de le voir rejeter quelque jour son masque d'ange pour reprendre son ancienne vie et sa figure infernale. Ces pressentiments affreux n'étaient que trop fondés.

« Quelque terreur que le chevalier eût éprouvée en voyant au dernier moment le vieux Vertua repousser les pieuses paroles de l'Église pour ne songer qu'à sa funeste passion, il se sentit lui-même bientôt séduit plus que jamais par le jeu, et toutes les nuits il rêvait qu'il était assis à sa banque et amassait de nouvelles richesses.

« En même temps qu'Angéla, attristée par le souvenir des anciens égarements du chevalier, perdait peu à peu la confiance qu'elle lui avait témoignée naguère, il éprouvait, de son côté, de noirs soupçons, et il attribuait la réserve inaccoutumée de sa femme au secret qu'elle lui avait dérobé. Cette défiance réciproque enfanta de part et d'autre un malaise et un mécontentement qui se manifestèrent par des paroles désagréables dont Angéla fut blessée. Alors elle sentit se raviver dans son cœur l'image du malheureux Duvernet et toutes les pensées dont elle avait connu le charme dans sa jeunesse. Le désaccord des deux époux s'accroissant chaque jour, le chevalier en vint à trouver sa vie si fatigante, qu'il tourna de nouveau ses vœux et ses regards vers le monde. Un homme acheva de donner une autre impulsion à son esprit : c'était un de ses anciens croupiers, qui sans cesse tournait en dérision l'existence obscure que le chevalier avait adoptée, et la résignation avec laquelle il avait quitté pour une femme le monde le plus brillant.

« Quelque temps après, la banque du chevalier Ménars reparut plus éclatante que jamais ; la fortune n'avait point abandonné son favori. Chaque jour il comptait de nouvelles victimes et amassait de nouveaux trésors. Mais le bonheur d'Angéla avait passé comme un rêve rapide ; le chevalier la traitait avec une froide indifférence, souvent même avec mépris. Souvent elle passait des semaines, des mois entiers sans le voir. Un vieil intendant prenait soin des affaires de la maison, les domestiques changeaient selon le caprice du chevalier, et Angéla, étrangère dans sa propre demeure, ne trouvait aucune consolation. Souvent, dans ses nuits sans sommeil, elle entendait la voiture du chevalier s'arrêter devant la maison, et le son de sa lourde cassette que l'on portait dans ses appartements; elle entendait le chevalier murmurer quelques rudes monosyllabes, puis s'enfermer dans sa chambre; alors un torrent de larmes s'échappait des yeux de la pauvre femme, elle prononçait avec angoisse le nom de Duvernet, et priait la Providence de mettre fin à ses douleurs. Un jour, un jeune homme de bonne famille, qui avait perdu toute sa fortune au jeu, se brûla la cervelle dans le salon même où était établie la banque du chevalier. Son sang et les éclats de sa cervelle jaillirent sur les joueurs, qui s'éloignèrent avec épouvante; le chevalier seul garda son impassibilité, et demanda si c'était l'usage de quitter la banque avant l'heure ordinaire, pour un fou qui ne savait pas se conduire au jeu.

« Ce suicide produisit une grande sensation; les joueurs les plus déterminés furent indignés de la conduite du chevalier; tout le monde se souleva contre lui. La police interdit sa banque; on l'accusa d'user de supercherie au jeu, et son bonheur extraordinaire rendait assez plausible cette accusation. Il ne put se justifier, et l'amende considérable qu'on lui imposa lui enleva une partie de sa fortune. Il se vit injurié, méprisé, et il se réfugia dans les bras de sa femme, pour laquelle il avait eu si peu de ménagements, mais qui, en voyant son repentir, osa encore concevoir l'espérance qu'il renoncerait à sa fatale passion de joueur.

« Le chevalier quitta Paris avec elle, et se rendit à Gênes, lieu de naissance d'Angéla.

« Là, il vécut pendant quelque temps assez retiré. Mais en vain essaya-t-il de jouir du repos domestique qu'il pouvait trouver auprès de sa femme; sa passion se ranima, et le jeta dans une agitation incessante. Son mauvais renom l'avait suivi de Paris à Gênes ; il n'osait établir une banque, quelque désir qu'il en eût.

« Dans ce temps-là, un colonel français, forcé par ses blessures de quitter le service militaire, tenait la plus riche banque de Gênes. Poussé par un sentiment de haine et d'envie, le chevalier s'y rendit, avec l'espoir de l'emporter, par les chances de sa fortune habituelle, sur son rival. Le colonel le reçut avec une gaieté qui ne lui était pas habituelle, et s'écria que le jeu allait offrir un nouvel intérêt, puisque le chevalier Ménars s'y présentait avec son étoile.

« En effet, dès les premières tailles, le chevalier gagna selon sa coutume ; mais lorsque, se fiant à son invariable bonheur, il s'écria : « Va, banque ! » il perdit d'un seul coup une somme considérable.

« Le colonel, qui d'ordinaire paraissait fort indifférent au gain et à la perte, saisit l'or du chevalier avec tous les signes de la joie la plus vive. Dès ce moment la fortune abandonna complétement l'époux d'Angéla. Il jouait chaque nuit, et perdait chaque nuit, jusqu'à ce qu'enfin il se trouvât réduit à une somme de 2,000 ducats en papier.

« Il avait couru tout le jour pour convertir ce papier en argent comptant, et n'était revenu que le soir chez lui. A l'entrée de la nuit, il mit ses pièces d'or dans sa poche, et se disposa à sortir, lorsque Angéla, qui pressentait son malheur, se jeta au-devant de lui, s'agenouilla en pleurant à ses pieds, et le conjura, par la Vierge et les saints, de ne pas la plonger dans la misère.

« Le chevalier la releva, la pressa avec douceur sur son sein, et lui dit d'une voix sombre : « Angéla, ma bien-aimée Angéla, je ne puis agir autrement, il faut que je cède à la puissance qui me subjugue ; mais demain... demain, toutes tes sollicitudes cesseront, car, je te le jure par l'éternelle Providence qui veille sur nous, je joue aujourd'hui pour la dernière fois. Sois tranquille, mon doux enfant, dors, rêve une vie meilleure, cela me portera bonheur. »

« En disant ces mots, il embrassa sa femme, et courut à la banque.

« Deux tailles, et le chevalier avait tout perdu, tout. Il resta immobile près du colonel, les yeux fixés sur la table de jeu, dans une sorte d'anéantissement.

« Vous ne pontez plus, chevalier? dit le colonel en mêlant les cartes pour une nouvelle taille.

« — J'ai tout perdu, répondit le chevalier en essayant de prendre l'apparence du calme.

« — N'avez-vous donc plus rien? reprit le colonel à la taille suivante.

« — Je suis un mendiant, s'écria le chevalier d'une voix tremblante de colère, et les regards toujours fixés sur la table de jeu, ne remarquant pas que les joueurs gagnaient de plus en plus l'avantage sur le banquier. Le colonel continua paisiblement sa partie.

« — Vous avez une jolie femme, dit-il à voix basse au chevalier, sans le regarder, et en mêlant de nouveau les cartes.

« — Que voulez-vous dire par là? s'écria le chevalier avec emportement. Le colonel fit son jeu sans répondre.

« — Dix mille ducats pour Angéla! continua-t-il en se retournant à demi, tandis qu'il donnait les cartes à couper.

« — Vous êtes fou! s'écria le chevalier, qui, reprenant son sang-froid, s'apercevait que le colonel perdait de plus en plus.

« — Vingt mille ducats contre Angéla! dit le colonel à voix basse en suspendant un instant la taille. »

« Le chevalier se tut, le colonel continua le jeu, et presque toutes les cartes réussirent aux joueurs.

« Cela va, » dit le chevalier au colonel lorsque la nouvelle taille commença; et il mit la dame sur la table.

« Au premier coup la dame avait perdu.

« Le chevalier se recula en grinçant des dents, et s'approcha de la fenêtre, la mort peinte sur le visage.

« Le jeu était fini. Le colonel s'approcha de Ménars, et

lui dit d'une voix ironique : « Eh bien, qu'allons-nous faire?

« — Ah! s'écria le chevalier hors de lui-même, vous m'avez réduit à la mendicité; mais il faudrait que vous fussiez fou pour vous figurer que vous pouviez gagner ma femme. Sommes-nous donc dans un pays sauvage, et ma femme est-elle une esclave, pour être livrée au caprice d'un homme qui peut la jouer et la marchander? Mais il est vrai que vous deviez me compter vingt mille ducats si la dame avait gagné, et je n'ai, par là, plus aucun droit sur ma femme, si elle consent à m'abandonner et à vous suivre. Venez avec moi, et désespérez, si elle vous repousse avec horreur et refuse de devenir votre maîtresse.

« — Désespérez vous-même, chevalier, si Angéla vous rejette avec indignation, vous qui avez fait son malheur, et si elle se précipite avec délices dans mes bras. Désespérez vous-même, quand vous saurez que nos vœux sont accomplis, que l'Église a béni notre union. Vous me nommez insensé..... Oh! oh! je voulais seulement gagner le droit de prétendre à la main de votre femme; son cœur m'appartenait. Apprenez que votre femme et moi nous nous aimons d'un amour inexprimable; apprenez que je suis ce Duvernet élevé avec Angéla, attaché à elle par les liens du cœur, ce Duvernet que vous avez chassé par vos artifices diaboliques. Lorsque je partis, Angéla reconnut ce que je valais; je sais tout : il était trop tard. Un démon fatal m'inspira l'idée de recourir au jeu pour vous perdre; je vous suivis à Gênes, et j'ai réussi. Allons trouver votre femme. »

« Le chevalier resta anéanti et comme frappé par la foudre. Le secret qui lui avait été dérobé se révélait à ses yeux, et il comprenait toute l'étendue des douleurs qu'il avait amassées dans l'âme de la pauvre Angéla.

« Angéla décidera, » dit-il d'une voix sourde; et il suivit le colonel. En arrivant dans la maison, celui-ci saisit la sonnette; le chevalier l'arrêta, et lui dit : « Ma femme dort ; voulez-vous troubler son doux sommeil?

« — Hum! répondit le colonel, Angéla a-t-elle jamais joui d'un doux sommeil depuis que vous l'avez précipitée dans l'infortune? »

« En disant ces mots il s'avançait vers la chambre de la jeune femme. Le chevalier se jeta à ses pieds, et lui dit avec désespoir : « Soyez compatissant; vous avez fait de moi un mendiant, laissez-moi ma femme ! »

« — C'est ainsi que le vieux Vertua était devant vous, être dénaturé, et ne pouvait attendrir votre cœur de pierre. Que la vengeance du ciel tombe sur vous ! »

« Le colonel fit encore quelques pas du côté de la chambre d'Angéla.

« Le chevalier s'élança vers la porte, l'ouvrit, se jeta sur le lit où sa femme reposait, tira vivement les rideaux en s'écriant : « Angéla! Angéla! » Puis il se pencha vers elle, lui prit les mains, et, tout tremblant, murmura d'une voix terrible : « Regardez! vous avez gagné le cadavre de ma femme ! »

« Le colonel s'approcha du lit avec effroi... Nulle trace de vie, Angéla était morte !

« Le colonel éleva ses mains vers le ciel, poussa un profond gémissement et disparut. Jamais depuis on n'a entendu parler de lui. »

Lorsque l'étranger eut terminé son récit, il quitta le banc où il était assis sans que le baron, vivement ému, pût lui adresser une parole.

Peu de jours après, l'étranger fut frappé d'une attaque d'apoplexie, et deux heures plus tard il était mort. On reconnut par ses papiers que cet homme, qui avait pris le nom de Beaudasson, était le malheureux chevalier de Ménars.

Le baron rendit grâces au ciel, qui lui avait envoyé, au moment où il s'approchait de l'abîme, cet inconnu, pour le sauver, et il promit de résister désormais à toutes les fascinations trompeuses du jeu.

Jusqu'à ce jour il a fidèlement tenu parole.

LE CHOIX D'UNE FIANCÉE.

HISTOIRE OÙ L'ON VOIT DES AVENTURES INVRAISEMBLABLES.

CHAPITRE PREMIER.

Dans la nuit de l'équinoxe d'automne, le secrétaire de la chancellerie Tusmann revenait d'un café où il avait la coutume de passer, chaque soir, quelques heures, et s'en retournait dans sa demeure. Ce secrétaire était en tout très-ponctuel et très-exact; il s'était habitué à ôter son habit et ses bottes juste au moment où les horloges des églises de Sainte-Marie et de Saint-Nicolas sonnaient onze heures, de sorte qu'au dernier retentissement de la cloche il tirait son bonnet de nuit sur ses oreilles. Pour ne pas être en retard ce jour-là, car les cloches commençaient à se mettre en branle, il accélérait sa marche tellement, qu'il avait l'air de courir, et il allait entrer de la rue Royale dans la rue de Spandau, lorsqu'un bruit singulier, qui se fit entendre près de lui, l'arrêta sur place. Sous la tour de la vieille maison de ville, il aperçut à la lueur du réverbère une longue figure, enveloppée d'un manteau sombre, qui frappait à la porte de Warnatz le marchand de fer, se retirait, soupirait, et levait les yeux vers les fenêtres écroulées de la tour.

« Mon cher monsieur, dit le secrétaire intime à cet homme, vous êtes dans l'erreur; pas une âme humaine n'habite le haut de cette tour, et je pourrais même dire pas un être vivant, si j'en excepte les rats et les souris et un couple de hiboux. Que si vous avez envie de traiter quelque affaire avec M. Warnatz, vous devez revenir demain matin.

— Mon honorable monsieur Tusmann...

— Secrétaire privé de chancellerie depuis plusieurs années, » se hâta d'ajouter Tusmann, quoique fort surpris d'être connu de cet étranger. Celui-ci ne fit point attention à ces paroles, et continua : « Mon honorable monsieur Tusmann, vous vous trompez sur les motifs de ma présence ici, je n'ai aucune affaire à traiter avec M. Warnatz. Comme c'est aujourd'hui l'équinoxe d'automne, je veux voir la fiancée. Elle a déjà entendu les battements de mon cœur, les soupirs de mon amour, et paraîtra bientôt à la fenêtre. »

Le ton de voix avec lequel l'inconnu prononça ces mots était si solennel, si bizarre, que le secrétaire de chancellerie sentit une sueur froide ruisseler sur ses membres. Le premier coup de onze heures retentit au haut de la tour de Sainte-Marie ; au même instant, on entendit quelque bruit dans la tour de la maison de ville, et une figure de femme apparut à la fenêtre. Lorsque la lueur du réverbère éclaira cette nouvelle physionomie, Tusmann murmura d'une voix plaintive : « O Dieu de justice ! puissance céleste ! que signifie ce mystère ? »

La figure disparut au dernier coup de l'horloge, c'est-à-dire à la minute même où Tusmann avait l'habitude de tirer son bonnet de nuit sur ses oreilles.

Cette étonnante apparition semblait avoir mis le secrétaire hors de lui ; il soupirait, gémissait, regardait la fenêtre, et se disait à voix basse : « Tusmann, Tusmann, secrétaire privé de chancellerie, sois ferme, ne laisse pas troubler ton cœur, ne te laisse pas égarer par le diable.

— Vous me paraissez très-ému de ce que vous avez vu, mon bon monsieur Tusmann, dit l'étranger. Moi, je voulais seulement contempler la fiancée ; et vous, il paraît que vous avez éprouvé quelque chose de singulier.

— Je vous en prie, je vous en prie, murmura Tusmann, ne me refusez pas mon pauvre titre ; je suis secrétaire privé de chancellerie, et, à l'heure qu'il est, un secrétaire fort troublé et très-abattu. Pardonnez-moi, mon digne monsieur, si je ne vous donne pas le titre qui vous est dû ; je ne le puis faire, par mon ignorance complète de ce qui touche à votre respectable personne. Mais je vous appellerai monsieur le conseiller intime ; car dans notre chère ville de Berlin il y a tant de gens qui portent ce titre, qu'en l'employant à tout hasard on court peu risque de se tromper. Dites-moi donc, monsieur le conseiller intime, quelle fiancée vous espériez voir à cette heure tardive?

— Vous êtes, répliqua l'étranger en élevant la voix, vous êtes un singulier homme avec vos titres et votre rang. Si, pour connaître mainte affaire secrète, et pour donner maint bon conseil, on est conseiller intime, je puis, sans scrupule, prendre ce titre. Je suis surpris qu'un homme qui a lu, comme vous, tant de livres et de manuscrits ne sache pas que lorsqu'un initié..., entendez-vous, un initié vient dans la nuit de l'équinoxe frapper, à onze heures, au pied de cette tour, il voit apparaître à cette fenêtre la jeune fille qui jusqu'à l'équinoxe du printemps, sera la plus heureuse fiancée de Berlin.

— Monsieur le conseiller intime! s'écria Tusmann avec l'exaltation d'une joie subite, mon digne conseiller intime, cela est-il vrai?

— Sans aucun doute, répondit l'étranger. Mais que faisons-nous là si longtemps dans la rue? Vous avez déjà passé l'heure où vous vous mettez au lit ; allons au nouveau cabaret sur la place Alexandre ; c'est seulement pour vous en apprendre davantage sur la fiancée, et pour que vous repreniez le calme d'esprit que vous avez perdu tout à coup, je ne sais ni pourquoi ni comment. »

Le secrétaire privé était un homme extrêmement rangé. Sa seule distraction consistait à s'en aller chaque soir passer deux heures dans un café, et à lire les feuilles et les brochures politiques en savourant un verre de bière. Il ne buvait presque pas de vin ; le dimanche seulement, après le sermon, il entrait dans une taverne et se faisait servir un verre de vin de Malaga avec un biscuit. L'idée de passer une nuit à table le faisait frissonner ; et on ne comprend pas qu'il se soit laissé entraîner par l'étranger, sans opposer la moindre résistance, et qu'il ait été ainsi sur la place Alexandre.

Dans la salle où ils entrèrent il n'y avait plus qu'un seul homme assis à une table, avec un grand verre de vin du Rhin devant lui. Les rides profondes de son visage annonçaient son âge avancé. Son regard était vif, pénétrant, et sa longue barbe indiquait un juif qui avait conservé fidèlement les coutumes de ses ancêtres. Il était vêtu à l'ancienne mode, telle qu'elle existait vers les années 1720 et 1730.

Mais l'étranger que Tusmann avait rencontré offrait un aspect plus singulier encore.

C'était un homme de haute taille, maigre, mais vigoureux, et qui semblait avoir cinquante ans. Son visage avait pu être bien jadis; ses grands yeux jetaient encore un éclat juvénile sous deux noirs sourcils. Un front ouvert, un nez d'aigle fortement arqué, une bouche fine et un menton arrondi, tout cela n'eût pas fait distinguer cet homme entre cent autres. Mais, tandis que son pourpoint et ses culottes étaient taillés à la dernière mode, son manteau, sa barrette, son collet, dataient de la fin du seizième siècle; et son regard étincelant comme un éclair au milieu d'une nuit profonde, et le son étouffé de sa voix, et toute sa nature enfin inspirait par sa présence un sentiment singulier et pénible.

L'étranger salua d'un air de connaissance le vieillard assis à table.

« Vous voilà donc enfin ! s'écria-t-il; êtes-vous toujours bien portant ?

— Comme vous voyez, répondit le vieillard d'un ton de grandeur; bien portant et debout; quand il faut, actif et joyeux.

— C'est une question, c'est une question, » répliqua l'étranger en souriant; et il demanda au garçon une bouteille de vieux vin de France.

« Mon digne et respectable conseiller intime... » dit Tusmann; mais l'étranger l'interrompit à la hâte : « Laissons là, lui dit-il, tous les titres, cher monsieur Tusmann; je ne suis ni conseiller privé ni secrétaire privé de chancellerie; je suis tout simplement un artiste qui travaille les nobles métaux, les pierres précieuses, et je me nomme Léonard.

— Ainsi c'est donc un orfèvre, un bijoutier, » murmura Tusmann à part. Il réfléchit alors qu'au premier aspect de l'étranger, dans la salle de la taverne, il eût dû voir que cet homme ne pouvait être un conseiller intime, car son manteau et sa barrette ne convenaient point à un personnage titré.

Léonard et Tusmann s'assirent près du vieillard, qui les salua avec un sourire grimaçant.

Lorsque Tusmann eut, sur les instances de Léonard, vidé quelques verres de vin, ses joues pâles se colorèrent, le sourire revint sur ses lèvres; il promena autour de lui un regard satisfait, comme si les plus douces images se présentaient à son esprit.

« Maintenant, reprit Léonard, dites-moi, mon cher monsieur Tusmann, pourquoi vous vous êtes si singulièrement comporté lorsque la fiancée a paru à la fenêtre de la tour, et quelle idée vous occupe à présent ? Nous sommes, que vous le croyiez ou non, de vieilles connaissances, et devant ce brave homme vous n'avez nul besoin de vous gêner.

— O Dieu ! répondit le secrétaire privé de chancellerie, ô Dieu !... Digne professeur, permettez-moi de vous donner ce titre, car, comme vous êtes, j'en suis sûr, un habile artiste, vous auriez le droit d'être professeur à l'Académie des beaux-arts; ainsi, mon honorable professeur, comment vous taire ce dont mon cœur est rempli ? Je suis, comme on dit, sur un pied de prétendant, et à l'équinoxe du printemps je songe à conduire dans ma demeure une heureuse petite fiancée. Pouvais-je ne pas être vivement ému lorsque vous m'avez montré une fiancée heureuse ?

— Quoi ! s'écria le vieillard d'une voix glapissante, quoi ! vous voulez vous marier ? Vous êtes déjà beaucoup trop vieux et trop laid. »

Tusmann fut si stupéfait de cette incroyable grossièreté du vieux juif, qu'il ne put prononcer un mot.

« Ne soyez pas fâché contre cet homme, dit Léonard, parce qu'il vous parle ainsi : il n'a pas la méchante intention que l'on pourrait lui supposer. Mais, je dois vous l'avouer franchement, il me paraît que vous vous êtes décidé un peu tard à vous marier; vous devez avoir près de cinquante ans.

— Le neuf octobre, jour de Saint-Denis, répliqua Tusmann d'un ton un peu vif, j'atteindrai ma 48ᵉ année.

— Qu'il en soit ce que vous voudrez, continua Léonard, l'âge n'est pas le seul obstacle : vous avez jusqu'à présent vécu d'une vie simple et paisible de célibataire; vous ne connaissez pas la race féminine, et vous ne saurez comment vous tirer d'affaire.

— Comment me tirer d'affaire? dit Tusmann. Ah! mon cher professeur, vous me regardez comme un homme singulièrement léger et sot, si vous pensez que je sois capable d'agir en aveugle, sans conseil et sans réflexion. Je médite sérieusement chaque pas que je fais; et lorsque je me sentis atteint par les flèches de ce dieu perfide que les anciens appelaient Cupidon, toute mon intelligence ne dut-elle pas être appliquée à me former d'une façon convenable pour mon nouvel état? Celui qui doit subir un examen difficile n'étudie-t-il pas avec soin toutes les questions sur lesquelles il doit être interrogé? Eh bien, mon cher professeur, mon mariage est un examen auquel je me prépare et que j'espère soutenir dignement. Voyez, voici le petit livre que je porte sans cesse avec moi et que j'étudie à chaque instant, depuis que j'ai pris la résolution d'aimer et de me marier. Regardez-le, et vous serez convaincu que je traite cette affaire à fond et que je ne suis point sans expérience, bien que le sexe féminin me soit resté, je l'avoue, jusqu'à présent complétement étranger. »

A ces mots, le secrétaire privé de chancellerie ouvrit un petit livre relié en parchemin, et en lut le titre, qui était ainsi conçu : « Bref Traité de la sagesse politique, où « l'on apprend l'art de se conduire et de conduire les « autres dans les sociétés humaines; traduit du latin de

« maître Tomasius, pour la plus grande utilité de ceux
« qui veulent acquérir la sagesse. Francfort et Leipzig,
« chez les héritiers de Jean Gros, 1710. »

« Remarquez, dit Tusmann avec un sourire agréable, remarquez de quelle façon le digne auteur parle, au chapitre VII, du mariage et de la prudence d'un père de famille :

« § 7. Il ne faut point trop se hâter d'en venir là. Celui
« qui se marie à un âge mûr est d'autant mieux avisé qu'il
« est plus sage. Les mariages précipités engendrent la
« ruse et la honte, et ruinent à la fois le corps et l'âme.»
Quant au choix de la personne que l'on a l'intention d'aimer et d'épouser, voici ce qu'en dit l'excellent Tomasius :

« § 9. Le terme moyen est le plus sûr. Qu'on ne prenne
« pas une femme trop belle ou trop laide, trop riche ou
« trop pauvre, d'un rang trop élevé ou d'une condition
« trop minime, mais d'une situation égale à la nôtre ; et,
« pour les autres qualités, le terme moyen est le meilleur.»

« D'après les conseils de Tomasius, continua Tusmann, je ne me suis pas borné à une seule conversation avec l'aimable personne que j'ai choisie : j'ai voulu en avoir plusieurs, parce que, comme le dit le § 17 de ce petit livre, on peut bien, pendant quelque temps, cacher ses défauts et jouer la vertu, mais à la longue on se montre tel que l'on est.

— Pour avoir ces relations, reprit l'étranger, ou, comme vous le dites, ces entretiens avec les femmes, il me semble qu'afin de ne pas être trompé il faut déjà avoir une assez grande expérience.

— Ici, répondit Tusmann, le grand Tomasius vient encore à mon secours, car il m'enseigne comment on doit entamer une conversation sérieuse avec les femmes et comment on y mêle d'agréables plaisanteries. Il faut, dit ce savant auteur, au chapitre V de son ouvrage, se servir de la plaisanterie comme un cuisinier se sert de sel, ou, pour mieux dire, comme on se sert d'une arme, non pour attaquer, mais pour se défendre.

— Je vois, dit l'orfèvre, que l'on ne peut vous mettre en défaut, vous êtes préparé à tout événement ; et je parierais que vous avez déjà gagné, par votre conduite, l'amour de la dame que vous avez choisie.

— Je m'efforce, dit Tusmann, de le gagner par des complaisances et des soins respectueux, car c'est là le signe le plus naturel de l'amour. Mais je ne pousse pas le respect trop loin, bien persuadé, ainsi que Tomasius nous l'enseigne, que les femmes ne sont ni de bons ni de mauvais anges, mais de simples créatures humaines, et des créatures plus fragiles de corps et d'esprit que nous.

— Qu'une mauvaise année vous accable! s'écria le vieux juif en colère, vous qui, par votre bavardage infatigable, venez ici troubler le repos dont j'espérais jouir après avoir achevé mon grand œuvre.

— Taisez-vous, vieillard! s'écria l'orfèvre d'une voix élevée. Soyez content qu'on vous permette de rester ici ; car, avec vos façons brutales, vous êtes un hôte désagréable qu'on devrait mettre à la porte. Ne vous laissez point troubler par cet homme, mon cher monsieur Tusmann. Vous êtes partisan de l'ancien temps, vous aimez Tomasius. Pour moi, je vais encore plus loin, je n'aime que le temps auquel se rattache une partie de mon costume. Oui, digne secrétaire, ce temps-là valait mieux que celui-ci, et c'est de cette époque que datent toutes les magies que vous avez vues aujourd'hui à la vieille maison de ville.

— Comment cela, mon digne professeur? dit le conseiller privé.

— Autrefois, continua l'orfèvre, il y avait fréquemment de joyeuses noces à l'hôtel de ville, et ces noces avaient un autre aspect que celles d'aujourd'hui. Alors une heureuse fiancée regardait par la fenêtre, et je dois vous avouer que notre chère ville de Berlin était dans ce temps-là plus animée, plus riante que dans ces temps-ci, où tout est modelé d'une façon uniforme, où l'on cherche dans l'ennui même le plaisir de s'ennuyer ; alors il y avait des fêtes tout autres que celles d'aujourd'hui. Je rappellerai seulement celle qui fut célébrée en l'an 1581, lorsque l'électeur Auguste de Saxe fut amené de Cologne avec son épouse, son fils Christian et une magnifique escorte de gentilshommes. Les bourgeois de Berlin, de Cologne et de Spandau étaient rangés sur deux lignes depuis la porte de Copenick jusqu'au château. Le lendemain, il y eut un superbe tournoi où l'on vit apparaître l'électeur de Saxe, le comte Juste de Barby, avec plusieurs autres hommes de la noblesse, portant des armures dorées, de hauts casques, des cuissards, des brassards ornés de têtes de lions, et sur les jambes un vêtement couleur de chair, pour imiter le costume des anciens guerriers païens. Des chanteurs et des joueurs d'instruments étaient cachés dans une arche de Noé très-bien dorée, et sur cette arche on voyait un petit enfant vêtu d'une étoffe de soie couleur de chair, avec des ailes, un arc, un carquois et les yeux bandés, comme on peint Cupidon.

« Deux autres enfants, couverts de belles plumes blanches, avec des yeux d'or et des becs comme des colombes, conduisaient l'arche, où la musique résonna à l'arrivée du prince ; puis plusieurs colombes s'échappèrent de l'arche ; et l'une d'elles, se posant sur le bonnet de martre de notre gracieux électeur, se mit à battre des ailes et chanta une ariette étrangère, bien plus belle que celles qu'on entendait chanter, soixante-dix ans plus tard, par le maître de chapelle Bernard Pasquino Grosso de Mantoue. Il y eut ensuite un tournoi à pied, où parurent l'électeur de Saxe et le comte de Barby, dans un navire couvert d'une étoffe jaune et noire, et portant un pavillon d'or. Derrière eux était l'enfant qui la veille avait joué le rôle de Cupidon, et qui reparaissait cette fois avec une longue robe bariolée, un bonnet jaune et noir et une grande barbe grise. Autour du navire on voyait danser et sauter des gens de la noblesse, avec des têtes et des queues de saumon, de hareng et d'autres légers poissons. Le soir à dix heures, on lança un feu d'artifice qui représentait une forteresse assiégée par des lansquenets, qui étaient tous de bons chasseurs et se servaient de leur arquebuse en faisant mille drôleries, et l'on voyait jaillir et éclater dans les airs des hommes et des chevaux de feu, des oiseaux rares et d'autres bêtes extraordinaires : cet amusement dura deux heures. »

Pendant que l'orfévre faisait ce récit, le conseiller privé donnait tous les signes de l'intérêt le plus vif ; il se frottait les mains, prononçait une exclamation, s'agitait sur sa chaise, et vidait de temps à autre un verre de vin.

« Mon honorable professeur, s'écria-t-il enfin d'une voix de fausset qu'il prenait ordinairement dans l'exaltation de la joie, mon cher et honorable professeur, ce sont là d'admirables choses, et vous les racontez comme si vous les aviez vues vous-même.

— Eh bien, reprit l'orfévre, pourquoi ne les aurais-je pas vues moi-même ? »

Tusmann, ne comprenant pas le sens de ces merveilleuses paroles, allait continuer ses questions, lorsque le vieillard dit à l'orfévre : « Vous oubliez les plus belles fêtes qui aient réjoui Berlin dans le temps dont vous faites un si grand éloge ; vous ne parlez pas de ces bûchers où coulait le sang des malheureuses victimes, à qui l'on arrachait, par d'affreuses tortures, tout ce que la plus grossière superstition peut imaginer.

— Ah ! dit le secrétaire privé, vous voulez sans doute parler, mon cher monsieur, de ces procès de magie et de sorcellerie qui furent faits dans l'ancien temps. Oui, c'était une mauvaise chose à laquelle nos lumières ont heureusement mis fin. »

L'orfévre jeta un regard singulier sur le vieillard et sur Tusmann, et leur demanda, avec un sourire mystérieux, s'ils connaissaient l'histoire de l'argentier juif Lippold, telle qu'elle se passa en l'année 1572.

Avant que Tusmann eût répondu, l'orfévre continua : « Ce Lippold, qui possédait toute la confiance de l'électeur et était chargé des finances du pays, fut accusé d'avoir commis de grandes friponneries ; mais, soit qu'il sût se justifier ou qu'il eût à son service d'autres moyens de prouver son innocence aux yeux de l'électeur, soit qu'il employât chez les gens en crédit des armes d'argent, bref, il fut déclaré innocent ; seulement une garde bourgeoise le surveillait encore dans sa maison, située rue de Stralau. Un jour, il eut une querelle avec sa femme, et celle-ci lui dit en colère : « Si l'électeur savait quel méchant coquin tu es et quel mal tu peux faire avec ton livre de magie, tu rôtirais bientôt. » Ces paroles furent rapportées au prince, qui fit faire de sévères perquisitions dans la maison de Lippold. On trouva le livre de magie ; et comme il y avait des gens qui le comprenaient, on vit par là la scélératesse du juif. Il avait eu recours à de damnables pratiques pour séduire son maître et gouverner son pays. Il fut exécuté sur le marché neuf ; mais lorsque les flammes eurent consumé son corps et son livre, on vit sortir du bûcher une grosse souris ; beaucoup de gens pensèrent que c'était le démon de Lippold. »

Pendant ce récit de l'orfévre, le vieillard était resté les deux bras appuyés sur la table, le visage caché dans les mains, soupirant et gémissant, comme un homme qui éprouve d'insupportables douleurs.

Le conseiller privé semblait, au contraire, peu attentif à cette histoire. Il avait le visage riant et l'esprit occupé de tout autre pensée. Quand l'orfévre eut fini de parler, le secrétaire se tourna vers lui, et lui dit d'une voix doucereuse : « Mon très-digne et très-honorable professeur, était-ce vraiment mademoiselle Albertine Voswinkel qui nous regardait du haut de la tour avec ses beaux yeux ?

— Pourquoi ? répondit l'orfévre. Qu'avez-vous de commun avec la charmante Albertine ?

— Ah ! reprit Tusmann avec timidité, mais, mon Dieu, c'est précisément cette agréable personne que j'ai entrepris d'aimer et d'épouser.

— Monsieur, s'écria l'orfévre, le visage rouge et les yeux étincelants, monsieur, je crois que vous êtes possédé du diable ou totalement fou : vous voulez épouser la jeune Albertine, vous, misérable pédant déjà usé par l'âge, vous qui, avec tout votre savoir d'école et votre Tomasius, ne voyez pas à trois pas devant votre nez! Ne vous abandonnez point à de telles pensées, ou je pourrais vous rompre le cou dans cette nuit équinoxiale. »

Le conseiller privé était un homme doux, paisible, craintif même, qui ne pouvait répondre par une parole dure à une attaque. Mais l'apostrophe de l'orfèvre était trop violente; et comme, d'ailleurs, Tusmann avait bu plus de vin que de coutume, il se leva en colère, et répondit d'une voix glapissante : « Je ne sais quel droit vous vous arrogez de me parler ainsi, monsieur l'inconnu. Je crois que vous voulez vous moquer de moi par des jeux d'enfant, et que vous osez prétendre vous-même à l'amour de mademoiselle Albertine. Vous avez dessiné son portrait sur le verre, et, au moyen d'une lanterne magique que vous cachiez sous votre manteau, vous m'avez montré à la tour de l'hôtel de ville cette agréable image; mais je connais toutes ces ruses, et vous vous trompez si vous pensez m'abuser par ces fantaisies et m'étourdir par votre langage grossier.

— Prenez garde, dit l'orfèvre d'un air nonchalant, prenez garde! vous avez ici affaire à des gens assez curieux. »

Au même instant la figure de l'orfèvre se changea en une tête de renard qui épouvanta tellement le secrétaire privé, qu'il tomba à la renverse sur son siège.

Le vieillard ne parut nullement surpris de cette transformation de l'orfèvre : « Voyez donc, dit-il, quelle plaisanterie! ce sont là des jeux stériles; j'en connais de meilleurs, et qui sont trop élevés pour toi, Léonard.

— Montre-les-nous, dit l'orfèvre, qui avait repris sa figure humaine et s'était tranquillement assis à table; montre-nous ce que tu sais faire. »

Le vieillard tira de sa poche un gros radis noir, en enleva proprement la pellicule avec son couteau, le coupa par petites tranches, et les posa sur la table.

Chaque fois qu'il frappait sur ce radis il en sortait une pièce d'or retentissante qu'il présentait à l'orfèvre, et dès que celui-ci la touchait, elle tombait en étincelles. Le vieillard, irrité de les voir se dissoudre ainsi, frappait de plus en plus sur le radis, et en faisait jaillir dans les mains de l'orfèvre de nouvelles plaques.

Le secrétaire, épouvanté, s'arracha enfin à son étourdissement, et dit d'une voix tremblante : « Mes honorables sires, j'ai bien l'honneur de vous saluer ; » puis, prenant sa canne et son chapeau, il s'élança hors de la taverne.

Dans la rue, il entendit les deux personnages mystérieux qui riaient aux éclats. Son sang se glaça dans ses veines.

CHAPITRE II.

Le jeune peintre Edmond Lehsen avait fait connaissance avec l'orfèvre d'une façon plus sérieuse que le secrétaire privé Tusmann.

Edmond, assis un jour dans un endroit solitaire du parc, dessinait d'après nature un beau groupe d'arbres, lorsque Léonard s'approcha et se mit sans cérémonie à regarder son dessin par-dessus son épaule. Edmond continua à dessiner jusqu'à ce que l'orfèvre s'écria : « Vous faites là un singulier travail, jeune homme ; ce n'est pas un groupe d'arbres, c'est tout autre chose.

— Que remarquez-vous donc dans ce dessin ? dit Edmond avec un regard brillant.

— Il me semble, reprit l'orfèvre, que je vois sortir du milieu de ce feuillage épais toute sorte de figures, des génies, des animaux rares, des jeunes filles et des fleurs, et tout cela cependant compose assez bien le groupe d'arbres, à travers lesquels brillent les rayons du soir.

— Ah ! monsieur, dit Edmond, ou vous avez un sens bien profond, un regard pénétrant, ou j'ai été plus heureux que jamais dans cette tentative. Ne vous semble-t-il pas à vous aussi, lorsque vous vous abandonnez au sentiment ardent de la nature, que des milliers d'êtres merveilleux vous contemplent à travers les arbres avec de doux regards ? C'est là ce que j'ai voulu montrer dans cette composition, et je crois que j'y ai réussi.

— Je comprends, répondit Léonard d'un ton sec et froid, que vous avez voulu vous affranchir de toute étude, et vous réjouir par le jeu de votre imagination.

— Non, monsieur, répondit Edmond ; je regarde cette manière de travailler d'après la nature comme l'étude la meilleure et la plus utile ; c'est là que je vois la véritable poésie. Le peintre de paysage doit être poëte, comme le peintre d'histoire ; sinon il ne sera jamais qu'un méchant élève.

— Que le ciel nous soit en aide ! Quoi ! vous aussi, mon cher Edmond Lehsen !

— Comment, monsieur, vous me connaissez donc ?

— Pourquoi ne vous connaîtrais-je pas ? Je vous ai vu dans un moment dont vous ne vous souvenez vraisemblablement guère, au moment de votre naissance. Pour le peu d'expérience que vous aviez alors, vous vous êtes vraiment très-bien conduit ; car vous ne causâtes que fort peu de douleurs à madame votre mère, et vous fîtes entendre un petit cri de joie pour voir la lumière du jour, qu'on ne vous refusa pas sur ma demande. Je suis convaincu, d'après l'opinion des nouveaux médecins, que cette lumière, loin de nuire aux enfants nouvellement nés, aide à leur développement physique et moral. Monsieur votre père était aussi très-joyeux ; il sautait sur un pied en chantant un des airs de *la Flûte enchantée*. Ensuite il remit votre petite personne entre mes bras, et me pria de tirer votre horoscope, ce que je fis sur-le-champ. Je revins souvent dans la maison de votre père, et vous ne dédaigniez pas de goûter les amandes et les raisins que je vous apportais. Puis j'entrepris un voyage : vous aviez alors six ou sept ans. A mon retour à Berlin, j'appris avec plaisir que votre père vous avait envoyé ici pour vous faire étudier l'art de la peinture, qu'il vous eût été difficile de connaître dans votre village, où l'on ne voit pas, que je sache, beaucoup de tableaux, de marbres, de bronzes, et autres œuvres précieuses.

28.

— Mon Dieu ! reprit Edmond, maintenant tous les souvenirs de ma première jeunesse se retracent à mon esprit. N'êtes-vous pas M. Léonard ?

— Sans doute, répondit l'orfèvre, je m'appelle Léonard ; cependant je serais fort surpris que vous eussiez gardé quelque souvenir de moi.

— C'est pourtant vrai, répliqua Edmond ; je sais que votre présence me réjouissait, que vous m'apportiez toute sorte de friandises, et que vous vous occupiez beaucoup de moi ; et je sais aussi que votre aspect me faisait éprouver je ne sais quel respect craintif et quel embarras qui souvent duraient encore après votre départ ; mais c'est surtout ce que mon père me racontait de vous qui s'est le plus vivement imprimé dans ma mémoire. Il se louait de votre amitié, et disait que vous l'aviez sauvé avec une rare adresse de mille affaires embarrassantes ; il disait aussi avec enthousiasme comment vous aviez pénétré dans les sciences occultes ; il prétendait que vous gouverniez à votre gré les puissances secrètes de la nature, et quelquefois, pardonnez-moi, il donnait à entendre que vous pouviez bien être Ahasvérus, le Juif errant.

— Pourquoi pas le *Preneur de rats* de Hameln, ou le vieux *Partout et Nulle-Part*, ou le *Petit-Pierre*, ou quelque cobole ? répondit l'orfèvre. Mais il est vrai, et je ne puis le nier, que je possède certaines particularités dont je ne puis parler sans éveiller la malveillance ; il est vrai aussi que j'ai rendu d'importants services à monsieur votre père par mes connaissances secrètes, et que surtout je l'ai réjoui par l'horoscope que je tirai après votre naissance.

— Eh bien, répliqua le jeune homme en rougissant, votre horoscope n'était pas si brillant ! Mon père m'a souvent répété que, d'après votre sentence, je deviendrais quelque chose de grand, un grand artiste ou un grand fou ; mais je dois à cette prédiction la liberté que mon père m'a donnée de suivre la carrière des arts ; et ne croyez-vous pas que votre horoscope se réalisera ?

— Oh! sans doute, répondit l'orfèvre d'un air calme; car, dans ce moment, vous êtes en bon chemin pour devenir un grand fou.

— Comment, monsieur, s'écria Edmond, vous me parlez ainsi en face, vous!

— Il dépend de toi, dit l'orfèvre, d'échapper à la dangereuse alternative de mon horoscope, et de devenir un bon artiste. Tes dessins, tes esquisses annoncent une vive et riche fantaisie, une grande force d'expression et de la hardiesse dans le plan. Avec de tels éléments on peut élever un noble édifice. Renonce à toutes ces vaines exagérations de la mode, et livre-toi aux études sérieuses. Je t'approuve de chercher à produire la dignité et la simplicité de l'ancien art allemand; mais dans ces tentatives mêmes tu dois éviter l'écueil où tant d'autres ont échoué. Il faut un sentiment profond, une âme énergique, pour résister à l'amollissement de l'art moderne, pour saisir l'esprit des anciens maîtres et pénétrer le sens de leurs tableaux; c'est par ce moyen seulement qu'on sentira s'allumer dans son cœur le feu de l'enthousiasme, et qu'on produira des œuvres dignes d'un meilleur temps. Mais aujourd'hui les jeunes gens s'imaginent que, lorsqu'ils ont dessiné des visages durs, des figures d'une aune, des vêtements empesés et anguleux et une fausse perspective, ils ont fait une œuvre à la manière des anciens maîtres. Ces imitateurs sans esprit et sans vie ressemblent aux paysans qui, dans les églises, murmurent des prières latines dont ils ignorent le sens, mais dont ils parviennent à psalmodier la mélodie. »

L'orfèvre exprima encore sur l'art plusieurs idées justes et élevées, et donna à Edmond tant de bons conseils, que celui-ci lui demanda comment il était possible qu'il eût acquis de telles connaissances sans être peintre lui-même, et comment il se résignait à vivre dans l'obscurité, sans exercer son influence sur le développement de l'art.

« Je t'ai déjà dit, répliqua l'orfèvre d'un ton doux et

sérieux, qu'une longue et même une merveilleuse expérience a donné la perspicacité à mon jugement et la pénétration à mon regard. Quant à ma manière de vivre, je sais que partout j'aurais un aspect singulier, qui me vient non-seulement de mon organisation, mais du sentiment d'une certaine puissance qui réside en moi, et tout cela troublerait mon existence paisible. Je pense souvent à un homme qui, à certains égards, pourrait être mon aïeul, et auquel je me suis si parfaitement identifié en esprit et en chair, que parfois il me vient la bizarre idée que je suis lui-même. Je veux parler du Suisse Léonard Turmhauser de Thurm, qui, vers l'an 1582, vivait ici à la cour de l'électeur Jean-Georges. Alors, comme tu dois le savoir, chaque chimiste était un alchimiste, et chaque astronome portait le nom d'astrologue. Turmhauser était l'un et l'autre. Il est certain qu'il accomplit les choses les plus prodigieuses, et qu'en outre il se signala comme un habile médecin. Il avait cependant le défaut de prôner partout sa science, de vouloir se mêler à tout par ses actions et par ses conseils. Cette vanité suscita contre lui la haine et l'envie ; on persuada à l'électeur que Turmhauser pouvait faire de l'or ; et celui-ci, soit par ignorance d'un tel travail, ou par quelque autre motif, refusa opiniâtrément de se mettre à l'œuvre. Alors les ennemis de Turmhauser dirent à l'électeur : « Voyez comme cet homme est effronté ! il se vante de connaissances qu'il n'a pas, et il se livre à toute sorte de méchantes pratiques, qu'il doit expier par une mort honteuse, comme le juif Lippold. » On savait que Turmhauser avait été orfévre, et on lui disputa toute la science dont il avait pourtant donné des preuves. On prétendit qu'il n'avait pas composé lui-même, mais acheté à prix d'argent, les judicieux écrits et les importants pronostics qu'il avait publiés.

« La haine, la calomnie en vinrent à un tel point, que, pour éviter le sort du juif Lippold, Turmhauser fut obligé de quitter secrètement le pays. Ses ennemis dirent qu'il était entré dans les rangs des papistes, mais c'était faux. Il se retira en Saxe, et continua son état d'orfévre sans renoncer à la science. »

Edmond se sentait puissamment attiré vers le vieil orfévre ; et celui-ci le récompensait de ses témoignages de confiance et de respect, non-seulement par une critique sévère, mais en lui enseignant divers secrets, connus des anciens peintres, pour la préparation et le mélange des couleurs.

Il se forma ainsi entre Edmond et le vieux Léonard une liaison comme celles qui s'établissent entre un disciple qui donne de grandes espérances et un maître tendre et indulgent.

Quelque temps après, un soir d'été, dans le parc, le conseiller Melchior Voswinkel ne pouvait parvenir à fumer aucun de ses cigares ; il les jeta à terre l'un après l'autre en s'écriant avec colère : « O Dieu ! ne me suis-je donné tant de peine, et n'ai-je dépensé tant d'argent à faire venir des cigares de Hambourg, que pour être ainsi troublé dans une de mes plus douces jouissances ! Comment faire à présent pour contempler dignement la belle nature, et me livrer à d'utiles réflexions ? C'est affreux ! »

Il adressait en quelque sorte ces paroles à Edmond, qui était assis près de lui, et dont le cigare fumait gaiement.

Edmond, quoiqu'il ne connût pas le conseiller, tira de sa poche une boîte pleine de cigares, et la présenta amicalement à son malheureux voisin, en lui disant qu'il répondait de la qualité de ce tabac, bien qu'il ne vînt pas directement de Hambourg.

Le conseiller, ranimé tout à coup et plein de joie, prit un de ces cigares en prononçant quelques paroles de remerciment, et à peine l'eut-il allumé, qu'il en vit sortir de légers nuages argentés qui s'enfuyaient en spirale. « O mon cher monsieur, s'écria-t-il, vous me tirez d'un pénible embarras. Je vous remercie encore mille fois, et j'oserais presque être assez hardi pour vous prier de me donner un second cigare quand celui-ci sera fini. »

Edmond mit sa boîte à sa disposition, et ils se séparèrent.

Edmond, préoccupé d'une image qu'il voulait peindre, se fraya un passage à travers la foule, pour s'en aller errer en liberté, lorsque tout à coup le conseiller se retrouva devant lui, et lui demanda amicalement s'il ne voudrait pas s'asseoir à la même table.

Edmond était sur le point de refuser, lorsqu'il aperçut, à la place où le conseiller lui offrait une place, une jeune fille d'une grâce et d'une beauté ravissantes.

« C'est ma fille Albertine, » dit le conseiller à Edmond, qui la regardait immobile, et oublia de la saluer. Il reconnaissait dans Albertine la charmante jeune personne qu'il avait vue un an auparavant à l'exposition, arrêtée devant un de ses tableaux ; elle expliquait avec habileté, à une femme âgée et à deux jeunes filles qui l'accompagnaient, le sens de cette peinture fantastique. Elle examinait tour à tour le dessin et la composition, louait l'auteur de cet ouvrage, et disait que ce devait être un artiste plein de talent, et qu'elle serait heureuse de le connaître. Edmond, debout derrière elle, savourait tous ces éloges prononcés par les lèvres les plus fraîches. Le cœur palpitant de joie et de crainte, il voulait se présenter comme l'auteur de ce tableau. Au même instant Albertine laisse tomber un de ses gants ; Edmond se baisse pour le relever, Albertine en fait autant, leurs têtes s'entre-choquent, et Albertine pousse un cri de douleur.

Edmond recule effrayé, et marche sur les pattes du petit chien de la vieille dame, qui se met à hurler, puis sur les pieds d'un gros professeur, qui fait entendre un effroyable mugissement, et envoie à tous les diables le malheureux jeune homme. On accourt de tous les côtés ; toutes les lorgnettes sont braquées sur ce pauvre Edmond, qui, au milieu des hurlements du roquet, des malédictions du professeur, des injures de la vieille dame, des ricanements des jeunes filles, s'échappe tout honteux, tandis que plusieurs femmes s'empressent autour d'Albertine, et lui frottent le front avec de l'eau de senteur.

Dans ce moment critique, Edmond était devenu amoureux sans savoir comment, et le pénible sentiment de sa gaucherie l'empêcha seul de poursuivre la jeune fille dans tous les coins de la ville. Il ne pouvait se la représenter autrement que le front gonflé et la colère sur le visage, mais ce soir-là on ne voyait plus aucune trace de l'événement. A la vérité, Albertine rougit beaucoup et parut fort troublée en apercevant le jeune homme; et lorsque le conseiller demanda à Edmond son nom et son état, la jeune fille dit en souriant qu'elle croyait reconnaître en lui l'excellent artiste dont elle avait vu avec une profonde émotion les dessins et les tableaux.

On peut se figurer la vive impression que ces paroles produisirent sur l'esprit du jeune peintre. Dans son enthousiasme, il allait se confondre en remerciements, lorsque le conseiller l'arrêta en lui disant : « Eh bien, mon cher, le cigare que vous m'aviez promis? » Puis il continua : « Vous êtes donc peintre, et très-bon peintre, s'il faut s'en rapporter à ma fille, qui s'y connaît? Cela me réjouit extrêmement; j'aime la peinture, ou plutôt l'art, pour parler comme ma fille Albertine; je ne m'y laisse pas tromper; je suis un connaisseur, un vrai connaisseur de tableaux, et on ne ferait pas passer à mes yeux un X pour un U. Dites-moi franchement, cher peintre, et toute modestie à part, n'est-ce pas, vous êtes l'habile artiste dont je vois chaque jour les tableaux en passant, et dont j'admire chaque jour les éclatantes couleurs? »

Edmond ne comprenait pas bien de quels tableaux le conseiller voulait parler. Enfin, après mainte et mainte question, il découvrit que Melchior Voswinkel n'avait en vue que les plateaux en laque, les écrans et autres ouvrages de même genre, qu'il contemplait en effet chaque matin avec un vrai ravissement, lorsqu'il passait devant le riche magasin de Staubwasser. C'était là ce qu'il regardait comme la perfection de l'art. Edmond fut très-peu flatté de recevoir un compliment pareil, et maudit le conseiller, qui l'empêchait de s'entretenir avec Albertine. Enfin le conseiller fut rejoint par un de ses amis, qui l'engagea dans un long aparté, et Edmond profita de ce moment pour se rapprocher d'Albertine, qui n'en parut nullement mécontente.

Tous ceux qui connaissent mademoiselle Albertine savent que c'est la jeunesse, la grâce et la beauté même, qu'elle s'habille avec goût et à la dernière mode, qu'elle chante à l'académie de musique, qu'elle a reçu des leçons de piano du meilleur maître, qu'elle imite les pirouettes de la première danseuse, qu'elle copie une fleur avec un art parfait, qu'elle est d'une nature gaie et enjouée. Chacun sait aussi qu'elle porte dans un petit livre de maroquin, doré sur tranche, les poésies et les sentences les plus belles qui se puissent trouver dans les œuvres de Gœthe, de Jean-Paul et d'autres écrivains distingués, et chacun sait enfin qu'elle ne commet pas de fautes de grammaire.

Albertine, assise à côté du jeune peintre enthousiaste, éprouva une plus vive émotion que celle qui la surprenait dans ses sociétés habituelles, et murmura d'une voix mélodieuse d'aimables paroles.

Le vent du soir commençait à souffler, et emportait sur ses ailes le parfum des fleurs. Dans un bosquet, les rossignols chantaient les langueurs de leur amour. Enhardi par l'obscurité, Edmond prit la main d'Albertine, et la serra sur son cœur; la jeune fille lui retira sa main, mais seulement pour la dépouiller d'un joli gant glacé, et l'abandonner à l'heureux Edmond, qui allait la couvrir de baisers, lorsque le conseiller dit en se rapprochant : « La soirée devient froide; je voudrais avoir pris un manteau ou un surtout : enveloppe-toi dans ton châle, ma petite Albertine; un châle turc, mon cher peintre, qui me coûte bien cinquante beaux ducats. Enveloppe-toi, te dis-je, et partons. Adieu, mon cher ami. »

Edmond, guidé par un tact délicat, saisit en ce moment sa boîte et offrit au conseiller un nouveau cigare.

« Mille remerciements, s'écria Melchior ; vous êtes d'une complaisance extrême. La police ne permet pas qu'on fume en traversant le jardin, voilà pourquoi le cigare ne m'en paraîtra que meilleur. »

Tandis que le conseiller s'approchait d'une lanterne pour allumer son cigare, Edmond demanda timidement à Albertine la permission de la reconduire. Elle prit son bras, tous deux se mirent en marche ; et lorsque le conseiller les joignit, on eût dit qu'il avait lui-même prévu qu'Edmond reviendrait avec eux en ville.

Quiconque a été jeune et amoureux, ou qui est encore l'un et l'autre, s'imaginera qu'Edmond, marchant auprès d'Albertine, ne croyait pas être dans une forêt, mais dans les nuages les plus élevés, à côté d'une créature idéale.

D'après la Rosalinde de Shakspeare, voici quels sont les signes auxquels on reconnaît un amoureux : les joues tombantes, les yeux bordés d'un cercle bleu, la distraction d'esprit, une barbe en désordre, des jarretières détachées, un bonnet mis de travers, des manches déboutonnées, des souliers non bouclés, et une insouciance désespérante dans toutes les actions.

Edmond ne montrait pas en lui tous ces symptômes ; mais de même que l'amoureux Roland ruinait tous les arbres en inscrivant sur leur écorce le nom de Rosalinde, de même Edmond perdit une quantité de papiers, de parchemins, de toiles, de couleurs, pour chanter sa bien-aimée en mauvais vers, et pour la dessiner, la peindre, sans jamais atteindre l'image qu'il entrevoyait dans sa pensée. Comme il exhalait d'ailleurs à chaque instant de profonds soupirs, il arriva que le vieil orfèvre découvrit bientôt la situation de son jeune ami. Aux premières questions qu'il lui adressa, Edmond n'hésita pas à lui ouvrir son cœur.

« Comment, s'écria Léonard, tu n'y songes pas ! Il n'est pas permis d'aimer une fiancée ; Albertine est à peu près promise au secrétaire privé Tusmann. »

A cette affreuse nouvelle, Edmond éprouva un violent désespoir. Léonard attendit paisiblement la fin de son paroxysme, et lui demanda s'il songeait sérieusement à épouser Albertine. Edmond affirma que c'était là son plus grand désir, et conjura son vieil ami de l'aider de tout son pouvoir à écarter le secrétaire.

L'orfévre lui répondit qu'il trouvait très-convenable qu'un jeune artiste devînt amoureux, mais non pas qu'il songeât à se marier. Ainsi le jeune Sternbald n'avait jamais pu s'y résoudre. Cette réflexion frappa Edmond, qui se plaisait à relire le *Sternbald* de Tieck, et qui aurait volontiers été le héros de ce roman. Son visage prit une expression de tristesse, et il se sentit prêt à pleurer.

« Eh bien, arrive ce qui pourra, reprit l'orfévre, je te délivrerai de ton rival, et toi, tu t'introduiras dans la maison du conseiller, et tu essayeras de te rapprocher d'Albertine. Mes opérations contre Tusmann ne peuvent commencer que dans la nuit de l'équinoxe. »

Nous avons vu de quelle manière l'orfévre se mit à l'œuvre pour écarter le secrétaire privé.

CHAPITRE III.

D'après tout ce que tu sais, cher lecteur, sur le secrétaire privé de chancellerie Tusmann, tu peux te représenter cet homme et ses manières. J'ajouterai, pour ce qui concerne son extérieur, qu'il était de petite stature, chauve, contourné, et en tout passablement grotesque. Il portait un habit coupé à l'ancienne mode, avec des basques d'une longueur démesurée, un gilet non moins long, de larges culottes, des souliers qui résonnaient comme les bottes d'un ouvrier; et comme, au lieu de marcher d'un pas régulier dans les rues, il courait par sauts et par bonds, ses basques, soulevées par le vent, flottaient comme des ailes. Quoique sa figure fût très-comique, le sourire de bonté errant sur ses lèvres disposait en sa faveur, et on l'aimait tout en riant de sa pédanterie et de sa gaucherie dans le monde. Sa passion était de lire : il ne sortait jamais sans avoir les poches pleines de livres ; il lisait partout où il allait, dans les promenades, à l'église, dans les cafés ; il lisait sans choix tout ce qu'il trouvait, pourvu qu'il fût question de l'ancien temps, car il détestait le nouveau. Ainsi on le voyait un jour étudier dans un café un livre d'algèbre, le lendemain le règlement de cavalerie de Frédéric-Guillaume 1er, puis le merveilleux ouvrage intitulé *Cicéron représenté en dix harangues comme grand bavard et grand gloseur*, 1720. Tusmann était doué d'une mémoire prodigieuse ; il avait coutume de noter tout ce qui le frappait dans un livre, puis de reprendre ses notes, et jamais il ne les oubliait. Il devint ainsi un polyhistor, une encyclopédie vivante, que l'on feuilletait quand on avait besoin d'un renseignement historique ou scientifique. S'il arrivait qu'il ne pût donner à l'instant même ce renseignement, il s'en allait fouiller sans relâche dans toutes les bibliothèques jusqu'à ce qu'il l'eût trouvé, et il revenait ensuite l'apporter avec joie. Une chose remarquable, c'est que, tout en paraissant absorbé dans sa lecture, il entendait tout ce qui se disait autour de lui. Souvent il se mêlait à l'entretien par une remarque très-juste ; et si l'on disait un mot spirituel ou humoristique, sans quitter des yeux son livre, il y applaudissait par un rire éclatant.

Le conseiller Voswinkel avait été à l'école des moines gris avec le secrétaire privé, et de là datait leur étroite liaison. Tusmann vit grandir Albertine ; et lorsqu'elle eut atteint sa douzième année, il lui apporta un élégant bouquet, et lui baisa la main avec une galanterie qu'on n'eût pas attendue de lui. Dès ce jour, le conseiller eut la pensée de marier son ancien camarade avec Albertine ; il espérait que Tusmann se contenterait d'une dot modique, et, au dix-huitième anniversaire de la naissance d'Albertine, il révéla au secrétaire privé le projet qu'il avait jusqu'alors gardé secrètement. Celui-ci fut effrayé d'une telle révélation ; il n'osait se livrer à la pensée hardie de conclure un mariage, et surtout avec une belle jeune fille. Peu à peu cependant il s'y habitua, et sentit son cœur enflammé d'amour le jour où, sur la demande de son père, Albertine lui offrit une petite bourse qu'elle avait tricotée elle-même. Il déclara alors au conseiller qu'il était résolu à se marier; et comme celui-ci l'embrassa en l'appelant son gendre, le bon Tusmann se regarda comme l'époux d'Albertine, bien que la jeune fille n'eût pas entendu dire un mot et n'eût pas le moindre soupçon de tous ces projets.

Le lendemain du jour qui suivit la nuit de son aventure à l'hôtel de ville et sur la place Alexandre, le secrétaire entra pâle et défait chez son ami. Le conseiller ne fut pas peu effrayé en le voyant arriver de si grand matin, et en observant l'agitation morale peinte sur sa physionomie.

« Mon cher secrétaire, s'écria-t-il, d'où viens-tu donc? Pourquoi as-tu l'air si effaré, et que t'est-il arrivé? »

Tusmann se jeta sur un fauteuil, et, après avoir pris haleine quelques minutes, il dit d'une voix tremblante: « Mon ami, tel que tu me vois, avec ces vêtements et le *Traité de sagesse politique* dans ma poche, je viens de la rue de Spandau, où j'ai couru toute la nuit depuis hier. Je ne suis pas entré dans ma maison; je n'ai pas vu un lit; je n'ai pas fermé l'œil. »

Alors Tusmann commença à raconter tout ce qui lui était arrivé la nuit précédente, depuis sa première rencontre avec le fabuleux orfévre jusqu'au moment où il s'était échappé de la taverne, épouvanté de tout ce qui s'y passait.

« Mon cher secrétaire, dit le conseiller, tu as, contre ta coutume, un peu trop bu vers le soir, et tu as fait un rêve bizarre.

—Quoi! s'écria Tusmann, j'aurais dormi, j'aurais rêvé! Penses-tu que je ne sache pas ce que c'est que le sommeil et le rêve? Je peux te développer la théorie de Nudow sur le sommeil, et te prouver qu'on peut dormir sans rêver; c'est pourquoi Hamlet a dit : « Dormir, rêver peut-être! »

Et quant au songe, tu en saurais autant que moi si tu avais lu le *Somnium Scipionis*, et le célèbre ouvrage d'Arthémidor sur les rêves, et le *Livre des Songes* imprimé à Francfort ; mais tu ne lis rien, et tu portes à tout instant de faux jugements.

— Allons ! allons ! reprit le conseiller, sois calme ; je veux bien croire que tu es tombé hier entre les mains de quelques charlatans qui se sont amusés et joués de toi ; mais, dis-moi, pourquoi, après être sorti de cette taverne, n'es-tu pas rentré dans ta maison, au lieu de courir ainsi la nuit dans les rues ?

— O mon cher conseiller ! s'écria le secrétaire privé, cher camarade de l'école des moines gris, n'insulte pas à ma douleur par un doute injurieux ; mais apprends que cette diabolique aventure continua de plus belle lorsque je me trouvai dans la rue. En arrivant devant l'hôtel de ville, je vis toutes les fenêtres illuminées, j'entendis le bruit de la danse, la musique joyeuse accompagnée par le tambour des janissaires. Je ne sais comment il arriva que, quoique je ne sois pas d'une haute taille, je parvins, en me levant sur la pointe des pieds, à distinguer le spectacle que présentait l'intérieur de l'édifice. Que vis-je ? ô Créateur du ciel ! ta fille, mademoiselle Albertine, vêtue d'un brillant costume de noces, et dansant étourdiment avec un jeune homme. Je frappe à la fenêtre, je m'écrie : « Mon honorable demoiselle Albertine, que faites-vous, à quoi songez-vous ici à cette heure ? » En même temps un être affreux descend la rue Royale ; m'enlève, en passant, les jambes sur le corps, et s'enfuit en poussant des éclats de rire. Moi, pauvre secrétaire privé, tombé dans la fange, je crie : « Gardes de nuit, archers de la police, soldats de la patrouille, accourez, accourez ! arrêtez le misérable qui m'a volé mes jambes ! » Mais tout devient subitement sombre et silencieux à l'hôtel de ville, et ma voix se perd dans les airs. Tandis que je m'abandonne à mon désespoir, le fantôme reparaît et me jette mes jambes au visage. Je me lève et me précipite dans la rue de Spandau. Lorsque je veux introduire la clef dans la porte de ma maison, je me vois moi-même, oui, moi-même devant moi ; je me regarde avec les mêmes grands yeux noirs que je porte sous mes sourcils ; je recule avec horreur, et tombe sur un homme, qui m'étreint fortement. A la pique qu'il porte entre ses mains, je reconnais le garde de nuit : « Ah ! mon brave homme, lui dis-je, faites-moi le plaisir de chasser ce scélérat de secrétaire privé Tusmann, afin que moi, le vrai, l'honnête Tusmann, je puisse entrer dans ma demeure.

— Je crois que vous êtes fou, me répond cet homme d'une voix creuse ; et je reconnais le terrible orfévre. La terreur s'empare de moi, et une sueur froide découle de mon front : « Mon vénérable professeur, lui-dis je en tremblant, excusez-moi si, dans l'obscurité, je vous ai pris pour un garde de nuit. Appelez-moi comme vous voudrez ; dites-moi monsieur Tusmann tout court, ou même mon cher ; traitez-moi comme un valet, je supporterai tout ; seulement, je vous en conjure, délivrez-moi de la magie que vous avez exercée sur moi cette nuit.

— Tusmann, me répondit ce malheureux sorcier, vous échapperez désormais à tous ces accidents si vous voulez me jurer à l'instant même que vous renoncez à votre mariage avec Albertine.

« Tu peux te figurer, mon cher conseiller, quelle impression me firent éprouver ces affreuses paroles.

« Très-digne professeur, lui répliquai-je, vous me faites saigner le cœur ; la valse est une danse inconvenante, et mademoiselle Albertine, ma fiancée, valsait avec un jeune homme de manière à me priver de l'usage de mes sens. Cependant je ne puis renoncer à elle, non, je ne le puis.

« A peine avais-je prononcé ces mots, que le maudit orfévre me donna un coup violent qui me fit tourner sur moi-même. Poussé comme par une puissance irrésistible, je me mis à valser dans la rue de Spandau, et je tenais dans mes bras un sale balai qui m'écorchait la figure, tandis que des chiens invisibles me déchiraient le dos, et que des milliers de secrétaires Tusmann tourbillonnaient autour de moi avec des balais. Enfin, je tombai sans connaissance. Lorsque le jour vint à paraître et que j'ouvris les yeux, figure-toi ma terreur : j'étais assis sur le cheval de la statue du grand électeur, ma tête appuyée sur sa froide poitrine de bronze. Par bonheur, la sentinelle était endormie, en sorte que je pus descendre sans être remarqué, mais non sans courir risque de me casser le cou. Je m'enfuis alors vers la rue de Spandau, et une terreur insensée m'amena vers toi.

— Tu ne penses pas, mon cher secrétaire, dit le conseiller, que je puisse ajouter foi à toutes ces folies. A-t-on jamais entendu parler de tels sortiléges dans notre bonne ville si savante ?

— Eh bien, vois, mon ami, quelle erreur tu commets, faute d'avoir lu. Si tu avais étudié comme moi le *Michochomion Marchicum* d'Haftitius, recteur des deux écoles de Berlin et de Cologne, tu saurais qu'il s'est passé bien autre chose. Après tout, je serais porté à croire que l'orfévre est le diable en personne, qui me poursuit et me tourmente.

— Je t'en prie, mon cher secrétaire, épargne-moi ces sottes superstitions; calme-toi, et avoue que tu avais un peu trop bu, et que, dans ton ivresse, tu es monté sur la statue du grand électeur. »

Le secrétaire se mit à pleurer en entendant exprimer un tel soupçon, et employa tous ses efforts à le dissiper.

Le conseiller prit un air plus grave, et comme son ami ne cessait de soutenir que tout s'était passé comme il venait de lui raconter, il lui dit : « Écoute, plus je songe à ce que tu me rapportes de l'orfévre et du vieux juif, avec lesquels tu as passé la nuit à boire, contre tes habitudes de réserve et de sobriété, plus il me paraît certain que le juif est mon vieux Manassé, et que l'orfévre doit être Léonard, que l'on voit quelquefois à Berlin. Je n'ai pas lu autant de livres que toi, mais cela n'est pas nécessaire pour savoir que ces deux hommes sont de simples et honnêtes gens qui ne pratiquent aucun sortilége. Je suis surpris qu'avec ta connaissance des lois tu oublies que tout acte de magie est sévèrement interdit, et que nul nécromancien ne serait toléré ici par le gouvernement. Écoute, mon cher camarade, je ne veux pas admettre le soupçon qui s'élève en moi, non, je ne veux pas croire que tu as renoncé au désir d'épouser ma fille, que tu as imaginé toute cette fantasmagorie pour avoir le droit de venir me dire : « Mon cher conseiller, il faut que nous nous séparions ; car, si j'épouse ta fille, le diable me vole mes jambes et me déchire le dos. » Il serait très-mal à toi de me vouloir ainsi tromper.

Ce nouveau soupçon mit le secrétaire hors de lui-même. Il jura qu'il aimait mademoiselle Albertine d'un amour infini ; que, comme Léandre, comme Troïlus, il mourrait pour elle, et souffrirait le martyre sans renoncer à son affection.

Pendant que Tusmann répétait ses protestations, on frappa à la porte, et le vieux Manassé entra dans la chambre. A peine Tusmann l'eut-il aperçu, qu'il s'écria : « O Dieu du ciel ! c'est le vieux juif qui faisait jaillir hier des pièces d'or d'un radis noir. L'autre nécromancien n'est sans doute pas loin. »

En parlant ainsi, il s'approcha de la porte pour s'échapper. Le conseiller le retint, et lui dit : « Voyons ce qu'il va nous apprendre. » Puis, se retournant vers Manassé, il lui répéta ce que Tusmann venait de lui raconter.

Manassé sourit d'une façon singulière, et répondit : « Je ne sais ce que veut monsieur ; il entra hier avec l'orfèvre Léonard dans la taverne où je savourais un verre de vin, après mon pénible travail de la journée ; il but outre mesure, de telle sorte qu'il ne pouvait se tenir sur ses jambes, et il sortit en chancelant.

— Vois-tu, mon ami ! s'écria le conseiller ; je l'avais bien pensé, tous tes accidents sont venus de ta maudite ivrognerie, dont il faudra que tu te corriges, si tu veux épouser ma fille. »

Le pauvre secrétaire, anéanti par ce reproche immérité, tomba sans mouvement sur son fauteuil, ferma les yeux, et se mit à murmurer des paroles inintelligibles.

« Voilà ce qui leur arrive, reprit le conseiller : ils boivent toute la nuit, et sont ensuite sans force et sans raison. »

Malgré toutes ses protestations, il fallut que Tusmann se laissât envelopper la tête d'un linge et conduire en voiture dans sa demeure.

« Qu'y a-t-il de nouveau? » demanda le conseiller au vieillard.

Manassé prit un air riant, et répondit que le conseiller ne soupçonnait pas quel bonheur il venait lui annoncer.

Sur les instances qui lui furent faites, le juif raconta que son neveu Benjamin Dumerle, le beau jeune homme possesseur d'un demi-million, et investi par la cour de Vienne du titre de baron pour les services qu'il lui avait rendus, était revenu récemment d'Italie, qu'il s'était épris ardemment de mademoiselle Albertine, et la demandait en mariage.

On voit souvent le jeune baron au théâtre, où il se montre à une première loge; on le voit plus souvent encore dans les concerts. Chacun sait qu'il est long, maigre comme un échalas, qu'il porte sur son visage jaune des cheveux crépus et une barbe noire, qu'il est toujours habillé selon le goût le plus bizarre des tailleurs anglais; il parle plusieurs langues avec l'accent germanique, racle le violon, martèle le piano, forge de misérables vers, juge des beaux-arts sans goût et sans connaissance, affecte de faire de l'esprit dans sa sottise, tranche, décide; bref, il est, selon l'opinion de tous les gens sensés, un être insupportable. De plus, malgré sa grande fortune, il ne songe qu'à amasser de l'argent, et ceux même qui ont coutume de se prosterner devant les riches s'éloignent de lui.

Le conseiller fut, au premier moment, ébloui par le demi-million du neveu de Manassé; mais bientôt il songea à tous les obstacles qui devaient rendre impossible l'union qu'on lui proposait.

« Mon cher Manassé, dit-il, vous oubliez que votre honorable neveu est de l'ancienne croyance, et que...

— Ah! qu'importe? répondit le juif; mon neveu est amoureux de mademoiselle votre fille; il veut la rendre heureuse, et quelques gouttes d'eau à recevoir ne l'effrayeront pas. Pensez à cette affaire, monsieur le conseiller; dans quelques jours je reviendrai avec mon petit baron vous demander une réponse décisive. »

Manassé se retira.

Le conseiller continua ses réflexions; mais, malgré son avarice et la faiblesse de son caractère, il ne pouvait se décider à unir sa fille avec ce juif repoussant. Dans un accès de loyauté, il résolut de tenir parole à son vieux camarade.

CHAPITRE IV.

Quelque temps après avoir fait connaissance avec Edmond dans le jardin botanique, Albertine trouva que le portrait de son père, qui était suspendu dans sa chambre, ne ressemblait nullement, et qu'il était peint d'une façon pitoyable. Elle prouva au conseiller qu'il était réellement beaucoup plus jeune et plus beau que le peintre ne l'avait représenté; elle blâma l'expression morose du visage, le costume vieilli donné au conseiller, le bouquet de roses qu'il tenait entre ses doigts, ornés d'anneaux en diamants.

Elle en dit tant et tant, que le conseiller finit par condamner aussi ce portrait, et qu'il ne comprenait plus comment l'artiste maladroit avait pu dénaturer à ce point son aimable personne; et plus il observait le portrait, plus il sentait son aversion s'accroître contre cette œuvre grossière; il résolut enfin de la faire enlever et de la mettre dans le garde-meuble.

Albertine pensa que le portrait ne méritait pas une autre place; cependant elle s'était si bien accoutumée à voir dans sa chambre l'image de son père, que cette muraille nue lui troublait le cœur. Il n'y avait d'autre remède que de faire peindre encore une fois son cher père par un artiste habile, et elle n'en connaissait pas un plus expert que le jeune Edmond, qui avait déjà produit tant d'œuvres excellentes.

« Ma fille! ma fille! s'écria le conseiller, à quoi songes-tu? Ces jeunes artistes sont pleins d'orgueil et de présomption, et pour le moindre travail ils ne craignent pas d'exiger une somme énorme. »

Albertine assura que Lehsen travaillait bien plus par goût que par nécessité, et serait fort accommodant. Bref, elle en dit tant, que le conseiller se décida à aller trouver le jeune peintre.

On peut se figurer la joie avec laquelle Edmond accepta la proposition qui lui fut faite, et quel ravissement il éprouva lorsqu'il apprit que c'était Albertine elle-même qui avait engagé son père à le choisir pour faire ce portrait. Il était donc tout naturel qu'en voyant le conseiller inquiet du prix qu'on pouvait lui demander Edmond s'écriât qu'il ne voulait aucun salaire, qu'il s'estimait trop heureux de pouvoir employer ses pinceaux à peindre un homme aussi distingué que M. Voswinkel.

« Grand Dieu! dit le conseiller stupéfait, qu'entends-je, mon cher monsieur Edmond? Quoi! point de salaire! pas même un frédéric d'or pour votre toile et vos couleurs? »

Edmond répondit en souriant que c'était là une bagatelle dont il n'était pas nécessaire de parler.

« Mais, dit le conseiller d'une voix doucereuse, vous ne savez peut-être pas qu'il s'agit d'un portrait de grandeur naturelle?

— N'importe! » répondit Edmond.

A ces mots, le conseiller se précipita dans les bras du jeune peintre, et s'écria en versant des larmes d'attendrissement : « O Dieu du ciel! y a-t-il donc encore en ce mauvais monde des âmes si nobles et si élevées! Vous partagez avec moi vos cigares, puis vous faites mon portrait! Vous êtes un excellent jeune homme, ou, pour mieux dire, vou êtes un homme sublime; en vous résident la vertu, la loyauté allemande des anciens temps dont parlent les traditions. Mais, croyez-moi, quoique je sois conseiller et que je m'habille à la française, je sais apprécier votre noblesse d'âme, et je puis me montrer aussi généreux que vous. »

L'adroite Albertine avait prévu ce qui arriverait. Ses intentions étaient remplies. Le conseiller ne se lassait point de faire l'éloge du jeune homme et de son désintéressement. Il dit que les jeunes gens, et surtout les peintres, avaient dans l'esprit quelque chose de fantastique et de romanesque, d'où il résulte qu'ils attachent tant de prix à des fleurs fanées, à des rubans portés par une jeune fille, ou à quelque ouvrage fait par de jolies mains. Il permit à Albertine de broder pour Edmond une petite bourse, à laquelle elle joindrait une boucle de ses cheveux blonds; cela suffirait pour rendre heureux le jeune artiste, et le conseiller se chargeait d'expliquer l'affaire au secrétaire Tusmann.

Albertine, qui ignorait encore les projets de son père, ne comprit pas pourquoi il parlait de Tusmann, et ne s'en inquiéta pas.

Le soir même, Edmond fit apporter chez le conseiller son chevalet et ses couleurs, et le lendemain il commença sa première séance.

Il pria le conseiller de se transporter, par la pensée, au moment le plus doux et le plus heureux de sa vie, tel que celui où sa défunte femme lui avait juré un amour éternel, ou celui de la naissance d'Albertine, ou enfin celui où il avait revu tout à coup un ami qu'il croyait perdu...

« Arrêtez! s'écria le conseiller. Il y a environ trois mois, je reçus une lettre de Hambourg qui m'annonçait que j'avais gagné une somme considérable à la loterie de cette ville. La lettre ouverte à la main, je courus trouver ma fille; jamais je n'ai eu un moment plus doux dans ma vie. Choisissons donc celui-là; et afin qu'il soit plus évident pour tout le monde, je vais chercher la lettre, et je la tiendrai dans la main, comme je la tenais alors. »

Edmond fut forcé de peindre le conseiller avec cette

lettre, sur laquelle on lisait distinctement : « J'ai l'honneur de vous prévenir que... etc... »

Sur une petite table qui fut placée près de lui, le conseiller fit mettre l'enveloppe; on y lisait :

« A Monsieur,
Monsieur le conseiller de commission Melchior
Voswinkel, échevin et syndic, etc...
A Berlin. »

Edmond ne devait pas oublier de reproduire dans son tableau cette enveloppe, non plus que le timbre de la poste. Il peignit un petit homme rond, jovial, bien habillé, qui offrait quelques traits de ressemblance avec le conseiller, en sorte qu'en lisant l'adresse de la lettre on ne pouvait se méprendre sur le personnage représenté dans ce portrait.

Le conseiller était dans le ravissement. « On voit par là, disait-il, comment un artiste habile peut saisir ce qu'il y a de plus agréable dans la physionomie de l'homme, et faire d'un portrait un tableau historique. » Chaque fois qu'il regardait son image, il se rappelait l'heureux jour où il avait gagné à la loterie, et comprenait la riante expression répandue sur son visage.

Avant qu'Albertine en eût exprimé le désir, le conseiller pria le jeune artiste de vouloir bien aussi la peindre.

Edmond se mit aussitôt à l'ouvrage; mais ce portrait n'avançait pas aussi vite, et ne réussissait pas aussi bien que celui du père.

Edmond dessinait et effaçait, dessinait de nouveau, se mettait à peindre, changeait l'attitude; tantôt le jour était trop éclatant, tantôt trop sombre, jusqu'à ce qu'enfin le conseiller perdît patience, et cessât d'assister aux séances.

Edmond venait travailler matin et soir; et si le portrait n'avançait pas, en revanche, les relations du jeune peintre avec Albertine prenaient de jour en jour plus de fixité.

Tu auras sans doute éprouvé par toi-même, cher lecteur, que, lorsqu'on est amoureux, on a besoin, pour donner plus de force à ses protestations, à ses harangues et à ses soupirs, de prendre la main de celle que l'on aime, de la serrer, de la baiser. On dirait qu'un principe électrique attire les lèvres contre les lèvres, et ce principe se manifeste dans le feu d'un doux baiser. Il n'était donc pas surprenant qu'Edmond abandonnât souvent sa peinture pour chercher ce moyen plus intime de communication.

Un jour, il était avec Albertine près de la fenêtre ; et pour donner, comme nous l'avons dit, plus de poids à ses paroles, il portait sans relâche à ses lèvres la main de la jeune fille.

A la même heure et au même moment, le secrétaire Tusmann passait devant la maison du conseiller, portant dans sa poche la *Sagesse politique*, et d'autres livres couverts en parchemin et joignant l'utile à l'agréable.

Quoique, selon sa coutume, il s'élançât par bonds, car l'heure allait sonner où il devait être à son bureau, il s'arrêta un instant, et jeta un coup d'œil vers la fenêtre de sa fiancée.

Il aperçut alors, comme dans un nuage, Albertine et Edmond ; il ne pouvait les distinguer clairement, mais il sentit battre son cœur sans savoir pourquoi. Une anxiété étrange le poussa à une décision inouïe, à entrer chez le conseiller à une heure inaccoutumée, et à monter tout droit chez Albertine.

Au moment où il pénétrait dans la chambre, Albertine disait très-distinctement : « Oui, Edmond, je t'aimerai éternellement, éternellement. » Et, en prononçant ces mots, elle serrait le jeune homme sur son sein, et une gerbe d'étincelles se dégageait du principe électrique dont nous avons parlé.

Le secrétaire privé s'avança machinalement, et resta muet, immobile, au milieu de la chambre, comme frappé de catalepsie.

Dans l'ivresse de leur joie, les deux amants n'avaient pas entendu le bruit sonore des bottes du secrétaire, ni celui de la porte qu'il venait d'ouvrir.

Tout à coup une voix de fausset s'écria :

« Mais, mademoiselle Albertine !... »

Les deux amants effrayés se séparèrent. Edmond courut à son chevalet, et Albertine au fauteuil où elle devait s'asseoir pour poser.

« Mais, mademoiselle Albertine, dit le conseiller privé en reprenant haleine, que faites-vous ? à quoi songez-vous ? D'abord vous valsez avec un jeune homme que je n'ai pas l'honneur de connaître, vous valsez à minuit à l'hôtel de ville de telle sorte que j'en perds le jugement ; puis, en plein jour, je vous trouve à la fenêtre..... Oh ! juste Dieu ! est-ce donc là une conduite honnête pour une fiancée ?

— Qui donc est fiancée ? s'écria Albertine ; de qui parlez-vous, monsieur le secrétaire privé ? répondez !

— Ô Créateur du ciel ! dit d'un ton gémissant le secrétaire privé, vous me demandez encore, noble demoiselle, de qui je parle ! et de qui donc, si ce n'est de vous ? N'êtes-vous pas ma tendre, ma respectable fiancée ? votre digne père ne m'a-t-il pas promis cette jolie petite main si blanche et si douce à baiser ?

— Monsieur le secrétaire, répliqua Albertine irritée, ou vous avez déjà été à la taverne que vous visitez beaucoup trop fréquemment, s'il faut en croire mon père, ou vous êtes en proie à un singulier égarement. Il est impossible que mon père ait songé à vous donner ma main.

— Ma chère demoiselle Albertine, reprit le secrétaire, songez-y : vous me connaissez depuis longtemps ; n'ai-je pas toujours été un homme sobre et réfléchi, et pourrais-je me laisser aller ainsi tout d'un coup à l'ivresse et à la folie ? Chère demoiselle, je fermerai les yeux, je me tairai sur ce que je viens de voir, j'oublierai tout ; mais songez que vous m'avez donné votre consentement à minuit par la fenêtre de l'hôtel de ville, et quoique vous valsiez cette nuit-là avec ce jeune homme, cependant....

— Ne voyez-vous pas, s'écria Albertine, que vous divaguez comme un homme échappé de l'hospice des fous ?

Allez! vous me faites peur. Allez! vous dis-je, laissez-moi! »

Les yeux du pauvre Tusmann se remplirent de larmes. « O juste Dieu! murmura-t-il, me voir ainsi traité par mon adorable fiancée! Non, je ne m'en irai pas; je resterai jusqu'à ce que vous ayez rendu justice à ma chétive personne.

— Sortez! s'écria Albertine d'une voix étouffée, en se retirant à l'extrémité de la chambre.

— Non, répondit le secrétaire; d'après les sages préceptes de la *Sagesse* de Tomasius, je dois rester; je ne m'en irai pas avant que..... »

Il se disposait à poursuivre Albertine.

Edmond, furieux, promenait pendant ce temps ses pinceaux sur sa toile. Enfin il ne put y tenir: « Maudit Satan! » s'écria-t-il; et s'élançant sur Tusmann, il lui passa deux ou trois fois sur le visage son pinceau imprégné de couleurs vertes, puis il ouvrit la porte, et d'un coup violent le jeta dehors comme une flèche.

Le conseiller rentrait chez lui au moment où son vieux camarade, ainsi barbouillé de couleurs, tomba dans ses bras.

« Quelle figure! s'écria-t-il; que t'est-il donc arrivé? »

Le secrétaire, tout stupéfait encore de tant d'événements, lui raconta en phrases entrecoupées comment il avait été traité par Albertine, et quelle offense il avait reçue d'Edmond.

Le conseiller, affligé et irrité, le prit par la main, le ramena dans la chambre d'Albertine, et dit à sa fille:

« Qu'entends-je? qu'ai-je appris? Est-ce ainsi qu'on traite un fiancé?

— Un fiancé! s'écria Albertine avec terreur.

— Eh bien, oui, ton fiancé, continua le conseiller. Je ne sais pourquoi tu parais si troublée d'une chose que j'ai résolue depuis longtemps. Mon vieil ami est ton fiancé, et dans quelques semaines nous célébrerons gaîment la noce.

— Jamais, s'écria Albertine, jamais je n'épouserai le secrétaire privé ! Comment pourrais-je aimer ce vieillard ?

— Que parles-tu d'aimer, que parles-tu de vieillard ? Il n'est plus question d'amour, mais de mariage. A la vérité, mon camarade n'est plus un léger jeune homme ; il est, comme moi, arrivé à l'âge qu'on appelle, à juste titre, le meilleur. C'est un garçon honnête, modeste, instruit, aimable, et de plus c'est mon camarade.

— Non, dit Albertine avec violence et en sanglotant, non, je ne puis le souffrir, je le hais, je l'abhorre... O mon Edmond ! »

En disant ces mots, la jeune fille tomba presque évanouie dans les bras d'Edmond, qui la serra sur son cœur.

Le conseiller se frotta les yeux comme s'il voyait deux spectres, puis s'écria : « Est-il possible ! que vois-je !

— Oui, dit le secrétaire d'une voix larmoyante, mademoiselle Albertine paraît fort peu se soucier de moi, et témoigne, au contraire, une vive inclination à ce jeune peintre, car elle ne craint pas de l'embrasser, tandis qu'à moi, pauvre homme, elle me refuse cette main, où je serais si heureux de déposer l'anneau de fiançailles. »

Le conseiller voulut arracher Albertine des bras d'Edmond ; mais celui-ci s'écria qu'il ne la quitterait jamais, dût-il lui en coûter la vie.

« Bien, dit le conseiller avec amertume, bien, mon jeune monsieur, voilà donc d'où venait votre désintéressement ! Vous vouliez pénétrer dans ma maison et séduire ma fille. Charmante pensée ! Croyez-vous que je donnerai ma fille à un pauvre misérable barbouilleur ? »

Irrité de ces injures, Edmond saisit son appui-main et le leva en l'air, lorsque tout à coup retentit à la porte la voix bruyante de Léonard : « Arrête, Edmond ! disait-il, point de précipitation ! Voswinkel fait des folies ; il en reviendra. »

Le conseiller, effrayé de cette apparition inattendue, répondit, du coin où il s'était réfugié : « Je ne sais ce que vous venez faire... » Le secrétaire s'était enfui derrière le sofa en apercevant l'orfévre, et murmurait dans son anxiété : « O Dieu du ciel ! prends garde à toi, mon cher conseiller ; tais-toi, mon vieux camarade. O Dieu du ciel ! c'est le professeur, c'est l'effroyable entrepreneur du bal de la rue Spandau.

— Avancez, Tusmann, dit l'orfévre en riant, avancez, ne craignez rien ; il ne vous sera point fait de mal ; vous êtes assez puni de la folie que vous avez eue de vouloir vous marier, car vous garderez toute votre vie cette figure verte.

— Grand Dieu ! s'écria le secrétaire hors de lui-même, cette figure verte toute la vie ! Qu'en dira le monde ? qu'en dira Son Excellence monsieur le ministre ? Ne croira-t-il pas que j'ai voulu, par une sotte vanité, me colorer ainsi le visage ? Je suis un homme ruiné : je perdrai ma place, car l'État ne peut accepter un secrétaire de chancellerie privé avec une face verte. Oh ! malheureux que je suis !

— Allons ! allons ! reprit l'orfévre, ne vous lamentez pas ainsi ; il y a encore du remède, si vous voulez être raisonnable et renoncer à la folle idée d'épouser Albertine.

— Cela ne se peut... il ne le doit pas, » s'écrièrent à la fois le conseiller et le secrétaire.

L'orfévre leur lança un regard flamboyant : sa colère allait éclater, lorsque la porte s'ouvrit, et le vieux Manassé entra avec son neveu le baron Benjamin Dumerle. Le baron alla tout droit à Albertine, qui ne l'avait jamais vu, et lui dit en lui prenant la main : « Me voici, mademoiselle ; je viens moi-même me jeter à vos pieds, c'est-à-dire, entendons-nous, le baron Dumerle ne se jette aux pieds de personne, pas même de Sa Majesté l'empereur. Je viens vous demander un baiser. » A ces mots, il s'approcha plus près et pencha la tête. Au même instant il s'opéra une transformation qui, à l'exception de l'orfévre, surprit beaucoup tout le monde.

Le nez du baron Benjamin s'étendit tout à coup si loin, qu'il alla frapper contre la muraille. Benjamin recula de quelques pas, et son nez s'amoindrit ; il se rapprocha d'Albertine, son nez reprit son élan; on eût dit le mouvement d'un trombone.

« Maudit magicien! s'écria Manassé en jetant une corde au conseiller : prenez cette corde, liez l'orfévre, traînez-le dehors, et tout sera fini. » Le conseiller prit la corde ; mais, au lieu de la lancer à l'orfévre, il la jeta au cou du juif, et à l'instant même tous deux se mirent à monter du plancher jusqu'au plafond et à redescendre sur le plancher pour remonter encore, tandis que le nez de Benjamin continuait à se développer, et que Tusmann riait comme un insensé.

« Maintenant, dit Manassé en s'arrêtant, mettons-nous à l'œuvre ! » Et, fouillant dans sa poche, il en fit sortir une énorme souris, qui se précipita sur l'orfévre; mais celui-ci la frappa avec une aiguille d'or, et elle s'évanouit en poussant un cri aigu.

Manassé leva le poing contre le conseiller et s'écria avec fureur : « Ah! Melchior! tu as fait une conspiration contre moi avec ce misérable sorcier que tu as attiré dans ta maison! mais tu seras maudit, toi avec toute ta race, et vous serez extirpés comme les petits d'un oiseau abandonnés ; le gazon croîtra devant ta demeure, et toutes tes entreprises seront comme le songe d'un affamé, qui croit se rassasier, et qui se réveille tourmenté par le besoin. Dalès s'établira dans ta maison et dévorera ton bien. Vêtu de lambeaux déchirés, tu iras mendier sur le seuil des hommes de ce peuple de Dieu que tu méprises, et qui te repoussera alors comme un chien galeux. Maudit! maudit sois-tu, conseiller Melchior Voswinkel ! »

A ces mots, il se précipita hors de la chambre avec son neveu.

Albertine était restée pleine d'effroi, la tête appuyée sur le sein d'Edmond; l'orfévre s'approcha du jeune couple, et dit en souriant : « Ne vous laissez point troubler par ces folies; tout ira bien, je vous en réponds; mais il faut que vous vous sépariez avant que le conseiller et le secrétaire soient revenus de leur terreur. » Et il s'éloigna avec Edmond.

CHAPITRE V.

Le conseiller avait été plus frappé de la malédiction de Manassé que des sortiléges de l'orfévre. Cette malédiction était affreuse en effet, car elle annonçait au conseiller la présence de Dalès.

Je ne sais si tu connais, cher lecteur, ce que les juifs appellent Dalès.

La femme d'un pauvre juif, au dire du talmudiste, trouva un jour, en montant au grenier de sa petite maison, un homme nu, sec et décharné, qui la pria de lui accorder un asile et quelques aliments. La femme descendit avec effroi l'escalier, et dit à son mari : « Un homme nu et affamé est entré dans notre maison et demande que nous ayons pitié de lui ; mais comment nourrir cet étranger, quand nous avons tant de peine à gagner au jour le jour notre misérable vie ?

— Je vais monter, dit le mari, et j'aviserai aux moyens de le faire partir. Pourquoi, dit-il à l'étranger, es-tu venu te réfugier chez moi, qui suis pauvre et hors d'état de te nourrir? Lève-toi, et va-t'en dans la maison du riche, là où il y a des vivres en abondance et de splendides festins.

— Comment, répondit l'inconnu, veux-tu me renvoyer de l'asile que j'ai trouvé? Tu vois que je suis nu ; je ne pourrai entrer ainsi dans la maison du riche. Fais-moi faire un vêtement qui me convienne, et je te quitterai. »

Il vaut mieux, pensa le juif, employer le peu qui me reste à renvoyer d'ici cet homme, que de le garder et de le voir dévorer tout ce que je gagne avec tant de peine. Il tua son dernier veau, dont il avait espéré se nourrir longtemps avec sa femme ; il en vendit la chair, et acheta un vêtement pour l'étranger. Mais lorsqu'il alla le lui présenter, cet homme, qu'il avait vu si petit et si maigre, était devenu grand et fort, et l'habit était pour lui trop étroit. Le pauvre juif se désola en voyant cette métamorphose, et l'étranger lui dit : « Renonce à la folle idée de vouloir me chasser d'ici, car apprends que je suis le Dalès. » Le pauvre juif se tordit les mains, poussa des cris de désespoir. « Dieu de mes pères, dit-il, je suis châtié avec la verge de la colère ; si tu es le Dalès, tu ne t'en iras plus, et tu grandiras jusqu'à ce que tu aies tout dévoré dans ma maison. »

Le Dalès, c'est la misère, qui, une fois entrée quelque part, ne s'en retire plus et s'étend sans cesse.

Si le conseiller était épouvanté de la malédiction de Manassé, il craignait aussi le vieux Léonard, qui avait tant de sortiléges à sa disposition, et dont l'aspect éveillait une terreur singulière. Ne pouvant s'attaquer à ces deux hommes, toute sa colère retomba sur Edmond, auquel il attribuait ce qui était arrivé. Albertine accrut encore cette colère en lui déclarant qu'elle aimait le jeune peintre par-dessus tout, et qu'elle ne consentirait jamais à épouser ni le pédant Tusmann ni l'insupportable baron.

Le conseiller écrivit à Edmond une lettre dans laquelle il exhalait toute sa bile, et finit en lui interdisant à tout jamais le seuil de sa maison.

Le soir, Léonard, en allant voir, selon sa coutume, le jeune artiste, le trouva dans un désespoir affreux. « Que me sert à présent, s'écria Edmond, que vous m'ayez prêté votre appui, et que vous ayez éloigné mes rivaux ? Vos actes de magie ont jeté le trouble partout, et vous avez mis sur ma route des obstacles insurmontables. Je vais partir le cœur déchiré, je vais aller à Rome.

— Eh bien, dit l'orfévre, en agissant ainsi, tu feras précisément ce que je désire. Rappelle-toi que, lorsque tu me parlas pour la première fois de ton amour pour Albertine, je te dis que, selon moi, un jeune artiste devait être amoureux, mais non pas songer immédiatement au mariage. Je te présentai alors en riant l'exemple du jeune Sternbald, et maintenant je te dis très-sérieusement : Si tu veux devenir un peintre recommandable, renonce à toutes tes idées de mariage; va dans la patrie des arts, étudie les monuments avec ardeur, et alors tu acquerras le talent pratique qui pourra t'illustrer ici.

— Ah! répondit Edmond, quelle folie j'ai faite de vous confier mon amour! Je le vois, c'est vous dont j'attendais un secours efficace, c'est vous qui agissez contre moi, et vous plaisez à détruire mes plus belles espérances.

— O jeune homme, reprit l'orfévre, modérez vos expressions; soyez moins violent, et pensez que vous êtes trop inexpérimenté pour pénétrer mes desseins; mais je vous pardonne votre colère par respect pour votre amour.

— Si j'avais pu épouser Albertine, répliqua Edmond, si j'avais été fiancé avec elle, je serais parti pour l'Italie, j'aurais passé là une année d'études, et je serais revenu joyeusement près de celle que j'aime.

— Quoi! Edmond, s'écria l'orfévre, était-ce là vraiment ton projet?

— Sans doute, répondit le peintre, l'amour que j'éprouve pour Albertine n'a pas étouffé en moi le sentiment de l'art.

— Peux-tu me donner ta parole, dit l'orfévre, que si la main d'Albertine t'était promise, tu partirais aussitôt pour l'Italie?

— Oui, c'était ma ferme résolution, et je l'exécuterai, quoi qu'il arrive.

— Eh bien, Edmond, dit gaiement l'orfévre, prends courage; cette résolution t'assure ta fiancée. Je te donne ma parole que dans quelques jours Albertine te sera promise. Je suis en état de faire ce que je te dis, n'en doute pas. »

La joie, l'enthousiasme, éclatèrent dans les regards d'Edmond; et l'orfévre s'éloigna, laissant son ami livré aux plus douces espérances.

CHAPITRE VI.

Dans une des parties écartées du parc, le secrétaire de

chancellerie était assis sous un grand arbre, comme un chevalier blessé, contant les peines de son cœur aux brises infidèles de l'automne.

« O Dieu de justice, s'écria-t-il, malheureux secrétaire privé, comment as-tu mérité tous les affronts que tu viens de subir ?

« Tomasius ne dit-il pas que le mariage n'empêche point d'arriver à la sagesse ? et cependant, depuis que tu as commencé à songer au mariage, tu as presque perdu ton heureuse intelligence ! D'où vient donc cette répulsion que l'aimable demoiselle Albertine manifeste contre ta personne, douée de louables qualités ? Es-tu donc un politique qui ne doit point se marier, ou un juriste qui, d'après les principes de Cléobule, se croit obligé de battre sa femme lorsqu'elle commet quelque faute ? O juste ciel ! quelle calamité ! Pourquoi, mon cher secrétaire privé, faut-il que tu sois en guerre ouverte avec des nécromanciens qui prennent ta tendre figure pour une toile, et te barbouillent la face avec un pinceau impudent, sans façon et sans gêne ! Oui, c'est là un affreux malheur ; j'espérais encore en mon ami Streccius, qui est un grand chimiste ; mais tous ses efforts ont été inutiles. Plus je me lave avec l'eau qu'il m'a donnée, plus je deviens vert, quoique ce vert se change en différentes nuances, et que mon visage présente tour à tour les teintes du printemps, de l'été et de l'automne. Oui, cette fatale couleur causera ma ruine, et si l'hiver ne me blanchit pas, c'en est fait de moi ; je m'abandonne à mon désespoir et je me jette dans un étang. »

Tusmann avait bien raison de se plaindre ainsi. La couleur de son visage n'était point une couleur ordinaire : c'était une sorte de teinture incrustée dans sa peau. Le jour, il n'osait sortir qu'en enfonçant son chapeau sur son front, et en se cachant la figure avec son mouchoir ; le soir, il traversait les rues au galop, car il craignait à la fois les railleries des enfants et la rencontre de quelque employé de son bureau, où il ne paraissait plus, sous prétexte qu'il était malade.

Il arrive souvent que nous ressentons plus vivement nos douleurs dans le silence de la nuit que dans les rumeurs du jour ; et plus les nuages s'épaississaient, plus le vent d'automne soupirait dans les bois, plus Tusmann sentait le poids de sa misère.

L'horrible pensée de mettre fin à sa malheureuse vie en se précipitant dans un étang le saisit avec tant de force, qu'il la regarda comme un signe du destin.

« Oui, s'écria-t-il d'une voix tremblante et en se levant, oui, pauvre secrétaire privé, c'en est fait de toi, nul Tomasius ne pourrait te sauver ; meurs, bon Tusmann ! Adieu, cruelle Albertine ! vous ne reverrez jamais le fiancé que vous avez si cruellement repoussé ! »

Il se précipita vers le bassin qu'il apercevait à la lueur du crépuscule, et s'arrêta au bord.

La pensée d'une mort prochaine avait sans doute troublé son jugement, car il se mit à entonner ce refrain d'une chanson anglaise : « Vertes sont les prairies, vertes sont les prairies. » Puis il jeta dans l'eau *la Sagesse politique*, *le Calendrier de la cour*, et *l'Art de prolonger la vie* d'Hufeland ; il se disposait à suivre ces livres chéris, lorsqu'il se sentit arrêté par un bras vigoureux.

Au même instant il entendit la voix du maudit orfèvre, qui lui disait : « Tusmann, que faites-vous? Je vous en prie, ne vous abandonnez pas ainsi à vos folies. »

Le secrétaire employa toutes ses forces à se dégager des bras de l'orfèvre ; il lui disait : « Monsieur le professeur, je suis au désespoir, et alors toutes les considérations cessent. Je vous en prie, monsieur le professeur, pardonnez à un malheureux secrétaire privé qui sait ce que les convenances exigent ; je suis désespéré, et, je vous le dis sans détour, je voudrais que le diable vous emportât avec tous vos sortiléges. »

L'orfèvre lâcha le secrétaire privé, qui tomba hors d'haleine sur le gazon humide.

Il se crut dans le bassin et s'écria : « O mort froide ! ô verte prairie ! Adieu, mademoiselle Albertine ! Adieu, digne conseiller ! Le malheureux fiancé est au milieu des grenouilles, qui louent le Seigneur dans les jours d'été.

— Voyez, Tusmann, dit l'orfévre, vous perdez la raison, et vous êtes dans un état pitoyable. Vous vouliez tout à l'heure m'envoyer aux enfers ; que diriez-vous si le diable lui-même vous tordait ici le cou ? »

Tusmann gémit, soupira, les membres agités par la fièvre.

« Mais, continua l'orfévre, je ne suis pas méchant, et je vous pardonne vos cris de désespoir. Levez-vous, et allons-nous-en. »

L'orfévre aida le secrétaire à se relever, tandis que celui-ci murmurait : « Je suis en votre pouvoir, très-digne professeur ; faites de mon misérable corps ce que vous voudrez, mais épargnez mon âme.

— Ne jasez pas ainsi, » répliqua l'orfévre en prenant le secrétaire par le bras, et il l'entraîna avec lui. Tout à coup il s'arrêta, et lui dit : « Vous êtes tout mouillé, laissez-moi vous essuyer au moins le visage. » A ces mots, il lui passa un mouchoir blanc sur la figure.

En apercevant, à travers les arbres, les lanternes du café Weber, Tusmann s'écria avec effroi : « Au nom de Dieu, où me conduisez-vous donc ? Par pitié, n'allons pas au milieu de la foule, je ne puis me montrer ; ma présence causerait un scandale.

— Je ne sais, répondit l'orfévre, ce que signifie votre aversion des hommes. Il faut absolument que vous buviez un verre de punch, sinon le froid vous donnera la fièvre. Venez avec moi. »

En vain le secrétaire se lamenta, parlant sans cesse de son visage vert ; l'orfévre ne faisait nulle attention à ses paroles, et l'entraînait avec une force irrésistible.

En entrant dans la salle, et en apercevant quelques personnes à table, Tusmann se cacha le visage avec son mouchoir.

« Pourquoi donc cette précaution ? vous avez une honnête figure.

— Ah! Dieu! s'écria le secrétaire, vous savez, mon digne professeur, comment, dans sa colère, le jeune peintre m'a verdi le visage.

— Quelle folie! » reprit l'orfévre en entraînant de vive force le secrétaire devant une glace où se réfléchissait l'éclat des bougies.

Tusmann y jeta un regard et poussa une exclamation de surprise.

Non-seulement l'affreuse couleur verte qui lui avait été imprimée avait disparu, mais le visage de Tusmann était couvert d'un coloris plus vif, de telle sorte qu'il semblait rajeuni. Dans le transport de sa joie, Tusmann sauta en l'air, et s'écria d'une voix attendrie : « Oh! que vois-je? mon digne, excellent professeur, c'est à vous que je dois cette félicité; maintenant mademoiselle Albertine, pour qui je me suis presque jeté dans l'étang, ne refusera plus de m'accepter pour époux. Oui, vous m'avez arraché à un profond désespoir; vous êtes mon sauveur, mon bienfaiteur...

— Je ne nierai pas, répondit l'orfévre, que c'est moi qui vous ai enlevé votre couleur verte, et vous voyez par là que je ne vous suis point aussi hostile que vous paraissiez le croire. Je ne condamne que la folle idée qui vous est venue d'écouter les propositions du conseiller, et de vouloir épouser sa jeune fille; mais je ne veux point détruire vos projets, je veux seulement vous conseiller de ne faire aucune tentative auprès de mademoiselle Albertine jusqu'à dimanche prochain à midi, alors vous saurez le reste; que si vous essayez de la revoir plus tôt, je vous fais danser de telle sorte que vous en perdrez la raison; je vous change en grenouille, je vous jette dans le bassin du parc, où vous pourrez rester jusqu'à la fin de votre vie. Adieu; une affaire m'appelle en ville, vous ne pourriez me suivre; adieu. »

L'orfévre avait raison de dire que Tusmann n'eût pu le suivre, car il s'éloigna comme s'il avait eu des bottes de sept lieues. Un instant après, il tomba comme un spectre dans la chambre du conseiller, et lui souhaita le bonsoir d'une voix rude. Le conseiller, effrayé de cette apparition, essaya de se remettre, et demanda à l'orfévre ce qu'il venait faire si tard chez lui, le priant de vouloir bien se retirer, et de ne pas recommencer ses jongleries.

« Voilà bien comme sont les hommes, répondit l'orfévre d'un air très-calme, et surtout les conseillers! Ce sont précisément ceux auxquels ils devraient avoir le plus de confiance qu'ils repoussent rudement. Vous êtes mon ami, menacé d'un grand malheur, et j'accours à vous, au milieu de la nuit, pour vous donner un conseil, et détourner le coup qui va vous frapper.

— O Dieu! s'écria le conseiller hors de lui-même, venez-vous m'annoncer encore une faillite à Hambourg, à Brême, à Londres? Suis-je un homme ruiné? O malheureux!

— Non, répondit l'orfévre, il s'agit de tout autre chose; vous ne voulez pas donner à Edmond la main d'Albertine?

— Quoi! s'écria le conseiller, allez-vous recommencer ces sottes propositions? Moi, donner ma fille à un misérable barbouilleur!

— Cependant, dit l'orfévre, il vous a très-bien peints, vous et votre fille.

— Ah! ah! répliqua le conseiller, ce serait un joli marché, ma fille pour deux tableaux! je lui ai renvoyé ces misères.

— Eh bien, si vous lui refusez Albertine, Edmond se vengera.

— Je voudrais bien savoir comment ce manant, ce blanc-bec, pourrait se venger du conseiller de commission Melchior Voswinkel?

— Je vais vous le dire, mon honorable conseiller: Edmond va retoucher votre portrait. A la place de votre riante expression de visage, il vous donnera des traits grimaçants, un air sombre, des yeux ternes, des lèvres pendantes; il dessinera plus fortement les rides du front et des joues, et n'oubliera pas ces nombreux cheveux gris que vous prenez soin de cacher. A la place de l'agréable lettre qui vous annonçait votre gain à la loterie, il mettra celle que vous avez reçue hier, et qui vous apprend la faillite de la maison Campbell et compagnie. Sur l'enveloppe il inscrira : « Au conseiller aulique manqué...; » car il sait qu'il y a six mois vous avez cherché en vain à obtenir ce titre. De vos poches déchirées sortiront des ducats, des bons du Trésor, symbole de la perte que vous venez de faire. Le portrait sera exposé chez le marchand de tableaux qui est près de la Banque.

— Mille diables ! s'écria le conseiller, qu'il ne s'aventure pas à faire telle chose ; j'appelle la justice et la police à mon secours.

— Mais, reprit l'orfévre avec le même calme, en un quart d'heure cinquante personnes auront vu ce portrait, et la description en sera faite de mille manières différentes dans la ville entière. Tous les ridicules, toutes les sottises qu'on vous prête se reproduiront sous une couleur plus vive. Quiconque viendra à vous rencontrer vous rira au visage, et, ce qu'il y a de pire, c'est qu'on parlera sans cesse de la perte que vous éprouvez dans la faillite Campbell, et c'en est fait de votre crédit.

— O Dieu ! s'écria le conseiller, il faut que le misérable me rende mon portrait dès demain matin au point du jour.

— Et quand il vous le rendrait, ce dont je doute fort, à quoi cela vous servirait-il? Il le gravera tel que je vous l'ai dit sur une planche de cuivre, en tirera des centaines d'exemplaires, et les enverra dans toutes les grandes villes de commerce, à Hambourg, à Brême, à Lubeck, à Londres.

— Arrêtez ! s'écria le conseiller, arrêtez ! parlez à cet homme, offrez-lui cinquante et même cent écus pour qu'il renonce à son affreuse pensée.

— Ah ! ah ! dit l'orfévre en riant, vous oubliez que Lehsen n'a nul besoin d'argent, que ses parents sont à leur aise, et que sa tante lui a depuis longtemps assuré sa fortune, qui s'élève bien à quatre-vingt mille écus.

— Comment! s'écria le conseiller stupéfait, quatre-vingt mille… Écoutez, monsieur Léonard, je crois que ma petite Albertine est fort amoureuse du jeune peintre. Je suis un bon homme, un père tendre qui ne sais résister ni aux larmes ni aux prières; d'ailleurs Edmond me plaît, c'est un brave artiste, et j'ai pour l'art une folle prédilection. Ce cher Edmond, il a vraiment de bonnes qualités… quatre-vingt mille !… Allons, Léonard, par bonté de cœur, je donne ma fille à cet excellent garçon.

— Maintenant, reprit l'orfèvre, il faut que je vous conte une chose plaisante. Je viens du parc. Près du grand bassin, j'ai trouvé votre vieil ami et camarade le secrétaire Tusmann, qui, désespéré des dédains d'Albertine, voulait se jeter à l'eau. J'ai eu beaucoup de peine à le dissuader de son affreux projet en lui disant que vous tiendriez fidèlement votre parole, et que, par vos exhortations paternelles, vous décideriez Albertine à lui donner sa main. Si vous renoncez à cette résolution, si vous mariez Albertine avec Edmond, le pauvre secrétaire va certainement se tuer. Pensez quel bruit fera ce suicide. Chacun vous regardera comme le meurtrier de Tusmann, et vous traitera avec un profond mépris. Vous ne serez plus invité à dîner nulle part, et, quand vous entrerez dans un café pour apprendre quelque nouvelle, on vous mettra à la porte. Bien plus, on sait que le secrétaire privé est estimé de ses chefs : son travail est renommé dans tous les bureaux. Si l'on peut penser que, par votre irrésolution, par votre manque de foi, vous avez porté ce malheureux au suicide, jamais de votre vie vous ne serez reçu par un conseiller de légation ou un conseiller de finances, pas même par les plus minimes employés. Aucun de ceux avec lesquels vous avez des affaires à traiter ne s'occupera de vous. Depuis les hauts fonctionnaires jusqu'aux plus simples expéditionnaires, tout le monde vous insultera et se présentera à vous le chapeau sur la tête. On vous retirera votre titre de conseiller de commission; vous recevrez injure sur injure; votre crédit sera ruiné, votre fortune attaquée de toutes parts ; vous tomberez de degré en degré, jusqu'à ce qu'enfin vous en soyez réduit à la misère et à la honte.

— Arrêtez ! s'écria le conseiller, vous me torturez. Qui jamais eût pu croire que le secrétaire ferait, à son âge, de telles folies ? Mais vous avez raison ; arrive ce qui pourra, il faut que je tienne ma parole, sinon je suis un homme perdu. Oui, c'est décidé, le secrétaire aura la main d'Albertine.

— Vous oubliez, répondit l'orfèvre, la demande du baron Benjamin et la malédiction du vieux Manassé. Si vous méprisez le neveu de ce juif, vous avez en lui un ennemi terrible ; un ennemi qui vous entravera dans toutes vos spéculations, qui ne reculera devant aucun moyen pour vous enlever votre crédit, qui saisira chaque occasion de vous nuire, et n'aura de repos que quand il vous aura ruiné, désolé, quand le Dalès qu'il a appelé s'installera réellement dans votre demeure. Bref, de quelque façon que vous disposiez de votre fille, vous tomberez toujours dans l'embarras ; et voilà pourquoi je vous regarde comme un malheureux, comme un homme bien à plaindre. »

Le conseiller courut de long en large dans sa chambre en s'écriant : « Je suis perdu ! je suis ruiné ! Ah ! si au moins je n'avais pas de fille !... Que le diable les emporte tous, Edmond, Benjamin et le secrétaire !

— Allons, allons, dit l'orfèvre, il y a encore un moyen de salut.

— Lequel ? répliqua le conseiller en s'arrêtant tout à coup, lequel ? Je souscris à tout.

— Avez-vous vu au théâtre *le Marchand de Venise* ? C'est dans cette pièce que notre acteur Devrient représente un juif cruel nommé Shylock, qui a grande envie de goûter de la chair fraîche de négociant.

— Sans doute, j'ai vu cette pièce ; mais où voulez-vous en venir ?

— Si vous connaissez *le Marchand de Venise*, vous devez vous rappeler qu'il y a là une certaine demoiselle

Porcia, fort riche, dont la main a été, en quelque sorte, mise en loterie par une disposition testamentaire de son père. On apporte trois cassettes, et chacun de ses prétendants doit en choisir une et l'ouvrir. Celui d'entre eux qui prend la cassette où est placé le portrait de Porcia devient son fiancé. Faites comme le père de Porcia ; dites aux trois rivaux que, comme ils vous sont tous trois également chers, vous abandonnez leurs prétentions au sort. Celui-là aura la main d'Albertine, qui choisira la cassette où se trouve son portrait.

— Quelle singulière proposition ! s'écria le conseiller, et, si je l'acceptais, croyez-vous qu'elle me soit utile, et qu'elle ne m'expose pas également à la haine de ceux que le sort n'aurait pas favorisés ?

— C'est là que je vous arrête, reprit l'orfévre. Je vous promets solennellement d'arranger les cassettes de façon à ce que tout le monde soit satisfait. Ceux qui n'auront point le portrait trouveront, comme les princes de Maroc et d'Aragon, dans les deux autres cassettes, quelque chose qui leur plaira fort et leur fera oublier leur mariage avec Albertine. Bien plus, ils vous regarderont comme un homme auquel ils doivent la plus profonde reconnaissance.

— Est-il possible ! s'écria le conseiller.

— Non-seulement c'est possible, répondit l'orfévre, mais certain, je vous en donne ma parole. »

Le conseiller n'hésita plus à suivre le plan de l'orfévre, et tous deux convinrent de le mettre à exécution le dimanche suivant.

L'orfévre promit d'apporter lui-même les trois cassettes.

CHAPITRE VII.

Albertine fut désespérée le jour où le conseiller lui parla de la malheureuse loterie qui venait d'être décidée ; mais toutes ses prières, toutes ses larmes, furent inutiles. Elle était irritée aussi de voir l'indifférence d'Edmond ; il ne se montrait plus, et n'essayait plus de l'entretenir de son amour. La veille du dimanche décisif, Albertine était assise le soir dans sa chambre. Livrée à la pensée du malheur qui la menaçait, elle se demandait s'il ne vaudrait pas mieux prendre une résolution subite, s'enfuir de la maison paternelle, que de se voir condamnée à épouser le pédant secrétaire ou l'affreux baron. Elle se mit alors à songer au mystérieux orfévre et à ses sortiléges, et l'espoir rentra dans son âme ; car il lui paraissait certain que Léonard ne pourrait abandonner Edmond au moment critique. Elle éprouvait alors un vif désir de parler à l'orfévre, et, un instant après, l'orfévre apparut devant elle. Il lui dit d'une voix douce et grave :

« Chère enfant, éloigne ta tristesse et tes sollicitudes : apprends que cet Edmond, que tu crois aimer à présent, est mon protégé, et que je le soutiendrai de tout mon pouvoir. Apprends que c'est moi qui ai donné à ton père l'idée de la loterie, qui ai préparé les merveilleuses cassettes, et que nul autre qu'Edmond ne prendra celle où se trouvera ton portrait. »

Albertine jeta un cri de joie. L'orfévre continua : « J'aurais pu trouver un autre moyen de faire obtenir ta main à Edmond, mais j'aurais irrité vivement ces deux rivaux. »

Albertine se confondit en remercîments. Elle prit les mains de l'orfévre, les serra sur son cœur, et lui affirma qu'en dépit de ses sortiléges elle le voyait sans frayeur ; puis elle lui demanda naïvement qui il était.

« Ah ! ma chère enfant, reprit l'orfévre en souriant, il me serait très-difficile de te dire qui je suis. Je ressemble à beaucoup de gens qui savent mieux pour qui on les prend que ce qu'ils sont réellement. Apprends que beaucoup de personnes me prennent pour l'orfévre Léonard, qui, au seizième siècle, vivait en grand honneur à la cour de l'électeur Jean-Georges, et qui, poursuivi par la haine et l'envie, disparut on ne sait comment. Tu peux penser ce que j'ai à souffrir de cette supposition de la part des honnêtes bourgeois et des gens d'affaires, qui m'attaquent comme un esprit fantastique, et cherchent à me rendre la vie aussi amère que possible. Quoique j'apparaisse partout comme un vrai *Deus ex machinâ*, beaucoup de gens ne peuvent me souffrir, parce qu'ils doutent encore de mon existence réelle. Pour me mettre en garde contre toutes ces défiances, je n'ai jamais avoué que je sois l'orfévre suisse Léonard, et il est convenu pour un grand nombre de personnes que je suis tout simplement un homme habile, et que la magie naturelle me donne tous mes moyens d'action. Prends donc courage, ma chère enfant ; demain matin, revêts-toi de ta plus belle robe, natte tes cheveux avec soin, et attends avec calme et patience ce qui doit arriver. »

A ces mots l'orfévre disparut.

Le dimanche, à l'heure indiquée, on vit venir le vieux Manassé avec son charmant neveu, le secrétaire privé, et Edmond avec l'orfévre. Les prétendants, sans en excepter le vaniteux baron, furent surpris de voir Albertine, qui ne leur avait jamais paru si belle. Ce qui ajoutait à sa beauté, bien plus que l'élégance de ses vêtements et de sa coiffure, c'était le rayon d'amour et d'espérance qui brillait dans ses yeux et colorait ses joues.

Dans un accès de générosité, le conseiller avait fait préparer un superbe déjeuner.

Lorsqu'il invita Manassé à se mettre à table, on pouvait lire dans les yeux du juif cette réponse de Shylock : « Oui, pour sentir l'odeur du jambon, pour toucher à cet animal où votre prophète le Nazaréen fit entrer le diable, je veux bien faire le commerce avec vous, aller et venir avec vous ; mais je ne puis ni manger, ni boire, ni prier avec vous. »

Le baron y mit moins de conscience ; il mangea d'une façon démesurée et babilla selon sa coutume.

Le conseiller, se laissant aller à une libéralité extraordinaire, versa sans ménagement son vin de Porto, de Madère, et même du vin de Malaga conservé dans sa cave depuis cent ans. Le déjeuner fini, il annonça aux prétendants de quelle manière devait être décidé le mariage de sa fille. Celui-là aurait le droit d'épouser Albertine qui choisirait la cassette où se trouverait son portrait.

A midi la porte de la salle s'ouvrit, et l'on aperçut sur une table couverte d'un riche tapis trois cassettes.

La première était d'or ; sur le couvercle il y avait une guirlande de ducats, et au milieu étaient inscrits ces mots :

« Celui qui me choisira aura le bonheur selon le désir de son âme. »

La seconde cassette était en argent ; on lisait sur le couvercle ces mots écrits en caractères étrangers :

« Celui qui me choisira aura beaucoup plus qu'il n'espère. »

La troisième cassette était en ivoire ciselé et portait pour inscription :

« Celui qui me choisira aura le bonheur qu'il a rêvé. »

Albertine s'assit derrière la table sur un fauteuil. Le conseiller se mit à ses côtés ; Manassé et l'orfévre se retirèrent au fond de la salle.

Le sort ayant décidé que Tusmann devait choisir le premier, ses deux rivaux passèrent dans une chambre voisine.

Le secrétaire s'avança près de la table ; regarda, l'une après l'autre, les inscriptions. Bientôt il se sentit attiré par les caractères inscrits sur la cassette d'argent. « Dieu du ciel ! s'écria-t-il avec enthousiasme, quelle belle écriture arabe ! et comme elle s'allie bien à ces lignes latines : « Celui qui me choisira aura beaucoup plus qu'il n'espère ! » Ai-je jamais osé espérer que mademoiselle Albertine m'accorderait sa main ? n'ai-je pas plutôt renoncé à tout avenir ? ne me suis-je pas jeté dans le bassin ? Allons, voici ma consolation, voici mon bonheur, je choisis la cassette d'argent. »

Albertine se leva et présenta au secrétaire une petite clef, avec laquelle il ouvrit la cassette. Mais quel fut son effroi lorsque, au lieu d'apercevoir l'image d'Albertine, il ne vit qu'un petit livre relié en parchemin, et sur lequel se trouvait une inscription ainsi conçue :

« Si tu t'es trompé, tu auras pourtant une grande joie :
« ce que tu viens de trouver corrige l'ignorance, et donne
« la sagesse. »

« O grand Dieu! s'écria Tusmann, un livre, non pas
même un livre, c'est du papier blanc. Adieu, mes espérances! O malheureux secrétaire! Allons, c'en est fait de
toi! retournons au bassin! »

Tusmann voulait s'éloigner; Léonard l'arrêta et lui dit :
« Vous n'êtes pas raisonnable; nul trésor ne vaut mieux
pour vous que celui que vous venez de trouver, l'inscription aurait déjà dû vous le faire reconnaître. Faites-moi le
plaisir de mettre ce livre dans votre poche. »

Tusmann obéit. « Maintenant, reprit l'orfévre, pensez
à un livre que vous voudriez avoir en ce moment.

— O Dieu! s'écria le secrétaire, j'ai jeté, avec une vraie
folie, le livre de Tomasius dans l'étang.

— Prenez ce livre que vous avez dans votre poche, dit
l'orfévre, et voyez. »

Tusmann prit ce livre, et c'était le *Traité de Politique*
de Tomasius.

« Ah! mon cher Tomasius, s'écria-t-il avec ravissement,
te voilà donc arraché aux grenouilles, auxquelles tu n'aurais rien appris.

— Silence! reprit l'orfévre ; remettez ce livre dans votre
poche, et pensez à quelque autre ouvrage que vous avez
inutilement cherché dans mainte bibliothèque.

— Dieu! répondit Tusmann, quand j'ai voulu aller à
l'Opéra pour me distraire, j'ai bien désiré, mais toujours
vainement, avoir un petit livre qui traite d'une façon allégorique de l'art des compositeurs et des musiciens. Je
veux parler de la *Guerre musicale de Jean Beer, ou description de la rencontre entre les deux héroïnes, la Composition et l'Harmonie, comme elles entrèrent en campagne
l'une contre l'autre, et comme elles se réconcilièrent après
une bataille sanglante.*

— Cherchez dans votre poche, et voyez! » dit l'orfévre.
Le secrétaire poussa un cri de joie en retrouvant dans

son livre mystérieux la Guerre musicale de Jean Beer.

« Eh bien, reprit l'orfèvre, avec le livre que vous avez pris dans la cassette, vous possédez la plus riche, la plus complète bibliothèque, et vous pouvez la porter partout où vous voudrez avec vous; car il vous suffit de faire un vœu, et ce livre, que vous aurez dans votre poche, sera précisément celui que vous désirerez lire. »

Sans s'occuper plus longtemps d'Albertine et du conseiller, le secrétaire se retira dans un coin de la chambre, se jeta dans un fauteuil, mit le livre dans sa poche, le reprit, et l'on vit à l'éclair de ses yeux qu'il était le plus heureux des hommes.

Alors arriva le tour du baron; il s'en alla en se dandinant vers la table, lorgna les cassettes, et en lut à voix basse les inscriptions. La cassette d'or avec les ducats éblouit ses regards : « Celui qui me choisira aura le bonheur selon les désirs de son âme. » Les ducats, dit-il, voilà mon bonheur, et Albertine est aussi ce que mon âme désire. En disant ces mots, il ouvrit la cassette, et y trouva une petite lime anglaise, avec cette inscription :

« Tu as conquis ce que ton cœur pouvait désirer; le
« reste n'est rien. Va toujours en avant sans hésiter : voilà
« ce qui fait la prospérité de la vie. »

« Ah ! s'écria-t-il avec colère, qu'ai-je besoin de cette lime ? La lime n'est pas un portrait ; ce n'est pas le portrait d'Albertine. Je prends la cassette, et je la donne à Albertine comme présent de noces.

— Vous allez trop loin, monsieur, dit l'orfèvre ; estimez-vous heureux d'avoir cette lime, et, dès que vous l'aurez essayée, vous reconnaîtrez que c'est un précieux trésor. Avez-vous sur vous un ducat couronné ?

— Oui, répondit Benjamin d'un ton pénible ; mais pourquoi faire ?

— Rognez-le, reprit l'orfèvre, avec cette lime. »

Benjamin exécuta cette tâche avec une habileté qui annonçait de l'expérience, et, à mesure qu'il rognait le ducat, la bordure redevenait plus belle et plus brillante.

Manassé, qui jusque-là était resté immobile, s'élança, les yeux étincelants, sur son neveu, et s'écria avec emportement : « Une de mes pièces ! que vois-je ? Cette lime est à moi ! elle est à moi ! C'est l'instrument magique pour lequel j'ai vendu mon âme il y a plus de trois cents ans. »

Il voulait arracher la lime des mains de son neveu; mais celui-ci le repoussa en s'écriant : « Loin de moi, vieux fou ! c'est moi qui l'ai trouvée, c'est à moi qu'elle appartient ! » Et il défendit sa lime comme une lionne défend ses petits, tandis que Manassé, grinçant des dents, écumant de rage, l'accablait de malédictions. Enfin Benjamin, saisissant d'une main vigoureuse son oncle, le jeta à la porte, puis revint s'asseoir près d'une petite table en face du secrétaire, et se mit à rogner ses ducats avec activité.

« Nous voilà enfin délivrés de cet affreux homme, de ce vieux Manassé, dit l'orfévre ; on prétend que c'est un second Ahasvérus, et qu'il erre dans ce monde depuis l'année 1572. Alors il fut jugé sous le nom de Lippold, et condamné comme coupable de sorcellerie ; mais le diable l'a sauvé en se faisant donner son âme. Beaucoup de gens croient l'avoir vu à Berlin sous différentes figures. Grâce à mon expérience, le voilà loin pour toujours. »

Edmond prit enfin la cassette d'ivoire, et y trouva un beau portrait en miniature, avec ces vers :

« Oui, tu as trouvé ton bonheur, contemple-le dans les « regards de ta bien-aimée. Ce qui a été ne revient plus, « c'est le destin de ce monde. Ce que tu as vu dans tes « rêves, tu le trouveras dans le baiser de celle qui t'aime. »

Edmond pressa sur son cœur Albertine, et le conseiller le regarda, tout joyeux de cette heureuse solution à tous les embarras suscités par le mariage de sa fille. Pendant ce temps, Benjamin continuait à rogner ses ducats, et Tusmann à lire son livre, sans se soucier ni l'un ni l'autre de ce qui se passait devant eux. Le conseiller leur annonça que le jeune peintre venait de gagner la main d'Albertine. Tous deux écoutèrent cette nouvelle sans émotion. Ils étaient trop occupés du lot qui leur était échu, pour en envier un autre. Un instant après, ils quittaient le conseiller, en le remerciant avec ardeur du trésor qu'ils lui devaient.

Quelques semaines se passèrent pleines de joie et de ravissement pour Edmond et Albertine. L'orfèvre vint tout à coup troubler le bonheur du jeune couple, en rappelant à Edmond qu'il lui avait solennellement promis de partir pour l'Italie.

Malgré le regret profond que le jeune peintre éprouvait à se séparer de sa bien-aimée, il se sentait si vivement entraîné vers la patrie des arts, qu'il se décida à entreprendre ce voyage.

Edmond est depuis un an à Rome, et on prétend que sa correspondance avec Albertine devient de jour en jour moins fréquente et moins tendre. On a remarqué qu'un beau et élégant référendaire, à la taille mince, aux vêtements coquets, fait de fréquentes promenades au parc avec mademoiselle Albertine, après avoir dansé avec elle tout l'hiver, et que le conseiller le regarde d'un air fort satisfait. Le référendaire a subi honorablement les examens qui doivent lui servir de titre dans sa carrière. Peut-être épousera-t-il Albertine, s'il obtient un emploi convenable.

MARINO FALIERI.

CHAPITRE PREMIER.

Il y a longtemps, c'était, si je ne me trompe, au mois d'août de l'année 1354, le brave amiral génois Paganino Doria battit les Vénitiens, et s'empara de Parenzo. Ses galères bien armées couraient de côté et d'autre dans le golfe de Venise, comme des oiseaux de proie affamés qui, dans leur avidité, cherchent une victime. Le peuple et la seigneurie de Venise étaient dans une frayeur mortelle. Tous les hommes en état de servir prenaient le glaive ou la rame. Les troupes se rassemblèrent dans le port de Saint-Nicolas ; les navires, les arbres, les chaînes de fer, tout fut employé pour défendre l'entrée de la rade. Pendant que les armes retentissaient dans le tumulte de la foule, que les masses qu'on jetait à la mer résonnaient au loin, on voyait sur le Rialto les agents de la seigneurie, le visage défait, le front ruisselant de sueur, offrant, d'une voix tremblante, de gros intérêts pour de l'argent comptant, car la république était dans une grande disette.

Précisément à cette époque de péril, de détresse, la Providence, dans ses décrets impénétrables, avait enlevé le chef de l'État au peuple affligé. Le doge André Dandolo, que le peuple appelait son cher petit comte, était mort sous le poids de ses anxiétés. C'était un homme d'une douceur extrême, qui jamais ne passait sur la place Saint-Marc sans assister de ses conseils ou de sa bourse quiconque était dans le besoin. Lorsque les cloches des églises annoncèrent sa mort, toute la ville de Venise fut plongée dans l'affliction : elle perdait en lui son soutien, son espérance ; elle n'avait plus qu'à courber la tête sous le joug génois. Voilà ce que chacun disait ; et cependant, pour les opérations de la guerre, la perte de Dandolo n'était pas une si grande calamité. Le bon petit comte vivait volontiers en paix et en repos, et aimait mieux suivre le cours mystérieux des astres que les détours problématiques de la politique, et il s'entendait mieux à conduire une procession, le saint jour de Pâques, qu'à faire manœuvrer une armée. Cependant il fallait choisir un doge qui, réunissant à la fois le courage d'un soldat et la prudence de l'homme d'État, pût sauver Venise des périls effrayants qui la menaçaient. Les sénateurs se rassemblèrent, mais on ne voyait parmi eux que des visages attristés, des regards mornes et abattus. Où trouver un homme qui eût la main assez forte pour saisir le gouvernail, et lui imprimer une sûre direction ? Le vieux sénateur Marino Bodoeri prit la parole :

« L'homme que vous cherchez, dit-il, vous ne le trouverez pas ici. Tournez vos regards vers Avignon ; songez à Marino Falieri, que nous avons envoyé complimenter le pape Innocent ; celui-là seul peut nous sauver, si nous le nommons doge. Vous m'objecterez que ce Marino Falieri a déjà quatre-vingts ans ; que ses cheveux et sa barbe ont blanchi ; que sa joyeuse figure, son œil étincelant et la teinte rubiconde de son nez et de ses joues attestent plutôt la chaleur du vin de Chypre que la force de l'intelligence ; mais ne songez point à tout cela ; souvenez-vous de la bravoure éclatante que Marino Falieri a montrée comme provéditeur de la flotte sur la mer Noire ; rappelez-vous par quels services il a mérité que les procurateurs de Saint-Marc lui fissent don de la riche comté de Valdemarino. »

Bodoeri démontra avec tant d'habileté le mérite de Falieri, et sut si bien prévenir chaque objection, que tous les sénateurs admirent ce choix. Quelques-uns cependant parlaient encore de l'impétuosité de Falieri, de son ambition, de son caractère opiniâtre ; mais on leur répondit : « C'étaient là des défauts de jeune homme, l'âge les a effacés. » Ceux qui auraient eu quelques velléités de persister dans leur opposition furent subjugués par les acclamations du peuple, qui accueillit avec enthousiasme l'élection du nouveau doge. Ne sait-on pas que dans des moments de crise, dans les temps de trouble, toute résolution peut être regardée comme une inspiration du ciel?

Le bon petit comte Dandolo, avec toute sa piété et sa douceur, fut bientôt oublié. Chacun se disait : « Par saint Marc! ce Marino aurait dû depuis longtemps être notre doge, et l'orgueilleux Doria ne nous pèserait pas ainsi sur les flancs. » Des soldats élevaient dans les airs leurs bras mutilés, et s'écriaient : « C'est Falieri qui a battu Morb-Hasan, le courageux général dont les étendards victorieux flottaient sur la mer Noire. » Partout où le peuple se rassemblait, on entendait raconter quelque haut fait de Falieri, et des cris de joie retentissaient dans l'air, comme si Doria eût déjà été vaincu. Il arriva, en outre, que Nicolas Pizani, après avoir fait voile vers la Sardaigne, revint, on ne sait comment, sans rencontrer la flotte de Doria, qui s'était retirée du golfe. Cette retraite, produite seulement par l'approche de Pizani, fut attribuée à l'influence terrible du nom de Falieri. Le peuple et la seigneurie éprouvèrent alors une sorte de jubilation fanatique, et on résolut de recevoir avec une pompe extraordinaire, et comme un envoyé du ciel, le nouveau doge. Douze gentilshommes, suivis d'une escorte nombreuse et brillante, partirent pour Livourne, pour y attendre Falieri et lui annoncer solennellement son élection. Quinze barques de l'État, richement décorées, et commandées par Taddeo Giustiniani, fils du podestat de Chioggia, allèrent à Chiozzo chercher le doge avec sa suite, et l'amenèrent en triomphe, comme un puissant monarque, à Saint-Clément, où l'attendait le *Bucentaure*.

Le 3 octobre au soir, au coucher du soleil, au moment où Marino Falieri se disposait à monter sur le *Bucentaure*, un pauvre malheureux était étendu sur le pavé de marbre, devant les colonnes de la Dogana. Son corps amaigri n'était revêtu que de quelques lambeaux de toile rayée, dont la couleur n'était pas reconnaissable, et qui semblaient avoir appartenu à un vêtement de marin, tel qu'on en voit parmi les gens du peuple. A travers ces lambeaux, on distinguait une peau si blanche et si délicate, que le plus fier gentilhomme eût été heureux d'en montrer une pareille. Sa maigreur faisait aussi mieux ressortir la proportion parfaite de ses membres; et, en regardant ses cheveux d'un châtain clair, qui flottaient en désordre sur son beau front, en regardant ses yeux bleus assombris par la misère, son nez aquilin et sa bouche finement dessinée, on devait se dire que ce malheureux, âgé à peine de vingt ans, avait été jeté par un destin cruel d'un rang distingué dans les dernières classes du peuple.

Étendu sous le péristyle de la Dogana, la tête appuyée sur son bras droit, immobile et silencieux, il fixait sur la mer un regard terne et morne; on eût pu croire qu'il était mort, si, de temps à autre, il n'eût exhalé un profond soupir de douleur. Cette douleur provenait sans doute de son bras gauche, qui pendait sur le pavé, enveloppé de haillons sanglants, et qui paraissait gravement blessé.

Tous les travaux avaient cessé; on n'entendait plus le bruit d'aucun atelier: Venise entière volait au-devant de Falieri dans des milliers de barques et de gondoles. Le malheureux jeune homme restait abandonné dans sa misère. Au moment où sa tête affaiblie retombait sur le marbre, et où il semblait prêt à s'évanouir, une voix aigre et plaintive lui cria: « Antonio, mon cher Antonio! »

Le jeune homme se releva péniblement, et, tournant la tête du côté des colonnes où cette voix se faisait entendre, il dit d'un ton si faible qu'à peine comprenait-on: « Qui est là? qui m'appelle? quel être charitable vient prendre mon corps pour le jeter à la mer? car bientôt c'en sera fait de moi. »

Une petite vieille s'approcha en toussant de ce malheureux, et lui dit en souriant, après l'avoir regardé quelques instants: « Quelle folie! tu veux mourir, mourir ici, tandis que le bonheur se lève pour toi. Regarde, là-bas à l'horizon, ces rayons de flamme. Il y a là des sequins à gagner; mais il faut manger, cher Antonio, manger et boire, car c'est le besoin qui t'a jeté sur ce froid pavé. Ton bras est déjà guéri, oui, il est guéri. »

Antonio reconnut dans cette petite vieille une mendiante qui avait coutume d'implorer une aumône en riant et en plaisantant, et à laquelle il avait donné plusieurs fois, par une impulsion inexplicable, un quatrino péniblement gagné. « Laisse-moi en repos, répondit-il ; oui, je souffre de la faim plus que de ma blessure : il y a trois jours que je n'ai rien gagné. Je voulais me rendre au cloître, et tâcher d'obtenir quelques cuillerées de la soupe qu'on donne aux malades ; mais tous mes camarades sont loin, aucun d'eux n'a eu la charité de me prendre dans sa barque ; je suis tombé ici, et ne m'en relèverai sans doute jamais.

— Ah ! ah ! dit la vieille d'un air riant ; pourquoi douter et se désespérer si vite ? Tu as soif, tu as faim ; je vais remédier à tout cela. Voici des poissons séchés achetés aujourd'hui sur la Zecca, voici de la limonade et un joli petit pain blanc. Mange, mon fils, bois ; nous verrons ensuite ton bras. »

La vieille tira toutes ces provisions de son sac, qui pendait sur ses épaules comme une capuce. A peine Antonio eut-il rafraîchi ses lèvres brûlantes avec la limonade, qu'il sentit la faim se réveiller en lui, et il dévora les aliments qui lui étaient offerts. Pendant ce temps, la vieille découvrait son bras blessé ; elle trouvait la blessure grave, mais déjà cependant en état de guérison. Elle y mit un onguent qu'elle amollit en le réchauffant de son haleine, et lui dit : « Qui donc, mon pauvre enfant, t'a donné un coup si rude ? » Antonio, ayant repris ses forces, se leva et s'écria, le poing fermé : « Ah ! c'est Nicolas, ce coquin qui aurait voulu me tuer parce qu'il enviait un misérable quatrino qu'une main bienfaisante m'avait jeté. Tu sais, vieille, que je gagnais péniblement ma vie en portant des ballots dans le magasin allemand, dans le Fontégo.

— Dans le Fontégo ? reprit la vieille avec un éclat de rire, dans le Fontégo !

— Tais-toi, si tu veux que je continue mon récit, s'écria Antonio en colère. J'avais donc gagné assez d'argent pour m'acheter un vêtement neuf, j'étais très-bien habillé, et j'entrai dans les rangs des gondoliers. Comme j'étais toujours de bonne humeur, prêt au travail et chantant mainte jolie chanson, je gagnais plus que les autres. Ce succès excita leur jalousie. Ils me calomnièrent auprès de mon maître, qui me chassa; et partout où j'allais, ils me poursuivaient en m'appelant maudit hérétique et chien d'Allemand. Il y a trois jours, ils m'attaquèrent à coups de pierres au moment où j'aidais à tirer une barque sur la grève. Je me défendis bravement, mais le rusé Nicolas me donna un coup de rame qui me froissa le bras et me jeta sur le pavé. A présent, vieille, tu m'as rendu des forces, et je sens que ton onguent agit merveilleusement sur ma blessure. Regarde comme je puis déjà mouvoir mon bras; je vais de nouveau ramer avec vigueur. »

Antonio, debout, agitait son bras de côté et d'autre; la vieille riait et lui disait : « Rame, rame! l'argent luit! rame gaiement encore une fois, et puis que ce soit fini. »

Antonio ne fit nulle attention aux paroles de la vieille femme. Le plus beau spectacle se déroulait devant lui. De l'église Saint-Clément arrivait le *Bucentaure*, avec le lion adriatique sur son pavillon, voguant à coups de rame, comme un cygne majestueux, au milieu des milliers de barques et de gondoles qui l'entouraient : il élevait sa tête superbe, comme pour commander à cette foule d'embarcations qui sillonnaient les flots de tous côtés. Le soleil du soir répandait ses rayons ardents sur la mer, sur Venise, et tout l'horizon semblait éclairé par des flammes. Tandis qu'Antonio oubliait ses douleurs, et contemplait avec ravissement cet admirable point de vue, un bruit sourd résonna dans les airs, et retentit au loin sur les vagues. La tempête arrivait sur des nuages noirs, et menaçait de tout envelopper dans les ténèbres, tandis que les flots s'élevaient mugissants, écumants, furieux. En un instant, les barques et les gondoles furent dispersées sur le golfe comme des plumes légères. Le *Bucentaure*, incapable, par sa construction, de résister à la tempête, flottait çà et là, et, au lieu des cris de joie et des fanfares, on n'entendait plus que des soupirs et des gémissements.

Antonio aperçoit en ce moment critique un petit canot amarré au quai, et balancé par les flots. Une pensée subite le saisit, il s'élance dans le canot, saisit la rame, et se dirige bravement du côté du *Bucentaure*. A mesure qu'il approchait, il entendait plus distinctement ce cri de douleur : « Sauvez le doge ! sauvez le doge ! »

On sait que pendant une tempête les légers canots des pêcheurs naviguent plus sûrement dans le golfe de Venise que les grosses barques. De tous côtés une foule de gondoliers accouraient pour sauver Marino Falieri ; mais le ciel avait réservé cette faveur au pauvre Antonio. Il fut le seul qui, avec sa légère nacelle, parvint à s'approcher du *Bucentaure*. Le vieux Marino, familiarisé avec de tels périls, descendit sans hésiter de sa magnifique et dangereuse galère dans le canot d'Antonio, qui, voguant comme un poisson, le conduisit en quelques instants sur la place Saint-Marc. Le doge entra, les vêtements humides et la barbe mouillée, dans l'église où devait s'achever la cérémonie. Le peuple et la seigneurie, tout troublés de cet événement, remarquèrent encore comme un sinistre présage que le vieillard passa, par erreur, entre les deux colonnes où l'on avait coutume d'exécuter les criminels ; et ce jour, commencé avec tant de joie, finit tristement.

Personne ne semblait songer au sauveur du doge, et Antonio lui-même n'y songeait pas. Accablé de fatigue et de douleur, il était resté à demi évanoui sous le péristyle du palais ducal. Quelle fut sa surprise lorsqu'un des gardes du doge vint le chercher et le conduisit à la chambre du prince ! Le vieux Falieri s'avança au-devant de lui d'un air bienveillant, et lui dit en lui montrant deux sacs posés sur la table : « Mon fils, tu t'es bravement conduit, voilà trois mille sequins. Si tu en veux davantage, tu n'as qu'à demander ; mais fais-moi le plaisir de ne jamais reparaître à mes yeux. »

A ces mots, les regards du vieillard étincelèrent, et son visage se couvrit d'une nouvelle rougeur. Antonio, sans savoir ce que le vieillard voulait dire, prit les deux sacs d'argent, qu'il croyait avoir bien gagnés, et se retira.

Le lendemain, Falieri, dans tout l'éclat de son nouveau pouvoir, contemplait, du haut du balcon de son palais, le peuple, qui se livrait tumultueusement à divers exercices. Bodoeri, son ami intime, son compagnon d'enfance, s'approcha de lui ; et comme le doge semblait ne pas le remarquer, il s'écria en riant : « Ah ! Falieri, quelle haute pensée germe dans ta tête depuis qu'elle porte le bonnet de doge ? »

Falieri, se réveillant comme d'un rêve, s'approcha de Bodoeri en s'efforçant de prendre un air de cordialité ; il sentait que c'était à son ami qu'il devait sa nouvelle dignité, et ses paroles étaient pour lui comme un reproche. Mais comme chaque devoir dominait son orgueil, et comme il ne pouvait renvoyer le vieux sénateur aussi facilement que le pauvre Antonio, il murmura quelques mots de remerciment, et commença aussitôt à parler des mesures qu'il se disposait à prendre pour résister aux ennemis de Venise.

Bodoeri l'écouta en souriant. « Nous délibérerons dans le conseil, lui dit-il, sur ce que l'État attend de toi. Je ne suis pas venu te trouver de si grand matin pour aviser avec toi aux moyens de battre le hardi Doria ou de mettre à la raison Louis de Hongrie, qui regarde de nouveau avec convoitise nos ports de la Dalmatie. Non, Marino, je n'ai pensé qu'à toi et à ton mariage.

— Comment peux-tu être occupé d'une idée pareille ? répondit le doge d'un ton chagrin et en regardant par la fenêtre. Nous sommes encore loin du jour de l'Ascension ; alors, je l'espère, l'ennemi sera vaincu, le lion adriatique aura conquis une nouvelle gloire, une nouvelle puissance, et la chaste fiancée du doge trouvera son fiancé digne d'elle.

— Ah ! s'écria Bodoeri avec impatience, tu parles de cette solennité de l'Ascension, où tu dois te marier avec la mer Adriatique en jetant un anneau dans les vagues. Ne peux-tu donc avoir d'autre fiancée que cet élément froid, humide, trompeur, qui hier encore menaçait de te perdre ? Non ; je me suis dit que tu devrais te marier avec une fille de la terre, la plus belle que l'on puisse voir.

— Tu rêves ! murmura Falieri sans se détourner de la fenêtre ; tu rêves, mon cher ami ; moi, un vieillard de quatre-vingts ans, accablé de travaux et de fatigue, moi qui n'ai jamais été marié, qui suis à peine en état d'aimer encore, comment veux-tu que je me marie ?

— Arrête ! dit Bodoeri, ne te calomnie pas toi-même ; tu dis que tu as quatre-vingts ans, c'est vrai : mais ne mesure pas la vieillesse au nombre des années. Ne portes-tu pas encore la tête aussi droite, et ne marches-tu pas d'un pas aussi ferme qu'il y a quarante ans ? As-tu besoin d'alléger le poids de ton épée, et ne peux-tu gravir qu'avec peine l'escalier de ton palais ?

— Non, par le ciel ! s'écria Falieri ; non, je ne ressens point les atteintes de la vieillesse.

— Eh bien, reprit Bodoeri, jouis donc de tous les biens qui te sont offerts ; élève au rang de dogaresse la jeune fille que je t'ai choisie, et les femmes seront forcées de reconnaître qu'elle est la première pour la beauté et la vertu, de même que les hommes te reconnaissent le premier pour la bravoure, la force et l'intelligence. »

Bodoeri lui fit alors le portrait de celle à laquelle il songeait, et la peignit sous des couleurs si vives et si attrayantes, que Falieri, impatient, lui demanda où se trouvait un tel modèle, un être si parfait.

« Cette femme, répondit Bodoeri, est ma nièce.

— Quoi ! s'écria le doge ; tu veux que je me marie avec

ta nièce? Elle était l'épouse de Bertuccio Nenolo lorsque j'étais podestat de Trévise.

— Tu veux parler de ma nièce Francisca, tandis qu'il est question de sa fille. Tu sais que Nenolo périt dans une bataille navale. Francisca, pleine de douleur, se retira dans un cloître, et me confia sa fille Annonziata, que je fis élever dans une solitude profonde, près de Trévise.

— Quoi! reprit Falieri avec humeur, la fille de ta nièce! Combien y a-t-il que Nenolo se maria? Annonziata doit avoir tout au plus dix ans. Lorsque j'étais podestat à Trévise, on ne pensait pas encore à ce mariage de Nenolo, et il y a de cela....

— Vingt-cinq ans, ajouta Bodoeri en riant. Annonziata est une fille de dix-neuf ans, belle comme le jour, simple, modeste, n'ayant jamais parlé à aucun homme; elle t'aimera d'un amour d'enfant, et te donnera son cœur sans partage.

— Je veux la voir, dit le doge, tout ému du tableau que Bodoeri venait de lui tracer; je veux la voir. »

Son désir fut accompli dans la même journée. Au retour du conseil, le rusé Bodoeri, qui avait maint motif de désirer l'élévation de sa nièce au rang de dogaresse, la conduisit secrètement chez Falieri. En apercevant la jeune fille, le vieillard resta stupéfait d'une telle beauté, et incapable de prononcer une parole. Annonziata, instruite par Bodoeri de tout ce qu'elle devait faire, tomba à genoux devant le doge, et lui dit à voix basse, en lui baisant la main : « O mon seigneur! si vous daignez m'admettre à vos côtés sur votre trône, je vous servirai toute ma vie avec dévouement, et vous vénérerai du fond de l'âme. »

Falieri était dans le ravissement. Lorsque Annonziata lui prit la main, il se sentit si vivement ému, qu'il fut obligé de s'asseoir à la hâte; il semblait démentir ainsi l'opinion que Bodoeri avait exprimée sur sa vieillesse. Celui-ci ne put retenir un léger sourire; mais l'innocente Annonziata ne remarqua rien, et, par bonheur, nul autre témoin n'était là. Falieri redoutait seulement les sarcasmes que pouvait produire parmi les Vénitiens son mariage avec une jeune fille de dix-neuf ans. Il résolut de tenir cette union secrète, et de présenter ensuite la dogaresse à la seigneurie comme s'il était marié depuis longtemps avec elle à Trévise, où il avait séjourné en se rendant à Avignon.

Tournons maintenant nos regards vers ce beau jeune homme élégamment vêtu, qui, la bourse à la main, se promène sur le Rialto, s'entretient avec des Turcs, des Arméniens, des Grecs; le voilà qui détourne son front soucieux, fait quelques pas, s'arrête, se remet en marche, et enfin se fait conduire dans une gondole sur la place Saint-Marc, où il se promène de long en large, les yeux baissés, sans remarquer les légers soupirs qui s'échappent à son passage de maint balcon couvert de riches draperies. Qui pourrait reconnaître dans ce jeune homme le malheureux Antonio, si misérablement couché quelques jours auparavant sur le pavé de la Dogana?

« Bonjour, mon joli garçon, bonjour, mon Antonio! » s'écria la vieille mendiante, qui était assise sur les marches de l'église. Le jeune homme, qui ne l'avait point aperçue, se détourna vivement, mit la main dans sa bourse, et en tira une poignée de sequins qu'il se disposait à lui donner.

« Laisse-là ton or, dit la vieille; qu'en ferais-je? Ne suis-je pas assez riche? Mais si tu veux me rendre service, procure-moi une nouvelle capuce, car celle que je porte ne résiste plus à la pluie et au vent. Fais-moi ce présent, mon fils, et surtout évite, évite d'aller au Fontégo. »

Antonio regarda avec surprise cette figure d'un jaune pâle sillonnée par des rides profondes, ces mains desséchées, et s'écria : « Épargne-moi désormais tes folies, vieille sorcière! »

A peine eut-il prononcé ce mot, que la mendiante, frappée comme par un coup de foudre, tomba du haut en bas des marches de l'église.

Antonio courut à elle, la releva, et la soutint avec soin.

« Ah! mon fils! murmura-t-elle d'une voix plaintive, quel horrible mot tu as prononcé! Tue-moi plutôt que de le répéter; tu ne sais pas comme tu m'as offensée, moi qui ai pour toi une si grande affection! »

A ces mots, la vieille femme couvrit sa tête d'une étoffe de laine brune qui lui tombait sur les épaules comme un manteau, et poussa de profonds soupirs. Antonio était vivement ému; il prit le bras de la vieille, et la conduisit sous le portail de l'église, où il la fit asseoir sur un banc de marbre. « Tu m'as rendu un grand service, lui dit-il, car c'est à toi que je dois ma fortune; si tu ne m'avais pas assisté dans ma misère pressante, je n'aurais pu m'élancer à la mer, sauver le doge, et je n'aurais pas reçu ces beaux sequins; mais, lors même que je ne t'aurais pas cette obligation, j'éprouve pour toi un penchant particulier, malgré tes façons étranges et tes éclats de rire, qui souvent m'effrayent.

— O mon fils, s'écria la mendiante, ô mon Antonio! je sais que tu dois m'être dévoué de toute ton âme; mais, silence! silence! » Puis, s'appuyant sur son bâton et fixant les yeux à terre, elle reprit d'une voix sourde : « Dis-moi, ne te souvient-il plus du temps où tu n'avais pas encore été forcé de gagner misérablement ta vie? »

Antonio soupira, et, s'asseyant auprès de la vieille, lui répondit : « Hélas! je ne sais que trop bien que je suis né de parents riches; mais je ne saurais dire qui ils étaient, et comment je les ai quittés. Je me souviens encore d'un grand bel homme qui souvent me prenait dans ses bras et me comblait de caresses, ainsi que d'une jeune et charmante femme qui m'habillait, me déshabillait, et chaque soir me mettait dans un petit lit bien doux. Tous deux me parlaient dans une langue étrangère dont j'appris à répéter quelques mots. Lorsque je devins rameur, mes camarades envieux avaient coutume de dire qu'à voir mes cheveux, mes yeux, ma tournure, je devais être d'une origine allemande; je crois aussi que la langue que parlait cet homme, qui sans doute était mon père, devait être la langue allemande. Je me souviens surtout vivement d'une nuit affreuse où je fus réveillé de mon sommeil par des cris de terreur. On courait à travers la maison, on entendait ouvrir et fermer les portes; une angoisse indéfinissable me saisit, et je me mis à pleurer. La femme qui prenait soin de moi m'arracha de mon lit, me ferma la bouche, m'enveloppa dans un drap, et m'emporta dehors. Ici mes souvenirs sont interrompus. Je me retrouve ensuite dans une magnifique maison, située au milieu d'une agréable contrée; je vois l'image d'un homme à la figure douce et noble, et que j'appelais mon père; lui et tous les gens de la maison parlaient italien. Depuis plusieurs semaines je ne l'avais pas revu, lorsqu'un jour des hommes de mauvaise mine entrèrent dans l'habitation, et mirent tout en désordre. En m'apercevant ils me demandèrent qui j'étais et ce que je faisais là.

« Je suis Antonio, leur dis-je, le fils de la maison. »

« Ils se mirent à rire, m'enlevèrent mes beaux vêtements et me chassèrent en me menaçant de me battre si je m'avisais de reparaître dans ce lieu. Je m'enfuis en gémissant. A quelques centaines de pas de là, je rencontrai un vieil homme, que je reconnus pour un des serviteurs de mon père. « Viens, pauvre enfant, me dit-il en me prenant par la main, viens, Antonio, cette maison nous est fermée pour toujours; il faut que nous allions ailleurs chercher notre pain. »

« Il m'emmena; il n'était pas si pauvre qu'on eût pu le croire en voyant ses misérables habits. A peine étions-nous arrivés à Venise, que je le vis tirer des sequins de son pourpoint déchiré, et il se mit à faire sur le Rialto le métier de marchand et de brocanteur. Il fallait toujours que je fusse derrière lui; et lorsqu'il avait conclu un marché, il avait coutume de demander une bagatelle pour son figliolo. Dès qu'on me donnait quelques quatrinos, il les mettait dans sa bourse en me faisant quelques caresses, et en affirmant qu'il ramassait tous ces petits présents pour m'acheter un nouvel habit. Je me trouvai fort bien avec ce vieillard, qu'on appelait, je ne sais pourquoi, le père Blaunas ; mais cela ne dura pas longtemps. Tu te rappelles sans doute le jour terrible où la terre trembla, où les palais et les tours vacillèrent sur leurs fondements, où les cloches de Saint-Marc sonnaient comme si elles eussent été ébranlées par d'invisibles géants. Il y a de cela environ sept ans. Je sortis heureusement avec le vieillard de la maison, qui s'écroula derrière nous. Toutes les affaires avaient cessé, tout était morne et silencieux sur le Rialto. Pour comble de misères, on apprit que la peste avait été apportée du Levant en Sicile, et qu'elle exerçait déjà ses ravages dans la Toscane. Venise n'était pas encore atteinte par ce fléau. Un jour, le père Blaunas traitait une affaire sur le Rialto avec un Arménien. Le marché conclu, ils se serrèrent affectueusement les mains. Mon patron avait cédé à bas prix de bonnes denrées à l'étranger, et demandait, selon sa coutume, une bagatelle pour le figliolo. L'Arménien était un homme d'une grande et forte stature, avec une barbe épaisse ; je le vois encore devant moi. Il me regarda d'un air amical, puis m'embrassa, et me donna quelques sequins, que je m'empressai de cacher. Nous prîmes une gondole pour aller sur la place Saint-Marc ; le long du chemin, Blaunas me demanda les sequins, et, je ne sais pourquoi, je lui répondis que je voulais moi-même les garder. Le vieillard se fâcha ; et, tandis qu'il me faisait des reproches, je remarquai que son visage se colorait d'une teinte jaune et terreuse, et qu'il disait toute sorte de choses extravagantes. Lorsque nous fûmes arrivés sur la place, je le vis vaciller et tomber comme un homme ivre. Je me jetai sur son cadavre avec des cris de désolation ; le peuple accourut, et l'on entendit murmurer le terrible mot de peste. Tout le monde s'enfuit à l'instant ; moi, je me sentis saisi d'une sorte de vertige, et je perdis connaissance.

« En me réveillant, je me trouvai dans une large salle, étendu sur un léger matelas et enveloppé d'une étoffe de laine. Autour de moi, une trentaine de pâles figures gisaient sur des couches semblables. J'appris plus tard que des moines compatissants, en sortant de Saint-Marc et en me trouvant encore un reste de vie, m'avaient pris dans leur gondole et m'avaient conduit au cloître Saint-Georges, où les bénédictins ont établi un hôpital. Comment te dire l'impression que j'éprouvai en me voyant dans cet asile de misère? La force de la maladie m'avait ravi tous mes souvenirs. Les moines me dirent seulement qu'on m'avait trouvé près de Blaunas, que l'on regardait généralement comme mon père. Peu à peu je rassemblai mes pensées et me rappelai ma vie antérieure; mais ce que je t'ai raconté est tout ce que je sais, et je reconnais que ce ne sont que des images éparses. Hélas! je suis seul dans le monde, et cette idée m'empêchera toujours d'être heureux.

— Antoine, mon cher petit Antoine, dit la vieille, contente-toi du bonheur du présent.

— Hélas! non, reprit Antonio; il y a encore dans ma vie quelque chose qui me poursuit sans relâche, qui m'inquiète, qui tôt ou tard me perdra. Un désir inexprimable, un vague pressentiment d'un je ne sais quoi domina mon cœur dès le jour où j'eus repris mes forces à l'hôpital. Lorsque autrefois je reposais, après les fatigues de la journée, sur une misérable couche, le sommeil s'emparait aussitôt de moi, et des songes heureux me présentaient de riantes images qui récréaient mon cœur. A présent, je repose sur des coussins moelleux, le travail ne fatigue plus mes forces, mais je sens que mon existence est pour moi un lourd fardeau dont je voudrais me délivrer. Je me demande en vain pourquoi la vie, qui m'apparaissait autrefois avec tant de charmes, se montre à présent à mes yeux avec une vague félicité que je ne puis atteindre, une félicité qui me torture, car je vois que je ne puis entrer dans ces régions merveilleuses que j'ai rêvées. »

Pendant que le jeune homme parlait ainsi, la mendiante répondait par des gestes à tout ce qu'il exprimait. Enfin elle lui dit d'une voix touchante : « Mon cher Tonino, tu te désespères parce que tu as eu des moments de bonheur dont le souvenir même s'est effacé dans ton esprit. Pauvre enfant! pauvre enfant! » Elle se mit à rire, selon sa coutume; les passants s'approchèrent, elle s'inclina, et on lui jeta une aumône. « Antonio, continua-t-elle, conduis-moi à la mer. »

Sans se rendre compte à lui-même de ce qu'il faisait, Antonio la prit par le bras et lui fit traverser à pas lents la place Saint-Marc.

En marchant elle lui disait : « Vois-tu sur le pavé ces taches de sang ? oui, du sang... beaucoup de sang... et de ce sang naîtront de belles roses rouges pour te faire une couronne, à toi et à ta bien-aimée... O Dieu du ciel! quel ange de lumière s'avance vers toi en souriant ! Ses bras s'ouvrent pour t'enlacer. O Antonio! heureux enfant, poursuis bravement ton chemin, tu cueilleras des myrtes aux rayons du soir, des myrtes pour ta fiancée, pour la jeune veuve. Entends-tu les soupirs du vent, les murmures plaintifs de la mer? Rame avec courage, mon Antonio, rame avec courage ! »

Antonio fut saisi d'un sentiment de terreur en écoutant ces bizarres paroles prononcées avec un accent étranger, et interrompues par des éclats de rire. Ils étaient arrivés près de la colonne qui porte le lion adriatique. La vieille voulait continuer à marcher; Antonio, fatigué de ses bizarreries, s'arrêta et lui dit brusquement : « Assois-toi sur cet escalier et parle-moi un langage plus sensé. Il est vrai, tu as vu briller mes sequins dans les nuages, tu m'as prédit le bonheur qui m'arriverait ; mais, à présent, que parles-tu d'ange de lumière, de fiancée, de veuve virginale, de myrtes et de roses ? Veux-tu m'éblouir, me tromper, et me porter à quelque extravagance qui me conduirait dans l'abîme? Tu auras une nouvelle capuce, du pain, des sequins, tout ce que tu voudras, mais laisse-moi m'éloigner. »

Antonio voulait partir, la vieille le retint par son manteau et lui dit d'une voix perçante : « Tonino, mon Tonino, regarde-moi encore une fois, sinon je cours au bord de la place, et je me précipite, désespérée, dans la mer. »

Antonio, pour ne pas exciter davantage l'attention des passants, s'arrêta. « Assois-toi là, reprit la mendiante, il faut que je te dise tout. »

Antonio s'assit sur les degrés de la colonne, tournant le dos à la vieille femme, et tira son livre de compte, dont les feuillets blancs attestaient le zèle avec lequel il faisait le commerce sur le Rialto.

« Tonino, murmura la vieille, quand tu regardes ma figure ridée, ne songes-tu pas que tu m'as déjà vue autrefois ?

— Je t'ai déjà dit, répondit Antonio sans se retourner, que je me suis senti entraîné vers toi par un attrait inexplicable. Mais ce n'était pas par ta vieille et laide figure; tout au contraire, lorsque je vois tes yeux noirs étincelants, ton nez pointu, tes lèvres livides, ton grand menton, tes cheveux gris, lorsque j'entends ton rire désagréable et tes discours confus, j'éprouve pour toi un sentiment de répugnance, et il me semble que, pour m'attirer à toi, tu as dû employer d'affreux sortiléges.

— O Dieu du ciel ! s'écria la vieille avec un accent inexprimable de douleur, quel démon a pu t'inspirer de si affreuses pensées ! O Tonino ! mon cher Tonino, cette femme qui a pris tant de soin de toi dans ton enfance, qui t'a arraché au milieu de la nuit à un péril mortel, cette femme, c'était moi. »

Antonio se retourna avec surprise, et s'écria en colère : « Crois-tu donc pouvoir m'abuser ainsi, vieille sorcière ? Les souvenirs que j'ai conservés de mon enfance sont encore fortement empreints dans mon esprit, et cette douce et agréable femme qui prit soin de moi, je la vois devant mes yeux. Elle avait un teint riant, un regard tendre, de beaux cheveux noirs, des mains délicates, et pouvait être âgée de trente ans, tandis que toi, tu en as bien quatre-vingt-dix.

— Ah! Dieu tout-puissant! reprit la vieille, comment pourrai-je faire pour que mon Tonino reconnaisse en moi sa fidèle Marguerite?

— Marguerite! murmura Antonio, ce nom résonne à mon oreille comme une mélodie que j'aurais entendue autrefois et depuis longtemps oubliée. Mais non, cela n'est pas possible, cela n'est pas possible.

— Cela n'est que trop vrai, reprit la mendiante avec calme. Ce grand et bel homme qui te prenait dans ses bras et te faisait tant de caresses, c'était ton père, et la langue que nous parlions ensemble était la noble langue allemande. Ton père était un riche et honnête marchand d'Augsbourg. Sa jeune et jolie femme mourut en te mettant au monde. Ne pouvant plus rester au lieu où il avait perdu celle qu'il aimait, il partit pour Venise, et m'emmena avec lui. Dans la nuit fatale dont tu m'as parlé, il succomba à un événement funeste qui te menaçait aussi. Je parvins à te sauver; un noble Vénitien te donna un refuge. Mon père, qui était médecin, et adonné, à ce qu'on disait, aux sciences secrètes, m'avait appris, dès mon enfance, à connaître les secrets salutaires de la nature. Je m'en allais dans les forêts et dans les champs, recueillant des plantes, des mousses, qui, prises à certaine heure, devaient produire un suc vivifiant. A cette science je joignais un don particulier que le ciel m'a fait dans ses vues impénétrables. Je vois comme dans un miroir les événements futurs; et, sans le vouloir, souvent sans y songer moi-même, je raconte les événements dans des paroles inintelligibles, par l'effet d'une puissance inconnue à laquelle je ne puis résister. Quand je me trouvai seule, sans soutien, à Venise, je résolus de me servir de mon expérience pour gagner ma vie. Je guérissais en peu de temps les maladies les plus graves. Mon apparition seule avait une heureuse influence sur les malades; j'apaisais leurs crises en passant les mains sur leur visage. Ma réputation se répandit dans toute la ville, et je fis des gains considérables. Alors j'éveillai la jalousie des médecins, des charlatans, qui vendent leurs pilules sur le Rialto et sur la Zecca, et empoisonnent les malades au lieu de les guérir. Ils dirent que j'avais fait un pacte avec le diable, et cette croyance pénétra parmi le peuple. Bientôt je fus arrêtée et traduite devant le tribunal ecclésiastique. O mon Tonino! par quelles affreuses tortures on chercha à m'arracher l'aveu de ce pacte diabolique! Je restai ferme. Mes cheveux blanchirent, mon corps se contracta, mes pieds et mes mains furent paralysés. Il me restait à subir encore une épreuve, l'épreuve du plus horrible tourment que l'enfer ait pu inventer. La peur me fit faire un aveu dont je tremble encore; je fus condamnée à être brûlée. Le tremblement de terre qui renversa les palais de Venise ouvrit ma prison; les portes du cachot dans lequel j'étais enfermée tombèrent d'elles-mêmes, et je sortis de ce tombeau à travers les décombres des maisons en ruine. Tu crois, Tonino, que j'ai quatre-vingt-dix ans; non, ce ne sont pas des années, ce sont des souffrances inouïes qui m'ont changée ainsi; c'est de là que me viennent ce corps décharné, ce visage contracté, ces cheveux blancs, ces pieds paralysés; et ce rire, ce frisson désagréable, c'est la dernière torture qui me l'a donné; c'est cette douleur affreuse qui m'est encore une cause de convulsions. N'aie pas peur de me voir, mon Tonino. Hélas! ton cœur te l'a déjà dit, tu as reposé dans ton enfance sur mon sein.

— Femme, dit Antonio, il me semble que je dois te croire. Mais qui était mon père? comment s'appelait-il? quel destin a-t-il dû subir dans cette nuit affreuse? quel est celui qui m'a recueilli? que m'est-il arrivé dans le cours de cette vie, dont le vague souvenir m'emporte vers un monde inconnu, et se perd dans un espace sans bornes? Quand tu auras répondu à toutes ces questions, alors vraiment je te croirai.

— Tonino, répondit la vieille en soupirant, c'est pour ton bien que je garde le silence; mais bientôt... bientôt... le temps viendra... Mais reste loin du Fontégo... loin du Fontégo.

— Ah ! s'écria Antonio en colère, il n'est plus besoin de tes obscures paroles pour me troubler ; mon cœur est dans l'agitation ; il faut que tu parles, ou...

— Arrête ! dit la vieille, cesse de me menacer ; ne suis-je pas ta fidèle nourrice ? »

Sans vouloir en entendre davantage, Antonio se leva, et s'éloigna en répétant à la mendiante : « Tu auras ta nouvelle capuce et autant de sequins que tu voudras. »

CHAPITRE II.

C'était une merveilleuse chose que de voir le vieux doge Marino Falieri avec sa jeune et belle épouse. Il était encore fort et robuste ; mais il avait la barbe grise, le visage plissé et bruni, le cou penché. Elle, était la grâce même ; une douceur angélique était répandue sur son visage, un charme irrésistible dans son regard ; son front, entouré de cheveux noirs, était noble et majestueux, le sourire de ses lèvres charmant ; sa tête s'inclinait mollement sur son beau corps, sa taille était svelte et légère ; c'était enfin une admirable créature qui semblait être descendue du ciel. Vous connaissez ces figures d'anges que les anciens maîtres savaient si bien comprendre et représenter : telle était Annonziata. Quiconque la voyait était ravi, et tous les jeunes patriciens de la seigneurie la regardaient avec ardeur, et, se moquant de son vieil époux, juraient de faire de ce Mars décrépit un Vulcain. Annonziata fut bientôt entourée d'un cercle d'adorateurs dont elle écoutait gracieusement les paroles séduisantes, les discours flatteurs, mais sans paraître s'en émouvoir. Avec sa pureté d'âme, elle comprenait qu'elle devait honorer son noble époux et lui rester inébranlablement fidèle, comme la plus humble servante. Il était bon et tendre pour elle ; il la pressait sur son sein refroidi, la nommait sa bien-aimée, lui faisait toute sorte de présents, et cherchait à prévenir ses vœux. Annonziata ne pouvait avoir la pensée de lui devenir jamais infidèle. Tout ce qui était en dehors du cercle de ses devoirs était comme une contrée étrangère, dont la candide jeune femme n'entrevoyait pas même les limites; toutes les adorations furent inutiles. Mais aucun des prétendants ne montrait un si vif amour pour la belle dogaresse que Michel Sténo. Malgré sa jeunesse, il occupait des fonctions importantes; il était l'un des quarante du conseil; de plus il était doué d'une beauté remarquable, et il comptait sur la victoire. Il ne redoutait point le vieux Falieri, qui, du reste, depuis son mariage, avait perdu sa bouillante colère et sa fougue impérieuse. Couvert des vêtements les plus recherchés, le doge s'asseyait à côté de la belle Annonziata; des larmes de tendresse coulaient à travers ses longs cils blancs; et, en la regardant d'un œil amoureux et fier, il semblait demander si quelque autre pouvait se glorifier d'une telle épouse. Au lieu du ton rude et impérieux qu'il avait autrefois coutume de prendre, il n'avait plus pour chacun que des expressions cordiales; il parlait d'une voix caressante, et cédait aux instances les plus désagréables. Qui aurait pu reconnaître dans ce vieux doge attendri et amolli l'orgueilleux Falieri, vainqueur de Morb-Hasan, Falieri, qui à Trévise, le jour d'une procession, avait frappé l'évêque au visage? Cette faiblesse, qui ne faisait que s'accroître, enflamma l'esprit de Michel Sténo, et le porta aux tentatives les plus téméraires. Annonziata ne comprenait pas ce que Michel sollicitait d'elle par ses regards et par ses paroles; elle conservait le même calme avec la même bienveillance, et c'était là ce qui désespérait le jeune patricien. Il résolut d'avoir recours aux expédients les plus extrêmes. Il parvint à lier une intrigue avec la femme de chambre favorite d'Annonziata, qui le reçut en secret pendant la nuit. Il pensa s'être ouvert ainsi un chemin pour arriver à la chaste retraite d'Annonziata; mais le ciel fit retomber cette coupable entreprise sur la tête de celui qui l'avait imaginée. Une nuit, le doge, qui venait de recevoir la nouvelle fatale de la bataille que Nicolo Pisari avait perdue à Porte-Longo contre Doria, se promenait avec inquiétude sous les galeries du palais ducal. Tout à coup il aperçoit une ombre qui semble sortir de l'appartement d'Annonziata et se glisser vers l'escalier : c'était Michel Sténo qui venait de quitter sa maîtresse. Une horrible pensée traverse le cœur de Falieri ; il s'élance sur Sténo, le poignard à la main, en prononçant le nom d'Annonziata. Mais le jeune patricien, plus fort et plus souple que le vieillard, le renverse d'un coup de poing sur le carreau, et s'enfuit en riant et en répétant : « Annonziata ! Annonziata ! »

Le vieillard se releva, l'enfer dans le cœur, et se dirigea vers la chambre de sa femme. Tout était paisible, silencieux comme le tombeau. Il frappe ; une femme de chambre étrangère, qu'il n'avait pas coutume de voir, vient lui ouvrir la porte.

« Quelle est la volonté de mon noble époux à cette heure tardive ? » dit Annonziata en prenant un léger vêtement et en s'avançant vers le doge avec le calme et la douceur d'un ange.

Le vieillard la regarde, lève les deux mains au ciel, et s'écrie : « Non, cela n'est pas possible !

— Qu'est-ce qui n'est pas possible, mon digne seigneur ? » répond Annonziata frappée du ton solennel de Falieri.

Mais lui, sans lui répondre, se tourne vers la femme de chambre, et lui dit : « Pourquoi es-tu ici ? pourquoi Luizia n'occupe-t-elle pas cette chambre comme de coutume ?

— Luizia, répond la camériste, a voulu que je la remplaçasse cette nuit ; elle dort dans la chambre qui est près de l'escalier.

— Près de l'escalier ! » s'écrie Falieri avec joie. Et il sort précipitamment.

Luizia ouvre la porte de sa chambre ; et en voyant la figure enflammée, les yeux étincelants du doge, elle tombe à genoux devant lui, et avoue sa honte, trahie d'ailleurs par une élégante paire de gants d'homme posée sur un fauteuil, et par une forte odeur d'ambre.

Irrité de la hardiesse insolente de Sténo, Falieri lui signifia le lendemain qu'il lui interdisait, sous peine de bannissement, l'entrée du palais du doge et de la dogaresse. Sténo devint furieux en voyant ainsi échouer le plan qu'il avait si bien conçu, en se voyant banni de la présence de celle qui était son idole. Lorsque de loin il apercevait la dogaresse s'entretenant gracieusement avec d'autres jeunes patriciens, dans sa rage effrénée, il s'imaginait que la jeune femme ne l'avait dédaigné que parce que d'autres étaient plus heureux que lui, et il ne craignait pas d'exprimer hautement ses soupçons. Soit que le vieux Falieri entendît parler de ces propos injurieux, soit que l'événement nocturne qui l'avait tant ému fût pour lui comme un avertissement du ciel, soit enfin que, malgré toute sa confiance envers sa femme, il comprît cependant le péril de la différence d'âge qui existait entre elle et lui, il devint soupçonneux, morose ; tous les démons de la jalousie le tourmentèrent à la fois ; il enferma Annonziata au fond de son palais, et nul homme ne put la voir.

Bodoeri plaida pour sa nièce, et reprocha au doge de se conduire ainsi envers elle ; mais ses remontrances furent inutiles. Tout cela se passait peu de temps avant le jeudi gras. La coutume était que, dans les fêtes populaires qui avaient lieu ce jour-là, la dogaresse se plaçât près du doge, sous un dais élevé sur la petite place voisine du palais. Bodoeri représenta au doge qu'il deviendrait l'objet des sarcasmes du peuple et de la seigneurie s'il ne se conformait pas à cet usage.

« Penses-tu donc, répondit Falieri dont l'amour-propre était blessé par cette observation, penses-tu que j'aie peur de me voir enlever mon trésor, que je ne puisse le garder avec ma bonne épée ? non, mon ami, tu te trompes. Demain matin je me montrerai sur la place Saint-Marc avec Annonziata en grand costume, afin que le peuple voie sa dogaresse, et que le jeudi gras elle reçoive le bouquet de fleurs du marin hardi qui descend vers elle du haut des airs. »

Le doge faisait allusion par là à une ancienne coutume. Le jeudi gras, un homme du peuple monte du bord de la mer, par des cordes fixées à la pointe de l'église Saint-Marc, dans une machine qui ressemble à un petit navire, et, du haut de la tour, redescend dans la même machine sur la place où sont assis le doge et la dogaresse, à laquelle il offre un bouquet de fleurs.

Le lendemain, Falieri fit ce qu'il avait promis : Annonziata, revêtue d'un magnifique costume, entourée des patriciens de la seigneurie, escortée par des gardes et des pages, s'avança à côté de Falieri sur la place Saint-Marc, inondée d'une foule innombrable. On se pressait, on s'écrasait pour voir la belle dogaresse, et quiconque l'avait aperçue disait que c'était un ange radieux, un ange du ciel. Cependant, au milieu de cet enthousiasme général, on entendait çà et là des propos moqueurs, des vers injurieux pour le vieux Falieri. Le doge semblait ne rien remarquer. Maître de sa jalousie, il marchait majestueusement à côté d'Annonziata, quoiqu'il vît de tous côtés des regards brûlants fixés sur sa jeune épouse. Arrivés devant le principal portail du palais, les gardes étaient parvenus, non sans peine, à écarter le peuple, en sorte qu'on n'apercevait plus que quelques groupes de citoyens de distinction auxquels on n'avait pu refuser l'entrée de la cour intérieure. Au moment où la dogaresse s'avançait dans cette cour, un jeune homme appuyé contre les piliers s'écria : « O Dieu du ciel ! » et tomba inanimé sur le pavé. Tout le monde accourut auprès de lui, en sorte que la dogaresse ne put le voir ; mais, au moment où ce jeune homme était tombé, elle sentit comme un coup de poignard dans son cœur, elle pâlit, chancela, et les soins qu'on s'empressa de lui offrir la préservèrent d'un évanouissement. Le vieux Falieri, inquiet, effrayé, maudit l'inconnu, et, prenant dans ses bras Annonziata dont la tête tombait languissamment, il rentra avec elle dans son palais.

Pendant ce temps, une scène singulière se passait dans la cour. On se disposait à enlever le jeune homme que l'on croyait mort, lorsqu'une vieille femme, laide et couverte de haillons, se fraya un passage à travers la foule, et s'écria en apercevant l'inconnu : « Laissez-le, insensés que vous êtes, il n'est pas mort ! » Elle se pencha vers lui, prit sa tête sur ses genoux, et lui frotta le front en lui adressant de douces paroles. A voir cette affreuse vieille femme penchée sur ce jeune homme dont les traits charmants étaient pâles et immobiles, à voir ses haillons sales flottant sur les riches vêtements du jeune homme, et ses mains jaunes et décharnées se promenant sur ce beau front, on eût dit que l'inconnu dormait entre les bras affreux de la mort. La plupart des spectateurs, saisis d'un sentiment d'effroi, s'éloignèrent l'un après l'autre, et quelques-uns de ceux qui étaient restés portèrent le jeune homme près du grand canal, dans une gondole que la vieille femme leur indiqua, et qui s'éloigna aussitôt.

Nous n'avons pas besoin de dire que ce jeune homme était Antonio, et que la vieille femme était la mendiante de l'église des Franciscains.

Lorsque Antonio revint à lui, et qu'il vit auprès de son lit la vieille qui lui faisait respirer quelques gouttes d'une liqueur vivifiante : « C'est toi, dit-il d'une voix triste, c'est toi, Marguerite ; ah ! Dieu soit béni ! Quelle autre femme pourrait me soigner aussi fidèlement que toi ? Pardonne à un enfant insensé d'avoir un instant douté de tes paroles. Oui, tu es Marguerite ; tu es celle qui m'a nourri, qui a protégé mon enfance, je le savais, mais un méchant esprit troublait mes pensées... A présent je l'ai revue, c'est elle... c'est elle !... Ne t'ai-je pas dit qu'il y avait en moi je ne sais quelle puissance fatale qui me dominait ? Un rayon soudain vient de luire à mes yeux pour me donner un ravissement inexprimable et pour me perdre. Je sais tout... N'est-ce pas Bertuccio Nenolo qui devint mon père adoptif, qui m'éleva dans sa maison de campagne près de Trévise ?

— Hélas ! oui, répondit la vieille, c'est Bertuccio Nenolo, le grand homme de mer que les flots engloutirent lorsqu'il songeait à mettre sur sa tête la couronne de la victoire.

— Ne m'interromps pas, reprit Antonio, écoute-moi avec patience.

« J'étais bien chez Bertuccio, je portais de beaux vêtements, et la table était préparée chaque fois que j'avais faim. Dès que j'avais fait mes trois prières, je pouvais courir à mon gré dans les champs et dans les bois. Auprès de la maison de campagne, il y avait une fraîche et mystérieuse forêt de sapins pleine de parfums et de mélodies. Un soir que j'étais las de courir, j'allai m'asseoir sous un grand arbre, et j'élevai mes regards vers le ciel au moment où le soleil se couchait. Assoupi par le parfum des plantes odorantes, je fermai les yeux et je tombai dans un demi-sommeil, d'où je fus tiré tout à coup par un léger bruit. Je me relève ; un être angélique est près de moi, m'observe en souriant, et me dit d'une voix charmante : « Comment, cher enfant, tu dormais si paisiblement, et la mort, l'affreuse mort était près de toi ! » A mes côtés, en effet, j'aperçus une grosse vipère noire que l'inconnue avait tuée avec une branche de noisetier au moment où le reptile allait m'enlacer dans ses anneaux. J'éprouvai un singulier saisissement. Je savais que souvent les anges descendent du ciel pour sauver les hommes d'un péril imminent. Je tombai à genoux, et, élevant vers la jeune fille mes mains jointes : « Ah ! lui dis-je, tu es un ange de lumière que le Seigneur m'a envoyé pour m'arracher à la mort. » Mais elle répondit en rougissant et en étendant vers moi ses bras : « Je ne suis pas un ange ; je ne suis qu'une jeune fille, un enfant comme toi. » Un ravissement que je n'avais jamais senti s'empara de mon cœur ; je me levai, nous nous jetâmes dans les bras l'un de l'autre, nos lèvres se rencontrèrent, et nous versâmes des pleurs de joie et de tendresse. Alors une voix sonore cria dans la forêt : « Annonziata ! Annonziata ! »

« — Il faut que je te quitte, cher, doux enfant, dit la jeune fille, ma mère m'appelle. » Et à ces mots j'éprouvai une douleur profonde. « Ah ! je t'aime tant ! » m'écriai-je en sentant couler sur mes joues les larmes brûlantes que répandait la jeune fille.

« — Et moi aussi je t'aime, » répondit-elle en imprimant un dernier baiser sur mes lèvres. « Annonziata ! » cria-t-on de nouveau, et elle disparut dans la forêt.

« Vois-tu, Marguerite, dès ce moment mon âme sentit l'étincelle d'un amour qui devait à tout jamais m'embraser.

« Quelques jours après, je fus chassé de la maison. Et comme je parlais sans cesse au père Blaunas de ce céleste enfant dont je croyais entendre la voix dans le murmure des arbres, dans le soupir des ruisseaux, dans le mugissement de la mer, il me dit que ce devait être Annonziata, qui était venue avec sa mère Francesca à cette maison de campagne, et était repartie le lendemain. O ma mère ! ô Marguerite ! que Dieu prenne pitié de moi ! cette Annonziata, c'est la dogaresse ! »

A ces mots, Antonio cacha sa tête dans les coussins de son lit en pleurant et en sanglotant.

« Mon cher Tonino, dit la vieille, prends courage ; résiste bravement à cette folle douleur. Pourquoi désespérer ainsi dans les chagrins d'amour ? Pour qui s'épanouissent les fleurs d'or de l'espérance, si ce n'est pour ceux qui aiment ? On ignore le soir ce qui arrivera le matin, et ce que l'on a vu en rêve devient souvent une réalité. Le château qui flottait dans les nuages apparaît sur la terre. Écoute, Antonio, tu ne crois pas à mes paroles ; mais moi, je te répète que l'amour t'attend sur la mer et te sourit de loin. Patience donc, patience ! »

Ainsi la vieille femme essayait de consoler le pauvre Antonio, et tout ce qu'elle lui disait était pour lui comme une douce musique.

Le jeudi gras arriva ; il devait être célébré pompeusement. Sur la place Saint-Marc on vit s'élever un échafaudage pour un merveilleux feu d'artifice qu'un Grec avait composé. Le soir, le vieux Falieri monta dans la galerie avec sa belle épouse, dont la beauté excitait la surprise et l'admiration de tous les spectateurs. Au moment de s'asseoir sur le trône qui lui était destiné, il aperçut Michel Sténo qui avait pris place dans la même galerie si près de la dogaresse, qu'elle devait nécessairement le remarquer. Emporté par la colère et par la jalousie, Falieri ordonna d'une voix impérieuse de le faire sortir ; Sténo éclata par des menaces ; mais les gardes arrivèrent, et l'obligèrent à quitter la galerie.

Pendant ce temps, Antonio, que l'aspect de sa bien-aimée Annonziata mettait hors de lui-même, pénétra à travers la foule, et s'avança avec la plus violente émotion au bord de la mer. Il se demandait s'il ne vaudrait pas mieux pour lui qu'il se jetât dans les vagues du golfe que d'être plus longtemps torturé par cette douleur. Arrivé au bord du quai, il allait exécuter sa résolution, lorsqu'une voix qui partait d'une petite barque lui dit : « Bonsoir, signor Antonio. »

A la lueur des illuminations de la place, le jeune homme reconnut un de ses anciens camarades, nommé Piétro, qui était assis dans la gondole avec des plumes et du clinquant sur son bonnet, une casaque bariolée de rubans, et un gros bouquet de fleurs à la main.

« Bonsoir, Piétro, répondit Antonio. Quel grand seigneur dois-tu conduire ce soir avec ce brillant costume ?

— Ah ! ah ! répliqua Piétro en se levant dans sa barque, je vais gagner mes trois sequins ; je monte à la tour Saint-Marc, et j'en redescends pour présenter ce bouquet à la belle dogaresse.

— N'est-ce pas une entreprise bien périlleuse ? demanda Antonio.

— Oui vraiment, on y court risque de se briser le cou, et de plus il faut aujourd'hui passer par le feu d'artifice. Le Grec dit, il est vrai, que tout est disposé de manière à ne pas m'enlever un cheveu de la tête, mais... »

Antonio descendit dans la barque, et remarqua que Piétro était près de la machine attachée à la corde qui s'élevait de la mer. D'autres cordes, au moyen desquelles cette machine devait être enlevée, se perdaient dans les airs.

« Écoute, Piétro, dit Antonio après un instant de réflexion, te plairait-il de gagner aujourd'hui dix sequins sans mettre ta vie en danger ?

— Sans doute ! répondit Piétro en riant.

— Eh bien ! prends ces dix sequins, donne-moi tes vêtements, et laisse-moi te remplacer ; c'est moi qui monterai à la tour Saint-Marc. Fais cela pour moi, mon vieux camarade. »

Piétro secoua la tête d'un air pensif, et dit en pesant l'or dans ses mains : « Vous êtes bien bon, monsieur Antonio, d'appeler un pauvre diable comme moi votre camarade, et de le traiter si généreusement. L'argent est une agréable chose; mais remettre un bouquet entre les mains de la dogaresse, entendre sa charmante petite voix, c'est aussi un bonheur pour lequel on peut bien exposer sa vie. Enfin, puisque c'est vous, j'accepte. »

Tous deux changèrent alors de vêtements, et Piétro s'écria : « Hâtez-vous de monter dans la machine, le signal est donné. » Au même instant, des milliers d'éclairs étincelèrent sur les flots du golfe : le feu d'artifice éclatait et retentissait comme le tonnerre.

Antonio fut emporté au milieu des flammes pétillantes, puis redescendit vers la galerie, et s'arrêta devant la dogaresse. Elle s'était levée et avait fait un pas en avant. Il sentait courir sur ses joues le souffle de sa bien-aimée ; il lui présenta son bouquet, et, dans l'extase de son bonheur, lui prit les mains, les couvrit de baisers brûlants en répétant avec un accent passionné le nom d'Annonziata.

Soudain la machine, instrument aveugle du destin, l'emporta loin de la jeune femme, et le rejeta dans la barque où Piétro l'attendait.

Pendant ce temps, une grande rumeur éclatait dans la galerie du doge. A la place où Falieri était assis on avait trouvé un petit billet sur lequel étaient écrits en patois vénitien les mots suivants :

Il dose Falier della bella muier,
L'altri la gode e lui la mantien.
« Le doge Falieri est l'époux de la belle jeune femme ;
C'est lui qui la garde, et d'autres la réjouissent. »

Falieri entra en fureur en lisant ces mots, et jura que celui qui lui avait fait cette injure l'expierait par le plus rude châtiment. En promenant ses regards de côté et d'autre, il aperçut Michel Sténo dont les flambeaux de la galerie éclairaient la figure, et il ordonna à ses gardes de l'arrêter. Mais, à cet ordre, de vives protestations s'élevèrent de toutes parts, et l'on s'écria que le doge, en agissant ainsi, violait les droits de la seigneurie et offensait le peuple.

Les sénateurs quittèrent leurs places, et Bodoeri s'en alla seul au milieu de la foule, parlant avec vivacité de l'injure faite au chef de l'État, et cherchant à animer les esprits contre Michel Sténo.

Le doge ne s'était point trompé en désignant le coupable. C'était en effet Sténo qui avait écrit cette épigramme offensante, et l'avait attachée à la place du doge au moment où tous les regards étaient occupés par le feu d'artifice. Il avoua hardiment cette action, et en rejeta la faute sur le doge qui, le premier, l'avait vivement froissé.

La seigneurie était depuis longtemps mécontente d'un chef qui, au lieu de répondre à l'attente du pays, montrait chaque jour que les dernières étincelles de son ardeur guerrière étaient éteintes. Son union avec Annonziata, sa jalousie, ajoutaient encore à ses torts. On ne le regardait plus comme un héros, on l'appelait un *Vecchio pantalone*. Et de tout cela il résultait que la seigneurie se sentait plus portée à excuser Michel Sténo qu'à venger l'offense faite au doge. L'affaire fut portée du conseil des Dix à celui des Quarante, dont Sténo était un des principaux membres. On pensa qu'il avait déjà assez souffert de tout cet événement, et qu'un bannissement d'un mois serait une punition suffisante pour son délit. Cette sentence blessa vivement l'orgueil du doge, et l'irrita contre la seigneurie.

CHAPITRE III.

Lorsque celui qui aime a entrevu un rayon d'espoir, ce rayon suffit souvent pour lui donner des rêves d'or pendant des jours, des mois entiers. C'était ce qui arrivait à Antonio ; il ne pouvait revenir de l'émotion qu'il avait éprouvée en se trouvant face à face avec Annonziata. La vieille mendiante le blâmait cependant beaucoup de s'être ainsi exposé, et parlait sans cesse de dangers inutiles et de folles tentatives. Un jour elle arriva d'un air joyeux et léger ; elle riait, sautillait, et, sans répondre aux questions d'Antonio, elle alluma du feu dans la cheminée, jeta dans un vase toute sorte d'ingrédients, dont elle composa une espèce de baume, puis s'éloigna avec un éclat de rire.

Le même soir elle reparut haletante, fatiguée, et, se jetant sur un fauteuil, elle dit après un instant de repos : « Devine, mon cher enfant, d'où je viens ? »

Antonio, saisi d'une pensée subite, la regarda fixement.

« Eh bien! reprit la vieille, je viens de la voir cette douce colombe, cette belle Annonziata.

— N'achève pas de me rendre fou, s'écria Antonio.

— Comment donc! reprit la vieille, je pense toujours à toi, mon cher Tonino. Ce matin, en passant devant le péristyle du palais, j'entendis le peuple parler de l'accident arrivé à la dogaresse ; je demandai quel était cet accident, et un gros garçon, appuyé contre une colonne, me répondit en riant : « Un scorpion lui a piqué le doigt, et le signor doctor Basseggio, appelé à porter remède à cette blessure, parle de couper la main de la dogaresse. » Au même instant une grande rumeur se fait entendre sur l'escalier, un petit homme poussé par les gardes roule comme une boule du haut des degrés en criant et se lamentant. Le peuple s'assemble autour de lui en riant, tandis que le petit homme essaye de se relever. Alors celui qui m'avait parlé prend par le bras ce singulier personnage, qui n'était autre que le docteur, et l'emmène vers le canal, où il s'embarque avec lui dans une gondole. Je devinai que le doge avait ainsi chassé le docteur au moment où celui-ci osa parler de couper la main d'Annonziata. Je me hâtai de revenir au logis, je préparai mon baume, et je retournai au palais. J'étais là sur l'escalier, lorsque le doge, entrant dans un autre appartement, m'aperçut. « Que veut cette vieille femme? » s'écria-t-il. Je m'inclinai jusqu'à terre, et je lui répondis que j'avais un moyen sûr de guérir promptement la dogaresse. Il me regarda fixement, passa sa main sur sa barbe grise, puis, me prenant par les épaules, me jeta dans la chambre d'Annonziata. Ah! Tonino, elle était là, cette douce enfant, étendue sur sa couche, le visage pâle, pleurant, soupirant, et s'écriant d'une voix plaintive : « Le poison circulera-t-il dans tous mes membres? » Je m'approchai d'elle, j'enlevai l'emplâtre de l'ignorant docteur. O Dieu du ciel! la jolie petite main! J'y applique mon baume, il agit immédiatement. « Je me sens mieux, bien mieux, » dit la douce enfant, et Marino s'écrie : « Mille sequins pour toi, vieille, si tu sauves la dogaresse! » et il quitte la chambre. J'étais là depuis trois heures, tenant cette petite main dans la mienne et la frottant doucement. Annonziata, qui s'était assoupie, se réveille et ne sent plus aucune douleur; elle me regarde d'un air joyeux, et moi je lui dis : « Noble dame, vous avez, vous aussi, sauvé un enfant d'une morsure vénimeuse..... » Que n'as-tu vu, Tonino, la rougeur subite qui, à ces mots, colora son visage, et l'éclair de ses yeux !

« Ah! oui, me répondit-elle ; j'étais bien jeune alors, et je me trouvais dans la maison de campagne de mon père. Quel charmant enfant que celui-là! Souvent je pense à lui, et, depuis le jour où je l'ai rencontré, il me semble que je n'ai plus eu aucun bonheur. »

» Alors je me mis à parler de toi : je lui dis que tu étais à Venise; que tu portais au fond de ton cœur l'impression de ce moment; que, pour voir encore une fois l'ange qui t'avait sauvé, tu avais exposé ta vie, tu avais voulu toi-même lui présenter le bouquet de fleurs du jeudi gras.

« Ah! s'écria-t-elle, je l'ai deviné, je l'ai reconnu; lorsqu'il portait ma main à ses lèvres, lorsqu'il prononçait mon nom, j'éprouvais une émotion étrange, une émotion pleine de joie et de tristesse. Amène-le ici, amène-le moi, ce cher enfant. »

A ces mots, Antonio se jeta à genoux, et dit dans une sorte d'égarement : « Dieu du ciel! à présent, préserve-moi de la mort jusqu'à ce que je l'aie revue, jusqu'à ce que je l'aie serrée sur mon cœur. »

Il voulait que la vieille le conduisît dès le lendemain au palais du doge; mais elle s'y refusa en alléguant que, depuis que la dogaresse était malade, Falieri ne la quittait presque pas un instant.

Plusieurs jours s'étant passés; la dogaresse était complétement guérie, mais Antonio ne pouvait encore la voir; la vieille employait tous les moyens possibles pour le consoler et lui donner de la patience. Agité par ses désirs impétueux, Antonio errait de côté et d'autre sur les places publiques, et se rapprochait involontairement du palais de Falieri. Un matin il aperçut près de ce palais Piétro appuyé sur une rame peinte de diverses couleurs; sa gondole se balançait sur le canal; elle était petite, mais couverte d'une tente élégante, ornée de sculptures; elle portait le pavillon vénitien et ressemblait au *Bucentaure*.

« Ah! signor Antonio, s'écria son ancien camarade en l'apercevant, soyez mille fois le bienvenu, vos sequins m'ont amené le bonheur. »

Antonio l'interrogea d'un air distrait, et apprit que Piétro conduisait presque chaque soir dans sa gondole le doge et la dogaresse à une maison de campagne non loin de Venise.

« Camarade, dit Antonio, veux-tu gagner dix sequins et plus encore si tu l'exiges? Laisse-moi prendre ta place et ramer. »

Piétro répondit que c'était impossible, que le doge ne voulait se fier qu'à lui seul; mais Antonio insista avec tant de violence, que le gondolier fut forcé de céder.

Le jeune amoureux s'éloigna aussitôt, puis revint avec un mauvais habit de matelot. Le doge arriva un instant après, conduisant la dogaresse, revêtue d'un magnifique costume. « Qui est cet étranger ? » dit-il avec colère en s'adressant à Piétro. Celui-ci affirma qu'il avait absolument besoin d'un compagnon pour l'aider à ramer ; et, après ses protestations réitérées, il obtint enfin la permission d'emmener Antonio avec lui.

Souvent, dans une exaltation extrême, l'esprit, fortifié par la béatitude même qu'il éprouve, se contient et réprime les mouvements impétueux auxquels il serait tenté de s'abandonner. Ainsi Antonio, assis près de la belle Annonziata, effleurant le bord de ses vêtements, se domina lui-même et se mit à ramer de toutes ses forces, ne jetant que de temps à autre un regard fugitif sur celle qu'il aimait.

Le vieux Falieri pressait entre ses mains la petite main de sa belle épouse, enlaçait son bras autour de sa taille élégante, et riait et plaisantait gaîment. Au milieu du golfe, à l'endroit d'où l'on découvrait dans toute sa magnificence la place Saint-Marc et la ville de Venise, le doge, relevant la tête et promenant autour de lui un regard orgueilleux, dit à Annonziata : « Eh bien ! ma chère enfant, n'est-il pas beau de voguer sur la mer avec le seigneur, avec l'époux de la mer ? Mais ne sois point jalouse de cette épouse qui nous porte humblement sur son dos. Entends-tu le doux murmure des vagues ? Ne sont-ce pas des paroles d'amour qu'elle adresse à celui qui est son maître ? Toi, tu portes mon anneau à ton doigt, et cette autre épouse conserve dans son lit humide l'anneau de fiançailles que je lui ai donné.

— Ah ! mon noble seigneur, répondit Annonziata, je frissonne en songeant que vous êtes fiancé avec ces vagues trompeuses, avec ce fier et terrible élément.

— N'aie nulle inquiétude, reprit Falieri en souriant et en passant la main sur sa barbe ; il est plus doux de reposer dans tes bras que dans le sein glacial de cette mer ;

mais c'est une belle chose que de voguer sur ces vagues avec le maître de cette mer. »

Au moment où le doge parlait ainsi, on entendit une musique qui raisonnait dans le lointain. Une voix d'homme, pure et harmonieuse, retentit au milieu des gémissements du golfe, et chanta ces mots :

> Ah ! senza amare
> Andare sul mare
> Col sposo del' mare
> Non puo consolare.

D'autres voix s'associèrent à celle-ci, et répétèrent ces mêmes mots jusqu'à ce que le chant expirât peu à peu.

Falieri semblait ne pas entendre ce concert ; il expliquait à la dogaresse le symbole représenté par les fiançailles du doge avec la mer, il parlait des victoires de la république, de la conquête de l'Istrie et de la Dalmatie sous le gouvernement de Pierre Urseolus II, et disait comment cette conquête avait donné lieu à la solennelle cérémonie du *Bucentaure*. Tandis qu'il poursuivait ainsi son long récit, la dogaresse était toute entière absorbée par la musique qu'elle venait d'entendre. Lorsque le chant cessa de retentir à son oreille, elle promena autour d'elle des regards étonnés comme si elle sortait d'un rêve profond, comme si elle cherchait à distinguer encore des images qu'elle n'avait fait qu'entrevoir ; puis elle murmura à voix basse : *Senza amare, senza amare, non può consolare*, et des larmes brillèrent dans ses yeux, et un soupir pénible s'échappa de sa poitrine.

Falieri continuait paisiblement son récit sans s'apercevoir du trouble de la dogaresse, qui restait silencieuse, et paraissait étrangère à tout ce qu'il lui disait. Arrivé devant sa maison de San-Giorgio-Maggiore, il donna le bras à sa belle épouse pour sortir de la barque. Un jeune homme, portant le costume de marin, sonna d'une trompe qui avait la forme d'une coquille, et qui retentit au loin. A ce signal, une autre gondole s'approcha ; une femme et un homme portant un parasol s'avancèrent près du doge, et le conduisirent avec Annonziata au palais. La seconde nacelle aborda au rivage ; Marino Boduori en sortit avec plusieurs personnes, parmi lesquelles se trouvaient des marchands, des artistes et des gens du peuple, et il suivit avec eux le doge.

CHAPITRE IV.

Antonio pouvait à peine attendre le jour suivant, car il espérait recevoir un heureux message d'Annonziata. Enfin la vieille femme arriva d'un air fatigué, se jeta sur un fauteuil, et joignant ses mains desséchées, s'écria : «Tonino, hélas! Tonino! qu'est-il arrivé à notre pauvre colombe? En entrant aujourd'hui chez elle, je l'ai trouvée étendue sur son canapé, les yeux à demi fermés, la tête appuyée sur son bras, ne dormant ni ne veillant, n'étant ni malade ni en parfaite santé. «Noble dogaresse, lui dis-je, en m'approchant d'elle, que vous est-il donc arrivé? Souffrez-vous encore de votre blessure?

« A ces mots, elle me regarda avec des yeux..... des yeux comme je n'en ai jamais vu ; puis à peine eus-je contemplé leur humide rayon, qu'il se cacha derrière des cils soyeux comme derrière un nuage sombre. Alors elle soupire, et, tournant son pâle visage du côté de la muraille, elle murmura d'une voix faible mais pénétrante : *Amore, amore... Ah! senza amare.* Je m'assois près d'elle sur une petite chaise, et je commence à parler de toi. Son visage était encore tourné d'un autre côté, et ses soupirs devenaient plus distincts et plus fréquents. Je lui avoue que tu t'es déguisé pour entrer dans sa gondole, que tu languis d'amour, et que je veux t'amener auprès d'elle. A ces mots, elle se relève subitement, et en versant un torrent de larmes, elle s'écrie : «Non! non! je ne puis le voir! Je t'en conjure au nom du Christ, dis-lui qu'il n'approche jamais de moi, qu'il sorte de Venise, qu'il parte au plus tôt.

« — Eh bien! lui dis-je, il faut donc qu'il meure, mon pauvre Tonino? »

« Elle se rejette avec douleur sur sa couche, et me répond : « Ne faut-il pas que je meure, moi aussi, de la mort la plus amère? » En ce moment, Falieri entra dans la chambre et me fit signe de me retirer.

— Ainsi elle me repousse, elle veut que je m'éloigne! s'écria Antonio désespéré.

— Pauvre garçon! reprit la vieille en riant selon sa coutume; ne vois-tu pas que la belle Annonziata aime de toute son âme, qu'elle éprouve la plus violente passion qui ait jamais déchiré le cœur d'une femme? Viens demain soir au palais ducal, tu me trouveras dans la seconde galerie, à droite du grand escalier; nous verrons ce qui se passera. »

Le lendemain, Antonio se glissait vers le lieu indiqué, le cœur palpitant, comme s'il allait commettre un crime. Dans son émotion, il pouvait à peine monter les marches de l'escalier, et fut obligé de s'appuyer contre une colonne. Tout à coup il vit luire une quantité de flambeaux, et, avant qu'il eût eu le temps de s'éloigner, le vieux Bodoeri se trouva devant lui, accompagné de plusieurs domestiques qui portaient des torches.

« Ah! c'est toi, Antonio? dit Bodoeri en le regardant fixement; on t'a placé ici, je le sais. A présent, suis-moi. »

Antonio, persuadé que l'on connaissait ses projets, le suivit avec crainte. Quelle fut sa surprise lorsque, arrivé dans un appartement retiré, Bodoeri l'embrassa, lui parla du poste important qui allait lui être confié, et qu'il devait défendre cette nuit avec courage. A son étonnement succéda l'angoisse et la frayeur, lorsqu'il apprit que depuis longtemps il se tramait dans l'ombre une conspiration contre la seigneurie; que le doge lui-même était le chef de cette conspiration, et que cette nuit-là il avait été résolu que la seigneurie serait écrasée, et que Marino serait déclaré souverain absolu de Venise. Antonio regarda fixement en silence Bodoeri, et celui-ci, prenant l'immobilité du jeune homme pour un signe d'hésitation, s'écria : « Misérable traître ! tu ne sortiras plus du palais... Il faut que tu meures ou que tu prennes les armes. Mais d'abord parle à celui qui s'avance. »

Au fond de la salle on aperçut une grande et vénérable figure. En la voyant, Antonio tomba à genoux, et s'écria : « O Dieu du ciel ! mon père, Bertuccio Nenolo ! mon digne protecteur. »

Nenolo releva le jeune homme, le serra sur son cœur et lui dit d'une voix douce : « Oui, je suis Bertuccio Nenolo que tu as cru enseveli au fond des vagues, et qui est depuis peu échappé aux liens honteux où le retenait le farouche Morb-Hasan. Je suis ce Bertuccio qui t'a recueilli et qui ne pouvait soupçonner que les serviteurs envoyés par Bodoeri pour prendre possession de la maison de campagne qu'il venait d'acheter te chasseraient brutalement. Pauvre jeune homme ! tu hésites à t'armer contre un pouvoir despotique dont la cruauté t'a enlevé ton père. Va dans la cour du Fontégo, tu verras encore sur le pavé les traces de son sang. Lorsque la seigneurie loua les magasins du Fontégo aux marchands allemands, il leur fut défendu d'emporter les clefs de leurs comptoirs ; quand ils entreprendraient un voyage, ils devaient les déposer chez le Fontégaro. Ton père manqua à cette ordonnance, et encourut par là une grave punition ; mais lorsque à son retour on ouvrit son magasin, on y trouva une caisse pleine de faux ducats de Venise. En vain protesta-t-il de son innocence, en vain affirma-t-il, ce qui était que trop vrai, qu'un de ses ennemis, que peut-être le Fontégaro lui-même avait, pour le perdre, porté cette caisse dans son comptoir, les juges impitoyables le condamnèrent à mort. Il fut exécuté dans la cour du Fontégo, et toi-même tu n'existerais plus, si la fidèle Marguerite ne t'avait sauvé. J'étais un ami de ton père, et on te cacha ton nom à toi-même, afin que tu ne pusses te trahir. A présent, Antoine Dalbirger, l'heure est venue de prendre les armes et de venger sur les membres de la seigneurie la mort de ton père. » Antonio, enflammé de colère, promit de rester fidèle aux conjurés et de les soutenir avec courage.

On sait que Bertuccio Nenolo avait reçu de l'amiral Dantolo un soufflet, et que cette injure le détermina à se liguer avec son gendre ambitieux contre la seigneurie. Tous deux désiraient que Falieri fût investi du pouvoir suprême, afin de le partager avec lui. Les conjurés avaient résolu de répandre le bruit que la flotte génoise venait d'entrer dans les lagunes. La nuit, la grande cloche de Saint-Marc devait sonner et appeler tous les citoyens à défendre la ville. A ce signal, les conjurés, qui étaient très-nombreux et répandus dans tous les quartiers de Venise, devaient s'emparer de la place Saint-Marc, des principales positions de la ville, égorger les sénateurs, et proclamer le doge souverain absolu. Le ciel ne permit point que ce projet sanguinaire réussît et que l'ancienne constitution de l'État fût anéantie par l'orgueil de Falieri. Le conseil connaissait les réunions qui avaient lieu à la Giudecca dans la maison du doge; mais il ne pouvait savoir d'une façon certaine ce qui s'y passait. Cependant un des conjurés, un pelletier de Pise, nommé Benthian, éprouva un sentiment de remords. Il voulait au moins sauver son protecteur, Nicolas Leoni, qui siégeait dans le conseil des Dix. Le soir, il se rendit chez lui et le conjura de ne pas quitter sa maison dans la nuit, quoi qu'il arrivât. Leoni, qui avait déjà des soupçons, retint le pelletier de force et lui fit peu à peu dévoiler tout le projet. Il appela aussitôt Giovani Dragenigo et Marco Cornaro, assembla le conseil des Dix à Saint-Salvador, et dans l'espace de trois heures, toutes les mesures furent prises pour étouffer la conjuration dès qu'elle éclaterait.

Antonio avait reçu l'ordre de se rendre à l'église Saint-Marc avec une troupe de conjurés et de faire sonner la grosse cloche. En arrivant il trouva la tour cernée par des soldats de l'arsenal, qui se précipitèrent sur son escorte à coups de hallebarde. Tous ceux qui l'accompagnaient se dispersèrent avec effroi, et lui-même prit la fuite. Tandis qu'il courait dans l'obscurité de la nuit, il se sentit saisi par derrière, se retourna et aperçut à la clarté d'un flambeau Piétro.

« Sauve-toi ! lui dit son ancien camarade, sauve-toi, Antonio, tout est perdu. Bodoeri, Nenolo, sont au pouvoir de la seigneurie ; les portes du palais sont fermées et le doge gardé dans son appartement par ses serviteurs infidèles. Viens, viens, dans ma gondole. »

Antonio se laissa entraîner sans prononcer un mot. On entendait des voix confuses, un cliquetis d'armes, des cris d'angoisse, puis tout retomba dans un effrayant silence.

Le lendemain le peuple stupéfait put contempler un spectacle épouvantable. Le conseil des Dix avait, dans la même nuit, condamné et fait exécuter les chefs de la conjuration. Ils avaient été étranglés sur la petite place voisine de la galerie où le doge avait coutume d'assister aux fêtes publiques, où Antonio, planant dans les airs, était venu offrir un bouquet de fleurs à Annonziata. Parmi les cadavres on distinguait ceux de Bodoeri et de Bertuccio Nenolo. Deux jours après, Marino Falieri fut condamné par le conseil des Dix, et exécuté sur l'escalier qu'on appelait l'escalier des Géants.

Antonio errait de côté et d'autre, personne ne savait qu'il eût été au nombre des conjurés. Lorsqu'il vit tomber la tête blanche de Falieri, il poussa un cri de terreur, prononça le nom d'Annonziata, et se précipita dans le palais. Personne ne songea à l'arrêter, et les gardes le considérèrent comme un homme égaré par tout ce qui venait de se passer. La vieille mendiante s'avança à sa rencontre en pleurant, le prit par la main et le conduisit dans la chambre d'Annonziata. Elle était étendue sur son lit et à demi évanouie. Antonio se jeta à genoux devant elle, couvrit ses mains de baisers ardents, l'appela par les noms les plus tendres. La jeune femme ouvrit les yeux, puis tout à coup enlaça Antonio dans ses bras, le serra sur son cœur en l'arrosant de ses larmes : « Antonio, mon Antonio ! disait-elle, je t'aime d'un amour inexprimable. Ah! il y a encore une félicité dans ce monde! Qu'est-ce que la mort de mon père, de mon oncle, de mon époux, auprès du bonheur de notre amour! Oh! fuyons! fuyons loin de cette scène sanglante. »

Les deux amants se jurèrent une fidélité éternelle, et dans leurs larmes et dans leurs baisers ils oubliaient les terribles événements des jours passés. La terre disparaissait pour eux, l'amour leur ouvrait les portes du ciel.

La vieille leur proposa de se retirer à Chiozza; Antonio dit que de là il pourrait retourner dans sa patrie. Piétro lui amena une petite barque près du pont du palais. Lorsque la nuit fut venue, Annonziata, couverte d'un voile épais, sortit de sa demeure avec son amant et la vieille Marguerite, qui portait une cassette pleine de joyaux. Ils arrivèrent au pont sans être vus et montèrent dans la barque. Antonio prit la rame et fit voler légèrement son embarcation; bientôt ils se trouvèrent en pleine mer. Alors le vent commença à siffler, des nuages sombres s'étendirent sur les disques de la lune; l'orage se leva et éclata avec fureur; la gondole flottait sur les vagues impétueuses. Antonio, ne pouvant plus faire usage de ses rames, prit Annonziata dans ses bras, la serra sur son sein : « O mon Antonio! — Mon Annonziata! » s'écriaient-ils l'un et l'autre, oubliant la tempête et ses mugissements.

Alors la mer, cette veuve jalouse du doge décapité, éleva ses flots écumeux comme deux bras gigantesques, saisit les amants et les engloutit avec Marguerite dans son abîme sans fond.

DON JUAN.

CHAPITRE PREMIER.

Une voix sonore qui criait : « Le spectacle va commencer ! » m'éveilla du doux sommeil dans lequel j'étais plongé. Les basses murmurent... un coup de timbale... un accord de trompette... une note d'un hautbois... des préludes de violon... je me frotte les yeux... le diable se joue-t-il de moi ?... Non, je suis dans la chambre de l'hôtel où j'arrivai hier au soir accablé de fatigue. Près de moi est le cordon de la sonnette; je le tire, un garçon paraît. » Au nom du ciel ! qu'est-ce donc que cette musique confuse qui résonne près de moi ? Y a-t-il un concert dans la maison ?

— Votre Excellence (j'avais bu du vin de Champagne à dîner) ne sait peut-être pas que cet hôtel touche au théâtre. Cette porte tapissée s'ouvre sur un petit corridor qui aboutit au numéro 23, la loge des étrangers.

— Quoi ? un théâtre ! la loge des étrangers !

— Oui, une petite loge de deux ou trois personnes tout au plus, c'est de la grande distinction ? Elle est grillée, tapissée de vert, et tout près de la scène. S'il plaisait à Votre Excellence ? On donne aujourd'hui *Don Juan* du célèbre Mozart. La place coûte un écu et demi; nous la mettrons sur le compte. »

Il dit ces derniers mots en ouvrant la porte de la loge; car en entendant prononcer le nom de *Don Juan*, je m'étais précipité vers le corridor.

La salle était vaste, parée avec goût et bien éclairée; les loges et le parterre remplis de spectateurs. Les premiers accords de l'ouverture me donnèrent une excellente idée de l'orchestre, et si les chanteurs le secondaient quelque peu, j'allais jouir dignement du chef-d'œuvre du grand maître. Dans l'andante, l'effroi du sombre et terrible *regno all panto* jeta dans mon âme une profonde appréhension. La joyeuse fanfare placée à la septième mesure de l'allégro résonna comme le cri étourdissant du crime ; je crus voir sortir de l'obscurité des ténèbres des esprits de feu avec leurs griffes flamboyantes, puis des hommes dansant étourdiment sur les bords de l'abîme. La lutte de la nature humaine avec les puissances inconnues qui l'entourent pour la détruire se présenta à mon esprit. Enfin la tempête s'apaise, le rideau se lève.

Tremblant de froid dans son manteau, et le visage triste, Leporello s'avance, au milieu de la nuit, devant le pavillon, et murmure *Notte e giorno fatigar*... Ainsi de l'italien, me dis-je, *Ah! che piacere*. Je vais donc entendre tous les récitatifs, tels que le maître les a compris et nous les a légués.

Don Juan s'élance sur la scène, suivi de Dona Anna, qui retient le coupable par son manteau. Quel aspect ! Elle eût pu être plus grande, plus svelte et plus majestueuse dans sa démarche ; mais quelle tête ! des yeux d'où s'échappent, comme une gerbe de feux électriques, comme un feu grégeois que rien ne peut éteindre, la colère, l'amour, la haine, le désespoir ; des nattes de cheveux noirs flottants sur le cou. Une robe blanche, qui voile et trahit à la fois des charmes qu'on ne vit jamais sans danger. Son cœur, soulevé par une action atroce, palpite violemment..... Et maintenant quelle voix ! *Non sperar se non m'uccidi*.

Dans le tumulte des instruments, sa voix éclate comme un éclair. En vain Don Juan cherche à se dégager. Le veut-il réellement ? Pourquoi ne repousse-t-il pas d'une main vigoureuse cette faible femme ? Pourquoi ne prend-il pas la fuite ? Son crime lui a-t-il ravi sa force, ou le combat de la haine et de l'amour lui enlève-t-il sa résolution ?

Le vieux père a payé de sa vie la folie qu'il a eue de combattre dans l'obscurité contre ce terrible adversaire. Don Juan et Leporello s'avancent et causent ensemble sur le devant de la scène. Don Juan rejette son manteau, et apparaît avec un magnifique costume de velours brodé en argent : une noble et majestueuse stature, un visage mâle, des yeux pénétrants, des lèvres mollement dessinées. Le mouvement de ses sourcils donne parfois à sa physionomie une expression diabolique, qui éveille une terreur involontaire sans altérer la beauté de ses traits. On dirait qu'il doit exercer une magique puissance de fascination, que les femmes qu'il regarde ne peuvent plus s'éloigner de lui, et doivent subir cette force mystérieuse qui les conduit dans l'abîme.

Long et maigre, revêtu d'une veste rayée de rouge et de blanc, et d'un petit manteau rouge, la tête couverte d'un chapeau blanc à plume rouge, Leporello court autour de son maître. Son visage offre un singulier mélange de bonhomie, de ruse, d'ironie et d'audace. On voit que ce vieux coquin mérite d'être le valet complaisant de Don Juan. Ils ont heureusement pris la fuite en escaladant la muraille..... Des flambeaux..... Doña Anna et Don Octavio paraissent; un petit homme pincé, attifé, maniéré, de vingt-un ans au plus. Comme fiancé d'Anna, il demeurait sans doute dans la maison pour qu'il ait pu être appelé si promptement. A la première rumeur qu'il a entendue, il aurait pu accourir et peut-être sauver le père; mais il fallait d'abord qu'il fît sa toilette, et d'ailleurs il n'aime pas à s'aventurer dans les ténèbres : *Ma qual mai s'offre, ò Dei spectacolo funesto ogli occhi mei!* Dans les accents déchirants, affreux de ce duo et de ce récitatif, il y a plus que du désespoir. Ce n'est pas seulement l'attentat de Don Juan, la mort du vieillard, qui peuvent produire des accords pareils; c'est une lutte intérieure, une lutte épouvantable.

La maigre et longue Doña Elvira, portant encore les traces d'une beauté remarquable, mais d'une beauté fanée, vient se plaindre du perfide Don Juan, et le malin Leporello remarque très-judicieusement qu'elle parle comme un livre : *Parla come un libro stampato.* En ce moment je crus entendre quelqu'un derrière moi. On pouvait facilement avoir ouvert la porte de la loge, et s'être glissé à la place du fond. Ce fut pour moi une pénible découverte.

J'étais si heureux de me trouver seul dans la loge, de jouir sans trouble de ce chef-d'œuvre, de m'abandonner à toutes mes sensations ; un seul mot, un mot vulgaire m'eût arraché douloureusement à l'enthousiasme poétique et musical que j'éprouvais. Je résolus de ne faire aucune attention à mon voisin, d'éviter chaque mot, chaque regard, et de me plonger dans les charmes de cette représentation. La tête appuyée sur ma main, tournant le dos au nouveau venu, je continuai à regarder : la pièce se déroulait avec un ensemble parfait. La petite Zerlina, folâtre et amoureuse, consolait par ses charmantes chansons le pauvre et naïf Mazetto. Don Juan exprimait le trouble de son âme et le mépris qu'il portait à ses semblables, qui n'étaient pour lui qu'un objet de plaisir, et accentuait avec vigueur cet air brusque et coupé : *Fin ch'han dal vino*. Le jeu de ses muscles était plus vif.

Les masques parurent ; leur trio était une prière qui s'élevait en accords vers le ciel. Puis voilà que le fond du théâtre s'ouvre, la joie éclate, les coupes résonnent l'une contre l'autre ; on voit tourbillonner gaiement les paysans et les masques de toute sorte, attirés par la fête de Don Juan. Puis les trois masques conjurés pour la vengeance s'approchent. Tout prend un caractère solennel jusqu'à ce qu'on se mette à danser. Zerlina est sauvée, et Don Juan s'avance bravement, l'épée nue, contre ses ennemis. Il fait sauter le glaive des mains de son rival, et se fraye un chemin au milieu de la foule en désordre.

Plusieurs fois déjà j'avais cru sentir derrière moi une pure et chaude haleine ; j'avais cru entendre le frôlement d'une robe de soie. Je pensais qu'une femme était là ; mais tout entier plongé dans le monde poétique, je ne voulais point me laisser distraire. Quand la toile tomba, je me retournai vers ma voisine..... Non, nulle parole n'exprimerait ma surprise : je vis Dona Anna vêtue comme je venais de la voir sur la scène, et dirigeant sur moi son regard étincelant et plein d'expression. Je restai muet en la contemplant, et sur sa bouche erra un léger et ironique sourire, dans lequel je crus voir se refléter ma sotte figure. Je compris la nécessité de lui parler, et l'étonnement, ou pour mieux dire, l'effroi paralysait ma langue. Enfin ces mots s'échappèrent, pour ainsi dire à mon insu, de mes lèvres : « Vous ici comment est-il possible? » Elle me répondit dans le plus pur toscan que si je ne parlais pas italien, elle ne pourrait avoir le plaisir de causer avec moi, car elle ne comprenait que cette langue. Sa parole résonnait comme un chant harmonieux, ses regards devenaient plus expressifs, et l'éclair qui s'échappait de ses longs cils allumait dans mon sein un feu subit, et faisait battre plus vivement toutes mes artères. C'était, sans aucun doute, Dona Anna elle-même. Je ne m'arrêtai point à l'idée de discuter comment elle pouvait être à la fois sur le théâtre et dans ma loge. De même qu'un rêve heureux réunit les plus grandes impossibilités, et qu'une foi ardente s'élève dans les régions surnaturelles et domine les évènements ordinaires de la vie, de même je me trouvai en présence de cette femme dans une sorte de somnambulisme tel, que si je l'avais vue au même instant sur le théâtre, je n'en eusse pas été surpris. Comment raconter l'entretien que j'eus avec elle? En essayant de le traduire, chaque mot me semble froid et pâle, et chaque phrase trop grossière pour rendre la grâce et la légèreté de l'idiome toscan.

Tandis qu'elle me parlait de son rôle et de *Don Juan*, il me semblait que le génie de ce chef-d'œuvre se révélait à ma pensée pour la première fois, et que je pénétrais pour la première fois dans les merveilleuses régions d'un monde étranger. Elle me dit que la musique était toute sa vie, et que souvent en chantant elle sentait s'éveiller dans son âme des émotions inconnues que nulle parole ne pouvait dépeindre. « Oui, s'écria-t-elle d'une voix enthousiaste et avec un regard étincelant, je comprends tout alors ; mais tout est froid et inanimé autour de moi, et tandis qu'on m'applaudit pour une roulade difficile, il me semble que des mains de fer saisissent mon cœur ardent. Mais vous, vous me comprenez, car je sais qu'il vous est ouvert, cet empire merveilleux, ce monde romanesque où résonnent les harmonies magiques.

— Comment, femme adorable, vous me connaissez ? »

Elle parla d'un de mes opéras, et prononça mon nom.

La clochette du théâtre se fit entendre, une pâleur rapide se répandit sur le visage de Dona Anna ; elle mit la main sur son cœur, comme si elle éprouvait une douleur subite, et murmura d'une voix affaiblie : « Malheureuse Anna ! voici tes moments les plus terribles. » A ces mots, elle disparut.

Le premier acte m'avait ravi ; mais après cette étrange apparition, la musique produisit sur moi un effet inexprimable. C'était comme la réalisation longtemps attendue de mes plus beaux rêves, comme si tous les pressentiments de mon âme avaient été reproduits en accords harmonieux. Dans la scène de Dona Anna, je me sentis comme emporté dans une chaude et voluptueuse atmosphère ; mes yeux se fermèrent involontairement, et je crus sentir l'impression d'un baiser brûlant sur mes lèvres ; mais ce baiser était rapide et léger comme un son mélodieux.

J'entends retentir gaiment la finale désordonné : *Gia la mensa è preparata*. Don Juan, assis entre deux jeunes filles, coquetait tantôt avec l'une, tantôt avec l'autre, et faisait sauter les bouchons des bouteilles pour donner une libre issue aux esprits chaleureux renfermés dans le cristal. C'était dans une chambre étroite, au fond de laquelle on apercevait, par une grande fenêtre gothique, les ombres de la nuit. Tandis qu'Elvire rappelait à l'infidèle tous ses serments, on voyait briller l'éclair, et on entendait les mugissements sourds qui annonçaient l'orage prêt à éclater. Enfin, on frappe avec violence ; Elvire et les jeunes filles s'enfuient, et au milieu des terribles accords des esprits souterrains, le colosse de marbre s'avance et se pose en face de Don Juan, qui, près de lui, ne ressemble plus qu'à un pygmée. Le sol tremble sous les pas du géant. Dans le vacarme de la tempête, au milieu des éclats de la foudre et des cris des démons, Don Juan prononce son terrible nom. L'heure fatale est arrivée; la statue disparaît, une vapeur épaisse inonde la salle; de cette vapeur sortent d'affreuses figures. On n'aperçoit plus que de temps à autre Don Juan luttant contre les démons. Tout à coup on entend le fracas d'une explosion; Don Juan et les esprits infernaux ont disparu, on ne sait comment; Leporello est évanoui dans un coin de la chambre. Quel bien-être on éprouve à revoir alors les autres personnages qui cherchent en vain Don Juan ! Il semble qu'on vient d'échapper à l'effroyable cohorte des démons. Dona Anna reparut; comme elle était changée ! une pâleur mortelle couvrait son visage, ses yeux étaient éteints, sa voix tremblante et inégale ; mais elle n'en produisisit qu'un plus ravissant effet dans le petit duo avec le doux fiancé, qui veut célébrer aussitôt ses noces, heureux d'être affranchi de son redoutable devoir de vengeance.

Le chœur avait parfaitement achevé l'œuvre et je courus me renfermer dans ma chambre avec mon exaltation. Le domestique vint m'appeler pour souper ; je le suivis machinalement. La société était nombreuse, et la représentation de *Don Juan* occupait tout le monde. On s'accorda généralement à louer le chant des Italiens et l'effet de leur jeu ; mais quelques petites remarques, jetées çà et là d'un air malin, me prouvèrent que personne n'avait compris et ne soupçonnait le sens profond de ce chef-d'œuvre des opéras. Don Octavio avait beaucoup plu, Dona Anna avait semblé un peu trop passionnée. « Il fallait, dit un des convives, savoir se modérer sur la scène et ne pas produire de trop vives émotions. » En faisant cette observation, le critique savoura une prise de tabac, et regarda d'un air d'intelligence et de satisfaction son voisin, qui déclarait que l'Italienne était du reste une très-belle femme, mais trop peu soigneuse de sa toilette, car, dans sa grande scène, une de ses boucles de cheveux était tombée sur son visage. Un autre se mit à entonner à voix basse l'air *Fui ch'han dal vino*, et une dame dit qu'elle était peu satisfaite de Don Juan ; qu'il lui avait paru trop sombre, et qu'il ne savait pas se donner un air léger et frivole. D'ailleurs on loua beaucoup l'explosion de la fin.

Fatigué de ces vains propos, je m'enfuis dans ma chambre.

DE LA LOGE DES ÉTRANGERS, N. 23.

Je me sentais à l'étroit, et la chaleur était extrême dans ma chambre. A minuit je crus entendre prononcer mon nom près de la porte tapissée. « Qui m'empêche, me dis-je, de visiter encore une fois le lieu où il m'est arrivé cette singulière aventure ? Peut-être la reverrai-je celle qui occupe ma pensée. Il m'est facile de porter là une petite table, deux flambeaux, un écritoire. » Le garçon vient me servir le punch que j'ai demandé. Il trouve ma chambre vide, la porte tapissée ouverte ; il me suit dans la loge et me jette un regard équivoque. A un signe que je lui adresse, il pose le bol sur la table, et s'éloigne en me regardant encore, une question sur les lèvres. Je m'appuie sur le bord de la loge, et je contemple cette salle déserte, dont l'architecture, éclairée à demi par mes deux flambeaux, présente des reflets étranges et des ombres fantastiques. Le vent agite le rideau de la scène. » S'il allait se lever, me dis-je, si Dona Anna m'apparaissait encore dans sa terrible agitation..... Dona Anna !...... » Mon cri se perd dans les profondeurs de la salle ; mais il éveille les instruments de l'orchestre ; un son vague en sort : il me semble que j'entends murmurer ce nom chéri. Je ne puis me défendre d'une terreur secrète ; mais elle produit sur moi une agréable émotion.

Je me maîtrise enfin, et me voilà disposé, cher Théodore, à t'indiquer du moins ce que je crois saisir dans le chef-d'œuvre du grand maître et dans sa profonde conception. Le poëte seul comprend ; l'âme idéale peut seule pénétrer dans la nature idéale ; l'esprit poétique qui a reçu la consécration dans le temple peut seule comprendre les accents de l'enthousiasme. Si l'on considère le poëme de *Don Juan* sans y chercher une profonde signification, si l'on ne s'attache qu'au roman même qui en est le sujet, on conçoit à peine comment Mozart a pu rêver et composer sur ce motif une telle musique.

Un bon vivant, qui aime outre mesure le vin et les filles, qui invite de propos délibéré à sa table la statue de pierre du vieillard qu'il a tué en défendant sa propre vie, en vérité, il n'y a rien là de très-poétique, et, à parler franchement, un pareil homme ne mérite pas que les puissances infernales se donnent la peine de venir le chercher ; il ne mérite pas que la statue de pierre reprenne la vie et le mouvement, et descende de son cheval pour inviter ce pécheur à la pénitence, et que le diable dépêche ses meilleurs satellites pour le transporter dans l'autre monde.

Tu peux me croire, Théodore, la nature traita Don Juan comme un de ses enfants privilégiés ; elle lui donna tout ce qui élève l'homme au-dessus du vulgaire, au-dessus des labeurs, des calculs insipides, et le rapprocha de l'essence divine ; elle le destina à vaincre, à dominer ; elle lui donna une forte et majestueuse stature, un visage animé par l'étincelle d'un feu céleste, une âme profonde, une vive et rapide intelligence ; mais c'est une des suites affreuses de la tache originelle, que le démon conserve la puissance de leurrer l'homme par les efforts qu'il fait pour atteindre l'infini, de lui tendre un piége funeste dans le sentiment même de sa nature divine. Cette lutte du principe céleste et diabolique enfante la passion terrestre, et c'est la victoire dans cette lutte qui conduit à une vie surnaturelle. L'organisation physique et morale de Don Juan enflamma son ambition, et le désir insatiable, produit par l'ardeur de son sang, le lança à la recherche de toutes les joies passagères dans lesquelles il attendait en vain une complète satisfaction.

Rien en ce monde n'exalte autant l'homme que l'amour. C'est l'amour qui, par son influence mystérieuse et puissante, éclaire et trouble les éléments de notre nature. Peut-on s'étonner que Don Juan ait eu l'espoir d'apaiser par l'amour les désirs qui l'agitaient, et que le diable ait pris ce moyen pour l'enlacer dans ses réseaux? C'est lui qui donna à Don Juan la pensée que par l'amour, par la jouissance des femmes, il trouverait sur cette terre la réalisation des promesses célestes que nous portons dans notre âme, et de cette aspiration infinie qui nous met en rapport immédiat avec les régions supérieures. Courant sans relâche de beautés en beautés, jouissant de leurs charmes jusqu'à l'ivresse et jusqu'à la satiété, se croyant toujours trompé dans ses choix, et toujours espérant atteindre l'idéal de son bonheur, Don Juan devait enfin se trouver fatigué de la vie réelle, et, comme il méprisait les hommes, il s'irrita enfin contre toutes les apparitions qu'il avait invoquées, et dont il était devenu le vain jouet. Chaque femme qu'il possédait ne fut plus pour lui une joie sensuelle, mais l'objet d'une insulte effrénée à la nature humaine et à son créateur. Un amer dédain des points de vue ordinaires de la vie, au-dessus desquels il se sentait élevé, la dérision que lui inspirait le bonheur des idées bourgeoises, le portèrent à se faire un jeu cruel des douces et plaintives créatures, et à perdre sans pitié tout ce dont il se raillait. Chaque fois qu'il enlevait une fiancée chérie, chaque fois qu'il brisait par la violence la félicité de deux amants, il remportait un triomphe éclatant sur cette puissance ennemie qui l'emportait hors des limites étroites de la vie ordinaire, sur la nature et sur le créateur. Il voulait s'élancer plus loin encore hors de ses limites, et, cette fois, il devait tomber dans l'abîme. L'enlèvement de Dona Anna, avec les circonstances qui l'accompagnèrent, fut la plus haute tentative qu'il ait osé.

Dona Anna est, par les dons les plus brillants de la nature, placée comme contraste en face de Don Juan. De même que Don Juan est primitivement un homme d'une beauté et d'une force merveilleuse, Dona Anna est une femme divine, dont l'âme pure échappe à la puissance du diable. Les démons ne pouvaient atteindre qu'à sa vie terrestre, et lorsqu'une fois sa perte est consommée, la vengeance du ciel doit s'accomplir.

Don Juan invite en raillant à son joyeux festin le vieillard qu'il a égorgé, et ce vieillard ne dédaigne pas de revenir à lui de l'autre monde, et de l'appeler au repentir. Mais déjà le cœur de Don Juan est tellement perdu, que la béatitude du ciel ne peut lui donner un rayon d'espérance et le sentiment d'une meilleure vie.

Comme je te l'ai déjà dit, Dona Anna est placée comme contraste en face de Don Juan. Elle était destinée à faire reconnaître à Don Juan la puissance d'une nature divine, à l'arracher au désespoir de ses vains efforts. Il l'a vue trop tard, il l'a vue à l'heure du crime, et il n'éprouve que la pensée diabolique de la perdre. Elle n'est pas sauvée. Lorsqu'il paraît, le crime est accompli; elle a senti éclater dans son cœur le feu de la sensualité, l'ardeur de l'enfer, et toute résistance lui était impossible. Don Juan seul pouvait produire en elle cet égarement voluptueux avec lequel elle se jeta dans ses bras et succomba aux ruses des démons. Lorsqu'il s'éloigne, elle ressent toutes les angoisses de sa chute. La mort de son père, tué par la main de Don Juan, son alliance avec le froid et vulgaire Don Octavio qu'elle croyait aimer, l'ardeur de la passion qui la dévore, puis l'élan impétueux de la haine, tout se réunit pour la torturer. Elle sent que la perte de Don Juan peut seule lui rendre quelque repos; mais, pour elle, ce repos sera la mort. Elle excite sans cesse son indolent fiancé à la vengeance; elle poursuit elle-même l'infidèle, et lorsqu'elle le voit emporté par les puissances souterraines, elle redevient plus calme; seulement elle ne peut céder au désir impatient de son époux; elle lui dit: *Luscia, ô caro, un anno encora, allo sfogo del cor mio!* Elle ne survivra pas à cette année. Don Octavio ne serrera jamais sur son sein celle qu'une pieuse pensée a sauvée des griffes de Satan.

Ah! comme je ressentais vivement au fond de l'âme toutes ces émotions dans les accords déchirants du prémier récitatif et le récit de la surprise nocturne. La scène même de Doña Anna au deuxième acte : *Crudele*, qui, considérée superficiellement, semble ne se rapporter qu'à Octavio, présente, dans des accords secrets, dans de merveilleux élans, toute l'agitation de son âme. Quelle pensée saisissante dans ces mots, que le poëte a écrits peut-être sans en comprendre la portée :

> Forse un giorno il cielo ancora sentira
> Pieta di me!

Deux heures sonnent, un souffle électrique glisse sur moi; je sens l'odeur des doux parfums italiens qui me firent reconnaître hier la présence de ma voisine. J'éprouve un sentiment de bonheur que je ne pourrais exprimer que par des sons harmonieux : le vent souffle plus fort dans la salle, des cordes du piano de l'orchestre murmurent. Bien! il me semble entendre la voix d'Anna portée sur les ailes d'un orchestre aérien; il me semble l'entendre chanter : *Non mi dir bell' idol mio.* Ouvre-toi, contrée lointaine et inconnue, royaume des âmes, paradis splendide, où une douleur céleste et indicible accomplit, comme une joie infinie, pour les cœurs enchantés toutes les promesses de ce monde. Laisse-moi entrer dans le cercle de tes sublimes apparitions. Puissent les songes que tu envoies à l'homme, tantôt comme des objets de terreur, tantôt comme des messagers de paix, conduire mon esprit vers les régions éthérées quand le sommeil retient mon corps sous des liens de plomb!

CONVERSATION A LA TABLE D'HOTE.

UN HOMME RAISONNABLE, *frappant sur le couvercle de sa tabatière.*

C'est pourtant dommage que nous ne puissions plus de sitôt entendre un opéra bien exécuté! Cela vient de cette fatale exagération.

UN HOMME A LA FIGURE BASANÉE.

Oui, oui, je le lui ai dit assez souvent. Le rôle de Dona Anna la saisissait trop vivement hier; elle était comme possédée. Pendant tout l'entr'acte elle est restée évanouie, et, à la scène du second acte, elle avait des attaques de nerfs.

UN INSIGNIFIANT.

Oh! contez-moi donc!

L'HOMME BASANÉ.

Eh bien! oui, des attaques de nerfs, et on n'a pu l'emporter hors du théâtre.

MOI.

Au nom du ciel! j'espère que ces attaques ne sont pas dangereuses. Reverrons-nous bientôt la signora?

L'HOMME RAISONNABLE, *prenant une prise.*

Difficilement, car la signora est morte cette nuit à deux heures sonnant.

LE VOEU.

Le jour de la Saint-Michel, à l'heure où l'on sonnait les vêpres dans le couvent des carmélites, une belle voiture, attelée de quatre chevaux de poste, roulait à travers les rues de la petite ville de L....., située sur les frontières de la Pologne, et s'arrêtait à la porte du vieux bourgmestre allemand. Les enfants, curieux, passèrent la tête à la fenêtre, tandis que la maîtresse de maison, se levant de sa chaise et rejetant avec humeur son ouvrage sur la table, disait au vieux fonctionnaire, qui accourait de la chambre voisine : « Encore des étrangers qui prennent votre paisible maison pour une auberge ; cela vient de ses ornements. Pourquoi as-tu fait dorer de nouveau la colombe de pierre qui est sur la porte ? »

Le vieillard sourit d'un air fin sans rien répondre. En un instant il s'était dépouillé de sa robe de chambre, et il avait endossé l'habit d'apparat, qui était étendu sur une chaise. Avant que sa femme, surprise, eût eu le temps de lui adresser une question, il était à la portière de la voiture, sa calotte de velours à la main, découvrant sa tête blanche, argentée par les rayons de la lune. Une femme d'un âge mûr, vêtue d'un manteau gris, descendit de voiture, et fut suivie d'une autre femme jeune, élégante, la figure voilée, qui entra d'un pas chancelant dans la maison, appuyée sur le bras du bourgmestre, et qui, après avoir franchi le seuil de l'appartement, tomba à demi inanimée sur un fauteuil que la femme du magistrat se hâta de lui apporter à un signe de son mari.

« La pauvre enfant ! murmura d'une voix plaintive la plus âgée des voyageuses. Il faut que je reste encore quelques instants près d'elle. » En même temps elle ôta, à l'aide de la fille aînée du bourgmestre, son manteau de voyage, et se montra avec une robe de religieuse et une croix étincelante sur la poitrine, qui la fit reconnaître pour une abbesse de l'ordre de Cîteaux.

La jeune femme voilée ne donnait d'autre signe de vie que par un profond soupir. Enfin, elle demanda un verre d'eau. La maîtresse de maison apporta toute sorte d'essences dont elle vantait l'efficacité, et pria la jeune femme de se débarrasser des vêtements épais qui l'empêchaient de respirer. Mais celle-ci, baissant la tête avec des signes d'effroi, repoussa cette prière, et usa d'un flacon d'eau de senteur sans soulever son voile.

« Vous avez, je l'espère, cher monsieur, dit l'abbesse au bourgmestre, tout préparé selon nos vœux.

— Oui, sans doute, répondit le vieillard; j'espère que mon gracieux prince sera content de moi, ainsi que la dame pour laquelle je suis disposé à faire tout ce qui sera en mon pouvoir.

— Laissez-moi quelques moments seule avec ma pauvre enfant, » reprit l'abbesse.

La famille sortit de la chambre, et entendit l'abbesse parler avec vivacité et attendrissement à la jeune femme, et celle-ci lui répondre avec un accent qui pénétrait le cœur. Sans vouloir précisément écouter, la maîtresse de maison resta à la porte de la chambre ; les deux femmes parlaient en italien, et donnaient par là un caractère plus mystérieux et plus étrange à cette aventure. Le bourgmestre envoya sa femme et sa fille chercher des rafraîchissements, et rentra seul dans la chambre ; la jeune femme était debout devant l'abbesse, la tête baissée, les mains jointes, et paraissait avoir repris plus de fermeté. L'abbesse ne dédaigna pas d'accepter les rafraîchissements qui lui étaient offerts, puis s'écria : « Maintenant il en est temps. » La dame voilée tomba à genoux, tandis que sa compagne de voyage lui posait les mains sur la tête, et priait à voix basse. Lorsqu'elle eut fini sa prière, elle prit en pleurant la jeune femme dans ses bras, la serra sur son sein avec une douleur profonde, puis, ayant donné avec dignité sa bénédiction à la famille, elle se précipita vers sa voiture, à laquelle on venait d'atteler de nouveaux chevaux. Le postillon partit au galop, en faisant retentir sa trompette dans les rues.

Quand la maîtresse de maison reconnut au large coffre qu'on avait apporté que la dame voilée se disposait à faire un long séjour dans sa demeure, elle ne put dissimuler sa curiosité et sa sollicitude : elle s'avança dans le vestibule au-devant de son mari, qui venait d'accompagner la vieille dame, et lui dit :

« Au nom du ciel ! quelle femme as-tu amenée dans la maison, car tu sais tout, et tu ne m'as prévenue de rien ?

— Tu apprendras tout ce que je sais moi-même, répondit le vieillard tranquillement.

— Ah ! ah ! tu ne sais peut-être pas tout, reprit-elle d'un air plus inquiet ; tu n'étais pas tout à l'heure dans la chambre. Au moment où l'abbesse est partie, la jeune femme, se trouvant sans doute trop gênée par ses lourds vêtements, souleva le long voile noir qui l'enveloppe de la tête aux pieds, et alors que vis-je ?

— Eh bien, qu'as-tu vu ? dit le vieillard à sa femme, qui regardait autour d'elle toute tremblante, comme si elle apercevait des spectres.

— Non, s'écria la vieille femme, je ne pouvais reconnaître les traits de son visage sous son voile ; mais c'était la pâleur, l'affreuse pâleur de la mort, et, je te le dis, il est clair pour moi, clair comme le jour, que cette dame est enceinte, et que dans quelques semaines...

— Je le sais, femme, répondit le vieillard d'un air morose, et, pour que tu ne succombes pas à ton inquiétude et à ta curiosité, apprends en deux mots tout ce qu'il en est. Apprends que le prince Z..., notre puissant patron, m'écrivit, il y a quelques semaines, que l'abbesse du couvent d'O.... m'amènerait une dame que je devais recevoir dans ma maison en silence et sans appareil. Cette dame, qui ne veut être connue que sous le nom de Célestine, doit attendre ici le jour de ses couches, et on viendra la chercher avec l'enfant qu'elle aura mis au monde. Si j'ajoute à cela que le prince m'a très-instamment prié d'avoir pour elle les plus grandes attentions, et qu'il m'a envoyé un beau sac de ducats que tu trouveras dans ma commode, j'espère que tu mettras fin à toutes tes inquiétudes.

— Il faut donc, reprit la vieille femme, que nous prêtions les mains aux péchés commis par les grands ? »

Avant que le bourgmestre pût lui répondre, sa fille sortit de la chambre, et lui dit que la dame désirait aller se reposer dans l'appartement préparé pour elle.

Le vieillard avait fait décorer aussi bien que possible deux petites chambres à l'étage supérieur de sa maison, et ne fut pas peu surpris lorsque Célestine lui demanda s'il n'en aurait pas encore une dont les fenêtres donnassent sur le derrière de l'habitation. Il répondit d'abord négativement, puis ajouta qu'il possédait encore une petite chambre avec une fenêtre sur le jardin, mais que ce n'était qu'une pauvre cellule, où l'on pouvait à peine mettre un lit, une chaise et une table.

Célestine demanda à la voir aussitôt, et à peine y fut-elle entrée, qu'elle déclara que c'était là précisément ce qu'il lui fallait, et qu'elle ne la quitterait que lorsque son état la forcerait à en prendre une plus spacieuse. Le bourgmestre avait comparé cette chambre à une cellule, et le lendemain elle en avait toute l'apparence.

Célestine avait suspendu à la muraille une image de la Vierge, et placé sur la table un crucifix. Le lit se composait d'un sac de paille, d'une couverture de laine, et Célestine ne voulut avoir d'autres meubles qu'un escabeau de bois et une petite table. La maîtresse de maison, touchée de l'expression de douleur de l'étrangère, crut qu'il était de son devoir de chercher à la distraire ; mais l'inconnue la pria, dans les termes les plus touchants, de ne point troubler la solitude où elle vivait en contemplation de la Vierge et des saints.

Chaque matin, au point du jour, Célestine se rendait au couvent des carmélites pour y assister à la première messe ; le reste du temps elle le passait dans sa chambre en exercices de piété ; car, chaque fois qu'on avait besoin d'aller près d'elle, on la trouvait priant ou lisant des livres religieux. Elle ne voulait d'autres aliments que des légumes, et d'autre boisson que de l'eau ; et les instances réitérées du bourgmestre, qui lui représentait que, dans son état, elle avait besoin d'une nourriture plus substantielle, la décidèrent seules à prendre un peu de vin et de bouillon. Cette vie si austère, qu'elle semblait s'imposer comme une pénitence, éveillait une profonde pitié, en même temps que la noblesse de ses manières et la grâce de son maintien inspiraient le respect. Une circonstance particulière ajoutait à ces sentiments quelque chose de terrible : jamais la jeune femme n'avait enlevé son voile ; personne n'approchait d'elle que le vieillard, sa femme, sa fille, et ni l'un ni l'autre n'aurait pu reconnaître sa figure. Pourquoi donc ce voile sinistre ? L'imagination des deux femmes, occupée de ce mystère, inventa bientôt pour l'expliquer une histoire terrible. Elles supposèrent que les griffes du diable avaient déchiré le visage de l'étrangère, et que de là provenait son obstination à rester constamment voilée. Le bourgmestre eut beaucoup de peine à réprimer ces suppositions, et à empêcher qu'elles ne se répandissent dans le voisinage, où déjà on connaissait l'arrivée de l'étrangère dans sa maison. On avait remarqué aussi ses visites au couvent des carmélites, et bientôt on ne la désigna plus que sous le nom de la femme noire, ce qui impliquait une idée d'apparition fantastique.

Le hasard voulut qu'un jour, lorsque la fille du bourgmestre entrait dans la chambre de l'étrangère pour lui porter son repas, un coup de vent soulevât le voile épais ; la jeune femme se détourna avec la rapidité de l'éclair pour échapper aux regards de la jeune fille ; celle-ci devint pâle et tremblante, et raconta à sa mère qu'elle avait vu une figure de marbre, sur laquelle brillaient des yeux étincelants.

Le bourgmestre accusa sa fille d'avoir été le jouet de son imagination. Cependant il ne laissa pas que d'en être frappé, et désira l'éloignement de cette femme, qui, malgré sa piété, jetait le trouble dans sa maison.

Peu de temps après, au milieu de la nuit, il éveilla sa femme, et lui dit que depuis quelques instants il entendait des gémissements et un mouvement inusité dans la chambre de Célestine. La femme, pressentant ce qui arrivait, se leva à la hâte, et trouva Célestine habillée, couverte de son voile, à demi évanouie sur son lit, et reconnut qu'elle était près d'accoucher. Tous les préparatifs nécessaires furent faits en un instant, et bientôt la jeune femme donna le jour à un beau et vigoureux garçon. Cet événement amena des relations plus amicales entre l'étrangère et la famille du bourgmestre. L'enfant semblait rapprocher Célestine du monde réel. L'état de la jeune mère ne lui permettait plus de continuer sa vie ascétique, et les soins dont elle avait besoin habituaient les dignes gens de la maison à son aspect. La femme du bourgmestre, qui s'occupait surtout du malade, oublia peu à peu les étranges idées qu'elle avait conçues. Son mari portait gaiement dans ses bras le jeune enfant, comme si c'eût été son petit-fils, et tous s'étaient tellement habitués à voir Célestine voilée, qu'ils n'y songeaient plus. Elle avait fait jurer à la sage-femme de ne pas soulever ce voile, quelque chose qu'il arrivât, à moins d'un cas de mort. Cependant la femme du bourgmestre avait vu à découvert la figure de Célestine; mais elle n'en voulait pas parler, et s'écriait seulement : « Hélas ! la pauvre jeune dame, il faut bien qu'elle se voile. » Quelques jours après, apparut le moine des carmélites qui avait baptisé le nouveau-né ; il s'entretint seul avec Célestine pendant plus de deux heures : on l'entendait parler avec chaleur et prier. Lorsqu'il fut parti, on trouva Célestine assise dans son fauteuil, et tenant sur ses genoux l'enfant, qui portait sur ses petites épaules un scapulaire, et un *Agnus Dei* sur la poitrine. Des semaines, des mois s'écoulèrent, et la promesse que le prince avait faite au bourgmestre ne se réalisait pas ; on ne venait pas chercher la jeune femme. Elle eût été considérée comme une persomme de la famille sans le voile fatal, qui arrêtait toute expansion amicale. Le vieillard se hasarda un jour à lui en parler ; mais elle lui répondit d'une voix solennelle que ce voile ne tomberait qu'à sa mort. Il se tut, et désira de nouveau voir arriver l'abbesse avec sa voiture.

On était au printemps ; la famille du bourgmestre revenait un jour de la promenade avec des bouquets de fleurs, dont les plus beaux étaient destinés à Célestine. Au moment où ils allaient entrer dans la maison, un cavalier s'élança au galop, demandant le bourgmestre. Le vieillard se nomma ; le cavalier mit pied à terre, attacha son cheval à un poteau, et s'élança dans la maison en s'écriant : « Elle est ici ! elle est ici ! » On entendit une porte s'ouvrir, et Célestine pousser un cri d'angoisse. Le vieillard courut près d'elle avec effroi. Le cavalier, qui était un officier de chasseurs de la garde française, décoré de plusieurs ordres, avait enlevé l'enfant de son berceau ; il l'enlaçait de son bras gauche, et de la main droite il repoussait les efforts de Célestine, qui voulait le lui reprendre. Dans la lutte, l'officier fit tomber le voile de la jeune femme, et l'on aperçut une figure pâle comme le marbre, et immobile, sur laquelle brillaient des yeux ardents. Le vieillard reconnut que Célestine portait un masque très-mince, et adhérent à la peau.

« Femme terrible ! s'écria l'officier, veux-tu que je partage ta folie ? » et en disant ces mots, il repoussait si violemment Célestine, qu'il la jeta sur le parquet. Alors elle embrassa ses genoux, et lui dit avec l'accent de la plus profonde douleur : « Laisse-moi cet enfant. Oh ! je t'en prie, au nom de ton salut, ne me l'enlève pas ; au nom du Christ et de la sainte Vierge, laisse-moi cet enfant, laisse-moi cet enfant ! »

Tandis qu'elle le suppliait ainsi, on ne voyait aucun muscle se mouvoir sur son visage ; ses lèvres mêmes semblaient immobiles, et le vieillard et sa femme, et tous ceux qui les avaient suivis, étaient glacés de terreur.

« Non, reprit l'officier avec un cri de désespoir, non, femme inhumaine et impitoyable ; tu as pu arracher mon cœur de mon sein, mais tu ne perdras pas, dans ton extravagance, cette innocente créature, qui doit guérir ma blessure. »

En disant ces mots, l'officier serra si fortement l'enfant dans ses bras, qu'il le fit pleurer.

« Vengeance ! s'écria Célestine d'une voix sourde, vengeance du ciel sur toi, meurtrier !

— Loin de moi, loin de moi, apparition de l'enfer ! » reprit l'officier. Et, repoussant par un mouvement convulsif Célestine, il s'élança vers la porte. Le vieillard voulut lui barrer le passage ; mais l'étranger, tirant un pistolet et en tournant vers lui l'embouchure, lui dit : « Cette balle traversera la tête de celui qui voudrait enlever l'enfant à son père. » Puis il se précipita au bas de l'escalier, monta à cheval, et s'enfuit au galop.

La femme du bourgmestre, pleine d'épouvante, monta près de Célestine pour lui porter secours ; elle la trouva au milieu de la chambre, les bras pendants, immobile et muette comme une statue ; elle essaya en vain de la faire parler, et, ne pouvant supporter l'aspect de son masque, elle la revêtit de son voile sans que Célestine fît le moindre mouvement. Elle était tombée dans un état complet d'insensibilité, et la pauvre vieille femme, en proie à la douleur et à l'angoisse, pria du fond du cœur le ciel de la délivrer bientôt de cette terrible étrangère ; sa prière fut exaucée. A l'instant même on entendit rouler dans la rue la même voiture qui avait amené Célestine. L'abbesse en descendit avec le prince de Z..., le protecteur du bourgmestre. Lorsque le prince apprit ce qui s'était passé, il dit avec douleur : « Allons, nous arrivons trop tard ; il faut nous résigner à la volonté de Dieu. » On emporta dans la voiture Célestine, qui restait toujours immobile, muette, et ne donnait aucun signe de volonté. Le char s'éloigna rapidement, et le vieillard et sa famille respirèrent comme s'ils venaient d'être agités par un mauvais rêve.

Bientôt après les événements qui s'étaient passés chez le bourgmestre de L..., on enterra O..., dans le Cloître de Cîteaux, une religieuse, et le bruit se répandit que cette religieuse était la comtesse Hermenegild, que l'on croyait partie pour l'Italie avec sa tante, la princesse de Z... Dans le même temps, le comte Népomucène de C..., père d'Hermenegild, arriva à Varsovie, et donna, par un acte formé, tous ses domaines à ses neveux, les deux fils du prince Z.., ne se réservant qu'une petite propriété dans l'Ukraine. On lui demanda ce qu'il faisait pour sa fille ; il leva vers le ciel ses yeux remplis de larmes, et dit d'une voix plaintive : « Elle est pourvue. » Il n'essaya ni de confirmer la mort d'Hermenegild dans le couvent d'O..., ni d'éclaircir la rumeur mystérieuse qui la représentait comme une victime conduite précipitamment au tombeau. Plusieurs patriotes courbés, mais non subjugués par la chute de la Pologne, songèrent à faire entrer le comte dans une conspiration secrète qui tendait à rendre la liberté au pays; mais ils ne trouvèrent plus en lui cet homme enthousiaste de la liberté et des idées nationales, et porté à soutenir hardiment toute entreprise énergique. Ce n'était plus qu'un vieillard affaibli par la douleur, désireux d'échapper à toutes les affaires et de s'ensevelir dans une solitude profonde. Quelque temps auparavant, à l'époque où le premier partage de la Pologne soulevait une insurrection, le domaine héréditaire du comte Népomucène avait été le rendez-vous secret des patriotes. Là, dans des repas solennels, les esprits s'exaltaient à l'idée de combattre pour la délivrance de la patrie ; là, Hermenegild apparaissait au milieu des guerriers enthousiastes comme un ange du ciel. Fidèle au caractère des femmes de sa nation, elle prenait part à toutes les délibérations politiques ; elle examinait la situation des choses, et, à dix-sept ans, elle exprimait parfois une opinion contraire à toutes celles qu'elle entendait énoncer, et la soutenait avec une lucidité, une clairvoyance qui ralliait tous les suffrages. Après elle, personne ne montrait un talent plus distingué, une plus grande pénétration que le comte Stanislas de R.... C'était un homme ardent, généreux, âgé de vingt ans. Souvent Hermenegild et Stanislas s'emparaient seuls de la discussion, examinaient les projets, les admettaient, les rejetaient, en proposaient d'autres; et le résultat de cette discussion entre la jeune fille et le jeune homme était admis par les auditeurs les plus expérimentés comme l'idée la plus sage et la plus praticable. Il était donc tout naturel de penser à unir ces deux jeunes gens, qui semblaient posséder entre eux le talent nécessaire pour sauver la patrie. D'ailleurs, au point de vue politique, l'alliance de leurs familles paraissait fort importante, car elles avaient été divisées par des vues différentes, comme cela est souvent arrivé aux nobles familles de Pologne. Hermenegild, pénétrée de cette pensée, accepta comme un don de la patrie l'époux qui lui était offert, et les réunions patriotiques se terminèrent dans le château de son père par des fiançailles solennelles. On sait que les Polonais succombèrent, que l'entreprise de Kosziusko, appuyée sur une trop grande confiance et sur une trop haute opinion d'une fidélité chevaleresque, échoua malheureusement. Le comte Stanislas, à qui sa carrière militaire, sa jeunesse, sa force, assuraient un rang dans l'armée, combattit avec un courage héroïque. Il n'échappa qu'avec peine à une captivité honteuse, et s'en revint grièvement blessé. Hermenegild seule l'attachait à la vie; auprès d'elle il espérait trouver une consolation et reprendre un nouvel espoir. Dès qu'il fut rétabli de ses blessures, il courut au château du comte Népomucène pour y éprouver une douleur plus cruelle. Hermenegild le reçut avec une amère ironie : « Est-ce donc là, lui dit-elle, le héros qui voulait mourir pour son pays? » Dans son exaltation, elle semblait le regarder comme un de ces paladins des temps fabuleux, dont l'épée pouvait anéantir des armées. Toutes les protestations de dévouement à la patrie, toutes les prières de l'amour le plus ardent, furent inutiles : Hermenegild déclara qu'elle ne donnerait sa main au comte Stanislas que lorsque les étrangers seraient chassés de la Pologne.

Le comte s'aperçut trop tard que la jeune fille ne l'avait jamais aimé, et que la condition qu'elle lui imposait ne pourrait peut-être jamais s'accomplir. Il quitta sa fiancée en lui jurant une fidélité éternelle, s'engagea dans l'armée française et alla faire la guerre en Italie.

On dit que les femmes polonaises ont des caprices de caractère particuliers. Un sentiment profond, une frivolité légère, un dévouement stoïque, une passion ardente, une froideur glaciale, tout se réunit dans leur âme, et présente à la surface des mouvements inconstants comme le jeu des ondes au fond d'un ruisseau.

Hermenegild vit sans s'en émouvoir son fiancé partir; mais, quelques jours après, elle se sentit agitée par des désirs impétueux, tels que l'amour le plus violent peut seul en produire. Le tumulte de la guerre était apaisé, l'amnistie venait d'être proclamée; plusieurs officiers polonais sortirent de prison. Les compagnons d'armes de Stanislas reparurent l'un après l'autre au château du comte. On parlait avec une profonde douleur de ces jours d'infortune, du courage des vaincus, et surtout de celui de Stanislas. Il avait ramené au combat ses bataillons dispersés; il avait enfoncé avec sa cavalerie les légions ennemies. Les chances du combat étaient encore indécises; une balle l'atteignit, il tomba de cheval, baigné dans son sang, en s'écriant : « Pologne! Hermenegild ! »

Chaque mot de ce récit pénétrait dans le cœur de la jeune fille comme un coup de poignard. « Non, se dit-elle, je ne savais pas que je l'aimais d'un amour si incomparable. Quelle folie m'a aveuglée? Comment ai-je pensé que je pourrais vivre sans celui qui est toute ma vie? Moi-même je l'ai envoyé à la mort; il ne reviendra pas. Hermenegild poussait ainsi des accents de désolation. La nuit, agitée par ses sollicitudes, elle errait dans le parc, et, comme si le vent eût dû porter ses plaintes à son bien-aimé absent, elle s'écriait : « Stanislas! Stanislas! reviens; c'est moi, c'est ta fiancée qui t'appelle. Ne m'entends-tu pas? Reviens, sinon je meurs de désespoir. »

L'exaltation d'Hermenegild touchait à un état de folie, et lui fit commettre mille extravagances. Le comte Népomucène, très-inquiet de voir sa fille dans cette situation, eut recours aux remèdes de l'art, et décida un médecin à passer quelques temps dans son château. Mais, malgré tous les moyens employés par l'homme de la science, il paraissait fort douteux que la jeune comtesse se rétablît jamais complétement. Après des intervalles de calme, elle éprouvait tout à coup les paroxysmes les plus étranges. Une circonstance singulière vint changer soudain sa situation.

Hermenegild avait une petite poupée habillée en hulan comme son bien-aimé. Elle lui donnait les noms les plus tendres, et un jour elle la jeta au feu, parce que cette poupée ne voulait pas chanter la chanson polonaise : *Podroz twoia nam n'imila milsza przaszn 'wkraciwhyla*, etc. Cette exécution faite, elle allait retourner dans sa chambre, lorsqu'elle entendit quelqu'un qui marchait d'un pas sonore derrière elle. Elle se retourne, aperçoit un officier vêtu de l'uniforme des gardes françaises et portant le bras en écharpe. Elle s'élance vers lui en s'écriant : « Stanislas! mon Stanislas! mon Stanislas! » et elle tombe évanouie dans ses bras. L'officier, frappé de surprise, eut beaucoup de peine à retenir avec le seul bras dont il pouvait faire usage Hermenegild, qui était grande et forte. Il la pressa contre son sein, et en sentant battre le cœur de la jeune fille, il dut s'avouer que c'était là une des plus charmantes aventures qu'il eût jamais eues. Les minutes s'écoulaient rapidement; l'officier, enflammé par un sentiment subit d'amour, couvrait de baisers les douces lèvres d'Hermenegild. Le comte Népomucène le trouva en entrant dans cette situation, et s'écria aussi avec joie : « Le comte Stanislas! »

Dans ce moment, Hermenegild revint à elle, et, serrant l'officier sur sa poitrine, répéta avec enthousiasme : « Stanislas! mon bien-aimé! mon époux!

L'étranger, hors de lui-même et le visage enflammé, s'écria en s'arrachant à l'étreinte de la jeune fille : « Voici sans doute le plus beau moment de ma vie; mais je ne puis m'abandonner à une félicité produite par une erreur. Je ne suis pas Stanislas ; hélas! je ne le suis pas. » Hermenegild recula en arrière avec effroi, et lorsque, après avoir contemplé l'inconnu, elle vit qu'elle avait été le jouet d'une vraie ressemblance, elle s'enfuit en gémissant. Le comte Népomucène pouvait à peine croire que l'officier qui s'annonçait sous le nom du comte Xavier R..., cousin de Stanislas, eût grandi en si peu de temps. La vie militaire lui avait donné prématurément une mâle expression. Xavier avait quitté la Pologne en même temps que son cousin, et avait, comme lui, servi dans l'armée française en Italie. A l'âge de dix-huit ans il s'était tellement distingué par son courage, que le général l'avait choisi pour aide de camp, et deux ans après il était parvenu au grade de colonel. Ses blessures l'avaient forcé à prendre quelque repos ; il était revenu dans sa patrie, et se présentait dans le château de Népomucène, chargé d'une commission de son cousin pour Hermenegild. Le comte et le médecin essayèrent de décider la jeune fille à quitter sa chambre. Subjuguée par la honte et la douleur, elle déclara qu'elle ne sortirait de sa retraite que lorsque l'étranger aurait quitté la maison.

Xavier lui écrivit qu'elle lui faisait cruellement expier la ressemblance dont il n'était pas coupable ; que cette rigueur ne l'atteignait pas seul, qu'elle atteignait aussi Stanislas, dont il apportait une lettre qui ne devait être remise qu'à Hermenegild elle-même.

La femme de chambre de la jeune comtesse, que Xavier avait mise dans ses intérêts, promit de donner à sa maîtresse, dans un moment opportun, la missive de l'officier, et Hermenegild se décida à le recevoir.

Elle le reçut dans sa chambre, en silence, et les yeux baissés. Xavier s'approcha d'elle d'un pas chancelant, prit place devant le canapé où elle était assise, s'agenouilla plutôt qu'il ne s'assit en face d'elle, et, comme s'il eût commis un crime impardonnable, la conjura, dans les termes les plus touchants, de ne point faire peser sur lui une erreur qui lui apprenait à connaître la félicité de son ami. Ce n'était pas lui, disait-il, c'était Stanislas même qui avait reçu ses baisers, dans l'ivresse du revoir. » En disant ces mots, il lui remit la lettre qui lui avait été confiée, et lui parla du courage de Stanislas, de la fidélité qu'il conservait à son pays et à sa bien-aimée.

Xavier mettait dans son récit une ardeur entraînante. Il toucha le cœur de la jeune comtesse, qui, surmontant sa confusion, arrêta sur lui son regard céleste, de telle sorte que, comme le Calaf de Gozzi frappé du regard de Turandot, le jeune officier, tout ému, eut grand'peine à continuer sa narration. Sans le savoir lui-même, agité par la lutte intérieure d'une passion soudaine, il se perdit dans des descriptions de marches militaires et de batailles. Il parla des attaques de cavalerie, des légions enfoncées, des batteries enlevées.

Hermenegild l'interrompit avec impatience, et lui dit : « Cessez, cessez de me représenter ces scènes sanglantes ; dites-moi plutôt qu'il m'aime, que Stanislas m'aime. »

Xavier saisit la main d'Hermenegild, et, la serrant sur son cœur, lui dit : « Écoute-le donc lui-même, ton Stanislas, ton Stanislas ! » Et il lui adressa les protestations les plus ardentes de l'amour.

Il était tombé aux pieds de la jeune fille ; il l'enlaçait dans ses bras ; mais, tandis qu'il allait la serrer sur son cœur, il se sentit violemment repoussé. Hermenegild le regardait fixement, et lui dit d'une voix sourde : « Vaine poupée, quand même je te donnerais la chaleur de mon sein, tu n'es pas Stanislas, et tu ne le seras jamais ! » A ces mots, elle quitta la chambre.

Xavier reconnut trop tard son inconséquence. Il sentit qu'il était follement épris d'Hermenegild, et que chaque tentative qu'il ferait pour satisfaire sa passion serait une trahison à l'amitié. Partir à la hâte sans revoir Hermenegild, ce fut là son héroïque résolution, et il l'exécuta à l'instant même, en faisant atteler ses chevaux à sa voiture.

Le comte Népomucène fut très-surpris de ce que Xavier vint prendre congé de lui. Il essaya de le retenir ; mais Xavier persista dans sa décision avec une sorte d'ardeur convulsive qui lui donnait plus de fermeté. Le sabre au côté, le bonnet de campagne à la main, il était au milieu du salon, et son domestique l'attendait dans l'antichambre avec son manteau. Au dehors, on entendait piétiner les chevaux impatients.

Soudain la porte s'ouvre, Hermenegild s'avance vers le comte avec une grâce inexprimable, et lui dit en souriant : « Vous voulez partir, cher Xavier, et il me semblait que vous aviez encore tant de choses à me raconter de mon Stanislas. Savez-vous que vos récits ont été pour moi une merveilleuse consolation ? »

Xavier baissa les yeux en rougissant. On s'assit ; le comte Népomucène affirma à diverses reprises que depuis plusieurs mois il n'avait pas vu Hermenegild dans une aussi bonne disposition d'esprit. Il fit un signe, et on apporta le souper dans le salon. Le meilleur vin de Hongrie brillait dans les verres, et Hermenegild porta une coupe à ses lèvres en mémoire de son bien-aimé, de la patrie et de la liberté. « Cette nuit, je partirai, » se disait Xavier ; et lorsqu'on se leva de table, il demanda à son domestique si sa voiture était prête. Celui-ci répondit qu'il l'avait dételée et replacée sous la remise par l'ordre du comte Népomucène, que les chevaux étaient à l'écurie, et que le cocher ronflait sur la paille. Xavier se résigna.

L'apparition inattendue d'Hermenegild l'avait convaincu qu'il serait doux et convenable de rester, et cette persuasion en amena une autre. Il pensa qu'il ne s'agissait pour lui que de savoir se dominer, c'est-à-dire de résister à une passion qui ne ferait qu'enflammer davantage l'âme maladive de la jeune comtesse, et lui serait, à lui, très-funeste ; que si Hermenegild devait préférer un bonheur présent à un vague avenir, ce serait l'effet de la destinée, et il n'était plus question de violer les lois de l'amitié.

Le lendemain, Xavier, en se retrouvant avec Hermenegild, parvint à réprimer l'élan de sa pensée ardente. Il sut se maintenir dans les limites des convenances les plus strictes, et conserver même un froid cérémonial. Il ne

donna à son entretien que le caractère de ces galanteries
doucereuses qui sont pour les femmes un poison fatal. Tout
jeune encore et inexpérimenté dans les relations d'amour,
il agit avec son innocence comme aurait pu le faire un
maître très-habile. Il ne parlait que de Stanislas et de son
inviolable fidélité ; mais, à travers ses discours, il laissait
entrevoir lui-même son ardeur, de telle sorte que la jeune
comtesse, égarée par cette conversation, ne savait comment séparer Stanislas de Xavier.

Bientôt la société du jeune officier devint un besoin
pour Hermenegild, et on les trouvait presque toujours
ensemble, engagés dans un entretien d'amour. L'habitude
fit disparaître peu à peu la réserve d'Hermenegild, et
Xavier s'affranchit aussi du cérémonial qu'il avait voulu
sagement conserver. La jeune fille lui donnait le bras, et
s'en allait ainsi se promener avec lui dans le parc ; elle
laissait sans inquiétude sa main reposer dans la sienne,
lorsque assise dans sa chambre, elle l'entendait parler de
Stanislas. Lorsqu'il n'était pas question d'affaires d'État
et de la cause de la patrie, le comte Népomucène ne pénétrait point la pensée des autres ; il ne voyait le reste
qu'à la surface : son cœur, mort à toute autre préoccupation, ne réflétait les images ordinaires de la vie que
comme un miroir où tout se passait sans laisser de traces. Il
ne devina point les sentiments d'Hermenegild, et fut satisfait de la voir échanger le jeu enfantin de sa poupée pour
un beau jeune homme, et il remarqua avec plaisir que
Xavier, dont il ferait volontiers son gendre, prendrait
bientôt la place de Stanislas.

Xavier avait aussi la même pensée. Quelques mois s'écoulèrent, et la jeune comtesse semblait de plus en plus
se complaire aux assiduités empressées du jeune officier.
Un matin, on annonça qu'Hermenegild s'était enfermée
dans son appartement avec sa femme de chambre, et ne
voulait voir personne. Le comte crut que c'était un nouveau paroxysme de maladie qui n'avait pas de durée, et
pria Xavier d'user de son influence sur Hermenegild pour

la ramener à son état naturel; mais quelle fut sa surprise lorsque le jeune officier refusa de chercher à se rapprocher de sa bien-aimée, et se montra complètement changé. Au lieu d'être hardi, selon sa coutume, il paraissait tout tremblant, comme s'il eût vu des spectres; sa voix était mal assurée, son langage timide et incohérent. Il affirma qu'il devait retourner à Varsovie; que jamais il ne reverrait Hermenegild, dont la nature jetait le trouble dans son âme; que la fidélité passionnée d'Hermenegild lui rappelait celle qu'il devait à son ami, et qu'une fuite instantanée était son unique moyen de salut. Le comte ne comprenait pas ces paroles; il lui sembla seulement que la folie de sa fille avait atteint le jeune homme. Il essaya de le faire revenir à d'autres idées, mais tout fut inutile; plus il insistait, plus Xavier se montrait décidé à partir. Enfin, le jeune officier, poussé comme par une force irrésistible, se jeta dans sa voiture, et disparut.

Le comte Népomucène, affligé et irrité de la conduite d'Hermenegild, ne s'occupa plus d'elle, et elle passa plusieurs jours enfermée dans ses appartements, ne voyant d'autre personne que sa femme de chambre.

Un matin, il était assis, pensif, dans sa chambre, tout occupé des actions héroïques de l'homme que les Polonais vénéraient comme une idole; la porte s'ouvrit, et Hermenegild apparut en habit de deuil. Elle s'avança d'un pas majestueux vers son père, se mit à genoux devant lui, et lui dit : « O mon père ! le comte Stanislas, mon époux chéri, n'est plus; il est mort en combattant comme un héros. Sa veuve malheureuse est à genoux devant toi. »

La veille même, le comte avait reçu des nouvelles de Stanislas, en sorte qu'il ne considéra toute cette scène que comme un nouvel accès de la maladie morale de sa fille.

« Calme-toi, chère enfant, lui dit-il, Stanislas vit et bientôt il sera dans tes bras. »

A ces mots, Hermenegild poussa un profond soupir, et tomba à demi inanimée sur les coussins du canapé; puis, revenant à elle, elle dit d'une voix calme et ferme : « Permets, mon père, que je te raconte comment tout s'est passé, et tu verras que je suis la veuve de Stanislas. Il y a six jours, j'étais, le soir, dans le pavillon construit à l'une des extrémités du parc; toutes mes pensées étaient concentrées sur celui que j'aime. Involontairement je sentis mes yeux se fermer, je ne dormais pas, je veillais et rêvais. Bientôt j'entendis une rumeur confuse et des coups de feu répétés qui retentissaient dans le voisinage; je me levai, et ne fus pas peu surprise de me trouver sous une tente. Devant moi était agenouillé mon Stanislas. Je l'enlaçai dans mes bras, je le serrai sur mon cœur. « Dieu soit loué! s'écria-t-il, tu vis, tu es à moi! » Il me dit que j'étais tombée évanouie après nos fiançailles, et je me rappelai alors que le père Cyprien, que je voyais en ce moment dans la tente, nous avait unis dans la chapelle voisine, en face des canons, au moment de la bataille. L'anneau de mariage brillait à mon doigt. J'éprouvai une joie inexprimable à enlacer mon époux dans mes bras. L'ivresse d'une femme heureuse dominait toute mon âme. Je perdis connaissance, puis tout à coup j'éprouvai un froid glacial, j'ouvris les yeux..... Quel horrible spectacle! j'étais au milieu de la bataille; la tente où je venais d'entrer était livrée aux flammes, et en face de moi je voyais Stanislas cerné par une troupe ennemie. Ses compagnons accoururent pour le sauver, mais trop tard; un cavalier le jeta d'un coup de sabre à bas de son cheval. »

Hermenegild, vaincue par sa douleur, s'évanouit de nouveau. Le comte parvint à la ranimer, et elle dit d'un ton solennel : « Que la volonté de Dieu soit faite! Il ne me convient pas de me plaindre, mais je resterai jusqu'à la mort fidèle à mon époux. Nul lien terrestre ne me séparera de lui; je prierai pour son salut, pour le nôtre : voilà ma destinée. »

Le comte Népomucène pensa avec raison que le trouble moral d'Hermenegild avait seul enfanté ces scènes de terreur; et comme elle vivait d'une vie retirée et paisible, il ne s'affligea point d'une situation à laquelle il espérait d'ailleurs que le retour prochain de Stanislas mettrait fin. Que si quelquefois il lui arrivait de faire une plaisanterie sur les rêves et les visions, Hermenegild souriait douloureusement, portait son anneau à ses lèvres et l'arrosait de ses larmes. Le comte remarqua avec surprise qu'il n'avait jamais vu cet anneau au doigt de sa fille ; mais comme elle avait eu mille moyens de se le procurer, il n'y songea pas davantage. Cependant il apprit que le comte Stanislas avait été fait prisonnier, et cette nouvelle l'affecta vivement. A cette époque, Hermenegild commença à se plaindre d'un malaise singulier qu'elle ne savait comment définir, et qui troublait tout son être.

Le prince Z... arriva au château avec sa femme. La mère d'Hermenegild étant morte d'une mort prématurée, la princesse Z... avait pris la place de la jeune comtesse, et celle-ci lui était profondément attachée. Elle lui confia ses douleurs, et se plaignit amèrement de voir qu'on la traitât comme une visionnaire lorsqu'elle pouvait donner les preuves les plus convaincantes de son union avec Stanislas. La princesse, connaissant la maladie morale de la jeune fille, évita de la contredire ; elle lui affirma que le temps éclaircirait toutes ces circonstances mystérieuses, et ajouta qu'en tout cas il fallait se soumettre à la volonté du ciel. Mais elle devint plus attentive lorsque Hermenegild lui parla de son état physique et des symptômes qui l'inquiétaient. On vit alors la princesse observer Hermenegild avec une vive sollicitude qui semblait s'accroître à mesure que l'esprit de la jeune comtesse recouvrait plus de calme. Les joues pâles, les lèvres ternes d'Hermenegild se colorèrent de nouveau, ses yeux recouvrèrent leur éclat naturel, son corps amaigri prit un nouveau développement ; elle reparut dans tout l'éclat de la jeunesse et de la beauté. Cependant la princesse semblait la regarder comme plus malade que jamais, et dès qu'elle la voyait soupirer, elle ne cessait de lui dire : « Comment te trouves-tu, qu'éprouves-tu donc, mon enfant ? »

Le comte, le prince et la princesse délibérèrent ensemble

sur les moyens à employer pour arracher Hermenegild à son idée fixe, à l'idée qu'elle était veuve de Stanislas.

« Je crois malheureusement, dit le prince, que sa folie est incurable, car son état physique est excellent et ne fait qu'entretenir le désordre de son âme. Oui, continua-t-il en regardant la princesse, qui avait une expression de douleur, elle se porte très-bien, quoique, à son grand préjudice, on s'obstine à la traiter comme si elle était malade. »

La princesse regarda fixement le comte, et lui dit d'un ton de voix décidé : « Non, Hermenegild n'est pas malade ; mais s'il était possible de supposer qu'elle se fût oubliée, je serais convaincue qu'elle est enceinte. »

A ces mots, elle se leva et quitta la chambre.

Le comte et le prince se regardèrent stupéfaits. Celui-ci dit que sa femme avait quelquefois aussi de singulières visions.

Le comte répondit : « La princesse a parfaitement raison de regarder le fait dont elle a parlé comme une chose impossible ; mais que direz-vous quand je vous avouerai qu'hier en regardant Hermenegild, la même idée a traversé mon esprit ?

— Il faut alors, dit le prince, consulter le médecin et la sage-femme, afin que leur décision anéantisse le jugement précipité de la princesse ou confirme notre honte. »

Plusieurs jours se passèrent à prendre et à rejeter diverses résolutions. La princesse ne voulait pas qu'on eût recours à un médecin, peut-être indiscret ; elle ajoutait que dans quelques mois il serait temps de l'appeler.

« Que voulez-vous dire ? s'écria le comte effrayé.

— Oui, répondit la princesse, il n'y a plus de doute : ou Hermenegild est la plus profonde hypocrite qui ait jamais existé, ou elle a été indignement trompée, car elle est enceinte. »

Le comte, hors de lui-même, resta quelques instants muet ; puis, reprenant ses forces, conjura la princesse de chercher à savoir, coûte que coûte, quel était le malheureux qui avait couvert sa maison d'une honte ineffaçable.

« Hermenegild, répondit la princesse, ne sait pas encore que je connais son état. J'attends tout du moment où je lui dirai ce qu'il en est. Dans sa surprise, elle laissera tomber le masque de l'hypocrisie, ou révélera son innocence d'une façon merveilleuse, et dont je n'ai aucune idée. »

Le soir même, la princesse se trouva seule avec la jeune comtesse. Elle la prit par la main, la regarda en face, et lui dit d'une voix décidée : « Mon enfant, tu es enceinte. »

A ces mots, Hermenegild leva vers le ciel un regard où se peignait une félicité inexprimable, et s'écria avec ravissement : « Oui, ma mère, je le sais; il y a longtemps que j'ai senti que si mon époux avait succombé au milieu des rangs ennemis, je pouvais encore avoir un bonheur infini. Oui, le moment de la plus grande joie que j'aie éprouvée se continue pour moi. Je reverrai mon époux dans le gage qu'il m'a laissé de notre douce union. »

La princesse se sentit si étonnée, qu'elle crut qu'elle en perdrait aussi la raison. L'accent de vérité d'Hermenegild, ses transports, son aveu, éloignaient toute idée de fourberie, et la folie seule pouvait expliquer sa situation.

Saisie de cette pensée, la princesse repoussa Hermenegild, et lui dit avec violence : « Insensée ! est-ce un rêve qui t'a mise dans cette situation honteuse pour nous tous ? Penses-tu pouvoir m'échapper par des contes pareils ? Réfléchis, rappelle-toi toutes les circonstances du passé ; une confession sincère, repentante, peut seule nous réconcilier avec toi. »

Le visage baigné de larmes et le cœur navré, Hermenegild tomba à genoux devant la princesse, et lui dit : Quoi ! ma mère, toi aussi tu me traites comme une visionnaire ! tu ne crois pas que j'aie été unie par l'Église à Stanislas, que je suis sa femme ? Mais vois donc cet anneau que je porte au doigt. Que dis-je ? tu connais mon état, que faut-il de plus pour te convaincre que je n'ai pas rêvé ? »

La princesse s'aperçut, à sa grande surprise, que la jeune

comtesse n'avait pas même l'idée qu'elle eût commis une faute, et qu'elle ne comprenait pas les reproches de sa mère adoptive. Prenant les deux mains de la princesse, et les serrant sur son cœur, elle la conjurait de croire à tout ce qu'elle lui avait raconté de son époux ; et celle-ci, toute troublée, hors d'elle-même, ne savait que répondre à la pauvre fille, et quel moyen employer pour découvrir tout ce mystère. Quelques jours après, elle dit au comte et au prince que la jeune fille persistait à se déclarer enceinte de son époux, et qu'elle-même croyait à la réalité du fait.

Les deux seigneurs traitèrent Hermenegild comme une hypocrite, et le comte Népomucène jura que si, par la douceur on ne pouvait la faire revenir de ses extravagantes pensées, il emploierait avec elle les moyens rigoureux. La princesse prétendait, au contraire, que toute rigueur serait une cruauté inutile. Elle était persuadée, comme elle l'avait déjà dit, que la jeune comtesse exprimait franchement sa pensée. « Il y a, ajouta-t-elle, bien des secrets dans le monde que nous ne sommes pas encore en état de comprendre. Ne serait-il pas possible que l'union même des cœurs produisît une influence physique, et que cette union eût mis Hermenegild dans l'état où elle se trouve ? »

Malgré toute leur colère et toute la gravité des circonstances, le prince et le comte ne purent s'empêcher de rire en entendant énoncer cette pensée, qu'ils proclamèrent la pensée la plus éthérée qui fût jamais sortie d'une tête humaine. La princesse déclara en rougissant que la sensualité des hommes les empêchait de comprendre de telles choses, qu'elle était persuadée de l'innocence de la jeune fille, et qu'elle ferait un voyage avec elle pour la soustraire aux soupçons et aux sarcasmes de ceux qui l'entouraient. Le comte approuva ce projet ; car, comme Hermenegild ne dissimulait pas son état, il était nécessaire de la dérober aux regards de toutes les personnes de sa connaissance.

Cette résolution calma les esprits. Le comte se tranquillisa en entrevoyant un moyen de cacher aux railleries du monde ce pénible événement ; et le prince jugea que ce qu'il y avait de mieux à faire, c'était d'attendre du temps l'explication de cette étrange énigme. Les trois personnages allaient se séparer après cette décision, quand l'arrivée subite du comte Xavier de R... les jeta dans un nouvel embarras et de nouvelles perplexités. Échauffé par une course à cheval, et couvert de poussière, il entra dans l'appartement, hors de lui-même ; et, sans saluer personne, sans observer une seule forme de politesse, il s'écria : « Le comte Stanislas est mort ! il n'est pas captif... non ! il a été massacré par les ennemis ; en voici la preuve. » A ces mots, il remit à Népomucène plusieurs lettres, que celui-ci se hâta de lire. La princesse y jeta un coup d'œil, et, levant les yeux vers le ciel et joignant les mains, dit avec douleur : « Hermenegild !... pauvre enfant !... quel secret impénétrable ! » Elle venait de voir que Stanislas était mort le jour même où Hermenegild croyait l'avoir vu, et que tout s'était passé comme la jeune fille l'avait raconté. « Il est mort ! reprit Xavier impétueusement ; Hermenegild est libre ; il n'y a plus d'obstacle pour moi, qui l'aime plus que ma vie. Je demande sa main. »

Népomucène ne pouvait répondre. Le prince prit la parole, et déclara que certaines circonstances ne permettaient pas de satisfaire à sa demande ; que Xavier ne pouvait voir Hermenegild en ce moment, et que ce qu'il avait de mieux à faire, c'était de s'en retourner comme il était venu. Xavier répondit qu'il connaissait le trouble moral d'Hermenegild, dont on voulait sans doute parler ; que ce n'était pas là un obstacle, car il espérait que son mariage mettrait fin à cette maladie. La princesse assura que la jeune comtesse resterait jusqu'à la mort fidèle à son fiancé, et que d'ailleurs elle ne se trouvait plus au château.

Xavier, éclatant de rire à ces paroles, déclara qu'il sollicitait seulement l'assentiment du comte, et qu'il arrangerait le reste.

Irrité de ces instances importunes, Népomucène dit qu'il était inutile d'attendre son consentement, et que le jeune homme devait quitter à l'instant même le château. Pour toute réponse, Xavier ouvrit la porte de l'antichambre, ordonna à son valet d'apporter sa valise, de desseller les chevaux, et de les conduire dans l'écurie ; puis il se jeta dans un fauteuil près de la fenêtre, et affirma que jusqu'à ce qu'il eût vu Hermenegild et causé avec elle, il ne sortirait du château que par la force. Le comte répondit qu'il ne pouvait l'empêcher de rester là, mais que pour lui il se retirerait ailleurs. A ces mots, il sortit avec le prince et la princesse pour hâter autant que possible le départ d'Hermenegild. Par hasard, dans ce moment-là même, la jeune comtesse se promenait, contre sa coutume, dans le parc. Xavier l'aperçut par la fenêtre, courut à sa poursuite, et l'atteignit à l'instant où elle entrait dans le pavillon isolé ; son état était on ne peut plus manifeste.

« O puissances du ciel ! » s'écria Xavier en se précipitant à ses pieds ; et il la conjura, par les protestations les plus tendres, de céder à son amour, de l'accepter pour époux. Hermenegild, effarée et tremblante, lui dit qu'un démon funeste l'envoyait pour troubler son repos ; qu'elle serait à tout jamais fidèle à son cher Stanislas, et n'en épouserait jamais un autre.

Xavier réitéra ses prières, et lui dit qu'elle se trompait elle-même, qu'elle lui avait déjà accordé les plus douces preuves d'amour ; puis il se leva pour l'enlacer dans ses bras. Alors Hermenegild, le repoussant avec horreur et mépris, s'écria : « Insensé ! il est pour toi aussi impossible de me faire manquer à ma fidélité que d'anéantir le gage d'amour que je porte dans mon sein. Va-t'en ! va, fuis loin de mes yeux !

— N'est-ce pas toi, répondit Xavier en fureur, n'est-ce pas toi-même qui as manqué à tes serments extravagants ? L'enfant que tu portes dans ton sein est mon enfant ; c'est moi que tu as embrassé en ce lieu même. Tu as été ma maîtresse, et tu l'es encore si tu ne deviens mon épouse. »

Hermenegild, lui lançant un regard effroyable, s'écria : « Infâme ! » et tomba par terre.

Xavier se précipita dans le château comme s'il était poursuivi par les Furies, rencontra la princesse, l'entraîna dans une chambre, et lui dit :

« Elle m'a repoussé avec horreur, moi, le père de son enfant !

— Toi, Xavier ! répondit la princesse; grand Dieu ! est-il possible?

— Condamnez-moi si vous voulez, reprit Xavier; mais quiconque a le sang bouillant comme le mien faillira comme moi dans un tel moment. Je trouvai dans le pavillon Hermenegild dominée par une influence étrange que je ne puis décrire; elle était assoupie et rêvant sur le canapé. A peine étais-je entré, qu'elle se leva, vint à moi, et, me prenant par la main, me conduisit d'un air solennel à travers le pavillon. Elle s'agenouilla, j'en fis autant; elle se mit en prières, et je remarquai qu'elle croyait voir un prêtre devant nous. Elle tira un anneau de son doigt, qu'elle présenta au prêtre; je le pris, et je lui en donnai un autre. Alors elle tomba dans mes bras avec amour. Lorsque je m'éloignai, elle était plongée dans une sorte de sommeil profond qui ressemblait à un évanouissement.

— Misérable ! s'écria la princesse, indigne scélérat !... »

Le comte et le prince entrèrent au même instant, et apprirent en peu de mots ce qui s'était passé; et la princesse fut vivement blessée en les entendant dire que le crime de Xavier était très-pardonnable, et que son mariage avec Hermenegild pouvait tout réparer.

«Non, s'écria-t-elle, jamais Hemenegild ne sera l'épouse de celui qui a osé empoisonner l'extase de cette jeune fille par un crime honteux !

— Elle sera mon épouse, reprit Xavier d'un ton froid et sardonique; elle me donnera sa main pour sauver son honneur. Je reste ici, et tout s'arrangera. »

En ce moment on entendit une rumeur sourde; on apportait Hermenegild, que le jardinier avait trouvée inanimée dans le pavillon. On la déposa sur le canapé, et, avant que la princesse pût s'y opposer, Xavier avait pris sa main. Tout à coup elle se leva, lança sur le jeune homme un regard flamboyant en poussant un cri qui ressemblait au rugissement d'une bête fauve. Xavier, atterré comme s'il avait été frappé par la foudre, ne put que prononcer ces mots : « Des chevaux ! » A un signe de la princesse, on le conduisit dans le vestibule. « Du vin ! du vin ! » s'écria-t-il. Il vida coup sur coup plusieurs verres, puis s'élança à cheval, et partit au galop.

L'état d'Hermenegild, qui touchait à la folie, changea les dispositions du prince et de Népomucène. Ils virent que l'attentat de Xavier était irréparable ; ils voulaient envoyer chercher un médecin, mais la princesse déclara que la jeune fille n'avait besoin que de consolations spirituelles, et, au lieu du médecin, on appela le père Cyprien, confesseur de la maison. Il réussit d'une façon merveilleuse à apaiser l'égarement d'Hermenegild ; il fit plus, il lui rendit le calme et la fermeté. Elle s'entretint paisiblement avec la princesse, et lui exprima le vœu de se retirer après ses couches dans le cloître d'O..., et d'y passer sa vie dans le deuil et le repentir.

Dès ce moment elle prit un voile noir qui lui cachait entièrement le visage, et qu'elle ne soulevait jamais. Le prince écrivit au bourgmestre de L.... et à l'abbesse du cloître de Cîteaux, qui devait conduire Hermenegild dans la maison où elle ferait ses couches, tandis que la princesse partirait pour l'Italie, en annonçant qu'elle emmènerait Hermenegild avec elle.

Il était minuit, la voiture qui devait conduire Hermenegild au cloître était devant la porte. Le prince, la princesse et Népomucène, accablés de douleur, étaient réunis pour prendre congé de la malheureuse fille. Elle apparut, enveloppée dans son voile et accompagnée du moine, dans la salle éclairée par des flambeaux.

« La sœur Célestine, dit Cyprien d'un ton solennel, a

péché quand elle était dans le monde ; le souffle du démon a soufflé sa pureté ; mais un vœu irrévocable lui donnera la consolation, le repos, le bonheur éternel ; jamais le monde ne reverra ce visage dont la beauté tenta le démon. Regardez, c'est ainsi qu'elle a commencé et accomplira sa pénitence. »

A ces mots, le moine souleva le voile d'Hermenegild, et un cri déchirant s'échappa de toutes les bouches lorsqu'on aperçut le masque blafard sous lequel Hermenegild avait à jamais caché sa figure angélique.

Elle s'éloigna, sans prononcer une parole, de son père, qui, torturé par la douleur, espérait bientôt mourir. Le prince, malgré sa fermeté de caractère, était inondé de larmes ; la princesse seule, surmontant ses impressions terribles, conserva un maintien religieux.

On ne sait comment Xavier découvrit le séjour d'Hermenegild, et appit que l'enfant qu'elle avait mis au monde était consacré à l'Église. L'enlèvement de son fils eut un funeste résultat. En arrivant à P...., où il voulait le remettre entre les mains d'une femme de confiance, il s'aperçut que l'enfant, qu'il croyait évanoui par l'effet du froid, était mort. Xavier disparut, et on supposa qu'il s'était tué.

Plusieurs années après, le prince Boleslas de Z..., faisant un voyage en Italie, s'arrêta aux environs du Pausilippe ; il monta au couvent des camaldules, situé sur une hauteur d'où l'on jouit d'une magnifique perspective. Il allait gravir un des rocs qui s'élèvent dans le jardin, lorsqu'il aperçut un moine, assis sur une pierre, tenant un livre de prières sur ses genoux, et regardant à l'horizon ; son visage, jeune encore, était décomposé par la douleur. En l'observant de plus près, le prince sentit s'éveiller en lui un souvenir confus. Il s'approcha, et remarqua que le livre que tenait le moine était un livre polonais. Il lui adressa la parole dans cette langue. Celui-ci se retourna avec une sorte d'effroi, et à peine eût-il jeté un regard sur le prince, qu'il tira son capuchon sur son visage et s'enfuit à travers les arbres.

Le prince Boleslas, en racontant à Népomucène cette aventure, affirma que le moine était le comte Xavier de R...

FIN.

TABLE.

Notice sur Hoffmann	1
Le violon de Crémone	17
Les maîtres Chanteurs (1208)	41
Mademoiselle de Scudéri	85
Le Majorat	158
Maître Martin et ses Ouvriers	233
Le bonheur au jeu	290
Le choix d'une fiancée	346
Marino Falieri	375
Don Juan	416
Le Vœu	429

Fin de la table.

www.ingramcontent.com/pod-product-compliance
Lightning Source LLC
Chambersburg PA
CBHW070531230426
43665CB00014B/1646